데이터 분석으로 배우는
알짜 R 테크닉

R for Everyone: Advanced Analytics and Graphics

By Jared P. Lander

데이터 분석으로 배우는 알짜 R 테크닉: R 걸음마부터 통계 분석·시각화까지

초판 1쇄 발행 2015년 7월 27일 **지은이** 재리드 랜더 **옮긴이** 조민구 **펴낸이** 한기성 **펴낸곳** 인사이트 **편집** 송우일 **본문 디자인**
윤영준 **제작 관리** 박미경 **표지출력** 소다디자인프린팅 **본문출력** 현문인쇄 **용지** 월드페이퍼 **인쇄** 현문인쇄 **제본** 자현제책
등록번호 제10-2313호 **등록일자** 2002년 2월 19일 **주소** 서울시 마포구 잔다리로 119 석우빌딩 3층 **전화** 02-322-5143 **팩스**
02-3143-5579 **블로그** http://blog.insightbook.co.kr **이메일** insight@insightbook.co.kr **ISBN** 978-89-6626-157-4 책값은
뒤표지에 있습니다. 잘못 만들어진 책은 바꾸어 드립니다. 이 책의 정오표는 http://www.insightbook.co.kr/068300에서 확인
하실 수 있습니다. 이 도서의 국립중앙도서관 출판예정도서목록(CIP)은 서지정보유통지원시스템 홈페이지(http://seoji.nl.go.
kr)와 국가자료공동목록시스템(http://www.nl.go.kr/kolisnet)에서 이용하실 수 있습니다.(CIP제어번호: CIP2015018523)

R for Everyone
Advanced Analytics and Graphics

데이터 분석으로 배우는
알짜 R 테크닉

재리드 랜더 지음 | 조민구 옮김

인사이트
insight

차례

옮긴이의 글

바야흐로 데이터 시대다. 이런 흐름 속에 R은 데이터 분석 분야에서 주목받는 언어이자 도구로 각광받고 있다. 초기 R은 주로 통계학 분야에서 통계 프로그래밍 언어로 활용되어 왔다. 하지만 오픈 소스로 무료로 사용 가능하다는 점, 엄청나게 많은 패키지를 통해 수많은 분석을 쉽게 할 수 있다는 점은 사용자에게 커다란 매력이었다. 또 다른 강점으로, R은 매우 간단하게 꽤나 괜찮은 수준의 시각화를 제공하는데 이는 데이터 분석과 모델링뿐 아니라 프레젠테이션 및 분석가와 현업 간의 커뮤니케이션에 큰 도움이 된다.

R은 그 동안 매우 큰 변화를 이뤄왔다. 대용량 데이터를 처리하는 데 필요한 다양한 기능과 패키지들이 추가되었고(불과 3년 전만 해도 이런 기능은 매우 취약했다. 원래 R은 대용량 데이터 처리를 위한 언어가 아니었기 때문이다) 분석의 쌍방향성(interactivity)을 위한 Shiny 같은 모듈이 빠르게 발전해 오고 있다.

실제로 과거에 data.frame으로 저장하고 처리하던 데이터를 지금은 data.table로 다루고 있다. 시각화를 위해 ggplot2를 주로 사용하고 있지만 더 화려하고 동적인 그래픽을 위해 자바스크립트 기반의 d3까지도 R에 연동되고 있다. 최근에는 SparkR 패키지까지 등장하며 대용량 처리 시스템과의 연결성도 급격하게 향상되고 있다.

R이 계속 변화하고 있지만 결국 영역은 크게 데이터 처리, 분석, 시각화로 나눌 수 있다. 이 책은 이 중에서도 데이터 분석에 중점을 두고 있으며 특히 데이터 모델링을 자세히 설명하고 있다. 모델링에 필요한 통계적 방법론과 일련의 수행 과정이 매우 잘 정리되어 있다.

또한, 새로운 패키지나 기법들은 기본적으로 기본적인 R의 요소를 활용하여 구현되므로 R의 기초를 이해하고 학습하는 것은 반드시 필요한 과정이라고 할 수 있으며, 이 책은 해당 과정을 좀 더 효율적으로 수행하는 데 적합하도록 내용을 구성하고 있다. 바라건대 이 책이 독자들로 하여금 R을 활용한 분석을 이해하고 문제를 해결해 감에 있어 많은 도움이 되었으면 한다.

마지막으로, 좋은 책의 번역 기회를 주신 고감자 전희원님, 번역 과정에 함께 고생해 주신 인사이트 편집 팀, 그리고 항상 옆에서 응원해 주신 부모님과 아내 이현아에게 진심으로 감사드린다는 말을 전한다.

추천사

R은 최근 3년간 엄청나게 유명해졌다. 이 때문에 새롭게 떠오르는 언어라고 생각할 수도 있겠지만 놀랍게도 R은 1993년부터 사용되어 왔다. 왜 갑자기 유명해졌을까? 데이터 과학이 직업과 연구 분야로 부상한 것 때문임이 거의 확실하다. 하지만 데이터 과학의 토대는 수십 년 동안 존재해 왔다. 통계학, 선형대수, 운용 연구, 인공 지능, 기계 학습 모두는 현대 데이터 과학자가 사용하는 도구들에 일정 부분 기여하였다. 이런 도구들이 하는 일을 R에서는 함수 호출 하나로 대부분 할 수 있다.

이것이 내가 애디슨-웨슬리(Addison-Wesley)의 데이터 분석 시리즈 중에서도 가장 먼저 이 책에 매우 흥미를 느낀 이유다. R은 데이터 과학 작업을 위해 없어서는 안 된다. 예측과 분석에 유용한 많은 알고리즘을 단지 몇 줄의 코드를 통해 접근할 수 있으며, 이는 현대의 데이터 문제들을 해결하는 데 매우 적합하다. 데이터 과학은 단지 수학과 통계학에 대한 것이 아니며, 프로그래밍과 기반 체계에 대한 것만도 아니다. 이 책은 R의 능력과 표현력을 매우 균형 있게 제공하며 입문자부터 전문가까지 두루두루 볼 수 있도록 집필됐다.

나는 재리드 랜더(Jared Lander)가 R을 소개하는 데 가장 좋은 지은이라고 생각한다. 재리드와 나는 2009년 말 뉴욕시 기계 학습 커뮤니티를 통해 처음 만났다. 그 당시에, 뉴욕시 데이터 커뮤니티는 콘퍼런스 룸 하나면 충분할 정도로 규모가 작았고, 다른 많은 데이터 모임은 아직 형성되지도 않았었다. 지난 4년간 재리드는 새롭게 떠오르는 데이터 과학 종사자들 중 선두에 있어 왔다.

Open Statistical Programming Meetup을 개최하고, 여러 행사에서 발표하며 컬럼비아에서 R 과목을 가르치는 활동을 통해 재리드는 프로그래머, 데이터 과학자, 저널리스트, 유사 통계학자들을 교육함으로써 커뮤니티가 성장하는 데 일조해 오고 있다. 하지만 재리드의 전문 분야는 가르치는 것에 국한되지 않는다. 전문가로서 그는 크고 작은 고객을 컨설팅하면서 이런 도구들도 사용한다.

이 책은 R 프로그래밍과 다양한 통계적 방법론 및 R 프로그래머가 사용하는 도구 모두를 소개한다. 예제들은 재리드가 유용하게 정제하고 그의 웹 사이트를 통해 가져갈 수 있도록 만들어둔 공개 데이터셋을 사용한다. 실제 데이터를 사용하고 흥미로운 문제를 설정함으로써, 이 책은 마지막까지 재미있게 내용을 설명한다.

- 폴 딕스(Paul Dix), 시리즈 편집자

머리말

우리 생활에서 데이터가 점점 널리 퍼짐에 따라, 이런 데이터를 분석하기 위한 새롭고 더 좋은 도구들이 필요해졌다. 전통적으로 두 가지 영역으로 구분되는데 엑셀이나 SPSS 같은 도구를 사용하는 가볍고 개인적인 분석과 C++나 이와 비슷한 것으로 만들어진 안전하고 성능이 높은 분석이 있다. 개인용 컴퓨터의 성능이 강력해짐에 따라 대화형이면서 견고한 중간 영역이 생겨났다. 탐색적 방식으로 개인 컴퓨터에서 수행된 분석은 고급 비즈니스 프로세스를 뒷받침하면서 서버에 맞는 임의의 형태로 빠르게 변형될 수 있다. 이 영역이 R, 파이썬, 다른 스크립트 언어들의 영역이다.

1993년 오클랜드 대학교의 로버트 젠틀맨(Robert Gentleman)과 로스 이하카(Ross Ihaka)가 발명한 R은 S에서 발전된 것으로 S는 벨 연구소의 존 챔버스(John Chambers)가 개발했다. 이는 원래 대화식으로 실행되도록 개발되었던 고수준 언어로 사용자는 명령어를 실행하고 결과를 얻으며 그리고 나서 다른 명령어를 실행하게 된다. 이것은 시스템 내에 임베드될 수도 있고 복잡한 문제들을 다룰 수 있는 하나의 언어로 진화해 왔다.

데이터를 변환하고 분석하는 것에 더불어, R은 놀라운 그래픽과 리포트를 쉽게 생산해 낼 수 있다. R은 이제 데이터 추출과 변환, 모형 적합, 추론 도출과 예측, 결과 플로팅과 리포팅 등 데이터 분석에 대한 모든 스택을 제공한다.

R의 인기는 2000년대 말부터 급격히 높아져 오고 있다. 학계에서 벗어나 뱅킹, 마케팅, 제약회사, 정치, 유전체학과 여타 많은 분야로 도입되고 있다. 신규 사용자들은 보통 C++ 같은 저수준의 컴파일 언어와 SAS나 SPSS 같은 여타 통계 패키지들 그리고 엑셀에서 옮겨오고 있다. 이 기간에는 R의 기능을 확장하는 코드로 작성된 부가 패키지나 라이브러리 숫자도 급격하게 증가하였다.

R은 때때로 초보자들, 특히 프로그래밍 경험이 없는 이들에게는 어렵기도 하지만, 나는 GUI를 클릭하는 것보다 프로그래밍으로 분석하는 것이 훨씬 더 쉽고 더욱 편리하고 안정적이라는 것을 곧 알아냈다. 내 목표는 이런 학습 과정을 좀 더 쉽고 빠르게 만드는 데 있다.

이 책은 대학원에서 R을 배울 때 내가 배웠으면 하는 순서로 내용을 구성하였다. 다시 원점으로 돌아와서, 이 책의 내용은 내가 컬럼비아 대학교에서 가르치는 데이터 과학 과목과 함께 개발되었다. 이는 R의 모든 부분에 대해 상세히 다룬다는 것을 의미하진 않지만, 작업의 80%를 해내기 위해 기능의 20%만 있으면 된다고 봤을 때 그리 부족한 것은 아니다. 책의 내용은 다음과 같이 독립적으로 구성된 장으로 정리되어 있다.

1장, R 시작하기: R을 어디서 다운로드하고 어떻게 설치하는지 다룬다. 이 과정은 운영 체제와 32비트, 64비트 버전에 따라 다르게 다뤄진다. 또한, 어디에 R을 설치하는지도 설명한다.

2장, R 환경: R 사용하기 개요(특히 R스튜디오 내 사용), R스튜디오 프로젝트, 깃 통합, R스튜디오 커스터마이징과 기능 소개 등을 다룬다.

3장, 패키지: R 패키지를 찾고, 설치하고 로드하는 방법을 설명한다.

4장, R 기초: 수학에 R을 어떻게 사용할지 다룬다. numeric, character, Date 같은 변수형들과 vector가 상세히 기술된다. 함수 호출과 함수 문서 찾기에 대한 간략한 소개도 있다.

5장, 고급 자료 구조: matrices, list와 함께 가장 강력하고 일반적으로 사용되는 데이터 구조인 data.frame이 소개된다.

6장, R로 데이터 읽어오기: 데이터가 분석되기 전 데이터는 반드시 R로 읽어들여야 한다. 데이터를 불러들이는 다양한 방법이 있으며, 그중에는 CSV와 데이터베이스로부터 읽어 들이는 것이 포함된다.

7장, 통계 그래픽스: 그래픽은 사전 데이터 분석과 결과에 대한 커뮤니케이션의 중요한 부분이다. R은 강력한 플로팅 유틸리티를 사용하여 아름다운 플롯을 만들 수 있다. 기초 그래픽스와 ggplot2가 소개되고 상세 기술된다.

8장, R 함수 만들기: 반복적인 분석은 보통 사용자 정의 함수로 쉽게 이뤄질 수 있다. 구조, 인자, 리턴 법칙들이 다뤄진다.

9장, 제어문: if, ifelse와 복잡한 확인을 사용하여 프로그램의 흐름을 제어하는 것을 다룬다.

10장, 루프, R스럽지 않은 반복: for와 while 루프를 사용하여 반복하기를 설명한다. 이런 방법들은 일반적으로 추천되지는 않지만 알아두는 것은 중요하다.

11장, 그룹 다루기: 루프의 좋은 대안인 벡터화는 데이터를 완전하게 반복한다기보다는 동시에 모든 원소에 대해 동작하는 것에 가깝다. 벡터화는 좀 더 효율적이며 주로 apply 함수들과 plyr 패키지와 함께 수행된다.

12장, 데이터 재가공: 데이터를 쌓거나 조인하는 등 다수의 데이터셋을 결합하는 것은 매우 빈번히 필요하며 이는 데이터 형태를 변화시킨다. rbind, cbind, merge 같은 기본 도구에 더하여 plyr과 reshape2 패키지는 이런 과정을 수행하기 위한 좋은 함수들을 제공한다.

13장, 문자열 가공: 대다수 사람들은 문자 데이터를 통계와 관련지어 생각하지 않지만 문자는 데이터의 중요한 형태다. R은 문자열 작업에 대한 다양한 기능들을 제공하는데, 문자열 결합과 문자열 내 정보 추출을 포함한다. 정규표현식 또한 상세히 다뤄진다.

14장, 확률 분포: 정규, 이항, 푸아송 분포에 대해 자세히 살펴본다. 여러 가지 분포들에 대한 공식과 함수가 언급된다.

15장, 기본 통계: 평균, 표준편차, t-검정 같은 대부분의 사람들이 배우게 되는 가장 기초적인 통계들이다.

16장, 선형 모형: 통계에서 가장 강력하고 일반적인 도구인 선형 모형이 상세히 설명된다.

17장, 일반 선형 모형: 선형 모형은 로지스틱과 푸아송 회귀를 포함하기 위해 확장된다. 생존 분석 또한 다뤄진다.

18장, 모형 진단: 잔차, AIC, 교차 검증, 부트스트랩과 단계적 변수 선택을 사용하여 변수 선택과 모형의 품질을 결정하는 것을 살펴본다.

19장, 정규화와 축소: 일래스틱 넷(Elastic Net)과 베이지안 방법을 사용하여 과적합을 방지하는 것을 다룬다.

20장, 비선형 모형: 선형 모형이 부적절한 경우, 비선형 모형은 좋은 해결책이다. 비선형 최소 제곱법, 스플라인, 일반화 가법 모형, 의사결정나무와 랜덤포레스트가 다뤄진다.

21장, 시계열과 자기상관: 단변량과 다변량 시계열 데이터의 분석에 대한 방법을 설명한다.

22장, 군집화: 군집화(데이터 그룹화)는 K-평균과 계층적 군집화 같은 다양한 방법에 의해 수행된다.

23장, knitr을 활용한 재현성, 리포트, 슬라이드쇼: R 내에서 리포트, 슬라이드쇼, 웹 페이지를 생성하는 것은 knitr, 레이텍과 마크다운을 사용하여 쉽게 수행된다.

24장, R 패키지 만들기: R 패키지는 코드의 이동과 재사용에 좋다. 이런 패키지를 생성하는 것은 devtools와 Rcpp의 등장과 함께 엄청나게 쉽게 가능해졌다.

부록 A, 다양한 정보 수집 수단: R에 대해 좀 더 배우고 커뮤니티에서 교류하기 위한 좋은 방법을 나열한다.

부록 B, 용어 해설: 이 책에서 사용되는 용어에 대한 해설이다.

이 책에서 많은 부분은 R 코드나 코드 실행 결과다. 코드와 결과는 보통 서로 다른 단으로 구분되어 있으며 글꼴을 다르게 설정하기도 하는데, 다음 예제를 참고하도록 한다. 코드 줄은 >로 시작하며, 만약 코드가 다음 줄까지 이어진다면 해당 줄은 +로 시작한다.

```
> # 이것은 주석이다.
>
> # 기본 수학
> 10 * 10

[1] 100


>
> # 함수 호출
> sqrt(4)

[1] 2
```

R을 배우는 것은 정말 많은 작업들에 대해 삶을 훨씬 더 편하게 만들어주는 즐거운 경험이다. 나는 이 책을 읽는 사람이 나와 함께 배우는 것을 즐겼으면 한다.

감사의 글

우선, 내가 수학 전공을 하게 이끌어 주신 내 어머니, Gail Lander께 감사드린다. 수학이 없었다면 나를 통계와 데이터 과학으로 이끌었던 그 길은 절대 나타나지 않았을 것이다. 공부하는 데 필요한 모든 비용을 지원해 주신 아버지, Howard Lander께도 감사드린다. 아버지는 내 인생에서 훌륭한 조언자이자 가이드였으며 여러 면에서 내가 따라가고 싶은 분이었다. 두 분은 내가 하는 일을 잘 알지는 못한다고 하시지만, 내가 하는 일을 좋아하시고 계속해서 도와주신다. 조카 Noah에게 수학을 가르치도록 해준 내 여동생 Aimee와 매부 Eric Schechterman에게도 감사하고 싶다.

수년간 나를 형성하는 데 도움을 주신 많은 선생님들이 있다. 첫 번째로 중학교 시절 담임 선생님이 내가 수학에 소질이 없다고 하셨을 때도 수학을 가르쳐 주셨던 Rochelle Lecke이다.

다음은 Beth Edmondson으로, 프린스턴 데이 스쿨(Princeton Day School)의 미적분 사전 과목의 선생님이셨다. 나는 고등학교 첫 학기에 공부를 썩 잘하지 못했는데 학기가 끝난 뒤, 선생님은 내게 "이 성적으로는 내년 미적분 고급 과목을 신청할 수 없다"라고 말씀하셨다. 선생님은 내가 학점을 C에서 A+로 올릴 수 있다면 AP 미적분 수업을 신청해도 된다고 하셨지만 내 성적이 오르라고는 기대하지 않으셨다. 석 달 후, 선생님은 깜짝 놀라셨는데 내가 A+를 받았을 뿐 아니라, 전체 학업도 전반적으로 좋아졌기 때문이다. 선생님은 내 삶을 바꿔놓았고 선생님 없이는, 내가 지금 무엇을 하고 있을지 상상도 할 수 없다. 나는 그녀가 내 선생님이었다는 사실에 영원히 감사할 것이다.

뮬런버그 대학(Muhlenberg College)에서 첫 2년 동안, 비즈니스와 커뮤니케이션을 전공하기로 결정했었지만 수학이 워낙 좋았기에 자연스럽게 관련 과목들도 수강하였다. 내 담당 교수 Dr. Penny Dunham, Dr. Bill Dunham와 Dr. Linda McGuire는 모두 내가 수학 전공(내 인생을 크게 형성해온 결정)을 하게 될 것이라고 확신했었다. Dr. Greg Cicconetti는 내 첫 번째 연구 기회를 비롯해 엄격한 통계학이라는 짧은 첫 경험을 주었고 통계학을 위해 대학원을 가야 된다는 생각을 심어주었다.

컬럼비아 대학교에서 석사를 하는 동안, 주변에 통계와 프로그래밍에 뛰어난 사람이 많았다. Dr. David Madigan은 현대 기계 학습에 눈뜨게 만들었고, Dr.

Bodhi Sen은 통계 프로그래밍에 대해 생각하도록 했다. 나는 Dr. Andrew Gelman과 함께 연구할 수 있는 기회를 얻었고, 그의 통찰력은 헤아릴 수 없을 정도로 내게 중요하게 작용했다. Dr. Richard Garfield는 미얀마를 위한 내 첫 번째 과제를 주었을 때 재난과 전쟁 지역에 있는 사람들을 돕기 위한 통계 사용 방법을 보여주었다. 수년간 그의 조언과 친밀함은 내게 매우 소중했다. Dr. Jingchen Liu는 뉴욕시 피자에 대한 내 학위 논문을 쓰는 데 용기를 북돋아 주었으며, 이 논문은 나에 대해 생각보다 많은 관심을 불러 일으켰다.[1]

컬럼비아에 있는 동안, 나는 조교를 하던 좋은 친구도 만났다. Dr. Ivor Cribben은 내 부족한 지식을 채워주었고 그를 통해 Dr. Rachel Schutt를 만났다. Dr. Rachel Schutt는 내 중요한 조언자로 현재 컬럼비아에서 그와 함께 가르치고 있다는 것이 매우 영광스럽다.

대학원 생활은 Shanna Lee의 지원과 격려가 없이 지내지 못했을지도 모른다. 그녀는 내가 수업과 컬럼비아 하키 팀 두 가지에 매우 깊게 관여되어 있는 동안에 제정신을 유지하는 데 도움을 주었다. 그녀 없이 내가 해낼 수 있었을지 확신할 수 없다.

Steve Czetty는 특이한 프로그래밍을 경험하게 하면서 스카이 IT 그룹(Sky IT Group)에서 내게 첫 분석 분야의 일을 주었고 데이터베이스에 대해 가르쳐주었다. 이는 통계와 데이터에 대한 내 관심을 불러일으켰다. 바디스 그룹(Bardess Group)의 Joe DeSiena, Philip du Plessis, Ed Bobrin은 함께 일하기에 가장 좋았던 사람들이고 지금도 그들과 함께 일한다는 것이 자랑스럽다. 레볼루션 애널리틱스의 Mike Minelli, Rich Kittler, Mark Barry, David Smith, Joseph Rickert, Dr. Norman Nie, James Peruvankal, Neera Talbert, Dave Rich는 내가 상상할 수 있는 일 중 가장 좋은 일을 할 수 있게 해주었는데, 그들은 비즈니스에서 그들이 R을 사용해야만 하는 이유를 사람들에게 설명하였다. 빅 컴퓨팅(Big Computing)의 Kirk Mettler, Richard Schultz, Dr. Bryan Lewis, Jim Winfield는 R에 대한 흥미로운 문제들을 다루고 즐거움을 느낄 수 있게 도와주었다. 골드만 삭스(Goldman Sachs)의 Vincent Saulys, John Weir, Dr. Saar Golde는 그곳에서 즐겁고 교육적인 시간을 만들어줬다.

이 책을 쓰는 동안, 많은 사람이 그 과정에 도움을 주었다. 가장 중요한 사람은

---

1 http://slice.seriouseats.com/archives/2010/03/the-moneyball-of-pizzastatistician-uses-statistics-to-find-nyc-best-pizza.html

Yin Cheung으로, 끊임없이 느꼈던 내 모든 스트레스를 봤고 밤낮으로 많은 것을 통해 나를 지원해 줬다.

Debra Williams 편집자는 나를 격려하는 법을 알고 있었고 그녀의 안내는 매우 소중했다. 시리즈 편집자이자 좋은 친구인 Paul Dix는 이 책을 쓰라고 제안한 사람이기 때문에 그가 없었다면 지금 이 책은 존재하지 않았을 것이다. 훌륭한 편집부원이었던 Caroline Senay와 Andrea Fox에게도 감사한다. 그들 없이, 이 책은 이 정도로 만들어지지 않았을 것이다. Robert Mauriello의 기술 리뷰는 책의 수준을 올리는 데 있어 엄청나게 유용했다.

R스튜디오 개발자들, 특히 JJ Allaire와 Josh Paulson은 놀라운 제품을 만들었고, 그 덕분에 지금까지와는 다르게 집필 과정이 훨씬 더 쉬워졌다. knitr 패키지 제작자인 셰이후이는 이 책을 집필하는 데 필요로 했던 많은 기능을 제공하였다. 그의 소프트웨어를 비롯해 요청을 빠르게 구현해준 그의 모습에 매우 감사드린다.

Chris Bethel, Dr. Dirk Eddelbuettel, Dr. Ramnath Vaidyanathan, Dr. Eran Bellin, Avi Fisher, Brian Ezra, Paul Puglia, Nicholas Galasinao, Aaron Schumaker, Adam Hogan, Jeffrey Arnold, John Houston 등 많은 사람이 이 책을 만드는 데 가치 있는 피드백을 제공해 주었다.

지난 가을은 내 첫 번째 강의였고, 이 책을 만들게 된 수업 자료의 실험 대상이 되어준 컬럼비아 대학교의 2012년 가을 데이터 과학 입문 과목 학생들에게 고맙다고 말하고 싶다.

다시 한 번 이 책을 집필하는 데 도움을 준 모든 이에게 감사드린다.

1장

R   f   o   r   E   v   e   r   y   o   n   e

R 시작하기

R은 통계 분석, 시각화, 리포팅을 위한 매우 훌륭한 도구다. 그 유용성은 다양한 분야에서 입증되고 있으며 은행, 정치 캠페인, 스타트업, 국제 개발 원조 기구, 병원 및 부동산 개발 업체에서 R을 주로 사용해 오고 있다. 그뿐 아니라 온라인 광고, 보험, 생태학, 유전학 및 제약 분야에서도 널리 사용해 왔다. R은 고급 기계 학습을 필요로 하는 통계학자와 여타 개발 언어에 익숙한 개발자, 그리고 고급 데이터 분석을 하지는 않지만 엑셀 사용에는 지쳐가는 일반인들도 사용하고 있다.

R을 사용하기 전에 먼저 다운로드를 받고 설치해야 하는데, 다른 프로그램을 설치하는 과정에 비해 전혀 복잡하지 않다.

1.1 R 다운로드하기

R을 사용할 때 가장 먼저 할 일은 PC에 R을 설치하는 것이다. C++ 같은 언어와 다르게 R은 실행하기 위해 프로그램을 설치해야 한다.[1] 해당 프로그램은 R을 개발, 운영하고 있는 CRAN(Comprehensive R Archive Network, http://cran.r-project.org/)에서 쉽게 다운로드할 수 있으며 최상위 페이지에서 윈도, 맥 OS X 및 리눅스용 R 다운로드 링크를 제공하고 있다.

윈도와 맥 OS X에 대해서는 빌드된 설치 프로그램을 제공하지만 리눅스에서는 보통 소스를 받은 후 직접 컴파일하여 설치한다. 각 플랫폼에서 R 설치는 다

---

[1] 기술적으로 C++는 컴파일러 없이 자체적으로 설치될 수 없다. 그래서 어떤 것이든 설치돼야 한다.

른 프로그램을 설치하는 것과 같으므로 부담을 느낄 필요는 없다.

윈도 사용자는 'Download R for Windows' 링크 클릭 후, 'base' 링크 클릭, 마지막으로 'Download R 3.x.x for Windows' 링크를 클릭하면 R을 다운로드할 수 있다. 이때 'x'는 R 버전을 표시하며, 기능적 향상이 있을 때마다 주기적으로 버전이 바뀐다.

비슷하게, 맥 사용자는 'Download R for (Mac) OS X' 링크를 클릭하고 'R-3.x.x.pkg' 링크를 클릭하면 다운로드가 가능하며, 해당 파일로 설치할 경우 32, 64비트 버전 모두를 설치하게 된다.

리눅스 사용자는 각 OS별 표준 배포 메커니즘을 사용하여 다운로드해야 하며, 우분투(Ubuntu)와 데비안(Debian)은 apt-get, 수세(SUSE)는 zypper를 사용한다. 해당 메커니즘은 R 빌드와 설치도 함께 수행한다.

1.2 R 버전

이 책의 내용은 R 3.0.2를 기준으로 작성되었으며, 3.0.2는 이전 버전인 2.15.3에 비해 크게 업그레이드되었다. CRAN은 연 단위로 메이저 버전을 릴리스하며, 연중 해당 버전에 대한 마이너 버전을 업데이트하여 제공한다. 예를 들면, 버전 3.0.0은 2013년에 릴리스되었고, 2014년에는 3.1.0, 2015년에는 3.2.0이 릴리스되었다. 참고로, 버전에서 나타나는 마지막 숫자는 해당 버전의 마이너 업데이트를 나타낸다.

R 기능의 대부분은 이전 버전들과 호환성을 제공한다.

1.3 32비트와 64비트

32비트와 64비트 설치 버전을 선택하는 것은 PC의 64비트 지원 여부(대부분의 최신 PC 제공)와 다루는 데이터 크기에 달려 있으며, 64비트 버전에서는 매우 큰 용량의 메모리를 사용할 수 있다.

64비트 정수를 지원하기 시작한 3.0.0 버전부터는 R 객체에 이전보다 훨씬 큰 용량의 데이터를 저장할 수 있는데, 이처럼 64비트 버전은 매우 중요한 의미를 지닌다.

과거 특정 패키지들은 32비트에서만 구동 가능했으나 최근에는 32비트만을 제공하는 패키지는 거의 없다. 하지만 인텔의 저전력 아톰 칩 같은 32비트 프로세서를 사용하는 머신을 사용하거나 일부 레거시 분석을 지원하기 위해서는 32비트 버전을 설치해야 한다.

1.4 설치하기

윈도와 맥에서 R을 설치하는 것은 다른 프로그램을 설치하는 것과 똑같다.

1.4.1 윈도에 설치하기

먼저 다운로드된 설치 파일을 찾는다. 윈도 사용자는 그림 1.1과 같이 보이게 된다.

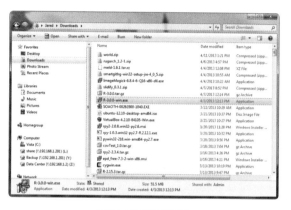

그림 1.1 R 설치 파일 위치

R은 관리자 권한으로 설치해야 하는데, 이를 위해 설치 파일에서 마우스 오른쪽 버튼을 클릭한 뒤 '관리자 권한으로 실행'을 선택해야 한다. 이때 관리자 암호를 물어보는 프롬프트가 나타날 수 있다.

그림 1.2에서 보이는 첫 번째 화면에서는 언어를 선택할 수 있으며 기본값은 영어다. 원하는 언어를 선택하고 'OK'를 클릭하자.

그림 1.2 언어 선택

그림 1.3에서 다른 모든 프로그램을 종료하길 권하는 경고 화면이 나타나지만 반드시 필요한 것은 아니니 'Next'를 누르고 넘어가자.

그림 1.3 최근 윈도 버전을 사용하는 경우, 무시하고 넘어갈 수 있다.

그림 1.4처럼 소프트웨어 라이선스가 보이며, R은 이 라이선스에 대해 동의 없이는 사용할 수 없으므로 'Next'를 클릭하자.

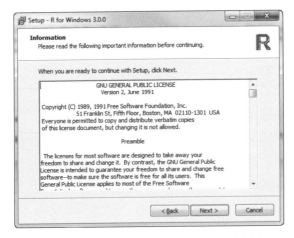

그림 1.4 라이선스 동의는 R을 사용하기 위해 반드시 확인해야 한다.

다음으로 R 설치 위치를 지정한다. CRAN에서 설치 디렉터리 이름에 공백 문자가 포함되지 않도록 권고하고 있는데 대부분 기본 설치 디렉터리는 'Program Files\R'이므로 포트란(FORTRAN)용 C++ 같이 컴파일된 코드를 요구하는 패키지를 빌드할 경우 문제가 발생할 수 있다. 그림 1.5를 확인해 보자.

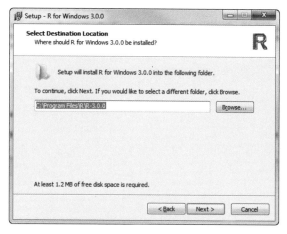

그림 1.5 설치 경로명에 공백이 포함되지 않는 것이 중요하다.

여기에서 디렉터리를 지정하려면 'Browse' 버튼을 클릭하여 그림 1.6 같은 폴더 선택 창을 띄우면 된다.

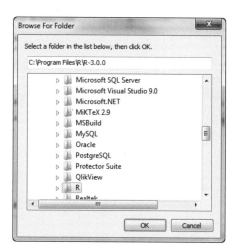

그림 1.6 대화 창은 설치 폴더를 선택하는 데 사용된다.

'C:' 드라이브(또는 다른 하드 디스크 드라이브) 또는 'My Documents'는 가장 좋은 설치 디렉터리 중 하나다. 'My Documents'는 실제로는 'C:₩Users₩UserName₩Documents'를 가리키기 때문에 공백을 포함하지 않는다. 그림 1.7은 설치에 적합한 디렉터리 선택 예를 보여준다.

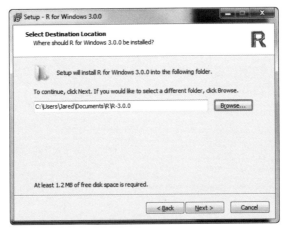

그림 1.7 공백이 없는 올바른 설치 경로명이다.

그림 1.8은 설치할 컴포넌트 리스트를 보여준다. 32비트 파일에 대한 필요성이 없다면 '32-bit Files' 설정은 체크하지 않는다. 나머지는 모두 체크해야 한다.

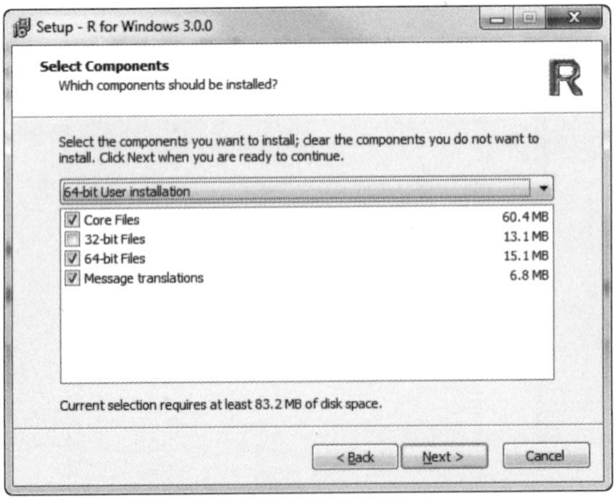

그림 1.8 32비트 관련 항목을 제외하고 모두 선택하는 것이 좋다.

그림 1.9의 시작 설정은 기본값(No)으로 그대로 두는데, 실제로 선택할 수 있는 것이 많지 않고 R스튜디오(RStudio)를 사용하는 것을 추천하기 때문이다.

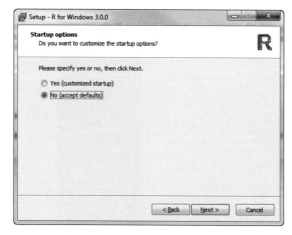

그림 1.9 별로 중요한 설정이 아니고 프런트엔드로 R스튜디오를 사용하는 것을 추천하므로 기본 시작 설정을 그대로 사용한다.

다음으로 시작 메뉴에서 단축 아이콘을 저장할 폴더를 지정하는데, 간단하게 R 로 지정하고 그림 1.10처럼 모든 버전을 동일 폴더에 저장하길 권한다.

그림 1.10 바로 가기가 설치될 시작 메뉴 폴더를 선택한다.

R의 모든 버전을 시작 메뉴의 동일 폴더에 저장하여 동일 코드를 각기 다른 버전에서 테스트 가능하게 한다(그림 1.11).

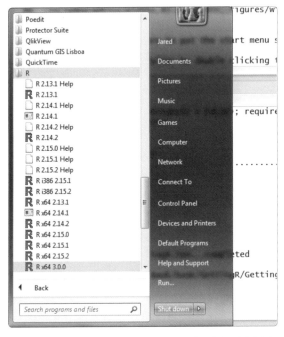

그림 1.11 다양한 버전에서 개발, 테스트하기 위해 여러 R 버전을 설치하였다.

설치 전 마지막으로 바탕 화면 아이콘(R스튜디오를 쓴다면 별로 필요하진 않다)을 생성하는 작업 같은 추가 작업들의 수행 여부를 확인한다. 이때 'Save version number in registry', 'Associate R with .RData file' 설정은 체크하길 추천하며 그림 1.12에서 확인할 수 있다.

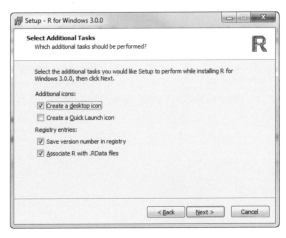

그림 1.12 레지스트리에 버전 정보를 저장하고 .RData 확장자를 R에 연결하는 것을 추천한다.

그림 1.13처럼 'Next'를 누르면 설치가 시작되고 진행 경과를 확인할 수 있다.

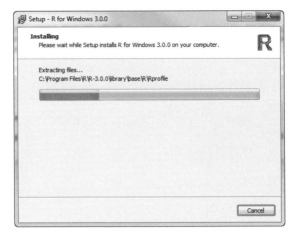

그림 1.13 설치 과정에서 진행 상태가 출력된다.

마지막 단계다. 그림 1.14에서 보는 것과 같이 'Finish'를 누르면 설치가 완료된다.

그림 1.14 설치 완료를 확인한다.

1.4.2 맥 OS X에 설치하기

.pkg 확장자인 설치 프로그램을 찾고 더블클릭으로 실행한다. 그림 1.15처럼 Introduction 단계를 나타내는 창이 하나 뜨고 'Continue'를 클릭하면 설치 프로세스가 시작된다.

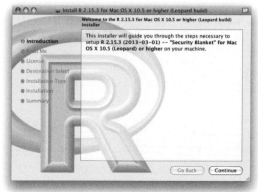

그림 1.15 맥에서 설치 시 소개 화면

그림 1.16 같이 설치될 R 버전 등의 정보를 보여주며 'Continue'를 누르면 다음으로 넘어간다.

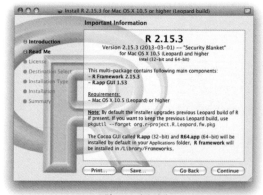

그림 1.16 버전 선택

그림 1.17처럼 라이선스 정보가 화면에 보이고, R을 계속 설치하기 위해 'Continue'를 클릭한다.

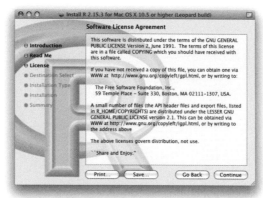

그림 1.17 R을 사용하기 위해 확인해야 하는 라이선스 동의 화면

'Agree'를 클릭하여 라이선스에 동의하는데 이는 R을 사용하기 위한 필수 요소다(그림 1.18).

그림 1.18 라이선스에 동의해야 한다.

모든 사용자가 R을 사용할 수 있도록 'Install'을 클릭하여 설치를 진행하거나, 'Change Install Location'을 클릭하여 설치 위치를 변경할 수 있는데 그림 1.19에 나와 있다.

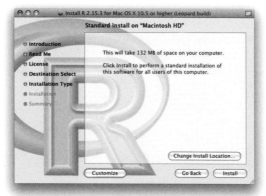

그림 1.19 특정 위치를 선택하여 설치할 수 있는 옵션이 있지만, 기본적으로 R은 모든 사용자를 위해 설치된다.

프롬프트가 나타나면 그림 1.20처럼 암호를 입력해야 한다.

그림 1.20 설치 시 관리자 암호가 필요할 수 있다.

이제 설치가 시작되고 진행률이 그림 1.21처럼 보이게 된다.

그림 1.21 설치 과정에서 상태바가 출력된다.

설치 완료 시, 그림 1.22 같이 성공 메시지가 나타나고 'Close'를 클릭하면 설치
과정이 끝나게 된다.

그림 1.22 설치가 성공적으로 끝났음을 표시한다.

1.4.3 리눅스에 설치하기

표준 배포 메커니즘으로 R을 설치할 경우 다운로드, 빌드, 설치가 한 번에 이뤄지므로 앞의 과정이 필요치 않다.

1.5 레벌루션 R(Revolution R) 커뮤니티 버전

레벌루션 애널리틱스(Revolution Analytics)는 행렬 연산을 훨씬 빠르게 수행할 수 있는 인텔 매트릭스 커널 라이브러리(Intel Matrix Kernel Library, MKL)와 비주얼 스튜디오(Visual Studio) 기반 통합 개발 환경(IDE)을 제공하는 커뮤니티 R 버전을 제공한다. 해당 버전은 http://www.revolutionanalytics.com/products/revolution-r.php에서 무료로 사용 가능하며, 대용량 데이터에 대해 특화된 알고리즘들을 포함한 유료 버전도 제공하고 있다. 좀 더 많은 정보는 http://www.revolutionanalytics.com/products/revolutionenterprise.php를 참고하길 바란다.

1.6 마무리

지금까지의 설치 과정으로 R의 모든 기능과 대강의 GUI는 사용 가능하게 되었다. 하지만 2.2에서 자세히 다루게 될 R스튜디오를 설치하고 인터페이스를 사용하는 것이 현재로선 가장 좋은 R 활용 방법이니 명심하길 바란다. R스튜디오 설치는 다른 프로그램들과 같은 방법(설치 파일 다운로드 후 설치 프로그램 실행)으로 가능하다.

2장

R f o r E v e r y o n e

R 환경

R 다운로드와 설치는 끝났고, R을 어떻게 사용해야 하는지 배워나가야 할 시간이다. 윈도에서 기본 R 인터페이스는 그림 2.1에서 보이는 것처럼 매우 간단하다. 맥 인터페이스(그림 2.2)는 몇 가지 기능이 추가로 제공되는 반면에 리눅스는 터미널 인터페이스만 제공된다.

다른 언어와 다르게 R은 매우 상호적인 언어다. 이 말은 한 명령어에 대한 실행 결과를 바로 확인할 수 있다는 말이다. C++ 같은 언어들은 실행 결과를 보기 위해 전체 코드를 작성하고 컴파일해야 한다. 객체 상태와 결과는 R의 어느 시점에서나 확인 가능하며, 이런 상호성은 R이 가진 매우 큰 장점 중 하나다.

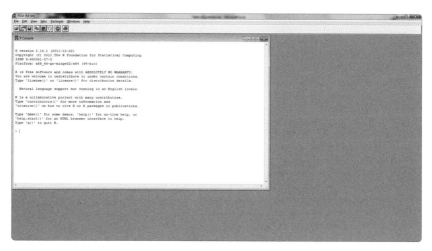

그림 2.1 윈도 표준 R 인터페이스

R을 사용하기 위한 통합 개발 환경은 다양하다. 이 책은 개발 환경 자체를 학습

하는 것이 주목적이 아니므로 개발 환경은 R스튜디오로 가정하고 이는 2.2에서
자세히 다루겠다.

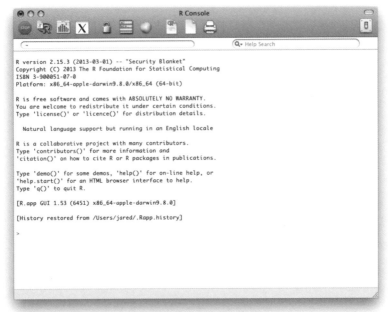

그림 2.2 맥 OS X 표준 R 인터페이스

2.1 명령행 인터페이스

명령행 인터페이스는 R을 강력하게 만드는 요소이기도 하지만 익히는 데 쉽지
않은 것도 사실이다. Rcmdr 같이 R을 GUI 인터페이스로 다룰 수 있게 하려는
다양한 시도가 있어 왔지만, 어떤 것도 명령행 인터페이스를 완전히 대체하지는
못했다. 이것은 명령어를 직접 입력하는 것이 마우스를 사용하는 것보다 훨씬
더 선호됨을 보여주는 증거다. 기존 엑셀 사용자들은 믿기 어렵겠지만, 시간이
지날수록 명령행 인터페이스에 익숙해지고 사용 시 오류가 줄어들 것이다.

예를 들면, 엑셀에서 회귀 분석을 하려면 '데이터 >> 분석 >> 데이터 분석 >>
회귀 분석 >> 확인 >> Y축 범위 입력 >> X축 범위 입력 >> 확인'까지 최소 일곱
번 마우스 클릭이 필요하다. 그뿐 아니라 아주 작은 수정이 필요하거나 새로운 데
이터로 다시 분석하려면, 모든 과정을 다시 수행해야 할 수도 있다. 심지어 이런
과정을 이메일을 통해 동료에게 보여주려면 훨씬 더 어려울 것이다. 반면에, R에
서 동일한 명령어는 쉽게 반복, 복사하거나 붙이기 쉽다. 처음에는 이 모든 것이
믿기 어렵겠지만 시간이 조금 지나면 명령행이 훨씬 삶을 편안하게 해줄 것이다.

R에서 명령어를 실행하기 위해서는 콘솔 창에서 ‘)’ 심벌 옆에 명령어를 입력하고 엔터키를 누르면 된다. 복잡한 함수나 두 줄 이상의 명령어 입력은 8장에서 확인할 수 있다.

코드 한 라인을 반복하기 위해서는, 위 방향키를 누르고 명령어를 선택한 후 엔터를 입력하면 된다. 이전에 입력했던 모든 명령어는 저장되며 위, 아래 방향키로 선택할 수 있다.

명령어를 중단시키기 위해 윈도와 맥에서는 Esc 키, 리눅스에서는 Ctrl-C를 사용한다.

수행할 코드가 많은 경우에는 콘솔에서 한 줄씩 명령을 실행하는 것보다는 코드를 먼저 파일에 작성하는 것이 좋은데, 작성한 파일에서 원하는 부분을 복사하여 콘솔에 붙이는 작업을 반복하며 코드를 쉽게 실행할 수 있기 때문이다. 이때 사용하는 대표적인 편집기[1]는 텍스트패드(TextPad), 울트라에디트(Ultra-Edit) 등이 있다. 하지만 편집기를 활용하는 방법은 프로그램 간 잦은 전환이 발생하여 그리 효율적이지는 않다.

2.2 R스튜디오

R을 지원하는 몇 가지 IDE가 있지만 그중 으뜸은 R스튜디오다. R스튜디오는 알라이어(JJ Allaire)가 속한 팀에서 개발하였으며 콜드퓨전(ColdFusion)과 윈도라이브 라이터(Windows Live Writer)도 알라이어가 이끌었던 팀에서 개발된 대표적인 제품이다. R스튜디오는 윈도, 맥, 리눅스 모두에서 사용 가능하고 동일한 사용자 인터페이스를 제공한다. R스튜디오 서버는 리눅스 서버에 R 인스턴스를 하나 생성하고 사용자가 웹 브라우저를 통해 서버에 접속하여 R스튜디오 인터페이스를 그대로 사용할 수 있도록 하는 제품으로 매우 유용하니 꼭 기억하자. R스튜디오 서버는 레벌루션 애널리틱스의 레벌루션 R을 포함한 2.11.1보다 높은 R 버전에서 동작한다. R스튜디오는 매우 강력한 설정들을 제공하며, 이 중 가장 유용하고 자주 사용되는 특징 중 일부를 설명하겠다.

R스튜디오는 커스터마이징이 가능하며 기본 인터페이스 형태는 그림 2.3과 같다. 그림상 좌측 하단은 R 콘솔이며 이전에 설명한 표준 R 콘솔과 동일하게 사용된다. 좌측 상단은 편집기가 위치하고 기존에 언급한 별도 편집기보다 기

---

1 이는 편집기가 마이크로소프트 워드 같은 워드 프로세서와는 대조적임을 의미한다. 편집기는 텍스트의 구조를 그대로 보존하는 반면, 워드 프로세서는 콘솔에 붙여 넣기에 부적합한 포매팅을 추가할 수도 있다.

능이 훨씬 강력하다. 우측 상단은 작업 공간, 명령어 히스토리, 폴더 내 파일 리스트와 깃(Git) 정보를 제공하며, 우측 하단에서는 도움말, 패키지 정보, 플로팅(plotting) 결과를 보여준다.

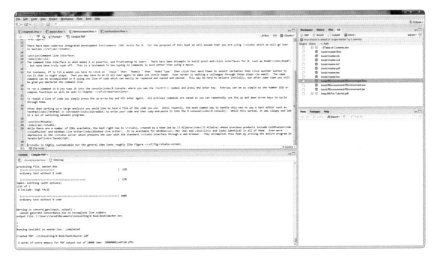

그림 2.3 R스튜디오의 일반적인 레이아웃

편집기에서 콘솔로 명령어를 보내거나 실행할 수 있는 방법은 여러 가지가 있다. 명령어 한 줄을 보내기 위해서는 커서를 해당 라인에 위치시킨 후 Ctrl+Enter(맥에서는 Command+Enter)를 누르면 된다. 특정 블록 코드를 실행할 때도 마찬가지로 해당 영역을 드래그로 선택한 후 Ctrl+Enter를 누르면 되고, 파일 전체 코드를 실행하기 위해서는 Ctrl+Shift+S를 누르면 된다.

객체명이나 함수명 같은 코드를 작성할 때, Tab을 누르면 해당 코드가 자동 완성된다. 입력된 문자와 일치되는 객체, 함수가 하나 이상이면 그림 2.4에 보이는 것처럼 매칭되는 객체, 함수가 표시된 대화 창이 나타난다.

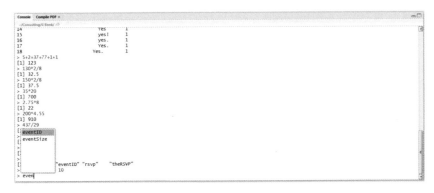

그림 2.4 R스튜디오에서 객체명 자동 완성 기능

Ctrl+1은 편집기, Ctrl+2는 콘솔로 각각 이동하며, 편집기에서 이전 탭으로 이동하려면 윈도에선 Ctrl+Alt+Left, 리눅스에선 Ctrl+PageUp, 맥에서는 Ctrl+Option+Left를 입력하면 된다. 반대로 다음 탭으로 이동할 경우, 윈도에서는 Ctrl+Alt+Right, 리눅스에선 Ctrl+PageDown, 맥에서는 Ctrl+Option+Right를 입력하면 된다. 단축키 리스트는 Help 〉〉 Keyboard Shortcuts 메뉴에서 확인할 수 있다.

2.2.1 R스튜디오 프로젝트

R스튜디오의 주요 특징 중 하나는 프로젝트다. 프로젝트는 여러 파일로 이뤄지며 서로 연관된 데이터, 결과 그리고 그래프도 포함될 수 있다.[2] 각 패키지는 자신의 작업 디렉터리를 가지고 있으며, 이것은 체계적으로 패키지를 관리하기 위한 매우 좋은 방법이다.

새로운 프로젝트를 시작하기 위한 가장 간단한 방법은 그림 2.5와 같이 File 〉〉 New Project 메뉴를 이용하는 것이다.

그림 2.5 메뉴에서 File >> New Project 순으로 누르면 프로젝트 생성 프로세스를 시작한다.

그림 2.6과 같이 총 세 가지 설정이 선택 가능한데, 1) 새로운 디렉터리에서 새로운 프로젝트를 생성하거나 2) 기존 디렉터리에 존재하는 프로젝트를 연결하거나 3) 깃 또는 SVN 같은 버전 관리 시스템의 저장소에서 프로젝트를 가져오는 방법이 있다. 이 세 가지 경우 모두, 프로젝트 디렉터리에 .Rproj 파일이 생성되며, 해당 파일은 프로젝트에 관한 정보를 기록하게 된다.

---

2 프로젝트는 R 세션과 다르다, 세션은 R의 모든 객체와 수행된 작업이며, 메모리에서 유지되기 때문에 보통 R을 재시작하는 경우 초기화된다.

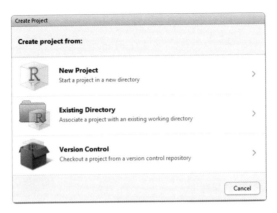

그림 2.6 새로운 프로젝트를 시작하기 위한 세 가지 방법: 새로운 디렉터리 생성,
기존 디렉터리 프로젝트 연결, 버전 관리 시스템 저장소로부터 프로젝트 가져오기

새로운 디렉터리를 사용하여 프로젝트를 생성할 경우, 그림 2.7 같이 프로젝트
명과 생성할 디렉터리를 요구하는 대화 창이 나타난다.

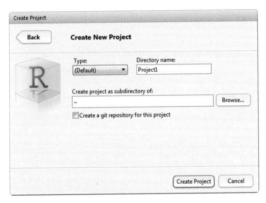

그림 2.7 새 프로젝트 디렉터리 위치 설정 시 대화 창

기존 디렉터리를 선택하는 경우, 그림 2.8 같이 해당 디렉터리명이 요구된다.

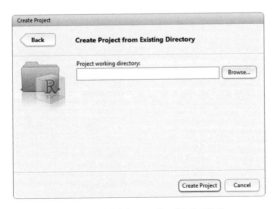

그림 2.8 기존 디렉터리로 프로젝트 시작 시 대화 창

버전 관리 시스템을 선택한 경우, 먼저 깃과 SVN 중 어느 것을 사용할지 선택해
야 한다(그림 2.9).

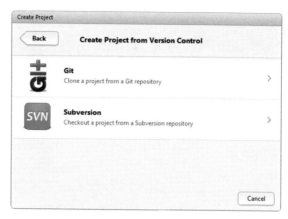

그림 2.9 새 프로젝트를 시작하기 위해 사용할 저장소 유형 선택

깃을 선택한 경우, 그림 2.10 같은 화면이 나타나고 git@github.com:jaredlander/
coefplot.git 형태의 저장소(repository) URL을 입력하면, 입력된 URL을 기반으
로 프로젝트 디렉터리명이 자동으로 채워진다. 마지막으로 신규 프로젝트 디렉
터리를 선택하면 프로젝트 생성이 완료된다.

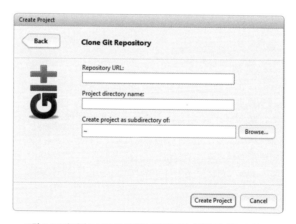

그림 2.10 깃 저장소 URL과 복제한 프로젝트를 저장할 폴더를 입력한다.

2.2.2 R스튜디오 도구

R스튜디오는 설정을 통한 많은 커스터마이징이 가능하다. 대부분의 설정은
Tools 〉〉 Options 메뉴를 선택하여 확인할 수 있다(그림 2.11).

그림 2.11 메뉴에서 Tools >> Options 순으로 누르면 R스튜디오 설정을 가져온다.

첫 번째로 General 설정이다(그림 2.12). 사용할 R의 버전을 선택하는데, 다수
R 버전을 사용하는 경우 매우 중요한 설정이다. 하지만 R 버전을 변경한 후엔 반
드시 R스튜디오를 재시작해야 하니 명심하자. 차후에 R스튜디오에서 프로젝트
별로 다른 R 버전을 사용할 수 있는 기능을 제공한다고 하니 참고해 두자. 이외
에 R스튜디오 시작, 종료 시 .RData 파일들을 복원, 저장하지 않는 것도 시작, 종
료 속도를 향상하는 데 좋은 설정이니 기억해 두자.[3]

그림 2.12 R스튜디오 General 설정

---

3 RData 파일은 R 객체의 저장 및 공유를 관리하게 하며 6.5에서 설명할 것이다.

다음으로 Code Editing 설정으로, 편집기의 입력과 출력 방법을 조정한다(그림 2.13). 일반적으로 탭은 2, 4개의 빈칸으로 대치한다. 일부 프로그래머들은 vim 모드를 선호하며, 현재 이맥스(Emacs) 모드는 지원되지 않는다.

그림 2.13 코드 편집 패널 변경을 위한 설정

그림 2.14에 나온 Appearance 설정에서는 코드의 글꼴, 크기, 배경과 텍스트 색 등을 변경할 수 있다.

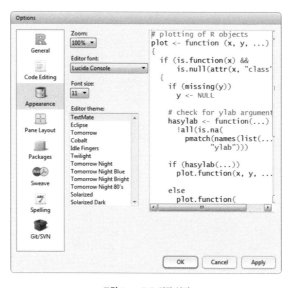

그림 2.14 코드 외관 설정

그림 2.15의 Pane Layout 설정에서는 R스튜디오의 패널 위치를 간단히 조정할 수 있다.

그림 2.15 R스튜디오의 다양한 패널 위치를 조정하는 설정

그림 2.16의 Packages 설정은 패키지 관련 설정을 지원한다. 이 중 CRAN mirror 지정은 중요한 설정이며, 콘솔에서도 변경 가능하다. 일반적으로 지리적으로 가장 가까운 위치의 미러를 지정하는 것이 좋다.

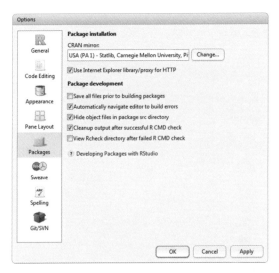

그림 2.16 패키지 관련 설정으로 CRAN mirror 선택이 가장 중요하다.

그림 2.17의 Sweave 설정의 Sweave라는 이름은 약간 잘못된 것일지도 모르겠다. 실제로 여기서는 Sweave와 knitr 중 하나를 선택하여 설정하기 때문이다.

두 가지 모두 PDF 문서를 생성하기 위해 사용되나, knitr은 HTML 문서 생성도 지원하기 때문에, 먼저 knitr을 설치하는 과정(3.1 참고)이 필요하지만, 활용도가 훨씬 더 높다. knitr에 대해서는 23장에서 좀 더 자세히 다루겠다. 이외에 PDF 뷰어를 선택하는 설정도 있으니 참고하자.

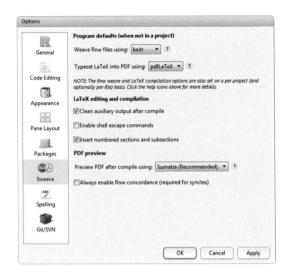

그림 2.17 Sweave를 사용할지, knitr을 사용할지 선택하고 PDF 뷰어를 선택한다.

R스튜디오는 레이텍(LATEX)과 마크다운(Markdown) 문서용 맞춤법 검사기를 포함하고 이는 Spelling 설정에서 조정 가능하다(그림 2.18). 하지만 지금 그리 중요한 설정은 아니므로 더 이상 다루지 않도록 한다.

그림 2.18 맞춤법 검사기 사전을 설정하며, 언어 선택과 커스텀 사전을 지정할 수 있다.

마지막은 깃/SVN 설정이다(그림 2.19). 깃과 SVN 실행 파일의 위치를 지정하며, 버전 관리 시스템을 사용하기 위해 한 번은 꼭 설정해야 하니 기억하자.

그림 2.19 깃과 SVN 실행 파일 위치를 지정하여 R스튜디오에서 사용할 수 있도록 한다.

2.2.3 깃 연결

버전 관리 시스템의 활용은 몇 가지 이유에서 매우 중요하다. 무엇보다도 코드의 스냅샷 생성이 가능하여 다양한 시점의 코드를 그대로 저장, 복원할 수 있다는 점이다. 또한 코드 백업이 쉽고 컴퓨터 간 코드 이동이 쉽게 가능하다.

SVN이 버전 관리 시스템의 표준처럼 사용되고 있지만, 깃으로 점차 대체되고 있는 추세이므로 여기서는 깃에 집중하도록 한다. 깃 저장소[4]와 프로젝트를 연결하면 R스튜디오는 그림 2.20에서 보이는 깃용 패널을 가지게 된다.

주요 기능으로는 변경 사항을 커밋(commit)하고, 서버로 푸시(push)하며, 다른 사용자가 변경한 사항을 풀(pull)하는 기능이 있다. Commit 버튼을 클릭하면 그림 2.21 같은 대화 창이 나타나고 여기엔 신규 파일, 수정된 파일이 보이게 된다. 수정된 파일 중 하나를 클릭하면 삭제된 내용은 분홍색, 추가된 내용은 녹색으로 표시된다. Commit에 대한 설명을 작성하기 위한 공간도 있으니 활용하면 된다.

Commit을 클릭하면 변경 사항을 스테이지(stage)하고 Push를 누르면 해당 내용을 서버로 전송한다.

---

4 먼저 깃허브(https://github.com/) 또는 비트버킷(https://bitbucket.org/)에 깃 계정이 생성되어야 한다.

그림 2.20 깃 패널은 버전 관리 중인 파일들의 깃 상태를 보여준다. 흰색 M이 적혀 있는 파란 사각형은 수정되었고 커밋(commit)돼야 하는 것임을 표시한다. 흰색 물음표가 적혀 있는 노란 사각형은 깃에 의해 관리되지 않고 있는 파일임을 표시한다.

2.3 레벌루션 애널리틱스 RPE

레벌루션 애널리틱스는 RPE(R Productivity Environment)라는 비주얼 스튜디오 기반 IDE를 제공한다. RPE의 가장 큰 장점은 비주얼 디버거다. 이 기능이 필요하지 않다면,[5] 2.2.2에서 설명한 설정을 사용할 수 있는 R스튜디오 레벌루션 (RStudio Revolution)을 사용하길 추천한다.

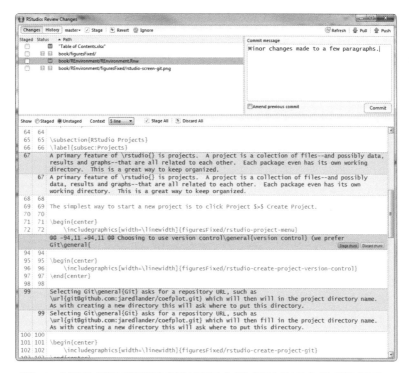

그림 2.21 패널에서는 파일과 파일의 변경 내역을 보여주며, 추가된 내용은 녹색으로, 삭제된 내용은 분홍색으로 표시한다. 오른쪽 위에는 커밋 메시지를 작성할 수 있는 공간이 제공된다.

5 　현재 R스튜디오 최신판에서도 시각화된 디버거를 제공한다.

2.4 마무리

R의 유용성은 과거 몇 년에 걸쳐 크게 향상되어 왔고, 이에 레벌루션 애널리틱스의 RPE와 R스튜디오에 감사드리는 바이다. IDE를 사용하면 활용성이 향상될 뿐 아니라 R 사용이 단순히 할 만한 작업이 아니라 정말 즐길 수 있는 일이 된다.[6] R스튜디오의 코드 완성 기능, 편집기, 깃 연결 및 프로젝트는 좋은 프로그래밍을 위해 없어서는 안 되는 중요한 요소다.

---

6   우리 학생 중 한명은 R스튜디오를 사용하기 전까지 매트랩(Matlab)을 R보다 선호했었다고 말했다.

3장

R 패키지

R이 놀랍도록 인기가 상승한 가장 큰 이유는 아마도 다양한 사용자가 만들어 낸 패키지들 때문이 아닐까 한다. CRAN[1]에는 2013년 9월 중순 기준, 약 2000명의 사용자들이 작성한 4845개 패키지가 올라와 있다. 훌륭한 통계학 기법들은 R로 작성되어 CRAN에 업로드되고 있다. 이렇듯 많은 패키지가 제공되고 있을 뿐 아니라 앤드류 겔먼(Andrew Gelman), 트레버 헤이스티(Trevor Hastie), 더크 에델뷰텔(Dirk Eddelbuettel), 해들리 윅햄(Hadley Wickham) 같은 각 분야의 권위자들이 작성한 패키지도 많이 있다.

패키지는 기본적으로 특정 작업을 수행하기 위해 작성된 코드 라이브러리다. 예를 들면, survival 패키지는 생존 분석 시 사용되며 ggplot2는 플로팅을 위해, 그리고 sp는 공간 데이터를 다룰 때 사용한다.

지금까지 R에서 많은 패키지가 제공된다는 것을 강조했다. 하지만 모든 패키지가 품질이 동등한 수준은 아니니 이 점은 꼭 기억해 두도록 한다. 매우 견고하고 잘 관리되는 패키지도 있는 반면, 좋은 목적으로 만들었지만 에러가 발생하는 패키지도 있다. 또한 어떤 패키지는 기능도 별로이고 관리가 안 되기도 한다. 유명한 패키지들은 통계학자들을 위해 통계학자들이 작성한 것이 많다. 따라서 이런 패키지들은 컴퓨터 엔지니어가 기대하는 것과는 다소 차이가 나기도 한다.

지금도 새로운 패키지가 계속해서 작성되고 있기 때문에 이 책에서 좋은 패키지를 모두 설명하려고 하진 않을 것이다. 이제 책에서 기본 R의 한 부분처럼 사용될 몇 가지 패키지를 소개한다. 해들리 윅햄의 ggplot2, reshape2, plyr, 트레버 헤이스티, 로버트 팁시라니(Robert Tibshirani), 제롬 프리드먼(Jerome

---

1 http://cran.r-project.org/web/packages/

Friedman)의 glmnet, 더크 에델뷰텔의 Rcpp, 셰이후이(謝益輝)의 knitr과 우리
가 CRAN에 올려둔 coefplot 외 다수 패키지다.

3.1 패키지 설치하기

패키지를 설치하는 방법은 다양하다. 그중에서도 R스튜디오에서 제공되는 GUI
를 사용한 설치가 가장 간단한 방법이다. 그림 3.1에 보이는 패키지 패널에 접근
하기 위해서는 해당 탭을 클릭하거나 Ctrl+7을 누르면 된다.

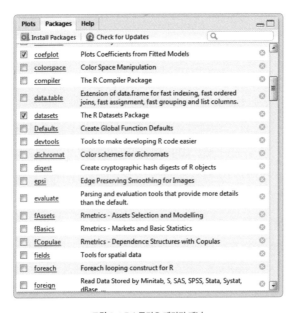

그림 3.1 R스튜디오 패키지 패널

좌측 상단의 Install Packages를 누르면 그림 3.2의 대화 창이 나온다.

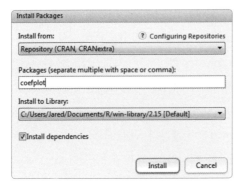

그림 3.2 R스튜디오 패키지 설치 대화 창

간단하게 패키지명을 입력하고(R스튜디오는 입력 시 자동 완성 기능을 지원한다) Install을 누른다. 여러 패키지를 한 번에 입력 가능하며 각 패키지명은 쉼표로 구분된다. 다운로드가 시작된 후 해당 패키지가 설치되면 패키지를 사용할 수 있게 된다. Install dependencies를 체크한 경우, 원하는 패키지가 실행되기 위한 필수 패키지들을 자동으로 다운로드 후 설치한다. 예를 들면, coefplot 패키지를 실행하기 위해서는 ggplot2, plyr, useful, stringr, reshape2가 필요하며 각 패키지들도 다른 추가 패키지를 필요로 할 수 있다.

GUI를 이용하지 않고 콘솔에 다음 명령어를 입력해도 패키지 설치가 가능하다.

```
> install.packages("coefplot")
```

앞의 명령어는 GUI에서 동작하는 것과 동일하게 패키지를 설치할 것이다.

최근에는 깃허브(GitHub)와 비트버킷(BitBucket) 저장소로부터 패키지를 설치하는 방법도 사용되고 있으며, 특히 패키지의 개발자 버전의 경우는 더욱 이 방법을 사용하는 경우가 많다. 이는 devtools를 통해 수행할 수 있다.

```
> require(devtools)
> install_github(repo = "coefplot", username = "jaredlander")
```

저장소로부터 설치될 패키지가 C++와 포트란 같은 컴파일되는 언어의 소스 코드를 포함하고 있다면 적절한 컴파일러도 반드시 설치되어야 한다. 이에 대해서는 24.6에서 좀 더 다루도록 한다.

가끔씩 로컬에 위치한 zip, tar.gz 파일을 설치할 경우가 있다. 이것은 이전에 언급한 설치 대화 창을 사용하여 수행될 수 있는데, 그림 3.3에 보이는 대로 대화창의 'Install from:' 설정을 Package Archive File로 바꿔야 한다. 그리고 나서 설치 파일을 선택하고 설치를 진행하면 된다. 이 경우엔 자동으로 연관 패키지

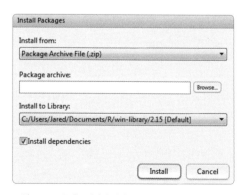

그림 3.3 R스튜디오 패키지 설치 대화 창(아카이브 파일로 설치)

가 설치되지 않기 때문에, 해당 파일들이 없다면 설치가 실패하게 된다. 그러니 먼저 연관 패키지를 설치하자.

로컬 파일로부터 설치할 때도 이전과 같은 방법으로 install.packages를 사용할 수 있다.

```
> install.packages("coefplot_1.1.7.zip")
```

3.1.1 패키지 삭제하기

혼하진 않지만 패키지를 삭제하고 싶은 경우, 그림 3.1에 나온 R스튜디오 패키지 패널에서 패키지 설명 오른쪽의 회색 동그라미 안 흰색 X를 누르면 된다. 다른 방법으로는 remove.packages 명령어에 삭제를 원하는 패키지명을 character vector로 전달하여 실행해도 된다.

3.2 패키지 로딩

자, 이제 패키지를 설치했으니 사용할 준비가 거의 다 되었다. 마지막으로 패키지를 로드해 보자. 패키지를 로드하기 위해 library나 require 두 명령어를 사용할 수 있다. 두 가지 명령어 모두 패키지를 로드하는 작업을 수행하지만 require는 패키지 로딩이 성공할 경우 TRUE를 리턴하고, 실패하는 경우 경고와 함께 FALSE를 리턴한다. 리턴값은 함수 내에서 패키지를 로드할 때 유용하게 사용되는데, 대부분은 리턴값을 신뢰할 수 있지만 어떤 경우에는 그렇지 않기도 하다. 일반적인 사용에 대해 두 함수는 거의 차이가 없으니 개인 취향에 따라 선택하면 된다. 함수 전달 인자는 로딩할 패키지명으로 따옴표는 써도 되고 안 써도 된다. 한 예로 coefplot 패키지 로딩은 다음과 같다.

```
> require(coefplot)

Loading required package: coefplot
Loading required package: ggplot2
```

명령어가 실행되면 함께 로드된 연관 패키지 로딩 결과까지 출력해 주는데, 명령어 실행 시 quietly를 TRUE로 설정하면 메시지를 제거할 수 있다.

```
> require(coefplot, quietly = TRUE)
```

패키지는 새로운 R 세션이 시작될 때 한 번만 로드하면 된다. 한 번 로드하고 나면, R을 재실행하거나 패키지를 언로딩하기 전까지는 그대로 유지되며, 언로딩은 3.2.1에서 좀 더 설명하기로 한다.

코드를 통해 패키지를 로딩하는 대신 그림 3.1의 왼쪽 편에 보이는 R스튜디오 패키지 패널에서 패키지명 옆 체크박스를 선택하여 패키지를 로딩할 수 있다. 선택하게 되면 R스튜디오는 조금 전 코드를 실행하여 패키지를 로드할 것이다.

3.2.1 패키지 언로딩

때때로 패키지를 언로드하게 되는데, detach 함수를 사용하거나 R스튜디오 패키지 패널의 체크박스를 해제하여 간단하게 수행할 수 있다. detach 함수는 package: 뒤에 패키지명을 붙이고 따옴표로 감싼 문자열을 전달 인자로 받는다.

```
> detach("package:coefplot")
```

서로 다른 패키지에서 이름이 같은 함수를 정의하는 것은 흔한 일은 아니다. 예를 들면, coefplot 함수는 앤드류 겔먼의 arm과 coefplot 패키지 모두에 정의되어 있다.[2] 두 패키지를 모두 로드한다면, coefplot 함수를 호출할 때 둘 중 마지막으로 로드된 패키지의 함수가 호출될 것이다. 이런 경우 함수 앞에 패키지명과 두 개의 콜론(::)을 붙여 호출하면 각각의 함수를 호출할 수 있다.

```
> arm::coefplot(object)
> coefplot::coefplot(object)
```

이 방식으로 함수를 호출하면 원하는 패키지의 함수를 호출하는 것뿐 아니라 패키지가 로드되지 않은 상황에서도 함수를 호출할 수 있게 된다.

3.3 패키지 개발

패키지를 개발하고 그 패키지를 CRAN을 통해 커뮤니티에 공유하는 것은 R 작업 중에서도 매우 가치 있고 중요한 일이다. 24장에서는 이 과정에 대해 자세히 다루도록 한다.

---

2 coefplot은 arm에서 활용할 수 있는 한 부분을 향상시켜 만들었기 때문에 특별한 인스턴스다. 이름에서 전혀 공통점을 찾을 수 없는 다른 인스턴스들도 있다.

3.4 마무리

패키지는 R 커뮤니티의 중추를 구성하고 다양한 경험을 만들어 내고, R을 가치 있게 만들어 낸 성공 요인으로 자주 언급된다. 또한, 패키지는 커뮤니티가 그들의 작업과 많은 통계학적 기술들을 세계에서 이용할 수 있도록 만든 한 방법이기도 하다. 수많은 패키지에서 자신에게 필요한 패키지를 찾는 것은 매우 힘든일이다. CRAN 태스크 뷰(http://cran.r-project.org/web/views/)는 각 상황과 필요에 맞는 패키지 목록을 큐레이션하여 제공한다. 하지만 제공되는 목록이 반드시 가장 좋은 패키지는 아닐 수 있으니 되도록 커뮤니티에 직접 문의하는 것이 좋다. 부록 A에 R 관련 정보를 얻을 수 있는 다양한 방법을 정리해 뒀으니 참고하길 바란다.

R 기초

R은 온갖 종류의 계산, 데이터 조작, 과학 연산에 매우 강력한 도구다. R에서 가능한 복잡한 작업을 다루기 전에 기초적인 것부터 시작해 보자. 대부분의 언어와 같이 R은 수학 기능, 변수, 함수, 자료형을 가지고 있다.

4.1 기초 수학

통계학적 프로그래밍 언어로, R은 기초 수학 작업에 사용될 수 있고 이 부분부터 설명을 시작하기로 한다.

기초 수학의 "Hello, World!"인 1+1부터 시작해 보자. 콘솔에 코드를 입력하는 〉가 있다. 다음 명령어를 실행하여 간단히 R을 테스트해 보자.

```
> 1 + 1
[1] 2
```

2가 리턴되면 정상이지만 그렇지 않은 경우 매우 잘못된 것이니 설치부터 다시 확인하도록 한다. 정상 동작했다고 가정하고, 좀 더 복잡한 코드를 실행해 보자.

```
> 1 + 2 + 3
[1] 6
> 3 * 7 * 2
[1] 42
> 4/2
[1] 2
```

```
> 4/3
[1] 1.333
```

모든 산술 연산은 괄호, 지수, 곱하기, 나누기, 더하기와 빼기(PEMDAS)의 기본 순서를 따른다. 이 말은 괄호 안의 연산이 다른 연산보다 순위가 높다는 것, 즉 먼저 실행된다는 뜻이다. 다음으로 지수가 우선순위가 높고 그다음으로 곱하기 나누기가 수행되고 더하기, 빼기가 마지막으로 수행된다.

설명한 우선순위로 인해 다음 코드에서 첫 두 줄의 실행 결과는 값이 같고 반면에 세 번째 줄은 결과가 다르다.

```
> 4 * 6 + 5
[1] 29
> (4 * 6) + 5
[1] 29
> 4 * (6 + 5)
[1] 44
```

지금까지 우리는 *와 / 같은 연산자 사이에 공백을 넣어왔다. 이건 필수는 아니지만 좋은 코딩 습관이니 계속 사용하길 권한다.

4.2 변수

변수는 어떤 프로그래밍 언어를 막론하고 필수적인 부분이다. R은 변수에 대해 폭넓은 유연성을 제공한다. C++ 같은 정적 타입(컴파일 단계에서 변수 타입을 확인) 언어와 다르게, R은 선언될 변수의 타입을 요구하지 않는다. 하나의 변수는 4.3에서 설명할 여러 데이터 타입을 취할 수 있을 뿐 아니라 함수와 같은 R 객체, 분석 결과나 플롯까지도 가질 수 있다. 더욱이 하나의 변수는 특정 시점에는 숫자를, 이후에는 문자를, 이후 다시 숫자를 가리킬 수 있다.

4.2.1 변수 할당

변수에 값을 할당하는 방법은 여러 가지가 있으며, 앞서 언급한 것처럼 할당될 값의 타입과는 아무런 상관이 없다.

R에서 사용하는 할당 연산자는 <-와 =가 있으며 <-가 좀 더 선호되는 편이다.

예를 들어 x에 2를 저장하고 y에 5를 저장해 보자.

```
> x <- 2
> x

[1] 2

> y = 5
> y

[1] 5
```

참고로 화살표 연산자는 반대 방향 역시 가리킬 수 있다.

```
> 3 <- z
> z

[1] 3
```

할당 연산자는 여러 변수에 동시에 값을 할당할 경우 연속적으로 사용될 수 있다.

```
> a <- b <- 7
> a

[1] 7

> b

[1] 7
```

값을 할당할 때 때때로 assign 함수를 사용하기도 한다.

```
> assign("j", 4)
> j

[1] 4
```

변수명은 .와 _을 포함한 알파벳 문자의 조합으로 만들어질 수 있지만 숫자나 _로 시작은 불가능하다.

　R 커뮤니티에서 가장 보편적으로 사용되는 할당 문법은 좌측 화살표(〈-)다. 처음에는 이 문법이 어색할 수 있겠지만 점차 익숙해질 테니 걱정하지 않아도 된다. 오히려 이 문법은 값이 변수를 가리키고 있는 형태라는 점에서 논리적으로 이해가 쉬울 수 있다. 등호(=)로 값의 일치 여부를 확인하는 SQL 같은 언어를 사용하던 사람들에게는 〈- 문법이 이해하는 데 훨씬 도움이 된다.

　일반적으로 변수명은 의미를 알 수 없는 알파벳 조합이나 한 글자 단어보다는 명사나 이름을 사용하는 것이 좋다. 이 경우 코드를 보는 사람에게 좀 더 많은 정보를 제공할 수 있으며, 이 책의 다양한 코드에서 확인할 수 있다.

4.2.2 변수 삭제

다양한 이유로 변수를 삭제하는 경우가 있다. 삭제는 remove 또는 remove의 단축키인 rm 명령어로 쉽게 가능하다.

```
> j
[1] 4
> rm(j)
> # 이제 지워졌다.
> j
Error: object 'j' not found
```

삭제 명령은 추가 객체를 저장하기 위해 메모리를 해제하는데, 운영 체제의 메모리 해제를 반드시 보장하진 않는다. 확실한 해제를 위해 gc를 사용하는데, 이는 운영 체제의 가비지 컬렉션(garbage collection), 즉 사용되지 않는 메모리 해제 작업을 수행한다. R은 자동으로 주기적으로 가비지 컬렉션을 수행하므로 gc가 필수는 아니다.

변수명은 대소문자를 구분하기 때문에 SQL이나 비주얼 베이직(Visual Basic) 같은 언어를 사용하던 사람들은 실수할 수 있으니 주의하자.

```
> theVariable <- 17
> theVariable
[1] 17
> THEVARIABLE
Error: object 'THEVARIABLE' not found
```

4.3 데이터 타입

R에는 여러 종류의 데이터를 저장하는 많은 데이터 타입이 있다. 그중 가장 자주 사용되는 주요 데이터 타입은 numeric, character(문자열), Date/POSIXct(시간 기반), logical(TRUE/FALSE)이다.

변수에 포함된 데이터의 타입은 class 함수로 확인한다.

```
> class(x)
[1] "numeric"
```

4.3.1 숫자 데이터

R은 숫자를 다루는 데 매우 뛰어나며 숫자 데이터는 R의 가장 기본적인 타입이다. 가장 흔한 숫자 데이터는 numeric이다. 이것은 다른 언어의 float 또는 double과 비슷하며, 정수와 소수, 양수와 음수 그리고 0까지 다룬다. 변수에 저장된 숫자 값은 자동으로 numeric으로 취급되고, is.numeric 함수로 변수가 numeric 인지 확인할 수 있다.

```
> is.numeric(x)

[1] TRUE
```

상대적으로 덜 사용되지만 integer도 중요한 타입이다. 이름에서 알 수 있듯이 소수가 아닌 정수에 대해서만 사용하며, 정수를 변수에 지정하려면 해당 값 뒤에 L을 붙이면 된다. 타입 확인은 numeric과 마찬가지로 is.integer 함수가 사용된다.

```
> i <- 5L
> i

[1] 5

> is.integer(i)

[1] TRUE
```

비록 i가 integer일지라도 numeric 확인 과정을 통과함을 기억해두자.

```
> is.numeric(i)

[1] TRUE
```

R은 필요시 integer를 numeric으로 영리하게 변경한다. integer를 numeric과 곱하거나 integer를 다른 integer로 나눠 소수로 결과가 나오는 경우 명확하게 확인할 수 있다.

```
> class(4L)

[1] "integer"

> class(2.8)

[1] "numeric"

> 4L * 2.8

[1] 11.2
```

```
> class(4L * 2.8)

[1] "numeric"

>
> class(5L)

[1] "integer"

> class(2L)

[1] "integer"

> 5L/2L

[1] 2.5

> class(5L/2L)

[1] "numeric"
```

4.3.2 문자 데이터

문자(열) 데이터 타입은 명백하게 수학적이진 않지만, 통계 분석에서 매우 흔하게 볼 수 있어 반드시 주의 깊게 다뤄져야 한다. R은 문자 데이터를 다루기 위해 character와 factor를 제공한다. 겉으로 보기엔 둘은 비슷하게 보일 수 있지만 실제로는 전혀 다르게 취급된다.

```
> x <- "data"
> x

[1] "data"

> y <- factor("data")
> y

[1] data
Levels: data
```

x는 따옴표로 감싸진 "data"를 포함하고 있지만, y는 y의 levels에 대한 정보를 가진 두 번째 줄과 따옴표 없는 "data"를 가지고 있다. 이 부분은 vector를 설명하는 4.4.2에서 좀 더 설명하기로 한다.

character는 대소문자를 구분하기 때문에 "Data"는 "data"나 "DATA"와 다르다.

character나 numeric 타입의 길이 확인은 nchar 함수를 사용한다.

```
> nchar(x)

[1] 4

> nchar("hello")

[1] 5
```

```
> nchar(3)
```

```
[1] 1
```

```
> nchar(452)
```

```
[1] 3
```

nchar는 factor 데이터에 대해서는 동작하지 않는다.

```
> nchar(y)
```

```
Error: 'nchar()' requires a character vector
```

4.3.3 날짜 타입

날짜와 시간을 다루는 것은 어느 언어에서나 어려울 수 있다. 더욱이 R은 여러 가지 날짜 타입을 가지고 있어 훨씬 더 복잡하다. 이 중 가장 유용한 것은 Date와 POSIXct다. Date는 날짜만 저장하는 반면에 POSIXct는 날짜와 시간까지 저장한다. 두 객체 모두 1970년 1월 1일로부터의 경과일(Date), 경과초(POSIXct)로 실제 값을 저장한다.

```
> date1 <- as.Date("2012-06-28")
> date1
```

```
[1] "2012-06-28"
```

```
> class(date1)
```

```
[1] "Date"
```

```
> as.numeric(date1)
```

```
[1] 15519
```

```
>
> date2 <- as.POSIXct("2012-06-28 17:42")
> date2
```

```
[1] "2012-06-28 17:42:00 EDT"
```

```
> class(date2)
```

```
[1] "POSIXct" "POSIXt"
```

```
> as.numeric(date2)
```

```
[1] 1340919720
```

좀 더 쉽게 날짜 · 시간 객체를 다루기 위해 lubridate와 chron 패키지를 사용할 수도 있다.

as.numeric이나 as.Date 같은 함수를 사용하는 경우, 단순히 객체의 출력 형식만 바꾸는 것이 아니라 실제 객체의 타입도 바꾸게 되니 기억해두자.

```
> class(date1)
[1] "Date"
> class(as.numeric(date1))
[1] "numeric"
```

4.3.4 논리 타입

logical은 TRUE 또는 FALSE로 데이터를 표현한다. 숫자로는 TRUE는 1, FALSE는 0과 같다. 그렇기 때문에 TRUE * 5는 5와 같고, FALSE * 5는 0이 된다.

```
> TRUE * 5
[1] 5
> FALSE * 5
[1] 0
```

다른 타입들과 마찬가지로, logical도 is.logical 함수를 이용해 logical 타입 여부를 확인한다.

```
> k <- TRUE
> class(k)
[1] "logical"
> is.logical(k)
[1] TRUE
```

R은 TRUE와 FALSE의 단축키로 T와 F를 제공하지만, T와 F는 TRUE, FALSE 값을 단순히 저장한 변수이며 다른 값으로 덮어쓸 수 있어, 다음 예제에서 보이는 것처럼 큰 좌절을 맛볼 수 있으니 사용하지 않는 것이 좋다.

```
> TRUE
[1] TRUE
> T
[1] TRUE
> class(T)
[1] "logical"
```

```
> T <- 7
> T

[1] 7

> class(T)

[1] "numeric"
```

logical은 두 숫자나 문자를 비교하는 경우 결괏값으로 사용된다.

```
> # 2가 3과 같은가?
> 2 == 3

[1] FALSE

> # 2가 3과 다른가?
> 2 != 3

[1] TRUE

> # 2는 3보다 작은가?
> 2 < 3

[1] TRUE

> # 2는 3과 같거나 작은가?
> 2 <= 3

[1] TRUE

> # 2는 3보다 큰가?
> 2 > 3

[1] FALSE

> # 2는 3과 같거나 큰가?
> 2 >= 3

[1] FALSE

> # 'data'는 'stats'와 같은가?
> "data" == "stats"

[1] FALSE

> # 'data'는 'stats'보다 작은가?
> "data" < "stats"

[1] TRUE
```

4.4 벡터(vector) 타입

vector는 타입이 동일한 원소들의 모음이다. 예를 들면, c(1, 3, 2, 1, 5)는 숫자 1, 3, 2, 1, 5로 구성된 vector다. 유사하게, c("R", "Excel", "SAS", "Excel")은 "R",

"Excel", "SAS", "Excel" 문자열 원소로 구성된 vector다. 다시 말하지만 하나의 vector에 여러 타입이 함께 존재할 수 없다.

vector는 R에서 중요하고 유익한 역할을 한다. R이 벡터화 언어이기 때문에 R에서 vector는 단순히 데이터를 담는 것 이상으로 특별하다. 벡터화 언어라는 것은 vector를 사용하면 루프 없이 vector의 원소들에 자동으로 동일한 작업을 수행할 수 있다는 것을 의미한다. 이는 다른 언어를 사용하던 사람들에게는 어색할 수 있겠지만 R의 큰 장점 중 하나이며 강력한 기능이기도 하다.

vector는 차원이 없다. 이 말은 행 vector, 열 vector가 없다는 말이다. 이런 vector는 행과 열 간 차이가 존재하는 수학적 벡터와는 다르다.[1]

vector를 만드는 가장 일반적인 방법은 c를 붙이는 것이다. 여기서 "c"는 combine을 뜻하는데, 여러 원소가 하나의 vector로 결합되기 때문이다.

```
> x <- c(1, 2, 3, 4, 5, 6, 7, 8, 9, 10)
> x
 [1]  1  2  3  4  5  6  7  8  9 10
```

4.4.1 벡터 연산

열 개의 숫자를 가진 vector의 각 원소에 3을 곱하고자 한다. R에서는 곱하기 (*)를 사용하여 간단하게 연산을 수행한다.

```
> x * 3
 [1]  3  6  9 12 15 18 21 24 27 30
```

루프는 필요하지 않다. 더하기, 빼기, 나누기도 같은 방식으로 쉽게 가능하며, 얼마든지 다른 여러 작업에도 적용할 수 있다.

```
> x + 2
 [1]  3  4  5  6  7  8  9 10 11 12
> x - 3
 [1] -2 -1  0  1  2  3  4  5  6  7
> x/4
 [1] 0.25 0.50 0.75 1.00 1.25 1.50 1.75 2.00 2.25 2.50
> x^2
```

---

1 행 또는 열 vector는 1차원의 matrix로 표현될 수 있으며 5.3에서 설명한다.

```
 [1]  1  4  9 16 25 36 49 64 81 100
> sqrt(x)

 [1] 1.000 1.414 1.732 2.000 2.236 2.449 2.646 2.828 3.000 3.162
```

vector를 생성하는 c 함수를 이용하여 열 개 숫자를 가지는 vector를 만들어 보았다. : 연산자는 어느 방향으로든 연속적인 숫자를 만들어 내는 기능을 한다.

```
> 1:10

 [1]  1  2  3  4  5  6  7  8  9 10

> 10:1

 [1] 10  9  8  7  6  5  4  3  2  1

> -2:3

 [1] -2 -1  0  1  2  3

> 5:-7

 [1]  5  4  3  2  1  0 -1 -2 -3 -4 -5 -6 -7
```

벡터 연산은 좀 더 확장이 가능하다. 길이가 같은 두 벡터가 있다고 가정해보자. 두 벡터에서 대응되는 각 원소는 함께 연산될 수 있다.

```
> # 길이가 같은 벡터를 두 개 생성한다.
> x <- 1:10
> y <- -5:4
> # 두 벡터를 더한다.
> x + y

 [1] -4 -2  0  2  4  6  8 10 12 14

> # 두 벡터를 뺀다.
> x - y

 [1] 6 6 6 6 6 6 6 6 6 6

> # 두 벡터를 곱한다.
> x * y

 [1] -5 -8 -9 -8 -5  0  7 16 27 40

> # 두 벡터를 나눈다(0으로 나누는 경우 Inf가 리턴됨을 확인한다).
> x/y

 [1] -0.2 -0.5 -1.0 -2.0 -5.0  Inf 7.0 4.0 3.0 2.5

> # 한 벡터를 다른 나머지 벡터로 제곱한다.
> x^y

 [1] 1.000e+00 6.250e-02 3.704e-02 6.250e-02 2.000e-01 1.000e+00
 [7] 7.000e+00 6.400e+01 7.290e+02 1.000e+04

> # 각 벡터의 길이를 확인한다.
```

```
> length(x)

[1] 10

> length(y)

[1] 10

> # 두 벡터를 더한 결과 벡터의 길이는 동일해야 한다.
> length(x + y)

[1] 10
```

앞의 코드에서 # 심벌을 볼 수 있는데 이것은 주석을 나타낸다. # 뒤로 작성된 같은 줄의 내용은 주석으로 처리되므로 실행되지 않을 것이다.

길이가 다른 두 vector 간 연산은 좀 더 복잡해진다. 짧은 vector의 각 원소는 긴 vector의 모든 원소에 대응될 때까지 순서에 맞게 반복적으로 재사용된다. 만약 긴 vector의 길이가 짧은 vector의 배수가 아닌 경우 경고가 출력된다.

```
> x + c(1, 2)

 [1]  2  4  4  6  6  8  8 10 10 12

> x + c(1, 2, 3)

Warning: longer object length is not a multiple of shorter object length

 [1]  2  4  6  5  7  9  8 10 12 11
```

vector에는 비교 연산도 가능하다. 다음 비교 연산에 의해 동일한 길이의 TRUE 또는 FALSE 결괏값을 가지는 벡터를 확인할 수 있다.

```
> x <= 5

 [1]  TRUE  TRUE  TRUE  TRUE  TRUE FALSE FALSE FALSE FALSE FALSE

> x > y

 [1] TRUE TRUE TRUE TRUE TRUE TRUE TRUE TRUE TRUE TRUE

> x < y

 [1] FALSE FALSE FALSE FALSE FALSE FALSE FALSE FALSE FALSE FALSE
```

모든 원소가 TRUE인지 확인하고 싶은 경우 all 함수를 이용한다. 또한, 어느 한 원소라도 TRUE인지 확인하려면 any 함수를 사용한다.

```
> x <- 10:1
> y <- -4:5
> any(x < y)

[1] TRUE
```

```
> all(x < y)

[1] FALSE
```

nchar 함수도 vector의 각 원소에 적용된다.

```
> q <- c("Hockey", "Football", "Baseball", "Curling", "Rugby",
+         "Lacrosse", "Basketball", "Tennis", "Cricket", "Soccer")
> nchar(q)

 [1] 6 8 8 7 5 8 10 6 7 6

> nchar(y)

 [1] 2 2 2 2 1 1 1 1 1 1
```

vector의 각 원소는 대괄호([ ])를 사용하여 접근한다. x의 첫 번째 원소는 x[1], 첫 두 개의 원소는 x[1:2], 그리고 연속되지 않은 두 원소는 x[c(1, 4)]와 같은 형식으로 접근한다.

```
> x[1]

[1] 10

> x[1:2]

[1] 10 9

> x[c(1, 4)]

[1] 10 7
```

이 방식은 numeric, logical, character, 기타 등등 모든 타입의 vector에 적용된다. vector 생성 시 또는 생성 후 vector에 이름을 부여할 수 있다.

```
> # 이름-값 쌍을 사용하여 배열의 각 원소에 이름을 제공한다.
> c(One = "a", Two = "y", Last = "r")

 One Two Last
 "a" "y" "r"

>
> # 벡터를 생성한다.
> w <- 1:3
> # 원소에 이름을 부여한다.
> names(w) <- c("a", "b", "c")
> w

a b c
1 2 3
```

4.4.2 factor 벡터

factor는 R에서 중요한 개념이며, 특히 모델을 만들 때는 더욱 그렇다. 일부 중복된 텍스트 데이터를 가지는 간단한 vector를 하나 만들어 보자. 전에 만들었던 vector q에 몇 개 원소를 추가하여 생성하기로 한다.

```
> q2 <- c(q, "Hockey", "Lacrosse", "Hockey", "Water Polo",
+         "Hockey", "Lacrosse")
```

이 vector를 factor로 변환하는 것은 as.factor로 쉽게 가능하다.

```
> q2Factor <- as.factor(q2)
> q2Factor

 [1] Hockey     Football   Baseball Curling  Rugby   Lacrosse
 [7] Basketball Tennis     Cricket  Soccer   Hockey Lacrosse
[13] Hockey     Water Polo Hockey   Lacrosse
11 Levels: Baseball Basketball Cricket Curling Football ... Water Polo
```

q2Factor의 모든 원소를 출력하면, q2Factor의 levels도 함께 출력된다. factor의 levels는 factor의 변수에서 유일한 변수를 뜻한다. 기술적으로는, R은 factor의 각 유일한 변수에 유일한 번호(integer)를 부여하며 이를 다시 character로 표현하여 보여준다. 이것은 as.numeric을 통해 확인할 수 있다.

```
> as.numeric(q2Factor)

 [1] 6 5 1 4 8 7 2 10 3 9 6 7 6 11 6 7
```

보통의 factor에서 levels의 순서는 중요치 않으며, 하나의 level은 다른 level들과 별다른 차이가 없다. 하지만 교육 수준의 코드화 같은 level 간 우선순위를 가지는 작업의 경우, factor의 순서를 이해하는 것은 중요하다. ordered 전달 인자를 TRUE로 설정하면 levels 전달 인자에 주어진 순서로 정렬된 factor를 생성할 수 있다.

```
> factor(x=c("High School", "College", "Masters", "Doctorate"),
+        levels=c("High School", "College", "Masters", "Doctorate"),
+        ordered=TRUE)

[1] High School College     Masters     Doctorate
Levels: High School < College < Masters < Doctorate
```

factor는 유일한 값만 저장하기 때문에 변수 크기를 크게 줄일 수 있지만, 잘못 사용되면 골치 아픈 상황이 발생할 수도 있다. 이 부분에 대해서는 앞으로 좀 더 설명하겠다.

4.5 함수 호출하기

이전에 몇 가지 개념을 설명하기 위해 nchar, length, as.Date 같은 기본 함수들을 사용했다. 함수는 코드를 쉽게 반복적으로 사용할 수 있다는 점에서 어떤 언어에서나 매우 중요하고 많은 도움이 된다. R에서 수행되는 거의 모든 단계에는 함수가 사용되며, 그렇기 때문에 올바른 함수 호출 방법을 배우는 것은 정말 중요하다. R 함수 호출 방법은 다양하고 조금씩 차이가 있으므로, 모두 다루기보다는 가장 핵심적인 부분을 중점적으로 다루겠다. 앞으로 이 책에서는 많은 함수 호출 예를 확인할 수 있으니 그때마다 익혀두자.

여러 숫자의 평균을 계산하는 간단한 mean 함수로 시작해 보자. mean의 가장 간단한 형태는 vector를 전달 인자로 사용하는 것이다.

```
> mean(x)
[1] 5.5
```

좀 더 복잡한 함수들은 입력된 순서나 등호와 함께 사용된 전달 인자의 이름으로 정의되는 다수의 전달 인자를 가진다. 이 내용에 대해서는 이후 내용에서 확인할 수 있다.

R은 사용자가 자신의 함수를 정의할 수 있는 쉬운 방법을 제공하며, 8장에서 자세히 다루겠다.

4.6 함수 문서

R에서 제공되는 어떤 함수든 다양한 수준의 관련 문서를 가지고 있다. 해당 문서에 접근하는 가장 쉬운 방법은 함수명 앞에 ?mean과 같이 물음표(?)를 붙이는 것이다.

+, *, ==와 같은 이항 연산자의 도움말을 보려면 연산자를 `로 감싸야 한다.

```
> ?'+'
> ?'*'
> ?'=='
```

코드를 작성하다 보면 때로는 사용하려는 함수에 대한 일부 이름만 아는 경우가 있다. 이런 경우 apropos에 함수명의 일부를 넣고 실행하면 원하는 함수를 찾을 수도 있다.

```
> apropos("mea")

 [1] ".cache/mean-simple_ce29515dafe58a90a771568646d73aae"
 [2] ".colMeans"
 [3] ".rowMeans"
 [4] "colMeans"
 [5] "influence.measures"
 [6] "kmeans"
 [7] "mean"
 [8] "mean.Date"
 [9] "mean.default"
[10] "mean.difftime"
[11] "mean.POSIXct"
[12] "mean.POSIXlt"
[13] "mean_cl_boot"
[14] "mean_cl_normal"
[15] "mean_sdl"
[16] "mean_se"
[17] "rowMeans"
[18] "weighted.mean"
```

4.7 누락 데이터

누락 데이터는 통계와 계산 모두에 매우 중요한 역할을 한다. R은 NA와 NULL 두 가지 누락 데이터 타입을 가진다. 두 타입은 비슷해 보이지만, 매우 다르게 동작하며 차이에 대해 명확히 알아두어야 한다.

4.7.1 NA

종종 우리는 다양한 이유로 인해 값이 누락된 데이터를 사용하게 된다. 통계학 프로그램들은 누락 데이터를 표현하기 위해 대시(-), 마침표(.), 또는 숫자 99를 사용한다. R은 이를 위해 NA를 사용하는데, NA는 종종 vector의 한 원소처럼 보일 것이다. is.na는 vector 각 원소의 누락 여부를 확인하는 함수다.

```
> z <- c(1, 2, NA, 8, 3, NA, 3)
> z

[1] 1 2 NA 8 3 NA 3

> is.na(z)

[1] FALSE FALSE TRUE FALSE FALSE TRUE FALSE
```

NA는 마치 보통 텍스트인 것처럼 단순히 "N"과 "A"를 눌러 입력한다. 또한, NA는 어떤 종류의 vector에도 유효하다.

```
> zChar <- c("Hockey", NA, "Lacrosse")
> zChar
```

```
[1] "Hockey" NA "Lacrosse"
> is.na(zChar)

[1] FALSE TRUE FALSE
```

누락 데이터를 다루는 것은 통계학적 분석에서 매우 중요한 부분이다. 분야와 선호도에 따라 많은 기법이 존재하며, 유명한 기법으로는 25장에서 다루게 될 앤드류 겔먼과 제니퍼 힐(Jennifer Hill)의 책 "Data Analysis Using Regression and Multilevel/Hierarchical Models"에 나온 다중대체법이 있다. 이 기법은 mi, mice 및 Amelia 패키지에 구현되어 있다.

4.7.2 NULL

NULL은 아무것도 없다는 것이다. 이것은 데이터가 누락되거나 빠져 있다는 것이 아니고, 없다는 것이다. 함수는 NULL을 리턴할 수 있으며, 전달 인자도 NULL이 될 수 있다. NA와 NULL 간 중요한 차이점은 NULL은 원자적이며 즉, 여러 타입을 가지지 않으며 vector 안에 존재할 수 없다는 것이다. 이 말은 NULL을 vector 안에 넣더라도, NULL은 사라진다는 뜻이다.

```
> z <- c(1, NULL, 3)
> z

[1] 1 3
```

앞의 코드에서 보는 것처럼 NULL이 vector z에 입력되었지만, 실제로는 z에 저장되지 않았고 z의 길이는 2가 되었다.

 NULL 값은 is.null로 확인한다.

```
> d <- NULL
> is.null(d)

[1] TRUE

> is.null(7)

[1] FALSE
```

NULL이 vector의 원소가 될 수 없기 때문에 is.null은 벡터화된 동작을 하진 않는다.

4.8 마무리

데이터는 많은 타입으로 존재하고 R은 데이터를 다루기 위한 좋은 구조를 갖추고 있다. 기본적인 계산과 더불어 R은 숫자, 문자, 시간 데이터도 다룰 수 있다. R을 활용하는 큰 장점으로 벡터화가 있다. 벡터화는 비록 프로그래밍에 대한 생각을 바꿔야 하는 어려움이 있지만 매우 훌륭한 R의 특징이다. 이것은 vector 안의 여러 원소에 대한 동시작업을 가능하게 하며 좀 더 빠르고 많은 수학적 코드를 수행할 수 있도록 해준다.

5장

고급 자료 구조

데이터는 때때로 간단한 vector보다 더 복잡한 저장 공간을 요구하며, 고맙게도 R은 다양한 자료 구조를 제공한다. array, list, matrix, data.frame은 이를 위한 가장 일반적인 것들이다. 이 중 data.frame은 스프레드시트를 사용해온 사람에 게, matrix는 행렬 수학에 익숙한 사람에게, list는 프로그래머에게 매우 친숙하 게 다가올 것이다.

5.1 data.frame

아마도 R의 가장 유용한 특징 중 하나는 data.frame이 아닐까 한다. data.frame 은 R의 편리함을 설명하기 위해 가장 많이 언급되는 것이기도 하다.

외형적으로 data.frame은 행과 열을 가졌다는 점에서 엑셀 스프레드시트 같 다. 통계적 관점에서 각 열은 하나의 변수이고 각 행은 하나의 관측값이 된다.

R이 data.frame을 어떻게 구성하는지 살펴보면, 각 열은 실제 vector이며 각 vector의 길이는 같다. 이는 각 열이 서로 다른 타입의 데이터를 가질 수 있게 한 다는 점에서 매우 중요한 의미를 가진다(4.3 참조). 또한, 이것은 vector를 사용 할 때와 같이, 하나의 열 안에서 각 원소가 반드시 타입이 같아야 한다는 것을 의 미한다.

data.frame은 다양한 방법으로 생성할 수 있으며, data.frame 함수를 사용 하는 것이 가장 쉽다. 이제 지금까지 소개해 왔던 vector 중 x, y, q로 기본적인 data.frame을 만들어 보자.

```
> x <- 10:1
> y <- -4:5
> q <- c("Hockey", "Football", "Baseball", "Curling", "Rugby",
+       "Lacrosse", "Basketball", "Tennis", "Cricket", "Soccer")
> theDF <- data.frame(x, y, q)
> theDF

    x  y          q
1  10 -4     Hockey
2   9 -3   Football
3   8 -2   Baseball
4   7 -1    Curling
5   6  0      Rugby
6   5  1   Lacrosse
7   4  2 Basketball
8   3  3     Tennis
9   2  4    Cricket
10  1  5     Soccer
```

앞의 코드는 세 개의 vector로 구성되는 10×3 data.frame을 생성한다. theDF의 이름들은 기본적으로는 변수들로 구성되고, data.frame 생성 중에 이름을 할당할 수도 있다. 보통은 후자와 같이 하는 것이 좋다.

```
> theDF <- data.frame(First = x, Second = y, Sport = q)
> theDF

   First Second      Sport
1     10     -4     Hockey
2      9     -3   Football
3      8     -2   Baseball
4      7     -1    Curling
5      6      0      Rugby
6      5      1   Lacrosse
7      4      2 Basketball
8      3      3     Tennis
9      2      4    Cricket
10     1      5     Soccer
```

data.frame은 많은 속성을 가진 복잡한 객체다. 그중에서도 행과 열의 개수는 가장 자주 확인하게 되는 속성이다. nrow, ncol 함수로 두 속성을 확인할 수 있으며, dim 함수로 두 가지를 동시에 확인도 가능하다.

```
> nrow(theDF)
```

```
[1] 10
```

```
> ncol(theDF)
```

```
[1] 3
```

```
> dim(theDF)
```

```
[1] 10 3
```

names 함수를 사용하면 data.frame의 열 이름을 간단히 확인할 수 있다. 이 함수는 열의 이름을 나열한 character vector를 리턴한다. 리턴된 vector는 다른 vector와 마찬가지로 각 원소별 접근도 가능하다.

```
> names(theDF)

[1] "First" "Second" "Sport"

> names(theDF)[3]

[1] "Sport"
```

또한 우리는 data.frame의 행 이름도 확인, 할당할 수 있다.

```
> rownames(theDF)

 [1] "1" "2" "3" "4" "5" "6" "7" "8" "9" "10"

> rownames(theDF) <- c("One", "Two", "Three", "Four", "Five", "Six",
+                      "Seven", "Eight", "Nine", "Ten")
> rownames(theDF)

 [1] "One" "Two" "Three" "Four" "Five" "Six" "Seven" "Eight"
 [9] "Nine" "Ten"

> # 행 이름을 일반적인 인덱스로 다시 돌려놓는다.
> rownames(theDF) <- NULL
> rownames(theDF)

 [1] "1" "2" "3" "4" "5" "6" "7" "8" "9" "10"
```

보통, data.frame이 너무 많은 행을 포함하면 화면에 모든 행을 출력할 수 없는데, 이럴 경우 head 함수를 사용하면 첫 몇 행만을 화면에 출력할 수 있다.

```
> head(theDF)

  First Second    Sport
1    10     -4   Hockey
2     9     -3 Football
3     8     -2 Baseball
4     7     -1  Curling
5     6      0    Rugby
6     5      1 Lacrosse

> head(theDF, n = 7)

  First Second      Sport
1    10     -4     Hockey
2     9     -3   Football
3     8     -2   Baseball
4     7     -1    Curling
5     6      0      Rugby
6     5      1   Lacrosse
7     4      2 Basketball
```

```
> tail(theDF)

   First Second      Sport
5      6      0      Rugby
6      5      1   Lacrosse
7      4      2 Basketball
8      3      3     Tennis
9      2      4    Cricket
10     1      5     Soccer
```

지금까지 다른 변수들을 확인했던 것처럼, class 함수를 사용하면 data.frame의 class를 확인할 수 있다.

```
> class(theDF)

[1] "data.frame"
```

data.frame의 각 열이 개별 vector이기 때문에, 각각은 별도로 접근이 가능하며 고유의 class를 가진다. R의 다른 많은 측면들처럼, 각 열에 접근하는 방법은 여러 가지가 있으며 대표적으로 $ 연산자와 []가 있다. theDF$Sport를 실행하면 theDF의 세 번째 열에 접근할 수 있고, 이름으로 특정 열을 명시하도록 해준다.

```
> theDF$Sport

 [1] Hockey     Football Baseball Curling Rugby Lacrosse
 [7] Basketball Tennis    Cricket  Soccer
10 Levels: Baseball Basketball Cricket Curling Football ... Tennis
```

vector와 비슷하게, []를 사용하여 data.frame의 각 원소에 접근할 수 있는데, 이 때 값을 한 개가 아니라 두 개를 지정해야 한다. 첫 번째 값은 행의 위치를, 두 번째 값은 열의 위치를 지정하는데 예를 들면, 세 번째 행의 두 번째 열의 값에 접근하려면 theDF[3, 2]를 입력해야 한다.

```
> theDF[3, 2]

[1] -2
```

다수의 행 또는 열을 명시하기 위해서 인덱스들의 vector를 사용한다.

```
> # 3행, 2~3열
> theDF[3, 2:3]

  Second      Sport
3     -2 Baseball

>
> # 3~5행, 2열
> # 오직 한 개 열만 선택되었기 때문에 벡터로 리턴되었으며,
```

```
> # 열 이름이 출력되지 않을 것이다.
> theDF[c(3, 5), 2]

[1] -2 0

>
> # 3~5행, 2~3열
> theDF[c(3, 5), 2:3]

  Second    Sport
3     -2 Baseball
5      0    Rugby
```

한 행 전부에 접근하기 위해서는 열 위치를 명시하지 않으면 되고, 한 열 전부에
접근하려면 행 위치를 명시하지 않으면 된다.

```
> # 모든 3열
> # 오직 한 개 열이기 때문에 벡터가 리턴된다.
> theDF[, 3]

 [1] Hockey     Football Baseball Curling Rugby Lacrosse
 [7] Basketball Tennis   Cricket  Soccer
10 Levels: Baseball Basketball Cricket Curling Football ... Tennis

>
> # 모든 2~3열
> theDF[, 2:3]

   Second      Sport
1      -4     Hockey
2      -3   Football
3      -2   Baseball
4      -1    Curling
5       0      Rugby
6       1   Lacrosse
7       2 Basketball
8       3     Tennis
9       4    Cricket
10      5     Soccer

>
> # 2행 전체
> theDF[2, ]

  First Second    Sport
2     9     -3 Football

>
> # 2~4행 전체
> theDF[2:4, ]

  First Second    Sport
2     9     -3 Football
3     8     -2 Baseball
4     7     -1  Curling
```

이름으로 다수 열에 접근하기 위해서는 이름을 원소로 가지는 character vector
를 열의 위치에 전달 인자로 넣으면 된다.

```
> theDF[, c("First", "Sport")]

    First      Sport
1      10      Hockey
2       9    Football
3       8    Baseball
4       7     Curling
5       6       Rugby
6       5    Lacrosse
7       4  Basketball
8       3      Tennis
9       2      Cricket
10      1      Soccer
```

특정 열에 접근하는 다른 방법으로는 해당 열의 이름(또는 위치)을 []의 두 번째 인자로 사용하거나, []나 [[]]의 유일한 인자로 사용하는 것이다.

```
> # "Sport" 열만 선택
> # 한 개 열이기 때문에 (factor) 벡터 하나로 리턴한다.
> theDF[, "Sport"]

 [1] Hockey     Football Baseball Curling Rugby Lacrosse
 [7] Basketball Tennis   Cricket  Soccer
10 Levels: Baseball Basketball Cricket Curling Football ... Tennis

> class(theDF[, "Sport"])

[1] "factor"


>
> # "Sport" 열만 선택
> # 한 개 열을 가진 data.frame을 리턴한다.
> theDF["Sport"]

         Sport
1       Hockey
2     Football
3     Baseball
4      Curling
5        Rugby
6     Lacrosse
7   Basketball
8       Tennis
9      Cricket
10      Soccer

> class(theDF["Sport"])

[1] "data.frame"


>
> # "Sport" 열만 선택
> # 이 또한 (factor) 벡터 하나를 리턴한다.
> theDF[["Sport"]]

 [1] Hockey     Football Baseball Curling Rugby Lacrosse
 [7] Basketball Tennis   Cricket  Soccer
10 Levels: Baseball Basketball Cricket Curling Football ... Tennis

> class(theDF[["Sport"]])

[1] "factor"
```

앞의 각 접근 방법은 출력 결과가 다른데, vector를 리턴하기도 하고 열이 하나
인 data.frame을 리턴하기도 한다. []를 사용할 때 한 열로 구성된 data.frame을
리턴받기 위해서는 세 번째 인자로 drop=FALSE를 설정해야 한다. 이 설정은 숫
자로 하나의 열을 지정할 때도 동일하게 동작한다.

```
> theDF[, "Sport", drop = FALSE]

          Sport
1        Hockey
2      Football
3      Baseball
4       Curling
5         Rugby
6      Lacrosse
7    Basketball
8        Tennis
9       Cricket
10       Soccer

> class(theDF[, "Sport", drop = FALSE])

[1] "data.frame"

>
> theDF[, 3, drop = FALSE]

          Sport
1        Hockey
2      Football
3      Baseball
4       Curling
5         Rugby
6      Lacrosse
7    Basketball
8        Tennis
9       Cricket
10       Soccer

> class(theDF[, 3, drop = FALSE])

[1] "data.frame"
```

우리는 4.4.2에서 factor가 독특한 방식으로 저장되는 것을 확인하였다. factor
가 data.frame 형식으로 어떻게 표현되는지 확인하기 위해, 지시 변수 집합을
만들어주는 model.matrix 함수를 사용한다. 이 함수는 각 factor의 level별로 한
개 열을 생성하고 각 행의 값은 해당 열의 이름에 level이 포함된 경우 1, 그렇지
않은 경우 0이 된다.

```
> newFactor <- factor(c("Pennsylvania", "New York", "New Jersey", "New York",
+     "Tennessee", "Massachusetts", "Pennsylvania", "New York"))
> model.matrix(~newFactor - 1)
```

```
       newFactorMassachusetts newFactorNew Jersey newFactorNew York
1                           0                   0                  0
2                           0                   0                  1
3                           0                   1                  0
4                           0                   0                  1
5                           0                   0                  0
6                           1                   0                  0
7                           0                   0                  0
8                           0                   0                  1
       newFactorPennsylvania newFactorTennessee
1                          1                  0
2                          0                  0
3                          0                  0
4                          0                  0
5                          0                  1
6                          0                  0
7                          1                  0
8                          0                  0
attr(,"assign")
[1] 1 1 1 1 1
attr(,"contrasts")
attr(,"contrasts")$newFactor
[1] "contr.treatment"
```

우리는 11.2, 12.3.2와 15, 16장에서 공식(formulas(model.matrix 전달 인자))
에 대해 좀 더 알아본다.

5.2 리스트(list)

하나의 저장소가 동일 타입 또는 다른 타입의 임의의 객체들을 가지게 되는 경
우가 자주 있는데, 이런 경우 R은 list를 사용한다. list는 타입과 객체의 수에 관
계없이 객체를 저장할 수 있으며, 하나의 list는 numerics, character, 또는 둘의
혼합 형태, data.frame과 다른 list까지도 재귀적으로 가질 수 있다.

　list는 list 함수로 생성되고 함수의 각 인자는 list의 원소가 된다.

```
> # 세 개 원소를 가진 list를 생성한다.
> list(1, 2, 3)

[[1]]
[1] 1

[[2]]
[1] 2

[[3]]
[1] 3

>
> # 한 개 원소(세 개 원소를 가진 하나의 벡터)를 가진
> # list를 생성한다.
> list(c(1, 2, 3))
```

```
[[1]]
[1] 1 2 3

>
> # 두 개 원소를 가지는 list를 생성한다.
> # 첫 번째 원소는 세 개 원소를 가지는 하나의 벡터다.
> # 두 번째 원소는 다섯 개 원소를 가지는 하나의 벡터다.
> (list3 <- list(c(1, 2, 3), 3:7))

[[1]]
[1] 1 2 3

[[2]]
[1] 3 4 5 6 7

>
> # 두 개 원소를 가지는 list
> # 첫 번째 원소는 data.frame이다.
> # 두 번째 원소는 열 개 원소를 가지는 하나의 벡터다.
> list(theDF, 1:10)

[[1]]
   First Second      Sport
1     10     -4     Hockey
2      9     -3   Football
3      8     -2   Baseball
4      7     -1    Curling
5      6      0      Rugby
6      5      1   Lacrosse
7      4      2 Basketball
8      3      3     Tennis
9      2      4     Cricket
10     1      5     Soccer

[[2]]
[1] 1 2 3 4 5 6 7 8 9 10

>
> # 세 개 원소를 가지는 list
> # 첫 번째 원소는 data.frame이다.
> # 두 번째 원소는 벡터다.
> # 세 번째 원소는 list3으로, 두 개 벡터를 가지고 있다.
> list5 <- list(theDF, 1:10, list3)
> list5

[[1]]
   First Second      Sport
1     10     -4     Hockey
2      9     -3   Football
3      8     -2   Baseball
4      7     -1    Curling
5      6      0      Rugby
6      5      1   Lacrosse
7      4      2 Basketball
8      3      3     Tennis
9      2      4     Cricket
10     1      5     Soccer

[[2]]
[1] 1 2 3 4 5 6 7 8 9 10

[[3]]
[[3]][[1]]
[1] 1 2 3
```

```
[[3]][[2]]
[1] 3 4 5 6 7
```

괄호로 감싸진 list3 생성 라인은 list3을 생성한 후 list3의 내용까지 출력한다.

data.frame과 같이 list도 이름을 가진다. 각 원소는 유일한 이름을 가지며 names 함수로 확인하거나 할당할 수 있다.

```
> names(list5)

NULL

> names(list5) <- c("data.frame", "vector", "list")
> names(list5)

[1] "data.frame" "vector" "list"

> list5

$data.frame
   First Second       Sport
1     10    -4      Hockey
2      9    -3    Football
3      8    -2    Baseball
4      7    -1     Curling
5      6     0       Rugby
6      5     1    Lacrosse
7      4     2 Basketball
8      3     3      Tennis
9      2     4      Cricket
10     1     5       Soccer

$vector
 [1] 1 2 3 4 5 6 7 8 9 10

$list
$list[[1]]
[1] 1 2 3

$list[[2]]
[1] 3 4 5 6 7
```

list 원소의 이름은 이름-값 쌍으로 생성 중에 할당할 수 있다.

```
> list6 <- list(TheDataFrame = theDF, TheVector = 1:10, TheList = list3)
> names(list6)

[1] "TheDataFrame" "TheVector" "TheList"

> list6

$TheDataFrame
   First Second       Sport
1     10    -4      Hockey
2      9    -3    Football
3      8    -2    Baseball
4      7    -1     Curling
5      6     0       Rugby
```

```
6       5      1   Lacrosse
7       4      2 Basketball
8       3      3     Tennis
9       2      4    Cricket
10      1      5     Soccer

$TheVector
 [1] 1 2 3 4 5 6 7 8 9 10

$TheList
$TheList[[1]]
[1] 1 2 3

$TheList[[2]]
[1] 3 4 5 6 7
```

혼란스러울 수 있겠지만, 정해진 크기의 빈 list는 vector 함수를 사용하여 생성한다.

```
> (emptyList <- vector(mode = "list", length = 4))

[[1]]
NULL

[[2]]
NULL

[[3]]
NULL

[[4]]
NULL
```

list의 각 원소에 접근하기 위해 원소 이름이나 위치를 명시하여 [[]]를 사용한다. 이 방법은 한 번에 한 원소에만 접근할 수 있다는 것을 기억하자.

```
> list5[[1]]

   First Second      Sport
1     10     -4     Hockey
2      9     -3   Football
3      8     -2   Baseball
4      7     -1    Curling
5      6      0      Rugby
6      5      1   Lacrosse
7      4      2 Basketball
8      3      3     Tennis
9      2      4    Cricket
10     1      5     Soccer

> list5[["data.frame"]]

   First Second      Sport
1     10     -4     Hockey
2      9     -3   Football
3      8     -2   Baseball
4      7     -1    Curling
5      6      0      Rugby
```

```
6       5     1   Lacrosse
7       4     2 Basketball
8       3     3     Tennis
9       2     4     Cricket
10      1     5     Soccer
```

[[]]를 사용하여 한 원소에 접근하면, 해당 원소는 본래 타입과 동일하게 취급되므로 각 타입에 맞는 중첩(nested) 인덱싱도 가능하게 된다.

```
> list5[[1]]$Sport

 [1] Hockey     Football Baseball Curling Rugby Lacrosse
 [7] Basketball Tennis   Cricket  Soccer
10 Levels: Baseball Basketball Cricket Curling Football ... Tennis

> list5[[1]][, "Second"]

[1] -4 -3 -2 -1 0 1 2 3 4 5

> list5[[1]][, "Second", drop = FALSE]

   Second
1     -4
2     -3
3     -2
4     -1
5      0
6      1
7      2
8      3
9      4
10     5
```

list에 원소를 추가하기 위해 list에 존재하지 않는 인덱스(숫자 또는 이름)를 사용할 수 있다.

```
> # 현재 list의 길이를 확인한다.
> length(list5)

[1] 3

>
> # 이름이 없는 네 번째 원소를 추가한다.
> list5[[4]] <- 2
> length(list5)

[1] 4

>
> # 이름이 있는 다섯 번째 원소를 추가한다.
> list5[["NewElement"]] <- 3:6
> length(list5)

[1] 5

>
> names(list5)
```

```
[1] "data.frame" "vector" "list" "" "NewElement"

> list5

$data.frame
   First Second    Sport
1     10     -4    Hockey
2      9     -3    Football
3      8     -2    Baseball
4      7     -1    Curling
5      6      0    Rugby
6      5      1    Lacrosse
7      4      2 Basketball
8      3      3    Tennis
9      2      4    Cricket
10     1      5    Soccer

$vector
 [1]  1  2  3  4  5  6  7  8  9 10

$list
$list[[1]]
[1] 1 2 3

$list[[2]]
[1] 3 4 5 6 7

[[4]]
[1] 2

$NewElement
[1] 3 4 5 6
```

list, vector 또는 data.frame에 원소를 추가하는 것은 흔한 일이지만, 반복적으로 이런 연산을 수행하는 것은 매우 고비용의 연산이다. 이 때문에 앞서 언급한 방법보다는 최종적으로 생성할 list의 크기를 먼저 결정하고 적절한 인덱스를 사용하여 list를 채우는 것이 훨씬 효율적이다.

5.3 행렬(matrix)

통계학에서 가장 일반적이고 기본이 되는 자료 구조는 matrix다. 이것은 행과 열로 구성된 사각형이라는 측면에서 data.frame과 비슷하지만 모든 원소가 타입이 같아야(보통은 숫자) 한다는 점에서 차이가 있다. 원소 간 더하기, 빼기, 곱하기, 나누기와 동등 연산은 vector와 비슷하게 수행되며 nrow, ncol, dim 함수 또한 data.frame처럼 동작한다.

```
> # 5×2 행렬을 생성한다.
> A <- matrix(1:10, nrow = 5)
> # 5×2 행렬을 하나 더 생성한다.
> B <- matrix(21:30, nrow = 5)
```

```
> # 2×10 행렬을 하나 생성한다.
> C <- matrix(21:40, nrow = 2)
> A

     [,1] [,2]
[1,]    1    6
[2,]    2    7
[3,]    3    8
[4,]    4    9
[5,]    5   10

> B

     [,1] [,2]
[1,]   21   26
[2,]   22   27
[3,]   23   28
[4,]   24   29
[5,]   25   30

> C

     [,1] [,2] [,3] [,4] [,5] [,6] [,7] [,8] [,9] [,10]
[1,]   21   23   25   27   29   31   33   35   37    39
[2,]   22   24   26   28   30   32   34   36   38    40

> nrow(A)

[1] 5

> ncol(A)

[1] 2

> dim(A)

[1] 5 2

> # 두 행렬을 더한다.
> A + B

     [,1] [,2]
[1,]   22   32
[2,]   24   34
[3,]   26   36
[4,]   28   38
[5,]   30   40

> # 두 행렬을 곱한다.
> A * B

     [,1] [,2]
[1,]   21  156
[2,]   44  189
[3,]   69  224
[4,]   96  261
[5,]  125  300

> # 원소들이 같은지 확인한다.
> A == B

      [,1]  [,2]
[1,] FALSE FALSE
```

```
[2,] FALSE FALSE
[3,] FALSE FALSE
[4,] FALSE FALSE
[5,] FALSE FALSE
```

matrix 곱셈은 수학에서 가장 일반적인 연산으로 좌측 matrix의 열 개수와 우측 matrix의 행 개수는 같아야 한다. A와 B 모두 5×2 matrix이므로 B를 전치하여 우측 행렬로 위치시켜야만 곱할 수 있다.

```
> A %*% t(B)

     [,1] [,2] [,3] [,4] [,5]
[1,] 177  184  191  198  205
[2,] 224  233  242  251  260
[3,] 271  282  293  304  315
[4,] 318  331  344  357  370
[5,] 365  380  395  410  425
```

추가적으로 data.frame과 유사점은 행과 열이 이름을 가질 수 있다는 점이다.

```
> colnames(A)

NULL

> rownames(A)

NULL

> colnames(A) <- c("Left", "Right")
> rownames(A) <- c("1st", "2nd", "3rd", "4th", "5th")
>
> colnames(B)

NULL

> rownames(B)

NULL

> colnames(B) <- c("First", "Second")
> rownames(B) <- c("One", "Two", "Three", "Four", "Five")
>
> colnames(C)

NULL

> rownames(C)

NULL

> colnames(C) <- LETTERS[1:10]
> rownames(C) <- c("Top", "Bottom")
```

각각 소문자와 대문자를 포함하는 letters, LETTERS라는 두 vector가 있다.

matrix를 전치하는 것과 matrix 간 곱셈의 차이를 확인해 보자. 전치된 matrix

는 기존 matrix의 행과 열의 위치와 이름을 뒤집은 형태가 되지만, matrix 곱셈으로 생성된 matrix는 좌측 matrix의 행 이름, 우측 matrix의 열 이름을 가지게 된다.

```
> t(A)

      1st 2nd 3rd 4th 5th
Left    1   2   3   4   5
Right   6   7   8   9  10

> A %*% C

      A   B   C   D   E   F   G   H   I   J
1st 153 167 181 195 209 223 237 251 265 279
2nd 196 214 232 250 268 286 304 322 340 358
3rd 239 261 283 305 327 349 371 393 415 437
4th 282 308 334 360 386 412 438 464 490 516
5th 325 355 385 415 445 475 505 535 565 595
```

5.4 배열(array)

하나의 array는 다차원 vector이다. array 내의 모든 원소는 타입이 같아야 하며, []를 사용하여 개별 원소에 접근이 가능하다. [] 내 첫 번째 값은 행의 인덱스, 두 번째 값은 열의 인덱스, 나머지 값은 이후 차원의 인덱스를 지정한다.

```
> theArray <- array(1:12, dim = c(2, 3, 2))
> theArray

, , 1

     [,1] [,2] [,3]
[1,]    1    3    5
[2,]    2    4    6

, , 2

     [,1] [,2] [,3]
[1,]    7    9   11
[2,]    8   10   12

> theArray[1, , ]

     [,1] [,2]
[1,]    1    7
[2,]    3    9
[3,]    5   11

> theArray[1, , 1]

[1] 1 3 5

> theArray[, , 1]

     [,1] [,2] [,3]
```

```
[1,]    1    3    5
[2,]    2    4    6
```

array와 matrix의 가장 큰 차이점은 matrix는 2차원으로 제한되는 반면 array는
임의의 차원을 가질 수 있다는 점이다.

5.5 마무리

데이터는 다양한 타입과 형태로 존재하며, 이런 점은 분석 환경에서 문제를 내
포할 수 있지만 R은 이런 문제를 안정적으로 처리해 준다. 가장 일반적인 자료
구조인 1차원 vector는, R에서 모든 자료 구조의 기초를 형성한다. R에서 가장
강력한 자료 구조인 data.frame은 스프레드시트 같은 형식으로 복합적인 데이
터 타입을 다루는 등 대부분의 다른 언어들에 없는 특징을 가지고 있다. list는 펄
(Perl)에서 해시 같은 아이템들을 저장하는 데 유용하다.

6장

R로 데이터 읽어오기

지금까지 우린 R의 기본 기능 중 일부를 살펴봤다. 이번 장에서는 R로 데이터를 읽어 들이는 기능을 다룬다. R에서 데이터를 가지고 오는 방법은 다양하지만 그 중에서도 CSV 파일로부터 데이터를 가지고 오는 것이 가장 일반적인 방법이다. 물론, 이외에도 앞으로 다른 많은 방법을 설명할 것이다.

6.1 CSV 읽어오기

CSV 파일로부터 데이터를 읽어오는 가장 좋은 방법은 read.table을 사용하는 것이다. read.csv를 사용하고 싶겠지만, 이 함수는 생각보다 많은 문제를 일으킬 뿐 아니라 read.table에 일부 인자를 미리 지정하여 호출하는 것이므로 기능상 이득도 없다. read.table의 리턴값은 data.frame이다.

read.table의 첫 번째 인자는 불러들일 파일의 전체 경로다. 파일은 디스크 또는 웹에 위치할 수 있는데, 이 책에서는 웹에서 불러오기로 한다.

모든 CSV를 읽어 들일 수 있지만 이미 http://www.jaredlander.com/data/ Tomato%20First.csv에 올라가 있는 매우 간단한 CSV를 불러와 보기로 한다. 이제 read.table을 이용하여 R로 읽어와 보자.

```
> theUrl <- "http://www.jaredlander.com/data/Tomato%20First.csv"
> tomato <- read.table (file = theUrl, header = TRUE, sep = ",")
```

다음으로 head를 사용하여 불러들인 일부 내용을 확인한다.

```
> head(tomato)

  Round            Tomato Price        Source Sweet Acid Color Texture
1     1         Simpson SM  3.99 Whole Foods   2.8  2.8   3.7     3.4
2     1 Tuttorosso (blue)   2.99     Pioneer   3.3  2.8   3.4     3.0
3     1 Tuttorosso (green)  0.99     Pioneer   2.8  2.6   3.3     2.8
4     1     La Fede SM DOP   3.99   Shop Rite   2.6  2.8   3.0     2.3
5     2       Cento SM DOP   5.49  D Agostino   3.3  3.1   2.9     2.8
6     2      Cento Organic   4.99  D Agostino   3.2  2.9   2.9     3.1
  Overall Avg.of.Totals Total.of.Avg
1     3.4          16.1         16.1
2     2.9          15.3         15.3
3     2.9          14.3         14.3
4     2.8          13.4         13.4
5     3.1          14.4         15.2
6     2.9          15.5         15.1
```

이전에 언급했던 것처럼, read.table의 첫 번째 인자는 따옴표로 감싼 파일명(또는 character 변수)이다. file, header, sep 인자명이 어떻게 명시적으로 사용되었는지 잘 보길 바란다. 4.5에서 설명한 것과 같이, 함수 인자는 인자명 없이도 (이 경우 인자 순서로 확인) 지정될 수 있으나 일반적으로는 인자를 명확하게 지정하는 것이 좋다. 두 번째 인자 header는 불러들일 데이터의 첫 번째 행이 열의 이름을 나타내는지 명시한다. 세 번째 인자는 data 셀을 나누는 구분자를 명시하며, 탭으로 구분된 파일의 경우 "\t", 세미콜론으로 구분된 경우 ";"로 변경하여 다른 타입의 파일을 읽어 들일 수 있게 한다.

매우 유용하지만 잘 알려지지 않은 인자로 stringsAsFactors가 있다. 이것을 FALSE(기본값은 TRUE)로 지정하게 되면 character 열이 factor 열로 변환되는 것을 막을 수 있다. 이 경우 연산 시간을 줄일 수 있을 뿐 아니라(많은 고윳값과 많은 character 열을 가진 큰 데이터셋일 경우 해당 시간을 엄청나게 줄일 수 있음) character 데이터를 그대로 유지해 좀 더 데이터를 쉽게 다룰 수 있다.

비록 5.1에서 이 인자에 대해 설명하지 않았지만, stringsAsFactors는 data.frame 함수에서도 사용될 수 있다. 다음과 같이 코드를 약간 수정하여 data.frame을 재생성하게 되면 "Sport"열에 좀 더 쉬운 형태로 빠르게 접근하게 된다.

```
> x <- 10:1
> y <- -4:5
> q <- c("Hockey", "Football", "Baseball", "Curling", "Rugby",
+        "Lacrosse", "Basketball", "Tennis", "Cricket", "Soccer")
> theDF <- data.frame(First=x, Second=y, Sport=q, stringsAsFactors=FALSE)
> theDF$Sport

 [1] "Hockey"     "Football"   "Baseball"  "Curling" "Rugby"
 [6] "Lacrosse" "Basketball" "Tennis"     "Cricket" "Soccer"
```

read.table에 다른 많은 인자들이 있으며, 그중에서도 셀을 감싸는 문자를 명시하는 quote와 각 열의 데이터 타입을 명시하는 colClasses는 매우 유용하다.

CSV(또는 탭으로 구분된 파일)은 때때로 허술하게 만들어져 셀 구분자가 셀 안에 사용되는 경우가 있다. 이 경우에는 read.table 대신 read.csv2(또는 read. delim2)를 사용해야 한다.

6.2 엑셀 데이터

엑셀은 세계에서 가장 유명한 데이터 분석 도구이지만, 불행하게도 엑셀 데이터를 R로 읽어 들이는 것은 매우 어렵다. 가장 쉬운 방법은 엑셀(또는 다른 스프레드시트 프로그램)에서 엑셀 파일을 CSV 파일로 변환하는 것이다. 변명처럼 들릴 수 있겠지만 이게 가장 사용하기 쉬운 방법이다. R 커뮤니티에는 클립보드에 복사하고 붙이는 식으로 엑셀에서 R로 데이터를 불러들이는 편법이 아주 많다. 하지만 이런 방법은 기껏 사용한다 해도 매력적이지 않고, 대용량 데이터에 대해서는 사용할 수 없는 경우가 많다.

이런 문제를 해결하기 위해 gdata, XLConnect, xlsReadWrite 등 다수 패키지들이 있다. 하지만 이 패키지들은 자바, 펄 또는 32비트 R과 같이 선호되지 않거나 최근에는 일반적으로 사용되지 않는 잘못된 요구 사항을 필요로 하는 단점이 있다. RODBC 패키지는 엑셀 파일을 읽을 수 있는 odbcConnectExcel2007 함수를 가지고 있지만 DSN[1] 연결이 필요하므로 일상적으로 사용하기엔 무리가 있다.

우리는 엑셀 2007 파일이 본질적으로는 XML 파일인 것으로 이해하고 있다. 이는 이론적으로 엑셀 파일을 XML 패키지로 파싱할 수 있다는 것을 뜻하지만 아직까지는 이걸 가능케 하는 것을 보지 못했다.

6.3 데이터베이스에서 읽어오기

데이터베이스는 단언컨대 세상 데이터 대부분을 저장하고 있다. 마이크로소프트 SQL 서버, DB2, MySQL 또는 마이크로소프트 액세스를 막론하고 대부분 데이터베이스는 ODBC 연결을 제공한다. 그에 맞춰 R은 RODBC 패키지(기본 R에 포함)를 통해 ODBC를 이용하게 된다. 다른 패키지와 마찬가지로, 사용 전에 반드시 로드해야 하니 명심하자.

---

1 DSN(data source connection)은 데이터 소스(보통 데이터베이스)로 보내는 통신을 설명하기 위해 사용된다.

```
> require(RODBC)
```

데이터베이스에서 데이터를 읽어 들이는 첫 번째 단계는 DSN을 생성하는 것이다. 이는 운영 체제에 따라 차이가 날 수 있지만 반드시 연결에 대한 문자열 이름이어야 한다. 이 문자열 이름은 R에 대한 연결을 생성하기 위해 odbcConnect의 인자로 사용된다. 선택 사항이지만 일반적으로 사용하는 인자로 각각 데이터베이스의 사용자명과 암호를 지정하는 uid와 pwd가 있다.

```
> db <- odbcConnect("QV Training")
```

이제 sqlQuery를 사용하여 데이터베이스에 쿼리를 수행할 준비가 되었다. 쿼리는 임의의 복잡도를 가진 유효한 SQL 쿼리면 어느 것이든 가능하다. sqlQuery는 data.frame을 리턴하고, 다행스럽게도 6.1에서 본 stringsAsFactors 인자를 가진다. 다시 말하지만, 처리 시간을 줄이기 위해 일반적으로 이 인자를 FALSE로 설정하는 것이 좋다.

```
> # 테이블에서 SELECT * 쿼리를 사용하여 간단히 가져온다.
> ordersTable <- sqlQuery(db, "SELECT * FROM Orders",
        stringsAsFactors=FALSE)
> # 테이블에서 SELECT * 쿼리를 사용하여 간단히 가져온다.
> detailsTable <- sqlQuery(db, "SELECT * FROM [Order Details]",
        stringsAsFactors=FALSE)
> # 두 테이블 간 조인을 실행한다.
> longQuery <- "SELECT * FROM Orders, [Order Details]
        WHERE Orders.OrderID = [Order Details].OrderID"
> detailsJoin <- sqlQuery(db, longQuery, stringsAsFactors=FALSE)
```

우리는 이러한 쿼리들의 결과를 리턴된 data.frames를 통해 쉽게 확인할 수 있다.

```
> head(ordersTable)

  OrderID  OrderDate CustomerID EmployeeID ShipperID Freight
1   10248 2008-06-29          4          2         2   43.48
2   10249 2007-06-29         79          7         2   29.20
3   10250 2008-07-03         34          2         2   79.17
4   10251 2007-12-02          1          7         2   43.41
5   10252 2008-04-04         76          5         1   23.20
6   10253 2008-07-05         34          3         2   66.54

> head(detailsTable)

  OrderID LineNo ProductID Quantity UnitPrice Discount
1   10402      2        63       65     18.94     0.00
2   10403      1        48       70     31.83     0.15
3   10403      2        16       21     10.15     0.15
4   10404      1        42       40     13.37     0.05
5   10404      2        49       30     19.82     0.05
6   10404      3        26       30     33.93     0.05
```

```
> head(detailsJoin)

  OrderID  OrderDate CustomerID EmployeeID ShipperID Freight
1   10402 2006-04-28         20          4         1   46.63
2   10403 2006-09-28         20          4         1   26.43
3   10403 2006-09-28         20          4         1   26.43
4   10404 2006-04-19         49          6         1   72.73
5   10404 2006-04-19         49          6         1   72.73
6   10404 2006-04-19         49          6         1   72.73

  OrderID.1 LineNo ProductID Quantity UnitPrice Discount

1     10402      2        63       65     18.94     0.00
2     10403      1        48       70     31.83     0.15
3     10403      2        16       21     10.15     0.15
4     10404      1        42       40     13.37     0.05
5     10404      2        49       30     19.82     0.05
6     10404      3        26       30     33.93     0.05
```

R을 종료하거나 odbcConnect를 사용하여 다른 연결을 시작할 때, 기존 ODBC 연결은 자동으로 닫히지만, odbcClose를 사용해 명시적으로 ODBC 연결을 닫는 것이 좋다. 참고로, R에서는 한 번에 오직 하나의 연결만 열 수 있다.

6.4 타 통계 도구에서 데이터 읽어오기

이상적인 세계에서는 R 외에 다른 도구는 전혀 필요하지 않을 것이다. 하지만 현실에선 데이터가 SAS, SPSS 또는 Octave 등과 같은 고유 포맷으로 잠겨 있기도 한다. foreign 패키지는 다른 도구로부터 데이터를 읽을 수 있는 read.table과 비슷한 형태의 다양한 함수를 제공한다.

표 6.1에 일반적으로 사용되는 통계 도구에서 데이터를 읽기 위한 함수 일부를 정리해 두었다. 일반적으로 이런 함수들의 인자는 read.table과 비슷하며, 보통 data.frame을 리턴하지만 항상 성공적으로 리턴하지는 않는다.

함수	포맷
read.spss	SPSS
read.dta	Stata
read.ssd	SAS
read.octave	Octave
read.mtp	Minitab
read.systat	Systat

표 6.1 보편적으로 사용되는 통계 도구로부터 데이터를 읽기 위한 함수들

read.ssd는 SAS 데이터를 읽을 수 있는 반면 유효한 SAS 라이선스가 필요하다. 하지만 레벌루션 애널리틱스의 레벌루션 R에서 제공하는 RevoScaleR 패키지의 RxSasData를 사용하면 앞의 과정을 거치지 않고 데이터를 읽을 수 있다.

6.5 R 바이너리 파일

다른 R 프로그래머와 작업을 할 때 데이터, R 객체(변수, 함수 등)를 전달하는 좋은 방법은 RData 파일을 사용하는 것이다. RData 파일은 어떤 종류의 R 객체도 가질 수 있는 바이너리 파일이다. 객체를 하나 이상 저장할 수 있으며 윈도, 맥, 리눅스 간에도 문제없이 주고받을 수 있다.

먼저 객체를 RData 파일에 저장하자. 다음으로 해당 객체를 제거하고 이를 다시 R로 불러들여 보자.

```
> # tomato data.frame을 디스크에 저장한다.
> save(tomato, file = "data/tomato.rdata")
> # tomato를 메모리에서 삭제한다.
> rm(tomato)
> # tomato가 삭제되었는지 확인한다.
> head(tomato)

Error: object 'tomato' not found

> # tomato를 rdata 파일로부터 읽는다.
> load("data/tomato.rdata")
> # tomato가 불러와졌는지 확인한다.
> head(tomato)

  Round           Tomato Price      Source Sweet Acid Color Texture
1     1        Simpson SM  3.99 Whole Foods   2.8  2.8   3.7     3.4
2     1  Tuttorosso (blue)  2.99     Pioneer   3.3  2.8   3.4     3.0
3     1 Tuttorosso (green)  0.99     Pioneer   2.8  2.6   3.3     2.8
4     1     La Fede SM DOP  3.99   Shop Rite   2.6  2.8   3.0     2.3
5     2       Cento SM DOP  5.49   D Agostino   3.3  3.1   2.9     2.8
6     2      Cento Organic  4.99   D Agostino   3.2  2.9   2.9     3.1
  Overall Avg.of.Totals Total.of.Avg
1     3.4          16.1         16.1
2     2.9          15.3         15.3
3     2.9          14.3         14.3
4     2.8          13.4         13.4
5     3.1          14.4         15.2
6     2.9          15.5         15.1
```

이제 하나의 RData 파일에 여러 객체를 저장해 보자. 저장한 객체를 지우고 다시 불러들여 보자.

```
> # 몇몇 객체들을 생성한다.
> n <- 20
> r <- 1:10
> w <- data.frame(n, r)
```

```
> # 생성 객체들을 확인한다.
> n

[1] 20

> r

[1] 1 2 3 4 5 6 7 8 9 10

> w

    n  r
1  20  1
2  20  2
3  20  3
4  20  4
5  20  5
6  20  6
7  20  7
8  20  8
9  20  9
10 20 10

> # 객체들을 저장한다.
> save(n, r, w, file = "data/multiple.rdata")
> # 객체들을 삭제한다.
> rm(n, r, w)
> # 삭제 여부를 확인한다.
> n

Error: object 'n' not found

> r

Error: object 'r' not found

> w

Error: object 'w' not found

> # 객체들을 다시 불러들인다.
> load("data/multiple.rdata")
> # 불러온 객체들을 확인한다.
> n

[1] 20

> r

[1] 1 2 3 4 5 6 7 8 9 10

> w

    n  r
1  20  1
2  20  2
3  20  3
4  20  4
5  20  5
6  20  6
7  20  7
8  20  8
9  20  9
10 20 10
```

6.6 R에 포함된 데이터

R과 일부 패키지들은 데이터를 기본적으로 포함하고 있기 때문에 우리는 쉽게 해당 데이터를 사용할 수 있다. 이 데이터는 어떤 데이터에 접근할지만 알고 있다면 매우 간단히 사용 가능하다. 다이아몬드에 대한 데이터셋을 포함한 gg-plot2를 예로 들어보자. 이 데이터는 data 함수를 사용하여 로드할 수 있다.

```
> require(ggplot2)
> data(diamonds)
> head(diamonds)

  carat       cut color clarity depth table price    x    y    z
1  0.23     Ideal     E     SI2  61.5    55   326 3.95 3.98 2.43
2  0.21   Premium     E     SI1  59.8    61   326 3.89 3.84 2.31
3  0.23      Good     E     VS1  56.9    65   327 4.05 4.07 2.31
4  0.29   Premium     I     VS2  62.4    58   334 4.20 4.23 2.63
5  0.31      Good     J     SI2  63.3    58   335 4.34 4.35 2.75
6  0.24 Very Good     J    VVS2  62.8    57   336 3.94 3.96 2.48
```

활용 가능한 데이터 목록을 확인하기 위해, 콘솔에 data()를 입력할 수 있다.

6.7 웹 사이트에서 데이터 추출하기

최근 많은 데이터가 웹 페이지에 게시되어 있다. 운이 좋다면, 데이터가 HTML 테이블로 깔끔히 저장되어 있을 것이다. 운이 없다면, 페이지를 파싱해야 할 수도 있다.

6.7.1 간단한 HTML 테이블

데이터가 HTML 테이블에 정리되어 저장되어 있으면 XML 패키지의 readHT-MLTable을 사용하여 쉽게 가져올 수 있다. 내 사이트(http://www.jaredlander.com/2012/02/another-kind-of-super-bowl-pool)에 슈퍼 볼 풀(Super Bowl pool)에 대해 분석한 글이 올라가 있다. 이 글에는 데이터를 가져올 세 개의 열로 구성된 테이블이 있으며, 다음 코드를 사용해 쉽게 불러들일 수 있다.

```
> require(XML)
> theURL <- "http://www.jaredlander.com/2012/02/another-kind-of-
+       super-bowl-pool/"
> bowlPool <- readHTMLTable(theURL, which = 1, header = FALSE,
+         stringsAsFactors = FALSE)
> bowlPool
```

```
          V1        V2        V3
1   Participant 1 Giant A Patriot Q
2   Participant 2 Giant B Patriot R
3   Participant 3 Giant C Patriot S
4   Participant 4 Giant D Patriot T
5   Participant 5 Giant E Patriot U
6   Participant 6 Giant F Patriot V
7   Participant 7 Giant G Patriot W
8   Participant 8 Giant H Patriot X
9   Participant 9 Giant I Patriot Y
10 Participant 10 Giant J Patriot Z
```

여기서 첫 번째 인자는 URL이지만 디스크의 파일도 넣을 수 있다. which 인자는 여러 테이블이 있을 경우 어떤 테이블을 읽을지 선택하기 위해 사용한다. 앞의 예제에서는 테이블이 하나이지만 두 번째, 세 번째 또는 네 번째 테이블이 있어도 쉽게 선택할 수 있다. 테이블에 헤더가 포함되어 있지 않으므로 header는 FALSE로 지정한다. 마지막으로 stringsAsFactors=FALSE를 사용해 character 열이 factor로 변환되지 않게 한다.

6.7.2 웹 데이터 긁어오기

데이터가 깔끔하게 저장되어 있지 않다면, 데이터를 가져오기 위해 페이지를 크롤링한 후 추가적인 작업을 수행해야 한다. 이 과정에서 패턴 매칭과 정규표현식이 요구되는데 13.14에서 다루도록 한다. 데이터를 감싸고 있는 공통적인 패턴을 찾아내야 하고, 최소한의 HTML 지식을 필요로 한다.

6.8 마무리

데이터 없이는 아무것도 할 수 없기 때문에 데이터를 불러오는 것이 모든 분석의 시작이다. R로 데이터를 불러들이는 가장 일반적인 방법은 read.table을 사용하여 CSV를 읽어 들이는 것이다. RODBC는 DSN을 사용하여 데이터베이스로부터 데이터를 읽어오기 위한 훌륭한 방법을 제공한다. HTML 테이블로 저장된 데이터는 XML 패키지를 활용하여 쉽게 가져올 수 있다. 또한, R은 특별한 바이너리 파일 포맷인 RData를 가지고 있으며, RData 파일을 통해 R 객체를 빠르게 저장하고, 불러들이고 전송할 수 있다.

7장

통계 그래픽스

분석에서 가장 어려운 부분 중 하나는 양질의 그래픽스를 만들어 내는 것이다. 역으로, 좋은 그래프는 결과를 표현하기 위한 최고의 방법 중 하나이기도 하다. 다행스럽게도 R은 기본 설치 버전과 lattice, ggplot2 같은 패키지 모두에서 훌륭한 그래픽 기능을 제공한다. 여기서는 간단히 R의 몇 가지 기본 그래픽스와 이에 대응하는 ggplot2의 그래프를 보여줄 것이다. 그뿐 아니라 책 전반에 걸쳐 그래픽스 관련 내용이 나오는 부분에서는 기본 그래픽스와 ggplot2를 사용한 그래픽스가 코드와 함께 설명될 것이다.

통계에서 그래픽스는 탐색적 데이터 분석(EDA)과 결과 표현 등 주로 두 가지 이유에서 사용된다. 둘 다 매우 중요하지만 청중과 대상이 서로 다르다.

7.1 기본 그래픽스

처음 R로 그래프를 그릴 때, 대부분 사람들은 기본 그래픽스 기능을 사용한다. 이후 좀 더 복잡한 그래프가 필요하게 되면 ggplot2로 넘어가게 된다. 기본 그래프도 매우 훌륭하지만 7.2의 ggplot2를 학습하는 데 많은 시간을 투자하길 바란다. 사실 이번 절은 책의 완성도를 높이기 위해 작성되었다. 기본 그래픽스는 단지 다른 함수에 의해 생성된 플롯을 수정할 때만 필요하기 때문이다.

좀 더 설명하기 전에 먼저 데이터가 필요하다. R에서 기본적으로 제공하는 데이터셋의 대부분은 10년 전 기준으로도 매우 작은 크기다. 아이러니하게도 예제 그래프를 위한 좋은 데이터셋은 ggplot2에 포함되어 있다. 해당 데이터에 접근하기 위해 먼저 ggplot2가 설치되고 로드되어야 한다. 그러고 나면 diamonds

데이터를 불러올 수도, 확인할 수도 있게 된다.

```
> require(ggplot2)
> data(diamonds)
> head(diamonds)

  carat       cut color clarity depth table price    x    y    z
1  0.23     Ideal     E     SI2  61.5    55   326 3.95 3.98 2.43
2  0.21   Premium     E     SI1  59.8    61   326 3.89 3.84 2.31
3  0.23      Good     E     VS1  56.9    65   327 4.05 4.07 2.31
4  0.29   Premium     I     VS2  62.4    58   334 4.20 4.23 2.63
5  0.31      Good     J     SI2  63.3    58   335 4.34 4.35 2.75
6  0.24 Very Good     J    VVS2  62.8    57   336 3.94 3.96 2.48
```

7.1.1 히스토그램 기본

한 개 변수에서 가장 일반적인 데이터 그래프는 히스토그램(histogram)이다. 히스토그램은 변숫값의 분포를 보여준다. 히스토그램을 만드는 것은 매우 간단하다. 그림 7.1에서 diamonds의 carat열로 생성한 히스토그램을 확인할 수 있다.

```
> hist(diamonds$carat, main = "Carat Histogram", xlab = "Carat")
```

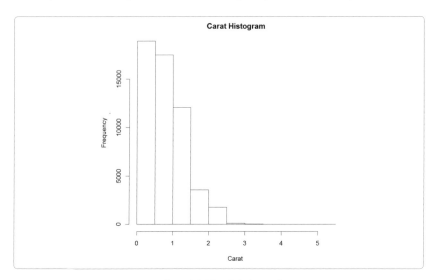

그림 7.1 다이아몬드 캐럿 히스토그램

이 히스토그램은 캐럿 크기의 분포를 보여준다. 그래프의 제목을 main 인자를 사용하여 설정하고, xlab 인자로 x축 라벨을 설정한다. 더 복잡한 히스토그램은 ggplot2를 활용하면 좀 더 쉽게 만들 수 있으며, 7.2.1에서 관련 기능을 설명하기로 한다.

히스토그램은 데이터를 버킷에 나누고 각 버킷에 나뉜 관측 데이터 수에 따라

막대의 높이가 표현된다. 히스토그램은 버킷의 숫자와 크기에 따라 형태가 달라지므로 보통은 여러 번의 실험을 통해 좋은 히스토그램을 얻을 수 있다.

7.1.2 기본 산점도

산점도(scatterplot)는 두 변수를 서로 비교하여 확인할 때 자주 사용된다. x, y 축이 각각 하나의 변수를 표현하며 각 점은 두 변수에 관한 하나의 관측값을 나타낸다. 우리는 캐럿에 대한 다이아몬드의 가격을 formula 방식을 사용하여 플롯할 것이다(그림 7.2).

```
> plot(price ~ carat, data = diamonds)
```

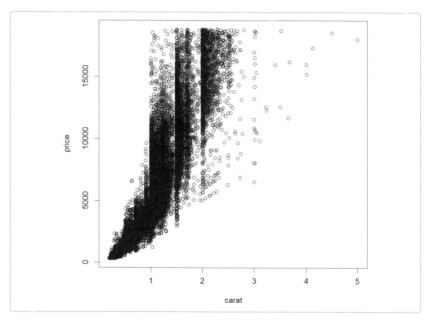

그림 7.2 캐럿에 대한 다이아몬드 가격의 산점도

~로 구분한 price와 carat은 우리가 carat에 대한 price를 보고 있음을 가리킨다. 이 경우 price가 y값, carat은 x값이다. formula는 15, 16장에서 좀 더 자세히 설명한다.

　formula 없이 x, y 변수를 지정하여 산점도를 만드는 것도 가능하다. 이렇게 하면 data.frame 내 두 변수를 사용하지 않아도 플로팅이 가능하다.

```
> plot(diamonds$carat, diamonds$price)
```

산점도는 가장 자주 사용되는 통계 그래프 중 하나이므로 7.2.2에서 ggplot2를 사용하여 좀 더 자세히 설명할 것이다.

7.1.3 박스플롯

통계학을 공부하는 학생들은 박스플롯(boxplot)을 기본 그래프 중 하나로 초반에 학습하지만, 실제로 통계학 분야에서는 박스플롯에 대한 논쟁이 있다. 컬럼비아 대학교(Columbia University)의 앤드류 겔먼은 박스플롯을 선호하지 않는 대표적인 인물이다.[1] 하지만 해들리 위햄[2]과 존 투키(John Tukey) 같은 사람들은 박스플롯의 강력한 지지자들이다. 가치가 있건 없건 박스플롯은 어디서나 흔히 볼 수 있으므로 우선 배워두는 것이 좋다. 다행히도 R은 박스플롯 함수를 가지고 있다(그림 7.3).

```
> boxplot(diamonds$carat)
```

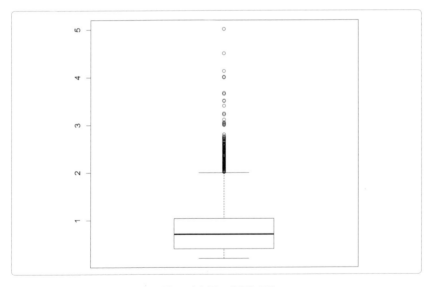

그림 7.3 다이아몬드 캐럿 박스플롯

박스 내 굵은 중간선은 중간값을 나타내며 박스는 첫 번째, 세 번째 사분위수로 경계가 구분된다. 이 말은 즉, 데이터의 중간 50%(IQR, Interquartile Range)가 박스 안에 들어 있다는 뜻이다. 선들은 1.5 * IQR만큼 양 방향으로 펼쳐지며, 이 상치들은 그 경계를 넘어 플롯된다. 정리하면 데이터의 50%는 박스 안에서 잘

---

1 http://andrewgelman.com/2009/02/boxplot_challen/ 그리고 http://andrewgelman.com/2009/10/better_than_a_b/
2 http://vita.had.co.nz/papers/boxplots.pdf

보이지만 반대로 나머지 50%는 실제로 표시되지 않는다. 즉, 많은 정보를 볼 수 없다는 말이다.

이전에 설명한 다른 그래프와 마찬가지로 7.2.3에서는 ggplot2를 사용하여 좀 더 자세한 내용을 설명할 것이다.

선형 모형(linear model)과 분할표(contingency table) 같은 다수의 객체는 자체적으로 플롯 함수를 가지고 있으며, 이는 책 중간 중간 확인할 수 있을 것이다.

7.2 ggplot2

R의 기본 그래픽스는 강력하고 유연하며 커스터마이징하여 확장도 가능하지만, 이런 작업은 노동집약적일 수 있다. ggplot2와 lattice 패키지는 그래프를 좀 더 쉽게 생성하기 위해 만들어졌다. 과거 몇 년에 걸쳐 ggplot2는 명성과 기능 면에서 lattice를 훨씬 능가해 오고 있다. 우리는 7.1에서 만들었던 그래프를 다시 만들고 고급 기능을 추가하여 확장해 볼 것이다. 이 장과 이 책은 ggplot2에 대해 철저한 분석을 제공하진 않는다. 하지만 이 책에 나온 대부분 그래프가 ggplot2로 만들어지게 되니 많은 학습을 할 수 있을 것이다.

초기에는 ggplot2의 문법을 완전히 이해하기 어려울 수 있지만, 노력한 것보다 더 큰 가치를 얻을 것이니 열심히 익혀두길 바란다. ggplot2를 사용하면 색, 모양이나 크기로 데이터를 설명하고 범례를 추가하는 것도 훨씬 쉬워진다. 그래프는 더 빠르게 만들어지며, 기본 그래픽스로는 서른 줄이나 필요하던 그래프도 ggplot2로는 한 줄로 구현이 가능해진다.

ggplot2의 기본 구조는 ggplot 함수로 시작하며,[3] 이 함수는 첫 번째 인자로 그래프에 사용할 데이터를 받아야만 한다. 물론 여기에 추가로 더 인자를 취할 수도, 적게 취할 수도 있다. 하지만 우리는 일단 고정하고 진행하기로 한다. 객체를 생성한 후 +를 사용하여 레이어를 추가한다. 우선, 점, 선, 히스토그램 같은 기하학 레이어에 대해 살펴보자. 이런 기하학 도형들은 geom_point, geom_line, geom_histogram 함수를 사용하여 생성할 수 있다. 이 함수들은 복수 개의 인자를 취하는데, aes를 사용하여 데이터의 어떤 변수가 어느 축에 매핑되어야 하는지를 지정하게 된다. 추가적으로, 각 레이어는 다른 미적인 매핑과 심지어 다른 데이터까지 가질 수도 있다.

---

3 이 패키지는 이전에 ggplot으로 불렸지만 해들리가 많은 변화를 만들면서 이름을 ggplot2로 업그레이드하였다.

7.2.1 ggplot2 히스토그램과 밀도

그림 7.1의 히스토그램으로 돌아와서, ggplot2를 사용하여 다이아몬드 캐럿 분포를 플롯해 보자. 히스토그램은 ggplot과 geom_histogram을 사용해 만들어진다. 히스토그램이 데이터를 1차원적으로 표현하기 때문에, 우린 오직 x축만 정의하면 된다. 그림 7.4는 플롯된 결과를 보여준다.

```
> ggplot(data = diamonds) + geom_histogram(aes(x = carat))
```

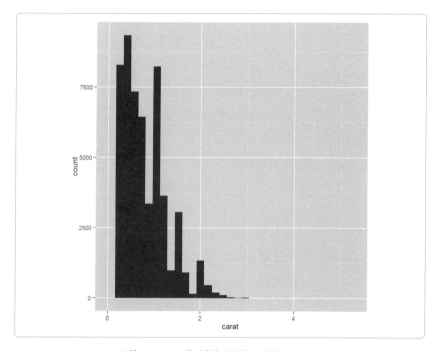

그림 7.4 ggplot2를 사용한 다이아몬드 캐럿 히스토그램

비슷한 표현 방법으로 밀도 플롯(density plot)이 있으며, 이는 geom_histogram을 geom_density로 바꾸어 생성할 수 있다. 우리는 또한 fill 인자를 사용하여 그래프에 채울 색도 정의해야 하는데, 나중에 보게 될 color 인자로 색이 달라진다. 추가적으로 fill 인자가 aes 함수 바깥쪽에 입력된 것을 확인하자. 이렇게 하는 이유는 지정된 하나의 색으로 전체 그래프를 채우기 위해서다. fill 인자를 aes 안에 사용하는 것은 이후에 다루도록 한다. 지금까지 설명한 내용은 그림 7.5의 그래프에 나타나 있다.

```
> ggplot(data = diamonds) + geom_density(aes(x = carat), fill = "grey50")
```

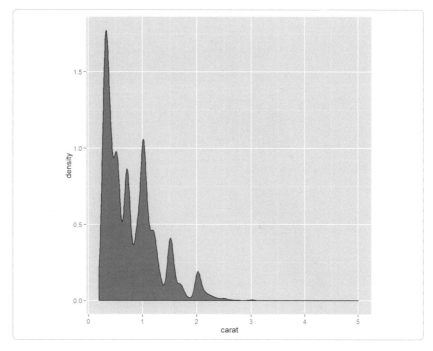

그림 7.5 ggplot2를 사용한 다이아몬드 캐럿의 밀도 플롯

히스토그램이 버킷 안의 데이터 수를 표현하는 반면에, 밀도 플롯은 분석하려는 변수에 따라 슬라이딩 윈도에 포함되는 관측치의 확률을 보여준다. 두 개의 차이점이 미묘하긴 하지만 중요하니 기억해 두자. 히스토그램은 좀 더 이산적 측정에 가까우나 밀도 플롯은 좀 더 연속적 측정에 가깝다.

7.2.2 ggplot2 산점도

여기서는 ggplot2에서 산점도를 만드는 방법뿐 아니라 ggplot2의 몇 가지 장점에 대해서도 설명하기로 한다. 우선 그림 7.2의 간단한 산점도를 다시 만들어 보자. 일단, 이전과 같이 ggplot으로 객체를 생성하는데 이번에는 aes를 geom 대신 ggplot에서 호출하도록 한다. 이렇게 생성된 그래프는 그림 7.6에 나타나 있다.

```
> ggplot(diamonds, aes(x = carat, y = price)) + geom_point()
```

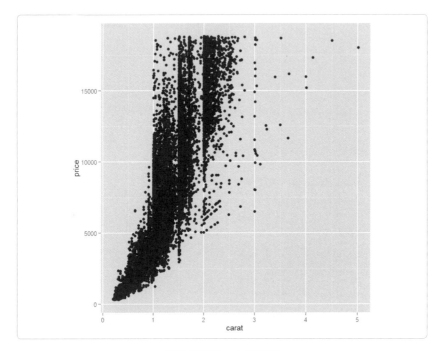

그림 7.6 간단한 ggplot2 산점도

앞으로 사용할 몇 가지 예제에서 우리는 ggplot(diamonds, aes(x=carat, y=price))를 반복적으로 사용할 것이다. 이 경우 계속된 중복 타이핑이 필요하기 때문에, 우리는 이 ggplot 객체를 변수에 저장하고, 저장한 변수에 레이어를 추가함으로써 중복 타이핑을 줄일 수 있다. 여기서는 객체를 g 변수에 저장할 것이다. g에 저장하는 코드에서는 아무것도 플롯되지 않으니 참고해 두자.

```
> # ggplot 기본 객체를 변수에 저장한다.
> g <- ggplot(diamonds, aes(x = carat, y = price))
```

앞으로 우리는 g에 어떤 레이어도 추가할 수 있다. g + geom point()를 실행하여 그림 7.6의 그래프를 다시 만들어 보자.

diamonds 데이터는 다양한 흥미로운 변수를 가지고 있다. 우선 color 변수를 보자. 우리는 그림 7.7에서 aes의 color[4]에 이 변수를 매핑할 것이다.

```
> g + geom_point(aes(color = color))
```

---

4 ggplot은 미국(color)과 영국(colour) 철자 모두를 수용할 것이다.

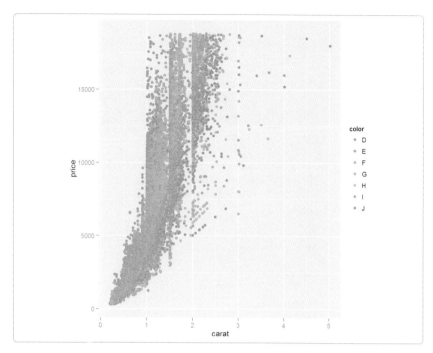

그림 7.7 다이아몬드 색을 color aes에 매핑한 다이아몬드 데이터의 산점도

aes 안에서 color=color를 설정했는데, 이것은 color 변수의 데이터에 의해 지정될 색이 결정될 것이기 때문이다. 또한, 범례가 자동으로 생성된 것도 확인할 수 있다. ggplot2의 최근 버전에서 범례에 대한 유연성이 추가되고 있으며, 이것은 이후 다시 논의하기로 한다.

또한, ggplot2는 facet된(기준 변수의 레벨별로 나뉜) 플롯을 만들거나 에드워드 터프티(Edward Tufte)가 말한 것과 같은 여러 작은 그래프를 생성할 수 있는 기능을 제공한다. 이것은 facet_wrap 또는 facet_grid를 사용하면 가능한데, facet_wrap은 한 개 변수의 레벨을 가지고 레벨에 따라 데이터를 나눈 다음, 분리된 각 세트(set)를 위한 별도의 페인(pane)을 생성하고 그림 7.8에 보이는 것과 같이 플롯 크기에 맞춰 페인을 정렬해 준다. 여기서 행과 열의 배치는 의미가 없다. facet_grid는 거의 비슷하게 동작하지만 변수의 모든 레벨을 그림 7.9처럼 하나의 행 또는 열에 할당한다는 점에서 차이가 있다. 이 경우 좌측 상단 페인에는 cut이 Fair이고 clarity가 I1인 다이아몬드에 대한 산점도가 나타나며, 그 바로 오른쪽에는 cut이 Fair이며 clarity가 SI2인 다이아몬드에 대한 산점도가, 두 번째 행의 첫 번째 열에는 cut이 Good, clarity가 I1인 산점도가 생성된다. 이와 같이 하나의 페인을 해석하는 방법을 알게 되면 전체 페인에 대한 이해가 쉬워지며 빠르게 비교할 수 있게 된다.

```
> g + geom_point(aes(color = color)) + facet_wrap(~color)
> g + geom_point(aes(color = color)) + facet_grid(cut ~ clarity)
```

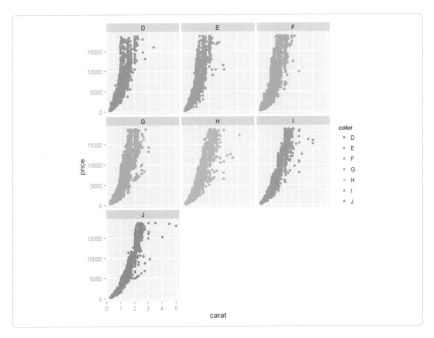

그림 7.8 color로 facet된 산점도

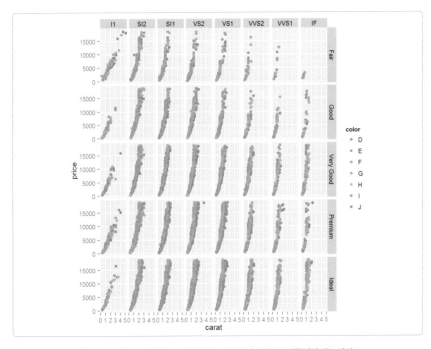

그림 7.9 cut과 clarity로 facet된 산점도. clarity가 수평으로 정렬되어 있는 반면
cut은 수직으로 정렬되어 있음을 확인하자.

faceting은 히스토그램 또는 다른 geom에도 역시 동작한다(그림 7.10).

```
> ggplot(diamonds, aes(x = carat)) + geom_histogram() + facet_wrap(~color)
```

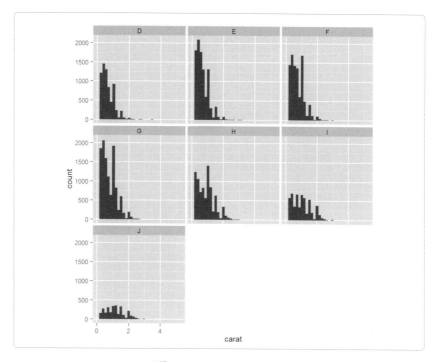

그림 7.10 color로 facet된 히스토그램

7.2.3 ggplot2 박스플롯과 바이올린 플롯

완벽한 그래픽스 패키지로서, ggplot2는 geom_boxplot을 통해 boxplot geom 을 제공한다. 비록 박스플롯이 y값을 사용하는 1차원 형태이지만, 일부 x값도 필요로 하므로 1을 사용하기로 한다. 결과는 그림 7.11에서 확인할 수 있다.

```
> ggplot(diamonds, aes(y = carat, x = 1)) + geom_boxplot()
```

그림 7.12에서 보이는 것과 같이, 이 박스플롯은 한 개 변수의 각 레벨에 대한 여러 박스플롯으로 깔끔히 확장된다.

```
> ggplot(diamonds, aes(y = carat, x = cut)) + geom_boxplot()
```

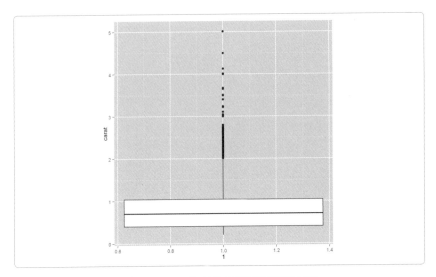

그림 7.11 ggplot2를 사용한 다이아몬드 캐럿의 박스플롯

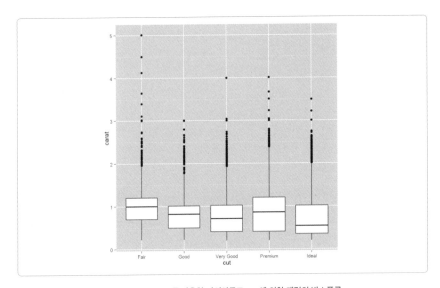

그림 7.12 ggplot2를 사용한 다이아몬드 cut에 의한 캐럿의 박스플롯

좀 더 멋지게 표현하기 위해, 박스플롯을 geom_violin을 사용하여 그림 7.13 같은 바이올린 플롯(violin plot)으로 대체할 수 있다.

```
> ggplot(diamonds, aes(y = carat, x = cut)) + geom_violin()
```

바이올린 플롯은 박스가 곡선으로 표현되는 것을 제외하고는 박스플롯과 비슷하다. 여기서 곡선은 데이터의 밀도에 따라 바뀌며 일반적인 박스플롯의 직선보다 많은 정보를 제공한다.

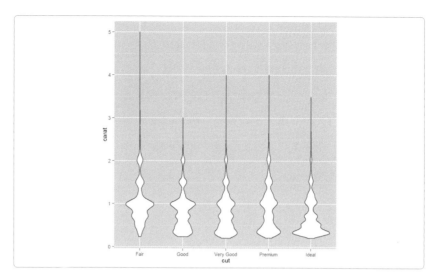

그림 7.13 ggplot2를 사용한 다이아몬드 cut에 의한 캐럿의 바이올린 플롯

우리는 동일한 플롯에 그림 7.14 같이 다수의 레이어(geoms)를 사용할 수 있다. 이때 레이어의 순서에 따라 플롯 결과가 달라짐을 명심하자. 좌측 그래프에서 점은 바이올린 아래 감춰져 있는 반면, 우측 그래프에서는 바이올린 위로 점이 나타나 있다.

```
> ggplot(diamonds, aes(y = carat, x = cut)) + geom_point() + geom_violin()
> ggplot(diamonds, aes(y = carat, x = cut)) + geom_violin() + geom_point()
```

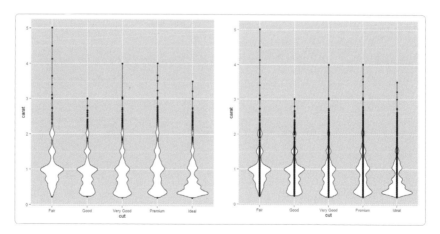

그림 7.14 점이 포함된 바이올린 플롯. 좌측 그래프는 점을 추가한 뒤 바이올린을 추가하여 만들어진 것인 반면, 우측 그래프는 순서를 반대로 하여 만들어졌다. geom이 추가된 순서는 레이어의 위치를 결정한다.

7.2.4 ggplot2 라인 그래프

라인 차트는 한 변수가 확실한 연속성이 있을 경우 자주 사용된다. 하지만 항상 그런 것은 아니다. 종종 범주형 데이터에도 라인을 사용하는 경우가 있기 때문이다. 그림 7.15는 ggplot2의 economics 데이터를 사용한 라인 플롯(line plot)을 보여주고 있다. ggplot2는 지능적으로 date를 다루며, 적절한 범위로 플롯한다.

```
> ggplot(economics, aes(x = date, y = pop)) + geom_line()
```

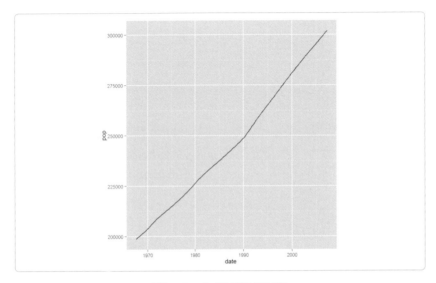

그림 7.15 ggplot2를 사용한 라인 플롯

이 코드가 여기선 잘 동작했지만, 가끔 geom_line에 aes(group=1)이 필요할 때가 있다. 그렇다. 이는 해킹스럽기도 하지만, 7.2.3에서 1차원의 박스플롯를 플로팅할 때처럼 작업을 완료해 준다. ggplot2로 그래프를 생성하다 보면 aes에 group을 지정하지 않는 경우에 라인을 플롯할 수 없는 이상한 현상이 나타나기도 하기 때문이다.

다년간 라인 플롯의 공통된 작업은 연간 통계를 보여주는 것이다. economics 데이터를 준비하기 위해 워햄의 lubridate 패키지를 사용하도록 한다. 여기에는 date를 다루기 위한 편리한 함수들이 포함되어 있으며, 이를 활용하여 year와 month 두 새로운 변수를 생성해 본다. 데이터를 단순화하기 위해 2000년대만 포함하는 데이터를 추출하여 객체에 저장하도록 한다.

```
> # lubridate 패키지를 로드한다.
> require(lubridate)
>
> ## year와 month 변수를 생성한다.
> economics$year <- year(economics$date)
> # month의 label 인자는 결과가 숫자 대신
> # 월의 이름이 되어야 한다는 것을 뜻한다.
> economics$month <- month(economics$date, label=TRUE)
>
> # 데이터의 일부를 추출한다.
> # which 함수는 테스트되는 조건이 TRUE인
> # 관측값의 인덱스를 리턴한다.
> econ2000 <- economics[which(economics$year >= 2000), ]
>
> # 좀 더 나은 axis 포매팅을 위해 scales 패키지를 로드한다.
> require(scales)
>
> # 플롯의 기초를 생성한다.
> g <- ggplot(econ2000, aes(x=month, y=pop))
> # year로 그루핑되고 색이 칠해진 선들을 추가한다.
> # group 요소는 데이터를 개별 그룹으로 나눈다.
> g <- g + geom_line(aes(color=factor(year), group=year))
> # 범례를 "Year"로 명명한다.
> g <- g + scale_color_discrete(name="Year")
> # y축의 포맷을 지정한다.
> g <- g + scale_y_continuous(labels=comma)
> # title과 축 이름을 추가한다.
> g <- g + labs(title="Population Growth", x="Month", y="Population")
> # 그래프를 플롯한다.
> g
```

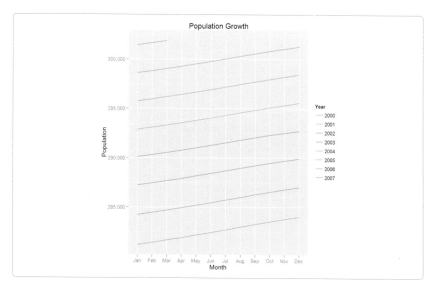

그림 7.16 각 연도에 대한 별도 라인을 가진 라인 플롯

그림 7.16은 많은 새로운 개념을 포함하고 있다. 첫 번째 부분인 ggplot
(econ2000, aes(x=month, y=pop)) + geom_line(aes(color=factor(year),
group=year))는 각 year에 대한 개별 라인과 색을 가진 라인 그래프를 생성
한다. 우리는 개별 색 범위를 얻기 위해 year를 factor로 변환하였고, 범위는
scale_color_discrete(name="Year")를 사용하여 정의된다. y축의 쉼표는 scale_
y_continuous(labels=comma)를 사용하여 정의한다. 마지막으로 title, x축, y축
이름은 labs(title= "Population Growth", x="Month", y="Population")으로 설정
한다. 이 모든 것은 전문적이고 논문에 사용할 수 있는 고품질 그래프를 생성하
기 위해 사용된다.

데이터의 일부분을 추출하기 위한 which의 사용도 확인해 두자. which는
SQL의 where 문법과 비슷한 역할을 수행한다.

7.2.5 테마

ggplot2의 중요한 부분으로 테마를 사용하여 플롯의 외형을 쉽게 변경할 수 있
는 기능이 있다. 아무런 준비 없이 테마를 만드는 것은 매우 벅찬 일이지만, 로
체스터 대학교(Rochester University)의 제프리 아놀드(Jeffrey Arnold)는 ggth-
emes 패키지를 만들어 왔고 이것을 활용하면 그래프를 일반적으로 사용되는 스
타일로 재생성할 수 있다. 그림 7.17에 이코노미스트(The Economist), 엑셀, 에
드워드 터프티, 월 스트리트 저널 등 몇 가지 스타일이 나와 있다.

```
> require(ggthemes)
> # 플롯을 생성하고 이를 g2에 저장한다.
> g2 <- ggplot(diamonds, aes(x=carat, y=price)) +
+     geom_point(aes(color=color))
>
> # 몇 가지 테마를 적용한다.
> g2 + theme_economist() + scale_colour_economist()
> g2 + theme_excel() + scale_colour_excel()
> g2 + theme_tufte()
> g2 + theme_wsj()
```

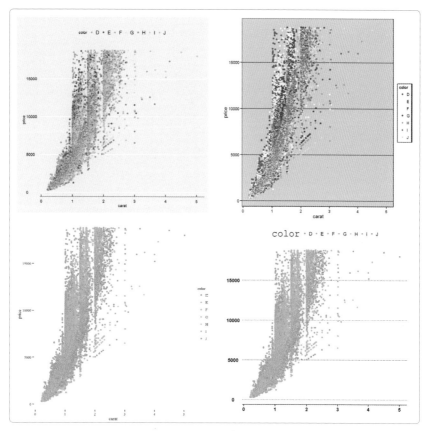

그림 7.17 ggthemes 패키지의 다양한 테마. 좌측 상단부터 시계 방향으로 이코노미스트, 엑셀(엑셀 결과를 요구하는 상사와 함께하는 사람들을 위해), 에드워드 터프티, 월 스트리트 저널 순이다.

7.3 마무리

우리는 이번 장에서 기본 그래프와 좀 더 쉽고 멋지게 만들 수 있는 ggplot 그래
프를 살펴보았고 히스토그램, 산점도, 박스플롯, 라인 플롯, 밀도 플롯을 다루었
다. 또한, 색과 작은 여러 그래프를 활용하여 데이터를 구분하여 볼 수 있는 방
법을 학습하였다. ggplot2에는 지터링(jittering), 스태킹(stacking), 닷징(dodg-
ing), 알파(alpha) 등 다른 다양한 특성이 있으며 이는 이 책의 중간 중간 설명하
도록 하겠다.

R 함수 만들기

동일한 코드를 반복적으로 실행하게 될 때, 아마도 그 부분은 함수로 만드는 편이 좋을 것이다. 프로그래밍에서는 가능하면 중복을 줄이는 것이 좋은데, 이렇게 하는 데는 재사용성을 높이고 유지 보수가 쉬워지는 등의 몇 가지 이유가 있다. R은 쉽게 함수를 만들 수 있는 방법을 가지고 있지만 다른 언어들과는 매우 다르니 약간의 적응 시간이 필요할 것이다.

8.1 Hello, World!

"Hello, World!"가 나오지 않는다면 이 책은 프로그래밍 언어에 대한 책이 아닐 수 있으니 일단 "Hello, World!"로 시작한다. 콘솔에 "Hello, World!"를 출력하는 간단한 함수를 만들어 보자.

```
> say.hello <- function()
+ {
+     print("Hello, World!")
+ }
```

먼저, R에서 마침표(.)는 단지 하나의 문자임을 기억해 두자. 즉, 다른 언어들과 다르게 특별한 의미나 기능이 없다.[1] 이런 이유로 우리는 say.hello라는 함수를 호출할 수 있게 된다.

우리는 함수가 다른 변수들과 같이 <- 연산자를 사용해 객체에 할당되는 것을 보았다. 사실 이 부분이 바로 다른 언어를 사용하던 사람들이 함수를 작성할 때

---

[1] 한 가지 예외로 마침표(.)로 시작하는 이름을 가진 객체는 접근은 가능하나 볼 수 없는데, 그 때문에 ls로 해당 객체를 찾을 수 없다.

가장 어색하게 느끼는 부분이다.

function 뒤에 따라오는 괄호는 비워두거나 다수의 인자를 채울 수도 있다. 이 부분은 8.2에서 다루도록 한다.

함수의 본문은 중괄호({})로 감싼다. 함수가 한 줄로 되었다면 중괄호({})가 필요 없지만 이런 경우는 매우 드물다. 함수 안에서 명령어에 들여쓰기한 것을 확인하자. 이건 필수는 아니지만 가독성을 높이기 위해 적절하게 들여쓰기를 하는 것은 좋은 습관이다. 수행하고자 하는 코드를 함수 본문에 작성하며, 각 라인의 끝을 표시하기 위해 세미콜론(;)이 사용되지만 반드시 필요한 건 아니다.

say.hello()를 호출하면 기대한 대로 "Hello, World!"가 출력된다.

8.2 함수 인자

생각만큼 자주는 아니지만 함수에 인자를 주게 된다. 인자는 함수 선언부의 괄호 안에 쉽게 추가된다. 우리는 "Hello Jared."를 출력하기 위해 인자를 하나 사용할 것이다.

하지만 인자를 사용하기 전에 sprintf에 대해 간단히 배워두자. 첫 번째 인자는 특수 입력 문자들을 포함하는 문자열이며, 이어지는 인자들로 첫 번째 인자의 특수 입력 문자들이 대체된다.

```
> # 한 개 치환
> sprintf("Hello %s", "Jared")

[1] "Hello Jared"

> # 두 개 치환
> sprintf("Hello %s, today is %s", "Jared", "Sunday")

[1] "Hello Jared, today is Sunday"
```

이제 함수 인자에 따라 출력하기 위해 문자열을 생성하는 sprintf를 사용한다.

```
> hello.person <- function(name)
+ {
+     print(sprintf("Hello %s", name))
+ }
> hello.person("Jared")

[1] "Hello Jared"

> hello.person("Bob")

[1] "Hello Bob"
```

```
> hello.person("Sarah")
```

[1] "Hello Sarah"

name 인자는 함수 안에서 변수로 사용될 수 있으며(함수 밖에서는 존재하지 않는다), 추가로 호출되는 함수의 인자로 사용될 수 있다.

그뿐 아니라 출력될 두 번째 인자를 추가할 수 있는데, 하나 이상의 인자를 사용해 함수를 호출하는 경우 인자의 이름 또는 입력 순서로 어떤 인자에 어떤 값이 들어가는지 명시할 수 있다.

```
> hello.person <- function(first, last)
+ {
+     print(sprintf("Hello %s %s", first, last))
+ }
> # 위치에 의해
> hello.person("Jared", "Lander")

[1] "Hello Jared Lander"

> # 이름에 의해
> hello.person(first = "Jared", last = "Lander")

[1] "Hello Jared Lander"

> # 다른 순서로
> hello.person(last = "Lander", first = "Jared")

[1] "Hello Jared Lander"

> # 한 개 이름만 지정할 때
> hello.person("Jared", last = "Lander")

[1] "Hello Jared Lander"

> # 다른 하나의 이름만 지정할 때
> hello.person(first = "Jared", "Lander")

[1] "Hello Jared Lander"

> # 두 번째 인자를 먼저 지정하면
> # 첫 번째 인자는 이름 없이 제공한다.
> hello.person(last = "Lander", "Jared")

[1] "Hello Jared Lander"
```

이름으로 인자를 명시할 수 있다는 것은 함수 호출에 다양한 유연성을 제공한다. 심지어 인자 이름의 일부로도 명시될 수 있지만 주의하여 사용해야 한다.

```
> hello.person(fir = "Jared", l = "Lander")
```

[1] "Hello Jared Lander"

8.2.1 기본(default) 인자

여러 개 인자를 사용할 때 어떤 경우에는 각 인자에 값을 입력하지 않는 것이 바람직하다. 다른 언어들에서 함수들은 각각 인자의 수를 바꿔가며 여러 번에 걸쳐 재정의가 가능하다. 대신에 R은 기본 인자를 지정하는 기능을 제공한다. 기본 인자는 NULL부터 문자열, 숫자 또는 모든 종류의 R 객체까지 모두 가능하다.

"Doe"를 기본 성(姓)으로 제공하기 위해 hello.person을 다시 작성해 보자.

```
> hello.person <- function(first, last = "Doe")
+ {
+     print(sprintf("Hello %s %s", first, last))
+ }
>
> # last를 지정하지 않고 호출한다.
> hello.person("Jared")

[1] "Hello Jared Doe"

> # 다른 last로 호출한다.
> hello.person("Jared", "Lander")

[1] "Hello Jared Lander"
```

8.2.2 여분(extra) 인자

R은 함수가 함수 정의에서 명시되지 않은 임의의 개수의 인자를 받아들일 수 있는 특별한 연산자, dot-dot-dot 인자(...)를 제공한다. 이 연산자가 굉장한 유연성을 가능하게 하더라도 매우 주의하여 사용해야 한다. 지금부터 우리는 이 연산자가 여분의 인자를 받아들이는 방법을 살펴볼 것이다. 또한, 이후 우리는 함수 사이에서 인자를 주고받을 때 이 연산자를 사용하는 사례도 보게 될 것이다.

```
> # extra 인자와 함께 hello.person을 호출한다.
> hello.person("Jared", extra = "Goodbye")

Error: unused argument (extra = "Goodbye")

> # 두 개의 유효한 인자 및 세 번째 인자와 함께 함수를 호출한다.
> hello.person("Jared", "Lander", "Goodbye")

Error: unused argument ("Goodbye")

>
> # 이제 여분의 인자들을 수용하기 위해 ...와 함께 hello.person을 생성한다.
> hello.person <- function(first, last = "Doe", ...)
+ {
+     print(sprintf("Hello %s %s", first, last))
+ }
> # extra 인자와 함께 hello.person을 호출한다.
> hello.person("Jared", extra = "Goodbye")

[1] "Hello Jared Doe"
```

```
> # 두 개의 유효한 인자 및 세 번째 인자와 함께 함수를 호출한다.
> hello.person("Jared", "Lander", "Goodbye")

[1] "Hello Jared Lander"
```

8.3 리턴 값

함수는 일반적으로 어떤 값을 계산하기 위해 사용되므로 함수는 호출자에게 값을 되돌려주기 위한 메커니즘이 필요하다. R에서는 다음 두 경우 값이 리턴된다. 첫 번째, 함수에서 코드의 마지막 라인의 값이 자동으로 리턴되는데, 그다지 좋은 방식은 아닐 수 있다. 두 번째, return 명령어를 사용하여 좀 더 명확하게 리턴되어야 할 값을 지정한다. 이 경우, 함수는 반드시 종료되어야 한다.

이 과정을 보여주기 위해, 우리는 인자를 받아 2를 곱하고 그 값을 리턴하는 함수를 만들 것이다.

```
> # 먼저 리턴을 명시하지 않고 함수를 생성한다.
> double.num <- function(x)
+ {
+     x * 2
+ }
>
> double.num(5)

[1] 10


>
> # 이제 리턴을 명시하고 함수를 생성한다.
> double.num <- function(x)
+ {
+     return(x * 2)
+ }
>
> double.num(5)

[1] 10


>
> # 함수를 다시 생성한다. 이번에는 명시된 리턴 뒤에
> # 또 다른 명령을 추가한다.
> double.num <- function(x)
+ {
+     return(x * 2)
+
+     # 함수가 이미 종료되었기 때문에 다음 코드는 실행되지 않는다.
+     print("Hello!")
+     return(17)
+ }
>
> double.num(5)

[1] 10
```

8.4 do.call

특별히 잘 사용되지 않는 트릭으로 do.call 함수가 있다. 이 함수는 character 또는 객체로 함수의 이름을 지정하고 리스트를 사용하여 해당 함수의 인자를 제공하게 한다.

```
> do.call("hello.person", args = list(first = "Jared", last = "Lander"))

[1] "Hello Jared Lander"

> do.call(hello.person, args = list(first = "Jared", last = "Lander"))

[1] "Hello Jared Lander"
```

이 함수는 사용자가 액션을 지정할 수 있게 하는 함수를 작성할 때 특히 유용하다. 다음 예제에서는 사용자가 vector와 실행할 함수를 제공한다.

```
> run.this <- function(x, func = mean)
+ {
+     do.call(func, args = list(x))
+ }
>
> # 기본적으로 평균을 찾는다.
> run.this(1:10)

[1] 5.5

> # 평균을 계산하기 위해 명시한다.
> run.this(1:10, mean)

[1] 5.5

> # 합을 계산한다.
> run.this(1:10, sum)

[1] 55

> # 표준 편차를 계산한다.
> run.this(1:10, sd)

[1] 3.028
```

8.5 마무리

함수는 코드를 재사용해 중복을 피하도록 하고 쉽게 수정할 수 있게 한다. 함수 인자, 기본값, 리턴값은 꼭 기억해 두어야 한다. 이후 우리는 지금까지 봐왔던 것보다 훨씬 더 복잡한 함수들을 보게 될 것이다.

제어문

제어문은 프로그래밍의 흐름을 조절하며, 테스트 결과에 따라 다른 명령을 수행한다. 테스트 결과는 logical, TRUE 또는 FALSE로 리턴되며, 이는 if 문과 비슷한 구문에서 사용된다. 주요 제어문은 if, else, ifelse, switch다.

9.1 if와 else

가장 일반적인 테스트는 if 명령어다. if는 어떤 것이 TRUE이면 특정 기능을 수행하고, 그렇지 않을 경우 해당 기능을 수행하지 않는다. 테스트할 내용은 if 명령어 다음에 나오는 괄호 안에 들어가는데, 가장 기초적인 테스트는 ==, 〈, 〈=, 〉, 〉=, !=이다.

이와 같은 테스트를 통과하면 TRUE가 리턴되며, 실패하면 FALSE가 리턴된다. 4.3.4에서 설명했던 것과 같이, 숫자상으로 TRUE는 1, FALSE는 0과 같다.

```
> as.numeric(TRUE)
[1] 1
> as.numeric(FALSE)
[1] 0
```

이런 테스트들은 반드시 if 문 안에서 사용될 필요는 없다. 다음 몇 가지 간단한 예를 보자.

```
> 1 == 1 # TRUE
[1] TRUE
```

```
> 1 < 1 # FALSE

[1] FALSE

> 1 <= 1 # TRUE

[1] TRUE

> 1 > 1 # FALSE

[1] FALSE

> 1 >= 1 # TRUE

[1] TRUE

> 1 != 1 # FALSE

[1] FALSE
```

자, 이제 if 문 안의 이 테스트가 이후 기능을 제어하는 것을 보여줄 것이다.

```
> # 변수에 1을 할당한다.
> toCheck <- 1
>
> # toCheck가 1이면 hello를 출력한다.
> if (toCheck == 1)
+ {
+     print("hello")
+ }

[1] "hello"

>
> # toCheck가 0이면 hello를 출력한다.
> if (toCheck == 0)
+ {
+     print("hello")
+ }
> # 아무것도 출력되지 않았음을 확인한다.
```

if 문은 모든 명령문(하나 또는 다수가 될 수 있다)이 중괄호({}) 안에 들어간다는 점에서 함수와 비슷하다.

　인생은 어떤 관계가 TRUE일 때의 동작만 정의해도 될 만큼 간단하기만 하진 않다. 관계가 FALSE일 때의 동작도 필요하게 되는데, 다음 예제에서는 함수 안에 if 문과 else 문을 넣어 반복적으로 사용될 수 있도록 하였다.

```
> # 우선 함수를 생성한다.
> check.bool <- function(x)
+ {
+     if (x == 1)
+     {
+         # 입력값이 1이면 hello를 출력한다.
+         print("hello")
+     } else
```

```
+     {
+         # 그렇지 않으면 goodbye를 출력한다.
+         print("goodbye")
+     }
+ }
```

else가 바로 앞의 닫는 중괄호(})와 같은 줄에 위치하는 것을 확인하자. 이렇게 하지 않으면 코드가 실패하기 때문에 기억해 두는 것이 좋다.

이제 만든 함수를 사용하여 동작을 확인해 보자.

```
> check.bool(1)

[1] "hello"

> check.bool(0)

[1] "goodbye"

> check.bool("k")

[1] "goodbye"

> check.bool(TRUE)

[1] "hello"
```

1이 아닌 것이 들어온 경우 "goodbye"가 출력되었다. 이것이 정확히 우리가 원했던 것이다. TRUE를 전달했을 때는 "hello"가 출력되었는데 TRUE는 숫자상으로 1과 같기 때문이다.

몇 가지 구문을 연속적으로 테스트하려고 하는 경우, 우리는 else if를 사용할 수 있다. 먼저 if 문으로 한 가지 구문을 테스트하고 나서 else if로 그 다음 구문을 테스트하고 마지막으로 else에서 나머지 모든 경우를 처리한다. 한 가지 조건과 다른 조건 하나를 더 테스트할 수 있도록 check.bool을 수정할 것이다.

```
> check.bool <- function(x)
+ {
+     if (x == 1)
+     {
+         # 입력값이 1이면 hello를 출력한다.
+         print("hello")
+     } else if (x == 0)
+     {
+         # 입력값이 0이면 goodbye를 출력한다.
+         print("goodbye")
+     } else
+     {
+         # 그렇지 않으면 confused를 출력한다.
+         print("confused")
+     }
+ }
```

```
>
> check.bool(1)

[1] "hello"

> check.bool(0)

[1] "goodbye"

> check.bool(2)

[1] "confused"

> check.bool("k")

[1] "confused"
```

9.2 switch

다양한 케이스에 대해 테스트를 해야 하는 경우, else if를 반복적으로 사용하는 것은 번거롭고 비효율적일 수 있다. 이때 switch가 매우 유용하다. 첫 번째 인자는 테스트하고자 하는 값이다. 이후 인자들은 특정 값과 그에 대한 결괏값이다. 마지막 인자는 매핑되는 결과가 없을 때 주어지는 값으로 기본 결괏값이다.

이를 설명하기 위해, 값을 하나 받아 그에 맞는 결과를 리턴하는 함수를 하나 작성하도록 한다.

```
> use.switch <- function(x)
+ {
+     switch(x,
+         "a"="first",
+         "b"="second",
+         "z"="last",
+         "c"="third",
+         "other")
+ }
>
> use.switch("a")

[1] "first"

> use.switch("b")

[1] "second"

> use.switch("c")

[1] "third"

> use.switch("d")

[1] "other"

> use.switch("e")
```

```
[1] "other"
> use.switch("z")
[1] "last"
```

첫 번째 인자가 숫자(numeric)이면, 이어지는 인자들의 이름과 상관없이 인자
들의 위치에 매칭된다. 숫자 인자값이 나머지 인자의 개수보다 크게 되면 NULL
이 리턴된다.

```
> use.switch(1)
[1] "first"
> use.switch(2)
[1] "second"
> use.switch(3)
[1] "last"
> use.switch(4)
[1] "third"
> use.switch(5)
[1] "other"
> use.switch(6) # 아무것도 리턴되지 않는다.
> is.null(use.switch(6))
[1] TRUE
```

여기서 새로운 함수, is.null을 소개하기로 한다. 이름이 암시하듯이 이 함수는
객체가 NULL인지 테스트하는 함수다.

9.3 ifelse

if가 전통적인 언어의 if 문과 비슷한 반면, ifelse는 엑셀에서 if 함수와 좀 더 비
슷하다. 첫 번째 인자는 테스트될 조건으로 전통적인 if 문과 거의 유사하며, 두
번째 인자는 테스트가 TRUE인 경우 리턴되는 값이고 세 번째 인자는 테스트가
FALSE일 때 리턴되는 값이다. ifelse는 벡터화된 인자를 사용할 수 있는데 이것
이 바로 기존 if와 다른 점이며 ifelse의 장점이라 할 수 있다. R의 다른 부분과 마
찬가지로, 벡터화를 사용하면 for 루프를 피할 수 있을 뿐 아니라 코드의 실행 속
도도 올릴 수 있다. ifelse가 아직 헷갈린다면 몇 가지 예를 들어보자.

먼저 1이 1과 같은지 테스트하여 TRUE이면 "Yes"를 출력하고, FALSE이면 "No"를 출력하는 가장 간단한 예를 보자.

```
> # 1 == 1인지 확인한다.
> ifelse(1 == 1, "Yes", "No")

[1] "Yes"

> # 1 == 0인지 확인한다.
> ifelse(1 == 0, "Yes", "No")

[1] "No"
```

이것은 명확하게 우리가 원하는 결과를 알려준다. ifelse는 9.1에서 봤던 일반적인 테스트와 다른 logical 테스트 모두를 사용한다. 그러나 하나의 원소(길이가 1인 vector 또는 간단한 is.na)에 대한 테스트의 경우 ifelse보다 if를 사용하는 것이 더욱 효율적임을 명심하자. 이것은 우리 코드에 적지 않은 속도 향상을 가져다 줄 것이다.

다음은 벡터화된 첫 번째 인자를 설명하고 있다.

```
> toTest <- c(1, 1, 0, 1, 0, 1)
> ifelse(toTest == 1, "Yes", "No")

[1] "Yes" "Yes" "No" "Yes" "No" "Yes"
```

이것은 toTest의 1인 각 원소에 대해 "Yes"를 리턴하였고, 1이 아닌 각 원소에 대해 "No"를 리턴했다.

TRUE와 FALSE 인자에는 심지어 테스트하는 원소도 사용 가능하다.

```
> ifelse(toTest == 1, toTest * 3, toTest)

[1] 3 3 0 3 0 3

> # FALSE 인자는 필요한 만큼 반복된다.
> ifelse(toTest == 1, toTest * 3, "Zero")

[1] "3" "3" "Zero" "3" "Zero" "3"
```

toTest가 NA 원소를 가지고 있다고 해 보자. 이 경우, NA에 대한 ifelse의 결과는 NA다.

```
> toTest[2] <- NA
> ifelse(toTest == 1, "Yes", "No")

[1] "Yes" NA "No" "Yes" "No" "Yes"
```

이는 TRUE와 FALSE 인자가 vector일 경우에도 마찬가지다.

```
> ifelse(toTest == 1, toTest * 3, toTest)

[1] 3 NA 0 3 3

> ifelse(toTest == 1, toTest * 3, "Zero")

[1] "3" NA "Zero" "3" "Zero" "3"
```

9.4 복합 테스트

logical TRUE 또는 FALSE로 결과가 리턴되는 모든 구문은 if, ifelse와 switch에서 테스트되는 인자로 사용될 수 있다. 객체의 비교 결과나 심지어 is.numeric, is.na의 결과도 될 수 있다. 때때로 우리는 한 번에 하나 이상의 관계를 테스트하길 원한다. and와 or 논리연산자를 사용하면 가능한데, and는 &, &&로 or는 |, ||로 사용한다. 이들의 차이는 미묘하지만 코드 속도에 영향을 미칠 수 있다.

if 문에는 이중 형태(&&, ||)가 가장 적합하며 ifelse에서는 단일 형태(&, |)가 필요하다. 이중 형태(double form)는 두 구문의 오직 하나 원소만 비교하지만 단일 형태(single form)는 두 구문의 모든 원소를 비교한다.

```
> a <- c(1, 1, 0, 1)
> b <- c(2, 1, 0, 1)
>
> # 이 코드는 a의 각 원소와 b의 각 원소를 확인한다.
> ifelse(a == 1 & b == 1, "Yes", "No")

[1] "No" "Yes" "No" "Yes"

>
> # 이 코드는 a의 첫 번째 원소와 b의 첫 번째 원소만 확인하여
> # 하나의 결과만 리턴한다.
> ifelse(a == 1 && b == 1, "Yes", "No")

[1] "No"
```

이중과 단일 형태 간 차이점은 그들이 어떻게 처리되느냐에 있다. 단일 형태를 사용할 때, 해당 연산자의 양쪽 모두가 항상 테스트된다. 이중 형태의 경우, 때때로 오직 왼쪽 구문만 테스트될 수 있다. 예를 들면, 1 == 0 && 2 == 2를 테스트할 때, 왼쪽 구문이 실패하기 때문에 오른쪽 구문은 테스트할 이유가 없다. 비슷하게, 3 == 3 || 0 == 0를 테스트하면 왼쪽 구문이 통과하게 되어 오른쪽 구문을 테스트할 필요가 없다. 이는 왼쪽 구문이 실패하면 오른쪽 구문에서 에러를 발생시키는 경우에 특히 유용할 수 있다.

세 개 이상의 조건이 테스트될 수도 있다. 여러 조건은 다수의 and와 or 연산자를 사용하여 묶일 수 있다. 각 구문은 수학 연산과 같이 괄호를 이용하여 그룹화될 수 있다. 괄호를 사용하지 않으면 연산 순서는 4.1에서 봤던 PEMDAS와 유사한데, and는 곱하기, or는 더하기와 우선순위가 같으므로 and는 or보다 우선순위가 높다.

9.5 마무리

데이터를 처리하고 분석할 때 프로그램의 흐름을 제어하는 것은 명령행과 함수모두에서 중요한 역할을 한다. 비록 R에서는 벡터화 특성 때문에 ifelse가 훨씬더 일반적이긴 하지만, if 문은 else와 함께 단일 원소 객체를 테스트할 때 가장일반적이며 효율적인 제어문이다. switch 문은 종종 잊히기도 하지만 매우 도움이 된다. and(&, &&)와 or(|, ||) 연산자는 여러 테스트를 하나로 결합할 수 있게 해준다.

10장

루프, R스럽지 않은 반복

R을 사용하기 시작할 때, 대부분의 사람들은 vector, list나 data.frame의 원소에 대한 반복적인 연산이 필요할 때마다 루프를 사용한다. 다른 언어들에서는 이와 같은 방법이 자연스럽지만, 일반적으로 R에서는 벡터화를 사용하길 권한다. 그렇긴 하지만, 때때로 루프 사용은 피할 수 없기 때문에 R은 for와 while 루프를 모두 제공한다.

10.1 for 루프

가장 일반적으로 사용되는 루프는 for 루프다. for 루프는 vector로 제공된 인덱스에 대해 반복하고, 지정된 동작을 수행한다. 간단한 예로, 첫 열 개 숫자를 출력해 본다.

루프는 for를 사용하여 선언하며, 영어처럼 보이는 세 부분으로 구성된 인자를 취한다. 세 번째 부분은 임의의 형을 가지는 vector이며, 대부분 numeric이나 character 형을 가진다. 첫 번째 부분은 세 번째 부분의 vector에서 반복적으로 추출된 원소가 할당되는 변수다. 가운데 부분은 변수(첫 번째 부분)가 vector(세 번째 부분) 안에 있다는 것을 의미하는 간단한 단어, in이다.

```
> for (i in 1:10)
+ {
+     print(i)
+ }

[1] 1
[1] 2
[1] 3
```

```
[1] 4
[1] 5
[1] 6
[1] 7
[1] 8
[1] 9
[1] 10
```

여기서 우리는 1부터 10을 포함한 vector를 생성하고 나서 각각을 출력했다. 이 과정은 print 함수에 내장된 벡터화를 사용하여 간단히 수행될 수 있음을 기억하자.

```
> print(1:10)

 [1] 1 2 3 4 5 6 7 8 9 10
```

물론, 두 결과가 정확히 같은 것으로 보이진 않지만, 그건 단지 외형적인 차이에 불과하다.

for 루프에서 vector가 반드시 정렬될 필요는 없으며, 어떤 vector도 될 수 있다.

```
> # 과일 이름을 저장하는 벡터를 생성한다.
> fruit <- c("apple", "banana", "pomegranate")
> # fruit의 각 원소의 길이를 저장하기 위한 변수를 생성하고, 우선 모두 NA로 시작한다.
> fruitLength <- rep(NA, length(fruit))
> # 확인해 보면 전부 NA다.
> fruitLength

[1] NA NA NA

> # 이 벡터에 이름을 부여한다.
> names(fruitLength) <- fruit
> # 다시 확인해도 여전히 NA다.
> fruitLength

      apple banana pomegranate
         NA     NA          NA

> # fruit의 길이를 결과 벡터에 할당하기 위해 fruit을 통해 루프를 돈다.
> for (a in fruit)
+ {
+     fruitLength[a] <- nchar(a)
+ }
> # 길이를 확인한다.
> fruitLength

      apple banana pomegranate
          5      6          11
```

다시 말하지만 R의 내장된 벡터화는 이런 모든 것을 훨씬 쉽게 만들어준다.

```
> # 간단하게 nchar를 호출한다.
> fruitLength2 <- nchar(fruit)
> # 이름을 부여한다.
> names(fruitLength2) <- fruit
> # 이를 확인한다.
> fruitLength2
```

```
apple banana pomegranate
    5      6          11
```

기대한 대로 이 코드는 아래 보이는 것과 같이 동일한 결과를 제공한다.

```
> identical(fruitLength, fruitLength2)
```

```
[1] TRUE
```

10.2 while 루프

for 루프보다 R에서 훨씬 덜 사용되긴 하지만, while 루프는 구현하기 매우 쉽다. while 루프는 테스트되는 조건이 참인 동안 중괄호 안의 코드를 실행한다. 다음 예제에서 우리는 x 값을 출력하고 x가 5에 도달할 때까지 이 과정을 반복한다. 예제가 매우 사소하긴 하지만 그렇더라도 while 루프의 기능은 잘 보여주고 있다.

```
> x <- 1
> while (x <= 5)
+ {
+     print(x)
+     x <- x + 1
+ }

[1] 1
[1] 2
[1] 3
[1] 4
[1] 5
```

10.3 루프 제어하기

우리는 가끔 루프의 다음 반복 단계로 건너뛰거나 루프에서 완전히 빠져나와야 한다. 이는 next와 break를 사용해 가능하다. for 루프를 사용해 확인해 본다.

```
> for (i in 1:10)
+ {
+     if (i == 3)
+     {
+         next
+     }
+     print(i)
+ }

[1] 1
[1] 2
```

```
[1] 4
[1] 5
[1] 6
[1] 7
[1] 8
[1] 9
[1] 10
```

3이 출력되지 않았음을 확인하자.

```
> for (i in 1:10)
+ {
+     if (i == 4)
+     {
+         break
+     }
+     print(i)
+ }

[1] 1
[1] 2
[1] 3
```

여기서, R이 첫 열 개 정수에 대하여 코드를 반복하도록 구현하였더라도, 4에서
루프를 종료했기 때문에 3 이후 루프가 중단되었다.

10.4 마무리

두 가지 주요 루프는 원소들의 정해진 연속적인 순서에 따라 반복적으로 동작하
는 for와 특정 조건이 참인 동안 루프를 반복하는 while이다. 초반에 언급한 것
처럼, 벡터화나 행렬 연산을 통해 루프 없이 문제를 해결할 수 있다면 루프를 피
하도록 한다. 특히 루프 안에 루프는 되도록 사용하지 않는 것이 좋다. 이런 경
우 R의 속도가 극도로 느려지기 때문이다.

11장

그룹 다루기

데이터 분석에 대한 보편된 법칙으로 데이터 가공(또는 조시 리치(Josh Reich)가 만들어 낸 용어인 '데이터 멍잉(data munging)')에 노력의 80% 가량을 사용한다는 말이 있다. 이 과정은 보통 데이터에 대한 반복 작업과 해들리 윅햄이 만든 나누고 적용하고 결합하는("split-apply-combine") 과정을 필요로 한다. 이 말은 즉, 특정 기준으로 데이터를 여러 부분으로 나누고, 각 부분에 대해 변환을 수행한 뒤 모든 부분을 하나로 결합한다는 말이다. 이는 하둡(Hadoop)[1]의 맵리듀스(MapReduce)[2] 패러다임과 어느 정도 비슷하다. R에는 데이터에 대해 반복 작업을 수행할 수 있는 다양한 방법이 존재하고, 여기서는 이런 작업에 좀 더 편리한 함수들을 살펴볼 것이다.

11.1 apply 패밀리

R에는 apply 함수와 tapply, lapply, mapply 같은 관련 함수들이 내장되어 있다. 각각은 고유의 특징과 필요성을 가지고 있으며 각기 다른 상황에서 적절히 사용된다.

11.1.1 apply

apply는 사용자들이 보통 학습하게 되는 이 패밀리의 첫 번째 멤버이고, 또한 가장 제한적인 함수이기도 하다. apply는 matrix에 대해서만 사용될 수 있는데, 이

---

1 하둡은 여러 컴퓨터를 가로지르는 분산 데이터와 연산을 위한 프레임워크다.
2 맵리듀스에서 데이터는 특정 방식으로 여러 개의 집합으로 나뉘고, 계산된 후 다시 결합된다.

것은 모든 원소가 character, numeric, logical 중 어느 것이든지 같은 형이어야만 한다는 것을 뜻한다. data.frame 같은 다른 객체에 사용하고 싶다면, 객체는 먼저 matrix로 변환되어야만 할 것이다.

apply의 첫 번째 인자는 다루고자 하는 객체이다. 두 번째 인자는 함수를 어느 기준으로 적용할지 지정하는 것으로, 1은 행 단위로 함수를 적용한다는 의미이며, 2는 열 단위로 함수를 적용한다는 의미다. 세 번째 인자는 적용하고자 하는 함수다. 이후 추가 인자는 세 번째 함수의 인자로 전달될 것이다. apply는 matrix의 각 행(또는 열)에 대해 함수를 반복하는데, 각 행과 열을 개별 입력값으로서 지정된 함수의 첫 번째 인자로 사용한다.

apply의 사용법을 설명하기 위해 matrix의 행과 열을 합산하는 간단한 예제를 만들어 보자.

```
> # 행렬을 생성한다.
> theMatrix <- matrix(1:9, nrow = 3)
> # 행을 합한다.
> apply(theMatrix, 1, sum)

[1] 12 15 18

> # 열을 합한다.
> apply(theMatrix, 2, sum)

[1] 6 15 24
```

앞의 연산은 내장 함수인 rowSums와 colSums를 사용하여 수행될 수 있으며, 동일한 결과를 얻을 수 있음을 기억하자.

```
> rowSums(theMatrix)

[1] 12 15 18

> colSums(theMatrix)

[1] 6 15 24
```

여기서 잠깐, na.rm 인자를 사용하여 결측치를 어떻게 다루는지 확인하기 위해 theMatrix의 한 개 원소를 NA로 설정해 보자.

```
> theMatrix[2, 1] <- NA
> apply(theMatrix, 1, sum)

[1] 12 NA 18

> apply(theMatrix, 1, sum, na.rm = TRUE)

[1] 12 13 18
```

```
> rowSums(theMatrix)

[1] 12 NA 18

> rowSums(theMatrix, na.rm = TRUE)

[1] 12 13 18
```

11.1.2 lapply와 sapply

lapply는 list의 각 원소에 함수를 적용하고 list로 그 결과를 리턴하는 방식으로 동작한다.

```
> theList <- list(A = matrix(1:9, 3), B = 1:5, C = matrix(1:4, 2), D = 2)
> lapply(theList, sum)

$A
[1] 45

$B
[1] 15

$C
[1] 10

$D
[1] 2
```

list를 다루는 것은 번거로울 수 있으므로 대신 lapply의 결과를 vector로 리턴하기 위해 sapply를 사용한다. 이것은 리턴형을 제외한 모든 면에서 lapply와 완전히 동일하다.

```
> sapply(theList, sum)

 A  B  C  D
45 15 10  2
```

vector는 기술적으로 list 형태이기 때문에, lapply와 sapply는 입력값으로 vector도 취할 수 있다.

```
> theNames <- c("Jared", "Deb", "Paul")
> lapply(theNames, nchar)

[[1]]
[1] 5

[[2]]
[1] 3

[[3]]
[1] 4
```

11.1.3 mapply

아마 apply 패밀리에서 매우 유용하면서도 가장 간과되는 멤버는 mapply일 것이다. mapply는 여러 list의 각 원소에 대해 함수를 적용한다. 보통 이런 경우에 사람들은 불필요한 루프를 사용하게 된다.

```
> ## 두 list를 생성한다.
> firstList <- list(A = matrix(1:16, 4), B = matrix(1:16, 2), C = 1:5)
> secondList <- list(A = matrix(1:16, 4), B = matrix(1:16, 8), C = 15:1)
> # 원소 간 동일 여부를 테스트한다.
> mapply(identical, firstList, secondList)

    A     B     C
 TRUE FALSE FALSE

> ## 각각 대응하는 원소의 행의 수(또는 길이)를 더하는
> ## 간단한 함수를 생성한다.
> simpleFunc <- function(x, y)
+ {
+     NROW(x) + NROW(y)
+ }
> # 이 함수를 두 list에 적용한다.
> mapply(simpleFunc, firstList, secondList)

 A  B  C
 8 10 20
```

11.1.4 나머지 apply 함수

apply 패밀리에는 그리 많이 사용되지 않거나 plyr 패키지의 함수에 의해 대체되는 멤버가 많다(어떤 이들은 lapply와 sapply도 대체되고 있다고 말하고 있지만, 두 함수는 plyr의 함수에 대하여 그들만의 장점을 가지고 있다).

이 멤버들에는 tapply, rapply, eapply, vapply, by가 포함된다.

11.2 aggregate

SQL을 경험했던 사람들은 일반적으로 R의 첫 작업으로 집계와 group by를 수행하길 원한다. 이 작업을 수행하는 방법은 aggregate 함수를 사용하는 것이다. aggregate를 호출하는 방법은 다양하기 때문에, 가장 편리한 방법인 formula를 이용한 호출법을 살펴보겠다.

우리는 16장에서 선형 모형과 넓은 범위에 사용되는 formula를 확인할 것이며, formula는 R에서 유용한 역할을 한다. formula는 물결 표시(~)로 구분되는 좌측, 우측 부분으로 구성된다. 좌측 부분에는 계산하길 원하는 변수를 지정하

고 우측 부분에는 그룹화할 변수를 하나 이상 지정한다.[3]

aggregate를 설명하기 위해 ggplot2의 diamonds 데이터로 다시 한 번 돌아가 보자.

```
> require(ggplot2)
> data(diamonds)
> head(diamonds)

  carat       cut color clarity depth table price    x    y    z
1  0.23     Ideal     E     SI2  61.5    55   326 3.95 3.98 2.43
2  0.21   Premium     E     SI1  59.8    61   326 3.89 3.84 2.31
3  0.23      Good     E     VS1  56.9    65   327 4.05 4.07 2.31
4  0.29   Premium     I     VS2  62.4    58   334 4.20 4.23 2.63
5  0.31      Good     J     SI2  63.3    58   335 4.34 4.35 2.75
6  0.24 Very Good     J    VVS2  62.8    57   336 3.94 3.96 2.48
```

우리는 Fair, Good, Very Good, Premium, Ideal 등 cut의 각 타입에 대한 평균 price를 계산한다. 이 경우 aggregate의 첫 번째 인자에는 cut에 의해 price가 나뉘어야 한다는 것을(SQL로는 group by) 명시하는 formula가 들어간다. 두 번째 인자는 사용할 데이터이며 여기서는 diamonds다. 세 번째 인자는 데이터의 각 부분집합에 적용할 함수이고, 다음 코드에서는 mean을 사용하기로 한다.

```
> aggregate(price ~ cut, diamonds, mean)

        cut    price
1      Fair 4358.758
2      Good 3928.864
3 Very Good 3981.760
4   Premium 4584.258
5     Ideal 3457.542
```

첫 번째 인자에서 우리는 cut으로 price가 집계된다는 것을 명시하였다. 이때 열 이름만 명시하고 데이터는 확인할 필요가 없음을 기억하자. 이는 두 번째 인자에 데이터가 주어지기 때문이다. 함수를 지정하는 세 번째 인자 다음에는 지정된 함수의 인자로 사용할 aggregate(price ~ cut, diamonds, mean, na.rm=TRUE) 같이 추가 인자가 전달될 수 있다.

여러 개의 변수로 데이터를 그룹화하려면, formula의 우측 부분에 추가 변수를 지정하면 되며 각 변수는 더하기(+)로 구분한다.

---

3 16장에서 보는 것과 같이, 우리가 aggregate에 카테고리 변수만 사용할 것이긴 하지만, 우측 부분은 numeric도 될 수 있다.

```
> aggregate(price ~ cut + color, diamonds, mean)
```

```
          cut color    price
1        Fair     D 4291.061
2        Good     D 3405.382
3   Very Good     D 3470.467
4     Premium     D 3631.293
5       Ideal     D 2629.095
6        Fair     E 3682.312
7        Good     E 3423.644
8   Very Good     E 3214.652
9     Premium     E 3538.914
10      Ideal     E 2597.550
11       Fair     F 3827.003
12       Good     F 3495.750
13  Very Good     F 3778.820
14    Premium     F 4324.890
15      Ideal     F 3374.939
16       Fair     G 4239.255
17       Good     G 4123.482
18  Very Good     G 3872.754
19    Premium     G 4500.742
20      Ideal     G 3720.706
21       Fair     H 5135.683
22       Good     H 4276.255
23  Very Good     H 4535.390
24    Premium     H 5216.707
25      Ideal     H 3889.335
26       Fair     I 4685.446
27       Good     I 5078.533
28  Very Good     I 5255.880
29    Premium     I 5946.181
30      Ideal     I 4451.970
31       Fair     J 4975.655
32       Good     J 4574.173
33  Very Good     J 5103.513
34    Premium     J 6294.592
35      Ideal     J 4918.186
```

두 변수를 집계하기 위해(지금까지는 cut에 의해서만 그룹화하였다), formula의 좌측 부분에 cbind를 사용해 두 변수를 결합해야 한다.

```
> aggregate(cbind(price, carat) ~ cut, diamonds, mean)
```

```
        cut    price     carat
1      Fair 4358.758 1.0461366
2      Good 3928.864 0.8491847
3 Very Good 3981.760 0.8063814
4   Premium 4584.258 0.8919549
5     Ideal 3457.542 0.7028370
```

이것은 cut의 각 값에 대해 price와 carat 모두의 평균을 계산한다. 여기서 aggregate는 변수들에 대해 오직 하나의 함수만 지정할 수 있음을 꼭 기억해 두자. 다수의 함수를 적용하기 위해서는 11.3에서 설명할 plyr 패키지를 사용하는 것이 훨씬 좋다.

물론 formula의 좌측, 우측 부분 모두에는 여러 변수가 동시에 사용될 수 있다.

```
> aggregate(cbind(price, carat) ~ cut + color, diamonds, mean)

         cut color    price    carat
1       Fair     D 4291.061 0.9201227
2       Good     D 3405.382 0.7445166
3  Very Good     D 3470.467 0.6964243
4    Premium     D 3631.293 0.7215471
5      Ideal     D 2629.095 0.5657657
6       Fair     E 3682.312 0.8566071
7       Good     E 3423.644 0.7451340
8  Very Good     E 3214.652 0.6763167
9    Premium     E 3538.914 0.7177450
10     Ideal     E 2597.550 0.5784012
11      Fair     F 3827.003 0.9047115
12      Good     F 3495.750 0.7759296
13 Very Good     F 3778.820 0.7409612
14   Premium     F 4324.890 0.8270356
15     Ideal     F 3374.939 0.6558285
16      Fair     G 4239.255 1.0238217
17      Good     G 4123.482 0.8508955
18 Very Good     G 3872.754 0.7667986
19   Premium     G 4500.742 0.8414877
20     Ideal     G 3720.706 0.7007146
21      Fair     H 5135.683 1.2191749
22      Good     H 4276.255 0.9147293
23 Very Good     H 4535.390 0.9159485
24   Premium     H 5216.707 1.0164492
25     Ideal     H 3889.335 0.7995249
26      Fair     I 4685.446 1.1980571
27      Good     I 5078.533 1.0572222
28 Very Good     I 5255.880 1.0469518
29   Premium     I 5946.181 1.1449370
30     Ideal     I 4451.970 0.9130291
31      Fair     J 4975.655 1.3411765
32      Good     J 4574.173 1.0995440
33 Very Good     J 5103.513 1.1332153
34   Premium     J 6294.592 1.2930941
35     Ideal     J 4918.186 1.0635937
```

11.3 plyr

R에 일어났던 최고의 사건 중 하나는 해들리 윅햄의 plyr[4] 패키지 개발이었다. 이것은 데이터 가공의 나누고 적용하고 결합하는("split-apply-combine") 방법을 완벽하게 보여준다. plyr의 핵심은 ddply, llply, ldply 같은 함수들로 구성된다. 가공 함수 모두는 다섯 글자로 구성되며 마지막 세 글자는 항상 ply가 된다. 첫 번째 글자는 입력의 형태를 가리키며 두 번째 글자는 출력의 형태를 가리킨다. 예를 들면, ddply의 입력과 출력 형태는 data.frame이며, llply는 list를 입출력 형태로 사용하고, ldply는 list를 입력으로, data.frame을 출력으로 사용한다. 전체 리스트는 표 11.1에 나열되어 있다.

---

4 plier(펜치)의 언어유희로 작명(펜치는 가장 다양하고 기본적인 도구 중 하나이므로)했다.

함수	입력 형태	출력 형태
ddply	data.frame	data.frame
llply	list	list
aaply	array/vector/matrix	array/vector/matrix
dlply	data.frame	list
daply	data.frame	array/vector/matrix
d_ply	data.frame	없음(사이드 이펙트를 위해 사용됨)
ldply	list	data.frame
laply	list	array/vector/matrix
l_ply	list	없음(사이드 이펙트를 위해 사용됨)
adply	array/vector/matrix	data.frame
alply	array/vector/matrix	list
a_ply	array/vector/matrix	없음(사이드 이펙트를 위해 사용됨)

표 11.1 plyr 함수와 상응하는 입출력

11.3.1 ddply

ddply는 data.frame을 입력으로 받아 변수에 따라 입력을 분리하고 분리된 각 부분에 대해 지정된 작업을 수행하고 data.frame 형태로 리턴한다. ddply에 대해 학습하기 위해 plyr의 baseball 데이터를 살펴보자.

```
> require(plyr)
> head(baseball)

          id year stint team  lg  g  ab  r  h X2b X3b hr rbi sb cs bb
4   ansonca01 1871     1  RC1     25 120 29 39  11   3  0  16  6  2  2
44  forceda01 1871     1  WS3     32 162 45 45   9   4  0  29  8  0  4
68  mathebo01 1871     1  FW1     19  89 15 24   3   1  0  10  2  1  2
99  startjo01 1871     1  NY2     33 161 35 58   5   1  1  34  4  2  3
102 suttoez01 1871     1  CL1     29 128 35 45   3   7  3  23  3  1  1
106 whitede01 1871     1  CL1     29 146 40 47   6   5  1  21  2  2  4
    so ibb hbp sh sf gidp
4    1  NA  NA NA NA   NA
44   0  NA  NA NA NA   NA
68   0  NA  NA NA NA   NA
99   0  NA  NA NA NA   NA
102  0  NA  NA NA NA   NA
106  1  NA  NA NA NA   NA
```

야구에서 흔한 통계치 중 하나는 출루율(OBP)이며, 이는 다음 수식으로 계산된다.

$$OBP = \frac{H + BB + HBP}{AB + BB + HBP + SF} \tag{11.1}$$

H = 안타(Hits)

BB = 볼넷(Bases on Balls(Walks))

HBP = 사구(몸에 맞는 공, Times Hit by Pitch)

AB = 타수(At Bats)

SF = 희생 플라이(Sacrifice Flies)

1954년도 이전, 희생 플라이는 희생타(번트 포함)로 카운트됐었다. 그러므로 1954년 이전 선수들의 희생 플라이는 0이 되어야만 한다. 이것은 우리가 이 데이터에 주는 첫 번째 변화가 될 것이다. HBP(몸에 맞는 공)가 NA인 인스턴스가 많기 때문에 이것도 0으로 설정한다. 또한, 한 시즌에 50타석 미만의 선수도 제외하도록 한다.

```
> # [를 사용하여 일부를 추출하는 것이 ifelse를 사용하는 것보다 빠르다.
> baseball$sf[baseball$year < 1954] <- 0
> # 제대로 동작했는지 확인한다.
> any(is.na(baseball$sf))

[1] FALSE

> # hbp가 NA인 것을 0으로 설정한다.
> baseball$hbp[is.na(baseball$hbp)] <- 0
> # 제대로 동작했는지 확인한다.
> any(is.na(baseball$hbp))

[1] FALSE

> # 한 시즌에 적어도 50타석 이상 나선 선수만 남겨둔다.
> baseball <- baseball[baseball$ab >= 50, ]
```

특정 연도의 특정 선수에 대한 OBP를 계산하는 것은 vector 연산으로 쉽게 가능하다.

```
> # OBP를 계산한다.
> baseball$OBP <- with(baseball, (h + bb + hbp)/(ab + bb + hbp + sf))
> tail(baseball)

             id year stint team lg   g  ab  r   h X2b X3b hr rbi sb
89499 claytro01 2007     1  TOR AL  69 189 23  48  14   0  1  12  2
89502 cirilje01 2007     1  MIN AL  50 153 18  40   9   2  2  21  2
89521 bondsba01 2007     1  SFN NL 126 340 75  94  14   0 28  66  5
89523 biggicr01 2007     1  HOU NL 141 517 68 130  31   3 10  50  4
89530 ausmubr01 2007     1  HOU NL 117 349 38  82  16   3  3  25  6
89533  aloumo01 2007     1  NYN NL  87 328 51 112  19   1 13  49  3
      cs  bb  so ibb hbp sh sf gidp       OBP
89499  1  14  50   0   1  3  3    8 0.3043478
89502  0  15  13   0   1  3  2    9 0.3274854
89521  0 132  54  43   3  0  2   13 0.4800839
89523  3  23 112   0   3  7  5    5 0.2846715
89530  1  37  74   3   6  4  1   11 0.3180662
89533  0  27  30   5   2  0  3   13 0.3916667
```

여기서 새로운 함수 with를 사용했다. 이 함수는 매번 data.frame의 이름을 명시하지 않더라도 data.frame의 열을 지정할 수 있도록 해준다.

한 선수 전체 경력에 대한 OBP를 계산하기 위해 단지 개별 시즌 OBP의 평균을 구할 수는 없으므로 우리는 분자를 계산하고 합하고 나서 분모의 합으로 나눠야 한다. 이 과정은 ddply의 사용을 필요로 한다.

우선 계산을 수행하는 함수를 만들고 나서, ddply를 사용하여 각 선수에 대해 계산을 수행한다.

```
> # 이 함수는 데이터의 열 이름들이
> # 다음과 같다고 추정한다.
> obp <- function(data)
+ {
+     c(OBP = with(data, sum(h + bb + hbp)/sum(ab + bb + hbp + sf)))
+ }
>
> # 각 선수에 대한 커리어 OBP를 계산하기 위해 ddply를 사용한다.
> careerOBP <- ddply(baseball, .variables = "id", .fun = obp)
> # OBP로 결과를 정렬한다.
> careerOBP <- careerOBP[order(careerOBP$OBP, decreasing = TRUE), ]
> # 결과를 확인한다.
> head(careerOBP, 10)

            id       OBP
1089 willite01 0.4816861
875   ruthba01 0.4742209
658  mcgrajo01 0.4657478
356  gehrilo01 0.4477848
85   bondsba01 0.4444622
476  hornsro01 0.4339068
184  cobbty01  0.4329655
327   foxxji01 0.4290509
953  speaktr01 0.4283386
191  collied01 0.4251246
```

이 코드는 멋지게 출루율 상위 10명의 선수를 리턴한다. 여기서 빌리 해밀턴(Billy Hamilton)과 빌 조이스(Bill Joyce)는 결과에 없는데 이해할 수 없게도 두 선수는 baseball 데이터에 누락되어 있기 때문이다.

11.3.2 llply

11.1.2에서 우리는 lapply를 사용하여 list의 각 원소를 더하였다.

```
> theList <- list(A = matrix(1:9, 3), B = 1:5, C = matrix(1:4, 2), D = 2)
> lapply(theList, sum)

$A
[1] 45

$B
[1] 15
```

```
$C
[1] 10

$D
[1] 2
```

이 작업은 llply로도 가능하며 동일한 결과를 리턴한다.

```
> llply(theList, sum)

$A
[1] 45

$B
[1] 15

$C
[1] 10

$D
[1] 2

> identical(lapply(theList, sum), llply(theList, sum))

[1] TRUE
```

결과를 vector로 얻기 위해 laply가 sapply와 비슷하게 사용된다.

```
> sapply(theList, sum)

 A  B  C D
45 15 10 2

> laply(theList, sum)

[1] 45 15 10 2
```

하지만 결과가 같은 반면, laply는 vector에 대한 이름을 포함하진 않았다. 이런 미묘한 차이로 골치가 아플 수도 있겠지만 언제 어떤 함수를 사용할지 선택할 때 도움이 된다.

11.3.3 plyr 보조 함수

plyr은 each 같은 많은 유용한 보조 함수를 가지며, each는 aggregate 같은 함수에 여러 함수를 사용할 수 있도록 해준다.

```
> aggregate(price ~ cut, diamonds, each(mean, median))

        cut price.mean price.median
1      Fair   4358.758     3282.000
2      Good   3928.864     3050.500
3 Very Good   3981.760     2648.000
4   Premium   4584.258     3185.000
5     Ideal   3457.542     1810.000
```

또 다른 멋진 함수는 idata.frame이다. 이 함수는 훨씬 빠르게 부분집합을 생성하고 좀 더 메모리 효율적으로 사용하기 위해 data.frame의 참조를 생성한다. 이를 설명하기 위해, 우리는 일반적인 data.frame과 idata.frame으로 baseball 데이터에 간단한 연산을 수행해본다.

```
> system.time(dlply(baseball, "id", nrow))

   user system elapsed
   0.29   0.00    0.33

> iBaseball <- idata.frame(baseball)
> system.time(dlply(iBaseball, "id", nrow))

   user system elapsed
   0.42   0.00    0.47
```

줄어든 실행 시간이 1초도 안 되어 별거 아닌 것처럼 보일 수 있지만, 이렇게 단축된 시간은 좀 더 복잡한 연산, 좀 더 큰 데이터, 분리될 더 많은 그룹과 반복적 연산이 더해질 수 있게 한다.

11.3.4 속도 대 편리

plyr에 대해 자주 언급되는 비판은 plyr이 느리게 동작할 수 있다는 것이다. 이에 대한 전형적인 반응은 plyr 사용이 속도 대 편의성의 문제라는 것이다. plyr 기능의 대부분은 기초 함수나 다른 패키지들을 사용하여 수행될 수 있지만, 그 중 plyr의 편의성을 제공하는 것은 거의 없다. 게다가 최근 몇 년간 해들리 위햄은 R 코드, C++ 코드의 최적화와 병렬화를 포함하여 plyr의 속도를 향상시켜왔다.

11.4 data.table

스피드광을 위해 data.frame의 기능을 향상시키고 확장시킨 data.table 패키지가 있다. 문법이 보통 data.frame과 약간 다르기 때문에 익숙해지는 데까지 시간이 좀 필요한데 이것이 아마도 범용적으로 사용되지 않는 주된 이유일 것이다.

속도에 대한 비밀은 data.table이 데이터베이스처럼 인덱스를 가진다는 것이다. 이는 값에 접근하고 그룹화 연산과 조인(join)을 좀 더 빠르게 할 수 있도록 해준다.

data.table을 생성하는 것은 data.frame을 생성하는 것과 같고, 둘은 매우 비
슷하다.

```
> require(data.table)
> # 하나의 data.frame을 생성한다.
> theDF <- data.frame(A=1:10,
+                     B=letters[1:10],
+                     C=LETTERS[11:20],
+                     D=rep(c("One", "Two", "Three"), length.out=10))
> # 하나의 data.table을 생성한다.
> theDT <- data.table(A=1:10,
+                     B=letters[1:10],
+                     C=LETTERS[11:20],
+                     D=rep(c("One", "Two", "Three"), length.out=10))
> # 둘을 출력하고 비교한다.
> theDF

    A B C    D
1   1 a K  One
2   2 b L  Two
3   3 c M Three
4   4 d N  One
5   5 e O  Two
6   6 f P Three
7   7 g Q  One
8   8 h R  Two
9   9 i S Three
10 10 j T  One

> theDT

     A B C    D
1:   1 a K  One
2:   2 b L  Two
3:   3 c M Three
4:   4 d N  One
5:   5 e O  Two
6:   6 f P Three
7:   7 g Q  One
8:   8 h R  Two
9:   9 i S Three
10: 10 j T  One

> # data.frame은 기본적으로 문자 데이터를 factor로 변환하지만
> # data.table은 그렇지 않음을 확인한다.
> class(theDF$B)

[1] "factor"

> class(theDT$B)

[1] "character"
```

데이터는 data.frame이 B를 factor로 변환한 반면 data.table은 그렇지 않았다는
것을 제외하면 동일하고, 오직 출력된 결과가 다를 뿐이다.

　이미 존재하는 data.frame으로부터 data.table을 만드는 것 또한 가능하다.

```
> diamondsDT <- data.table(diamonds)
> diamondsDT

       carat       cut color clarity depth table price    x    y    z
  1:   0.23     Ideal     E     SI2  61.5    55   326 3.95 3.98 2.43
  2:   0.21   Premium     E     SI1  59.8    61   326 3.89 3.84 2.31
  3:   0.23      Good     E     VS1  56.9    65   327 4.05 4.07 2.31
  4:   0.29   Premium     I     VS2  62.4    58   334 4.20 4.23 2.63
  5:   0.31      Good     J     SI2  63.3    58   335 4.34 4.35 2.75
 ---
53936:   0.72     Ideal     D     SI1  60.8    57  2757 5.75 5.76 3.50
53937:   0.72      Good     D     SI1  63.1    55  2757 5.69 5.75 3.61
53938:   0.70 Very Good     D     SI1  62.8    60  2757 5.66 5.68 3.56
53939:   0.86   Premium     H     SI2  61.0    58  2757 6.15 6.12 3.74
53940:   0.75     Ideal     D     SI2  62.2    55  2757 5.83 5.87 3.64
```

diamonds 데이터의 출력은 모든 데이터를 출력하려고 하겠지만, data.table은 영리하게 단지 첫 다섯 줄과 끝 다섯 줄만 출력한다는 것을 확인해 두자.

행에 접근하는 것은 data.frame에서 행에 접근하는 것과 비슷하게 수행된다.

```
> theDT[1:2, ]

   A B C   D
1: 1 a K One
2: 2 b L Two

> theDT[theDT$A >= 7, ]

   A B C     D
1:  7 g Q   One
2:  8 h R   Two
3:  9 i S Three
4: 10 j T   One
```

바로 앞의 코드에서 두 번째 줄은 유효한 문법이긴 하지만, 반드시 효율적인 문법은 아니다. 해당 줄은 TRUE 또는 FALSE 목록들로 구성된 길이가 10(nrow(theDT))인 벡터를 생성한다. data.table에 대한 키를 생성하고 나면 이진 탐색을 통해 행을 선택할 수 있는 다른 문법을 사용할 수 있는데, 이는 훨씬 빠를 것이며 11.4.1에서 다루게 된다.

개별 열에 접근하는 것은 data.frame에서 열에 접근하는 것과는 다르게 수행되어야만 한다. 우리는 5.1에서 data.frame에서 다수의 열들은 character vector로 명시되어야 한다는 것을 살펴보았다. data.table에서는 열들을 character가 아닌 실제 이름의 list로 명시해야만 한다.

```
> theDT[, list(A, C)]

   A C
1: 1 K
2: 2 L
```

```
 3:   3 M
 4:   4 N
 5:   5 O
 6:   6 P
 7:   7 Q
 8:   8 R
 9:   9 S
10:  10 T

> # 하나의 열만 선택한다.
> theDT[, B]

 [1] "a" "b" "c" "d" "e" "f" "g" "h" "i" "j"

> # data.table 구조를 유지하면서 하나의 열을 선택한다.
> theDT[, list(B)]

    B
 1: a
 2: b
 3: c
 4: d
 5: e
 6: f
 7: g
 8: h
 9: i
10: j
```

character로 열 이름을 명시해야만 한다면(열 이름이 함수의 인자로 전달될 수 도 있기 때문에), with 인자가 FALSE로 설정되어야만 한다.

```
> theDT[, "B", with = FALSE]

    B
 1: a
 2: b
 3: c
 4: d
 5: e
 6: f
 7: g
 8: h
 9: i
10: j

> theDT[, c("A", "C"), with = FALSE]

    A C
 1:  1 K
 2:  2 L
 3:  3 M
 4:  4 N
 5:  5 O
 6:  6 P
 7:  7 Q
 8:  8 R
 9:  9 S
10: 10 T
```

이번에는 list 대신 vector에 열 이름을 지정하였다. 이런 미묘한 차이는 data. table의 적절한 기능들에 중요한 부분이지만 큰 좌절로 이어질 수도 있다.

11.4.1 키(key)

이제 몇 가지 data.table이 메모리에 있으며, 그것에 대한 좀 더 많은 정보를 보고 싶을 수도 있을 것이다.

```
> # 테이블을 보여준다.
> tables()

     NAME          NROW MB
[1,] diamondsDT 53,940 4
[2,] theDT          10 1
     COLS                                                        KEY
[1,] carat,cut,color,clarity,depth,table,price,x,y,z
[2,] A,B,C,D
Total: 5MB
```

이것은 메모리에 있는 각 data.table의 이름, 행의 숫자, 크기(MB), 열 이름과 키를 보여준다. 어떤 테이블에도 키를 할당하지 않았기 때문에 KEY 열은 비어 있다. 키는 data.table을 인덱싱하는 데 사용되며 속도 향상을 제공할 것이다.

theDT에 키를 하나 추가해 보자. 이 data.table을 인덱스하기 위해 D열을 사용할 것이다. setkey를 사용하면 되는데, 이 함수는 data.table의 이름을 첫 번째 인자로 받고 인덱스로 사용할 열의 이름(열 선택 시와 같이 따옴표 없이)을 두 번째 인자로 받는다.

```
> # 키를 설정한다.
> setkey(theDT, D)
> # data.table을 다시 보여준다.
> theDT

     A B C     D
1:   1 a K   One
2:   4 d N   One
3:   7 g Q   One
4:  10 j T   One
5:   3 c M Three
6:   6 f P Three
7:   9 i S Three
8:   2 b L   Two
9:   5 e O   Two
10:  8 h R   Two
```

데이터는 D열에 따라 순서가 바뀌게 되고, 알파벳순으로 정렬된다. key 함수로 설정된 키를 확인할 수 있다.

```
> key(theDT)

[1] "D"
```

tables 함수로도 가능하다.

```
> tables()

      NAME         NROW MB
[1,] diamondsDT 53,940 4
[2,] theDT            10 1
      COLS                                                 KEY
[1,] carat,cut,color,clarity,depth,table,price,x,y,z
[2,] A,B,C,D                                              D
Total: 5MB
```

data.table에서 행을 선택하는 몇 가지 새로운 기능이 추가되었다. 행 번호나
TRUE나 FALSE로 평가되는 구문에 의한 선택 기능과 더불어, 키 열의 값으로도
행 선택이 가능하다.

```
> theDT["One", ]

      D  A B C
1: One  1 a K
2: One  4 d N
3: One  7 g Q
4: One 10 j T

> theDT[c("One", "Two"), ]

      D  A B C
1: One  1 a K
2: One  4 d N
3: One  7 g Q
4: One 10 j T
5: Two  2 b L
6: Two  5 e O
7: Two  8 h R
```

다수의 열도 키로 설정될 수 있다.

```
> # 키를 설정한다.
> setkey(diamondsDT, cut, color)
```

모든 키에 따라 행에 접근하기 위해 J라는 특별한 함수가 있다. 이 함수는 여러
개 인자를 취하는데, 각각은 선택할 값의 vector다.

```
> # 행에 접근한다.
> diamondsDT[J("Ideal", "E"), ]
```

```
        cut color carat clarity depth table price    x    y    z
   1: Ideal     E  0.23     SI2  61.5    55   326 3.95 3.98 2.43
   2: Ideal     E  0.26    VVS2  62.9    58   554 4.02 4.06 2.54
   3: Ideal     E  0.70     SI1  62.5    57  2757 5.70 5.72 3.57
   4: Ideal     E  0.59    VVS2  62.0    55  2761 5.38 5.43 3.35
   5: Ideal     E  0.74     SI2  62.2    56  2761 5.80 5.84 3.62
  ---
3899: Ideal     E  0.70     SI1  61.7    55  2745 5.71 5.74 3.53
3900: Ideal     E  0.51    VVS1  61.9    54  2745 5.17 5.11 3.18
3901: Ideal     E  0.56    VVS1  62.1    56  2750 5.28 5.29 3.28
3902: Ideal     E  0.77     SI2  62.1    56  2753 5.84 5.86 3.63
3903: Ideal     E  0.71     SI1  61.9    56  2756 5.71 5.73 3.54

> diamondsDT[J("Ideal", c("E", "D")), ]

        cut color carat clarity depth table price    x    y    z
   1: Ideal     E  0.23     SI2  61.5    55   326 3.95 3.98 2.43
   2: Ideal     E  0.26    VVS2  62.9    58   554 4.02 4.06 2.54
   3: Ideal     E  0.70     SI1  62.5    57  2757 5.70 5.72 3.57
   4: Ideal     E  0.59    VVS2  62.0    55  2761 5.38 5.43 3.35
   5: Ideal     E  0.74     SI2  62.2    56  2761 5.80 5.84 3.62
  ---
6733: Ideal     D  0.51    VVS2  61.7    56  2742 5.16 5.14 3.18
6734: Ideal     D  0.51    VVS2  61.3    57  2742 5.17 5.14 3.16
6735: Ideal     D  0.81     SI1  61.5    57  2748 6.00 6.03 3.70
6736: Ideal     D  0.72     SI1  60.8    57  2757 5.75 5.76 3.50
6737: Ideal     D  0.75     SI2  62.2    55  2757 5.83 5.87 3.64
```

11.4.2 data.table 집계

인덱싱의 주요 장점은 더 빠른 집계다. data.table이 단지 data.frame을 향상시킨 것이기 때문에 aggregate와 다양한 d*ply 함수가 잘 동작하겠지만, data.table의 내장된 집계 기능을 사용하는 것보다는 느릴 것이다.

우리는 11.2에서 cut의 각 타입에 대한 다이아몬드의 평균값을 계산하였다.

```
> aggregate(price ~ cut, diamonds, mean)

        cut    price
1      Fair 4358.758
2      Good 3928.864
3 Very Good 3981.760
4   Premium 4584.258
5     Ideal 3457.542
```

data.table을 사용하여 같은 결과를 얻기 위해, 우리는 다음과 같이 수행한다.

```
> diamondsDT[, mean(price), by = cut]

        cut       V1
1:     Fair 4358.758
2:     Good 3928.864
3: Very Good 3981.760
4:  Premium 4584.258
5:    Ideal 3457.542
```

이것과 이전 결과 사이에 차이점은 단지 열들의 이름이 다르다는 것뿐이다. 결과열의 이름을 지정하기 위해, 지정된 list로 집계 함수에 전달한다.

```
> diamondsDT[, list(price = mean(price)), by = cut]

        cut    price
1:      Fair 4358.758
2:      Good 3928.864
3: Very Good 3981.760
4:   Premium 4584.258
5:     Ideal 3457.542
```

여러 열에 대해 집계하기 위해 list()로 해당 열을 지정한다.

```
> diamondsDT[, mean(price), by = list(cut, color)]

        cut color       V1
1:      Fair     D 4291.061
2:      Fair     E 3682.312
3:      Fair     F 3827.003
4:      Fair     G 4239.255
5:      Fair     H 5135.683
6:      Fair     I 4685.446
7:      Fair     J 4975.655
8:      Good     D 3405.382
9:      Good     E 3423.644
10:     Good     F 3495.750
11:     Good     G 4123.482
12:     Good     H 4276.255
13:     Good     I 5078.533
14:     Good     J 4574.173
15: Very Good   D 3470.467
16: Very Good   E 3214.652
17: Very Good   F 3778.820
18: Very Good   G 3872.754
19: Very Good   H 4535.390
20: Very Good   I 5255.880
21: Very Good   J 5103.513
22:  Premium    D 3631.293
23:  Premium    E 3538.914
24:  Premium    F 4324.890
25:  Premium    G 4500.742
26:  Premium    H 5216.707
27:  Premium    I 5946.181
28:  Premium    J 6294.592
29:    Ideal    D 2629.095
30:    Ideal    E 2597.550
31:    Ideal    F 3374.939
32:    Ideal    G 3720.706
33:    Ideal    H 3889.335
34:    Ideal    I 4451.970
35:    Ideal    J 4918.186
        cut color       V1
```

다수 인자를 집계하기 위해 list로 인자를 전달한다. aggregate와 다르게, 각 열에 대해 다른 메트릭이 계산될 수 있다.

```
> diamondsDT[, list(price = mean(price), carat = mean(carat)), by = cut]

         cut    price     carat
1:     Ideal 3457.542 0.7028370
2:   Premium 4584.258 0.8919549
3:      Good 3928.864 0.8491847
4: Very Good 3981.760 0.8063814
5:      Fair 4358.758 1.0461366
> diamondsDT[, list(price = mean(price), carat = mean(carat),

+     caratSum = sum(carat)), by = cut]

         cut    price     carat caratSum
1:     Ideal 3457.542 0.7028370 15146.84
2:   Premium 4584.258 0.8919549 12300.95
3:      Good 3928.864 0.8491847  4166.10
4: Very Good 3981.760 0.8063814  9742.70
5:      Fair 4358.758 1.0461366  1684.28
```

마지막으로, 다수의 메트릭에 대한 계산과 다수의 변수에 대한 그룹화는 동시에

가능하다.

```
> diamondsDT[, list(price = mean(price), carat = mean(carat)),
+     by = list(cut, color)]

          cut color    price     carat
1:      Ideal     E 2597.550 0.5784012
2:    Premium     E 3538.914 0.7177450
3:       Good     E 3423.644 0.7451340
4:    Premium     I 5946.181 1.1449370
5:       Good     J 4574.173 1.0995440
6:  Very Good     J 5103.513 1.1332153
7:  Very Good     I 5255.880 1.0469518
8:  Very Good     H 4535.390 0.9159485
9:       Fair     E 3682.312 0.8566071
10:     Ideal     J 4918.186 1.0635937
11:   Premium     F 4324.890 0.8270356
12:     Ideal     I 4451.970 0.9130291
13:      Good     I 5078.533 1.0572222
14: Very Good     E 3214.652 0.6763167
15: Very Good     G 3872.754 0.7667986
16: Very Good     D 3470.467 0.6964243
17: Very Good     F 3778.820 0.7409612
18:      Good     F 3495.750 0.7759296
19:      Good     H 4276.255 0.9147293
20:      Good     D 3405.382 0.7445166
21:     Ideal     G 3720.706 0.7007146
22:   Premium     D 3631.293 0.7215471
23:   Premium     J 6294.592 1.2930941
24:     Ideal     D 2629.095 0.5657657
25:   Premium     G 4500.742 0.8414877
26:   Premium     H 5216.707 1.0164792
27:      Fair     F 3827.003 0.9047115
28:     Ideal     F 3374.939 0.6558285
29:     Ideal     H 3889.335 0.7995249
30:      Fair     H 5135.683 1.2191749
31:      Good     G 4123.482 0.8508955
32:      Fair     G 4239.255 1.0238217
33:      Fair     J 4975.655 1.3411765
34:      Fair     I 4685.446 1.1980571
35:      Fair     D 4291.061 0.9201227
          cut color    price     carat
```

11.5 마무리

데이터 집계는 분석 과정에서 매우 중요한 단계다. 때때로 최종 목표이기도 하며, 어떤 때는 좀 더 고급 방법론을 적용하기 위한 준비가 되기도 한다. 집계 이유와 상관없이, 집계를 할 수 있는 많은 함수가 있다. 여기에는 R 기초 함수 aggregate, apply, lapply가 포함되고 plyr에서 ddply, llply와 그 나머지가 포함되며 data.table의 그룹화 기능도 포함된다.

12장

데이터 재가공

11장에서 설명한 것과 같이, 중요한 분석을 시작하기에 앞서 데이터 가공에는 엄청난 노력이 수반된다. 이번 장에서는 데이터가 열 기반에서 행 기반으로 (또는 반대 방향으로) 재배열되는 것이 필요한 경우, 그리고 데이터가 여러 세트에 분리되어 있고 이것을 하나로 결합하는 것이 필요한 경우에 대해 설명한다.

이런 작업을 수행하기 위한 기초 함수들이 있지만 우리는 plyr, reshape2, data.table에 중점을 둘 것이다.

12.1 cbind와 rbind

가장 간단한 예로 동일한(열의 수와 이름이 같은) 열들 또는 동일한 수의 행을 가진 두 데이터셋을 가졌을 경우를 보자. 이 경우, rbind와 cbind는 멋지게 작동한다.

첫 번째 예로, data.frame 함수와 세 개 vector를 cbind로 결합하여 간단한 data.frame를 두 개 생성하고 나서, rbind로 포개어보도록 한다.

```
> # 세 개 벡터를 생성하고 이를 data.frame의 열로 결합한다.
> sport <- c("Hockey", "Baseball", "Football")
> league <- c("NHL", "MLB", "NFL")
> trophy <- c("Stanley Cup", "Commissioner's Trophy",
+             "Vince Lombardi Trophy")
> trophies1 <- cbind(sport, league, trophy)
> # data.frame()을 사용하여 data.frame을 하나 더 만든다.
> trophies2 <- data.frame(sport=c("Basketball", "Golf"),
+                         league=c("NBA", "PGA"),
+                         trophy=c("Larry O'Brien Championship Trophy",
+                                  "Wanamaker Trophy"),
+                         stringsAsFactors=FALSE)
> # rbind를 사용하여 두 data.frame을 결합하고 하나의 data.frame을 생성한다.
> trophies <- rbind(trophies1, trophies2)
```

cbind와 rbind 모두 임의 개수의 객체를 결합하기 위해 다수 인자를 취할 수 있다. cbind에서 vector에 새로운 열 이름을 지정할 수 있음을 기억하자.

```
> cbind(Sport = sport, Association = league, Prize = trophy)
     Sport       Association Prize
[1,] "Hockey"    "NHL"       "Stanley Cup"
[2,] "Baseball"  "MLB"       "Commissioner's Trophy"
[3,] "Football"  "NFL"       "Vince Lombardi Trophy"
```

12.2 조인(join)

데이터가 항상 cbind를 사용해 결합할 수 있을 정도로 잘 정렬된 형태로 존재하지는 않기 때문에, 데이터를 공통키를 사용하여 조인할 필요가 있다. 이 개념은 SQL 사용자에게 익숙할 것이다. R에서 조인은 SQL 조인만큼 유연하지는 않지만, 여전히 데이터 분석 과정에서 중요한 과정이다.

조인을 위한 가장 일반적인 함수 세 가지는 R에 기본적으로 내장된 merge, plyr 패키지의 join 그리고 data.table에서의 병합 기능이다. 각각은 장단점이 있으며 일부 장점은 단점을 극복할 만큼 훌륭하다.

이 함수들을 설명하기 위해 USAID 오픈 거번먼트 이니셔티브(USAID Open Government initiative)[1]의 일부 데이터를 준비했다. 데이터는 서로 조인될 수 있도록 여덟 개 파일들로 나뉘었다. 이 파일들은 http://jaredlander.com/data/US_Foreign_Aid.zip에서 zip 파일로 받을 수 있으며, 컴퓨터에 파일을 다운로드하여 폴더에 압축을 푼다. 이 과정은 다양한 방법으로(마우스를 사용하는 것을 포함하여) 할 수 있지만 여기서는 R을 사용하여 다운로드하고 압축을 푸는 방법을 사용하기로 한다.

```
> download.file(url="http://jaredlander.com/data/US_Foreign_Aid.zip",
+                destfile="data/ForeignAid.zip")
> unzip("data/ForeignAid.zip", exdir="data")
```

프로그램적으로 이 파일들 모두를 불러들이기 위해, 10.1에서 봤던 for 루프를 사용한다. dir을 사용하여 파일 목록을 얻은 후, 해당 목록에 대해 루프를 반복하면서 assign을 사용하여 정의된 이름을 각 데이터셋에 할당한다.

```
> require(stringr)
> # 우선 파일 목록을 가져온다.
```

---

[1] 이 데이터에 대한 추가 정보는 http://gbk.eads.usaidallnet.gov/에서 확인할 수 있다.

```
> theFiles <- dir("data/", pattern="nn.csv")
> ## 해당 파일들에 대해 루프를 돈다.
> for(a in theFiles)
+ {
+     # 데이터를 할당할 이름을 생성한다.
+     nameToUse <- str_sub(string=a, start=12, end=18)
+     # read.table을 사용하여 csv를 읽는다.
+     # file.path는 폴더와 파일명을 명시하는 편리한 방법이다.
+     temp <- read.table(file=file.path("data", a),
+                        header=TRUE, sep=",", stringsAsFactors=FALSE)
+     # 생성 객체를 작업 공간에 할당한다.
+     assign(x=nameToUse, value=temp)
+ }
```

12.2.1 merge

R은 두 data.frame을 결합하기 위해 merge라는 내장 함수를 가지고 있다.

```
> Aid90s00s <- merge(x=Aid_90s, y=Aid_00s,
+                    by.x=c("Country.Name", "Program.Name"),
+                    by.y=c("Country.Name", "Program.Name"))
> head(Aid90s00s)

  Country.Name                                     Program.Name
1  Afghanistan                         Child Survival and Health
2  Afghanistan        Department of Defense Security Assistance
3  Afghanistan                            Development Assistance
4  Afghanistan Economic Support Fund/Security Support Assistance
5  Afghanistan                                  Food For Education
6  Afghanistan                  Global Health and Child Survival
  FY1990 FY1991 FY1992   FY1993   FY1994 FY1995 FY1996 FY1997 FY1998
1     NA     NA     NA       NA       NA     NA     NA     NA     NA
2     NA     NA     NA       NA       NA     NA     NA     NA     NA
3     NA     NA     NA       NA       NA     NA     NA     NA     NA
4     NA     NA     NA 14178135  2769948     NA     NA     NA     NA
5     NA     NA     NA       NA       NA     NA     NA     NA     NA
6     NA     NA     NA       NA       NA     NA     NA     NA     NA
  FY1999 FY2000  FY2001   FY2002    FY2003        FY2004      FY2005
1     NA     NA      NA  2586555  56501189      40215304    39817970
2     NA     NA      NA  2964313        NA      45635526   151334908
3     NA     NA 4110478  8762080  54538965     180539337   193598227
4     NA     NA   61144 31827014 341306822    1025522037  1157530168
5     NA     NA      NA       NA   3957312       2610006     3254408
6     NA     NA      NA       NA        NA            NA          NA
       FY2006     FY2007     FY2008     FY2009
1    40856382   72527069   28397435         NA
2   230501318  214505892  495539084  552524990
3   212648440  173134034  150529862    3675202
4  1357750249 1266653993 1400237791 1418688520
5      386891         NA         NA         NA
6          NA         NA   63064912    1764252
```

by.x는 좌측 data.frame의 키가 되는 열을 지정하며, by.y는 우측 data.frame에 대해 지정한다. 여기서 키는 각 data.frame에 대해 다른 열 이름을 지정할 수 있으며, 이것은 merge의 가장 유용한 기능이다. 이에 반해 merge는 다른 결합 함수들에 비해 훨씬 느리다는 큰 단점이 있다.

12.2.2 plyr join

해들리 위햄의 plyr 패키지로 돌아와서, 우리는 plyr에 join 함수가 포함되어 있는 것을 확인할 수 있는데, 이 함수는 merge와 비슷하게 동작하지만 훨씬 빠르다. 하지만 각 테이블의 키 열(들)이 반드시 이름이 같아야 한다는 큰 단점이 있다. 설명을 위해 이전과 동일한 데이터를 사용한다.

```
> require(plyr)
> Aid90s00sJoin <- join(x = Aid_90s, y = Aid_00s, by = c("Country.Name",
+     "Program.Name"))
> head(Aid90s00sJoin)

  Country.Name                                        Program.Name
1  Afghanistan                          Child Survival and Health
2  Afghanistan           Department of Defense Security Assistance
3  Afghanistan                             Development Assistance
4  Afghanistan Economic Support Fund/Security Support Assistance
5  Afghanistan                                 Food For Education
6  Afghanistan               Global Health and Child Survival
  FY1990 FY1991 FY1992   FY1993   FY1994 FY1995 FY1996 FY1997 FY1998
1     NA     NA     NA       NA       NA     NA     NA     NA     NA
2     NA     NA     NA       NA       NA     NA     NA     NA     NA
3     NA     NA     NA       NA       NA     NA     NA     NA     NA
4     NA     NA     NA 14178135  2769948     NA     NA     NA     NA
5     NA     NA     NA       NA       NA     NA     NA     NA     NA
6     NA     NA     NA       NA       NA     NA     NA     NA     NA
  FY1999 FY2000  FY2001   FY2002    FY2003     FY2004      FY2005
1     NA     NA      NA  2586555  56501189   40215304    39817970
2     NA     NA      NA  2964313        NA   45635526   151334908
3     NA     NA 4110478  8762080  54538965  180539337   193598227
4     NA     NA   61144 31827014 341306822 1025522037 1157530168
5     NA     NA      NA       NA   3957312    2610006     3254408
6     NA     NA      NA       NA        NA         NA          NA
       FY2006      FY2007      FY2008      FY2009
1    40856382    72527069    28397435          NA
2   230501318   214505892   495539084   552524990
3   212648440   173134034   150529862     3675202
4 1357750249 1266653993 1400237791 1418688520
5      386891          NA          NA          NA
6          NA          NA    63064912     1764252
```

join은 left, right, inner, outer 조인을 정의하기 위한 인자를 가진다.

우리는 대외 원조 데이터를 포함하는 여덟 개의 data.frame을 가지고 있고, 각 data.frame 조인에 대한 개별 코딩 없이 하나의 data.frame으로 결합하려고 한다. 이를 위한 가장 좋은 방법은 모든 data.frame을 하나의 list에 집어넣고 Reduce를 사용하여 연속적으로 이들을 조인하는 것이다.

```
> # 우선 data.frame의 이름을 확인한다.
> frameNames <- str_sub(string = theFiles, start = 12, end = 18)
> # 빈 list를 생성한다.
> frameList <- vector("list", length(frameNames))
> names(frameList) <- frameNames
> # 각 data.frame을 list에 추가한다.
```

```
> for (a in frameNames)
+ {
+     frameList[[a]] <- eval(parse(text = a))
+ }
```

앞의 코드에서 많은 내용이 나왔으니 주의 깊게 살펴보기로 한다. 첫째로, 해들리 위햄의 stringr 패키지의 str_sub를 사용하여 data.frame의 이름을 다시 생성했다. 이것은 13장에서 좀 더 자세히 다룬다. 그리고 나서 유형을 "list"로 할당한 vector를 사용하여 data.frame 수만큼의(여기서는 여덟 개) 원소를 가지는 빈 list를 하나 생성하고, 생성한 list에 적절한 이름을 지정하였다.

list가 생성되었고 이름도 정해졌으므로, list에 대해 루프를 돌며 각 원소에 적절한 data.frame을 할당한다. 여기서 문제는 문자로 data.frame의 이름을 가지고 있지만 〈- 연산자는 문자가 아닌 변수를 필요로 한다는 것이다. 그 때문에 해당 문자를 구문 분석하고 평가하여 실제 변수로 실현시키는 과정이 필요하다. 확인해 보면, 이 리스트가 실제로 적절한 data.frame들을 포함하고 있음을 알 수 있다.

```
> head(frameList[[1]])

  Country.Name                                      Program.Name
1  Afghanistan              Child Survival and Health
2  Afghanistan    Department of Defense Security Assistance
3  Afghanistan                      Development Assistance
4  Afghanistan Economic Support Fund/Security Support Assistance
5  Afghanistan                          Food For Education
6  Afghanistan            Global Health and Child Survival
   FY2000  FY2001   FY2002    FY2003     FY2004     FY2005     FY2006
1     NA      NA  2586555  56501189   40215304   39817970   40856382
2     NA      NA  2964313        NA   45635526   45635526  230501318
3     NA 4110478  8762080  54538965  180539337  193598227  212648440
4     NA   61144 31827014 341306822 1025522037 1157530168 1357750249
5     NA      NA       NA   3957312    2610006    3254408     386891
6     NA      NA       NA        NA         NA         NA         NA
        FY2007     FY2008     FY2009
1     72527069   28397435         NA
2    214505892  495539084  552524990
3    173134034  150529862    3675202
4   1266653993 1400237791 1418688520
5           NA         NA         NA
6           NA   63064912    1764252

> head(frameList[["Aid_00s"]])

  Country.Name                                      Program.Name
1  Afghanistan              Child Survival and Health
2  Afghanistan    Department of Defense Security Assistance
3  Afghanistan                      Development Assistance
4  Afghanistan Economic Support Fund/Security Support Assistance
5  Afghanistan                          Food For Education
6  Afghanistan            Global Health and Child Survival
   FY2000 FY2001  FY2002   FY2003    FY2004     FY2005    FY2006
1     NA     NA  2586555 56501189  40215304   39817970  40856382
2     NA     NA  2964313       NA  45635526  151334908 230501318
```

```
3      NA 4110478   8762080   54538965  180539337  193598227  212648440
4      NA   61144 31827014  341306822 1025522037 1157530168 1357750249
5      NA      NA        NA    3957312    2610006    3254408     386891
6      NA      NA        NA         NA         NA         NA         NA
        FY2007     FY2008     FY2009
1    72527069   28397435        NA
2   214505892  495539084  552524990
3   173134034  150529862    3675202
4  1266653993 1400237791 1418688520
5         NA        NA         NA
6         NA   63064912    1764252

> head(frameList[[5]])

   Country.Name                                     Program.Name
1  Afghanistan                        Child Survival and Health
2  Afghanistan         Department of Defense Security Assistance
3  Afghanistan                            Development Assistance
4  Afghanistan Economic Support Fund/Security Support Assistance
5  Afghanistan                                 Food For Education
6  Afghanistan                 Global Health and Child Survival
   FY1960 FY1961    FY1962 FY1963 FY1964 FY1965 FY1966 FY1967 FY1968
1     NA     NA        NA     NA     NA     NA     NA     NA     NA
2     NA     NA        NA     NA     NA     NA     NA     NA     NA
3     NA     NA        NA     NA     NA     NA     NA     NA     NA
4     NA     NA 181177853     NA     NA     NA     NA     NA     NA
5     NA     NA        NA     NA     NA     NA     NA     NA     NA
6     NA     NA        NA     NA     NA     NA     NA     NA     NA
   FY1969
1     NA
2     NA
3     NA
4     NA
5     NA
6     NA

> head(frameList[["Aid_60s"]])

   Country.Name Program.Name
1  Afghanistan                        Child Survival and Health
2  Afghanistan         Department of Defense Security Assistance
3  Afghanistan                            Development Assistance
4  Afghanistan Economic Support Fund/Security Support Assistance
5  Afghanistan                                 Food For Education
6  Afghanistan                 Global Health and Child Survival
   FY1960 FY1961    FY1962 FY1963 FY1964 FY1965 FY1966 FY1967 FY1968
1     NA     NA        NA     NA     NA     NA     NA     NA     NA
2     NA     NA        NA     NA     NA     NA     NA     NA     NA
3     NA     NA        NA     NA     NA     NA     NA     NA     NA
4     NA     NA 181177853     NA     NA     NA     NA     NA     NA
5     NA     NA        NA     NA     NA     NA     NA     NA     NA
6     NA     NA        NA     NA     NA     NA     NA     NA     NA
   FY1969
1     NA
2     NA
3     NA
4     NA
5     NA
6     NA
```

하나의 list 안에 모든 data.frame을 저장함으로써 모든 원소를 함께 조인하면서

(또는 임의의 함수를 원소들에 반복적으로 적용하면서) 해당 list를 통한 반복이 가능해진다. 루프를 사용하는 것보다는, 연산 속도를 높이기 위해 Reduce 함수를 사용한다.

```
> allAid <- Reduce(function(...)
+ {
+     join(..., by = c("Country.Name", "Program.Name"))
+ }, frameList)
> dim(allAid)

[1] 2453 67

> require(useful)
> corner(allAid, c = 15)

  Country.Name                                           Program.Name
1  Afghanistan                               Child Survival and Health
2  Afghanistan         Department of Defense Security Assistance
3  Afghanistan                                  Development Assistance
4  Afghanistan Economic Support Fund/Security Support Assistance
5  Afghanistan                                      Food For Education
  FY2000  FY2001    FY2002      FY2003       FY2004       FY2005       FY2006
1     NA      NA   2586555    56501189     40215304     39817970     40856382
2     NA      NA   2964313          NA     45635526    151334908    230501318
3     NA 4110478   8762080    54538965    180539337    193598227    212648440
4     NA   61144  31827014   341306822   1025522037   1157530168   1357750249
5     NA      NA        NA     3957312      2610006      3254408       386891
       FY2007       FY2008       FY2009       FY2010 FY1946 FY1947
1    72527069     28397435           NA           NA     NA     NA
2   214505892    495539084    552524990    316514796     NA     NA
3   173134034    150529862      3675202           NA     NA     NA
4  1266653993   1400237791   1418688520   2797488331     NA     NA
5          NA           NA           NA           NA     NA     NA

> bottomleft(allAid, c = 15)

     Country.Name            Program.Name   FY2000   FY2001     FY2002
2449    Zimbabwe Other State Assistance  1341952   322842         NA
2450    Zimbabwe Other USAID Assistance  3033599  8464897    6624408
2451    Zimbabwe            Peace Corps  2140530  1150732     407834
2452    Zimbabwe                Title I       NA       NA         NA
2453    Zimbabwe               Title II       NA       NA   31019776
        FY2003     FY2004     FY2005    FY2006       FY2007       FY2008       FY2009
2449        NA     318655      44553    883546      1164632      2455592      2193057
2450  11580999   12805688   10091759   4567577     10627613     11466426     41940500
2451        NA         NA         NA        NA           NA           NA           NA
2452        NA         NA         NA        NA           NA           NA           NA
2453        NA         NA         NA    277468    100053600    180000717    174572685
        FY2010 FY1946 FY1947
2449   1605765     NA     NA
2450  30011970     NA     NA
2451        NA     NA     NA
2452        NA     NA     NA
2453  79545100     NA     NA
```

Reduce는 완전하게 이해하기가 어려운 함수일 수 있으므로 간단한 예제로 함수를 설명하도록 한다. 1에서 10까지 열 개 정수를 가지는 vector를 하나 생성하고 이것을 더하고자 한다(sum(1:10)으로 완벽하게 수행할 수 있지만 잠시 잊자). 이때 우리는 Reduce(sum, 1:10)을 호출할 수 있으며, 이 명령어는 먼저 1과 2를 더할 것이다. 그 후 3과 앞의 결과를 더하고 그다음은 4와 바로 이전 결과를 더하여 최종적으로는 55가 결과로 도출된다.

마찬가지로, 우리는 입력값들을 조인하는 함수에 list를 전달하였고, 여기서는 간단히 ...로 표시하였는데 이것은 어떤 것이나 전달될 수 있다는 것을 의미한다. ...를 사용하는 것은 R 프로그래밍에서 정확하게 사용하기에 어려울 수 있는 고급 트릭이다. Reduce는 list에서 첫 두 개의 data.frame을 전달하였고, 이들은 조인되었으며 그 결과는 다음 data.frame과 조인되었고, 모든 data.frame이 조인될 때까지 계속 반복되었다.

12.2.3 data.table 결합

data.table에서 많은 다른 연산과 마찬가지로, 데이터 조인은 다른 문법과 사고 방식의 변화를 필요로 한다. 그 시작으로, 대외 원조 데이터셋의 두 data.frame을 data.table로 변환하도록 한다.

```
> require(data.table)
> dt90 <- data.table(Aid_90s, key = c("Country.Name", "Program.Name"))
> dt00 <- data.table(Aid_00s, key = c("Country.Name", "Program.Name"))
```

그리고 나서, 조인을 하는 것은 간단한 연산이다. 조인을 할 때는 data.table에 대한 키를 명시해야 함을 기억해 두자. 우리는 이 과정을 data.table을 생성할 때 수행하였다.

```
> dt0090 <- dt90[dt00]
```

dt90이 좌측, dt00이 우측에 위치하여 left 조인이 수행되었다.

12.3 reshape2

그다음으로 필요한 데이터 가공은 데이터 melt(열 기준에서 행 기준으로 바꾸는 것)이거나 데이터 cast(행 기준에서 열 기준으로 바꾸는 것)다. R에서 다른 대부분의 작업처럼, 이러한 작업을 수행하는 다양한 함수가 있다. 하지만 여기서는 해들리 위햄의 reshape2 패키지에 중점을 둘 것이다(위햄을 많이 언급하는데, 그의 결과물들이 R 개발자의 도구 상자에서 핵심이 되어 가고 있기 때문이다).

12.3.1 melt

Aid_00s를 살펴보면, 각 연도가 별도 열에 저장되어 있는 것을 알 수 있다. 즉, 주어진 나라와 프로그램에 대한 달러의 양은 각 연도에 대해 각각 다른 열에서 찾아진다는 것이다. 이를 교차 테이블이라고 부르는데, 이 테이블은 사람이 보기에는 괜찮지만 ggplot2으로 그래프를 그리거나 분석 알고리즘을 수행할 때는 적합하지 않다.

```
> head(Aid_00s)

  Country.Name                                          Program.Name
1  Afghanistan                              Child Survival and Health
2  Afghanistan          Department of Defense Security Assistance
3  Afghanistan                                 Development Assistance
4  Afghanistan Economic Support Fund/Security Support Assistance
5  Afghanistan                                      Food For Education
6  Afghanistan                       Global Health and Child Survival
   FY2000   FY2001    FY2002      FY2003      FY2004      FY2005      FY2006
1     NA       NA    2586555    56501189    40215304    39817970    40856382
2     NA       NA    2964313          NA    45635526   151334908   230501318
3     NA  4110478    8762080    54538965   180539337   193598227   212648440
4     NA    61144   31827014   341306822  1025522037  1157530168  1357750249
5     NA       NA         NA     3957312     2610006     3254408      386891
6     NA       NA         NA          NA          NA          NA          NA
       FY2007       FY2008       FY2009
1    72527069     28397435           NA
2   214505892    495539084    552524990
3   173134034    150529862      3675202
4  1266653993   1400237791   1418688520
5          NA           NA           NA
6          NA     63064912      1764252
```

각 행이 하나의 나라-프로그램-연도-달러 항목을 표현하도록 설정하려고 한다. 이를 위해 reshape2의 melt를 사용하여 데이터를 변환한다.

```
> require(reshape2)
> melt00 <- melt(Aid_00s, id.vars=c("Country.Name", "Program.Name"),
+                variable.name="Year", value.name="Dollars")
> tail(melt00, 10)

      Country.Name
24521     Zimbabwe
24522     Zimbabwe
24523     Zimbabwe
24524     Zimbabwe
24525     Zimbabwe
24526     Zimbabwe
24527     Zimbabwe
24528     Zimbabwe
24529     Zimbabwe
24530     Zimbabwe
                                                   Program.Name   Year
24521                       Migration and Refugee Assistance FY2009
24522                                      Narcotics Control FY2009
24523 Nonproliferation, Anti-Terrorism, Demining and Related FY2009
```

```
24524                       Other Active Grant Programs FY2009
24525                         Other Food Aid Programs FY2009
24526                       Other State Assistance FY2009
24527                       Other USAID Assistance FY2009
24528                                 Peace Corps FY2009
24529                                    Title I FY2009
24530                                   Title II FY2009
            Dollars
24521      3627384
24522           NA
24523           NA
24524      7951032
24525           NA
24526      2193057
24527     41940500
24528           NA
24529           NA
24530    174572685
```

id.vars 인자는 어떤 열(들)이 한 행에서 유일하게 확인되는지를 명시한다.

Year 열에 대한 가공과 집계 후, 이제 그림 12.1에서 보이는 것과 같은 그래프를 그려야 한다. 이 그래프는 faceting을 사용하여 시간에 따른 각 프로그램에 대한 자금을 빠르게 보고 이해할 수 있도록 해준다.

```
> require(scales)
> # year 열에서 "FY"를 제거하고 numeric으로 변환한다.
> melt00$Year <- as.numeric(str_sub(melt00$Year, start=3, 6))
> # 데이터를 집계하여 프로그램별 연도별 숫자를 구한다.
> meltAgg <- aggregate(Dollars ~ Program.Name + Year, data=melt00,
+                      sum, na.rm=TRUE)
> # 프로그램 이름 중 첫 열 개 문자만 남겨둔다.
> # 그리고 나서 이를 플롯에서 사용할 것이다.
> meltAgg$Program.Name <- str_sub(meltAgg$Program.Name, start=1,
+                                 end=10)
>
> ggplot(meltAgg, aes(x=Year, y=Dollars)) +
+     geom_line(aes(group=Program.Name)) +
+     facet_wrap(. Program.Name) +
+     scale_x_continuous(breaks=seq(from=2000, to=2009, by=2)) +
+     theme(axis.text.x=element_text(angle=90, vjust=1, hjust=0)) +
+     scale_y_continuous(labels=multiple_format(extra=dollar,
+                                               multiple="B"))
```

12.3.2 dcast

지금까지 대외 지원 데이터를 분해(melt)하였고, 이제 다시 보기 편한 형태로 데이터를 조립(cast)하도록 한다. 이를 위해 dcast 함수가 사용되는데, 이 함수는 melt보다 좀 더 까다로운 인자를 가진다. 첫 번째 인자는 사용될 데이터이고, 여기서는 melt00이다. 두 번째 인자는 formula로 좌측에는 계속 유지되어야 하는 열들을 지정하고 우측에는 새로 추가될 열의 이름들을 값으로 가지고 있는 열들을 지정한다. 세 번째 인자는 formula 인자 우측의 열들의 값에 의해 생성된 새

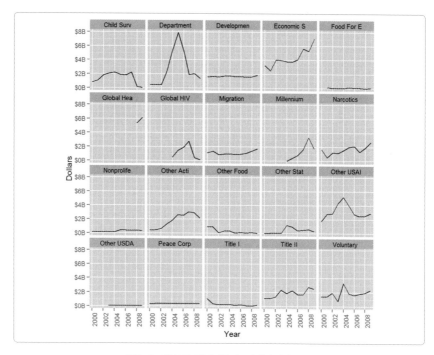

그림 12.1 각 프로그램에 대한 연도별 대외 지원 그래프

로운 열들에 채워질 값들을 가지고 있는 열(문자형)이다.

```
> cast00 <- dcast(melt00, Country.Name + Program.Name ~ Year,
+     value.var = "Dollars")
> head(cast00)

  Country.Name                                    Program.Name 2000
1  Afghanistan                        Child Survival and Health   NA
2  Afghanistan           Department of Defense Security Assistance   NA
3  Afghanistan                           Development Assistance   NA
4  Afghanistan Economic Support Fund/Security Support Assistance   NA
5  Afghanistan                              Food For Education   NA
6  Afghanistan                 Global Health and Child Survival   NA
      2001       2002       2003       2004       2005       2006
1       NA    2586555   56501189   40215304   39817970   40856382
2       NA    2964313         NA   45635526  151334908  230501318
3  4110478    8762080   54538965  180539337  193598227  212648440
4    61144   31827014  341306822 1025522037 1157530168 1357750249
5       NA         NA    3957312    2610006    3254408     386891
6       NA         NA         NA         NA         NA         NA
         2007       2008       2009
1    72527069   28397435         NA
2   214505892  495539084  552524990
3   173134034  150529862    3675202
4  1266653993 1400237791 1418688520
5          NA         NA         NA
6          NA   63064912    1764252
```

12.4 마무리

분석하기에 알맞은 데이터를 얻는 과정은 작업 흐름 중 많은 시간이 걸리는 부분이 될 수 있으며 피하기도 어렵다. 이번 장에서 우리는 여러 개의 데이터셋을 결합하고 열 기반에서 행 기반으로의 형태로도 변형시켜 보았다. 이를 위해 기본 함수들과 더불어 plyr, reshape2, data.table을 사용하였다. 11장과 이번 장으로 편의성과 속도 모두를 목표로 하는 데이터 가공의 기본 대부분을 다루었다.

13장

문자열 가공

문자열(character 데이터)은 관측값 확인, 문자열 전처리, 정보 결합 또는 다른 임의의 요구 사항을 만족시키기 위해 구성되거나 해체될 필요가 있다. R은 paste, sprintf 같은 문자열 구성 함수를 제공한다. 또한, 정규표현식 사용 및 문서 데이터 검증을 위한 많은 함수도 제공한다. 그렇지만 사실 이런 용도에는 해들리 위햄의 stringr 패키지를 사용하는 것이 더 낫다.

13.1 paste

신규 R 사용자가 문자열을 붙일 때 처음 사용하는 함수는 paste다. 이 함수는 일련의 문자열 또는 문자열로 평가되는 표현을 인자로 받아들이고 이것들을 하나의 문자열로 붙인다. 세 개의 간단한 문자열을 붙여보자.

```
> paste("Hello", "Jared", "and others")

[1] "Hello Jared and others"
```

공백문자가 문자열들 사이에 삽입된 것을 확인하자. 이는 paste가 목록들 사이에 삽입할 내용을 결정하는 세 번째 인자인 sep을 가지기 때문이다. 이 인자는 빈 문자열("")을 포함한 임의의 유효한 문자열이 될 수 있다.

```
> paste("Hello", "Jared", "and others", sep = "/")

[1] "Hello/Jared/and others"
```

R의 다른 많은 함수처럼, paste는 벡터화되어 있다. 이 말은 각 인자가 결합될

데이터 vector가 될 수 있다는 것을 뜻한다.

```
> paste(c("Hello", "Hey", "Howdy"), c("Jared", "Bob", "David"))

[1] "Hello Jared" "Hey Bob" "Howdy David"
```

이 경우에 각 vector의 원소수가 같기 때문에 1대1로 묶여 붙여졌다. vector들의 길이가 다른 경우에는 예전과 같이 vector가 재사용된다.

```
> paste("Hello", c("Jared", "Bob", "David"))

[1] "Hello Jared" "Hello Bob" "Hello David"

> paste("Hello", c("Jared", "Bob", "David"), c("Goodbye", "Seeya"))

[1] "Hello Jared Goodbye" "Hello Bob Seeya" "Hello David Goodbye"
```

또한, paste는 문자열 vector를 임의의 구분자로 모든 원소를 연결하는 한 개 vector로 바꾸는 기능도 가지고 있으며, collapse 인자를 사용하면 된다.

```
> vectorOfText <- c("Hello", "Everyone", "out there", ".")
> paste(vectorOfText, collapse = " ")

[1] "Hello Everyone out there ."

> paste(vectorOfText, collapse = "*")

[1] "Hello*Everyone*out there*."
```

13.2 sprintf

paste는 짧은 길이의 문자열을 붙이는 데 편리하지만, 장문 안에 많은 변수를 삽입하는 경우 같이 긴 문자열을 연결할 때는 다루기 어려울 수 있다. "Jared", "eight", "25"가 다른 정보로 대체될 수 있는 "Hello Jared, your party of eight will be seated in 25 minutes"와 같은 문자열을 paste로 구현할 경우 코드를 읽는 것이 어려워질 수 있다.

우선, 정보를 저장하는 몇 개 변수를 만들도록 한다.

```
> person <- "Jared"
> partySize <- "eight"
> waitTime <- 25
```

이제 paste 코드를 생성한다.

```
> paste("Hello ", person, ", your party of ", partySize,
+        " will be seated in ", waitTime, " minutes.", sep="")
```

```
[1] "Hello Jared, your party of eight will be seated in 25 minutes."
```

이 문장에 약간의 수정만 가하는 경우에도 정확한 위치에 쉼표(,)를 넣는 것이 필요할 것이다.

paste의 좋은 대안으로 sprintf 함수가 있다. 이 함수를 사용하여 삽입되는 값의 위치를 가리키는 특별한 표시들을 포함하는 하나의 긴 문자열을 만들어 본다.

```
> sprintf("Hello %s, your party of %s will be seated in %s minutes",
+         person, partySize, waitTime)
```

```
[1] "Hello Jared, your party of eight will be seated in 25 minutes"
```

여기서 각 %s는 이에 대응하는 변수로 대체되었다. 코드에서 긴 문장을 읽는 것이 쉬워지긴 했지만, %s와 변수들의 순서를 반드시 유지해야 한다는 것에 유의하도록 한다.

sprintf도 역시 벡터화되어 있다. vector의 길이가 서로 배수가 되어야 함을 기억하자.

```
> sprintf("Hello %s, your party of %s will be seated in %s minutes",
+         c("Jared", "Bob"), c("eight", 16, "four", 10), waitTime)
```

```
[1] "Hello Jared, your party of eight will be seated in 25 minutes"
[2] "Hello Bob, your party of 16 will be seated in 25 minutes"
[3] "Hello Jared, your party of four will be seated in 25 minutes"
[4] "Hello Bob, your party of 10 will be seated in 25 minutes"
```

13.3 문자열 추출

문자열은 분해해야 유용하게 사용할 수 있는 경우가 자주 있다. R에는 이를 위한 많은 함수가 있지만, stringr 패키지를 사용하는 것을 추천한다.

우선 데이터가 필요하므로, 위키백과(Wikipedia)에서 미국 대통령 테이블을 다운로드하기 위해 XML 패키지를 사용한다.

```
> require(XML)
```

그리고 나서 테이블을 분석하기 위해 readHTMLTable을 사용한다.

```
> load("data/presidents.rdata")

> theURL <- "http://www.loc.gov/rr/print/list/057_chron.html"
> presidents <- readHTMLTable(theURL, which=3, as.data.frame=TRUE,
+                             skip.rows=1, header=TRUE,
+                             stringsAsFactors=FALSE)
```

이제 데이터를 살펴보자.

```
> head(presidents)

       YEAR        PRESIDENT
1 1789-1797 George Washington
2 1797-1801       John Adams
3 1801-1805  Thomas Jefferson
4 1805-1809  Thomas Jefferson
5 1809-1812    James Madison
6 1812-1813    James Madison
                                    FIRST LADY    VICE PRESIDENT
1                            Martha Washington       John Adams
2                             Abigail Adams Thomas Jefferson
3 Martha Wayles Skelton Jefferson\n (no image)       Aaron Burr
4 Martha Wayles Skelton Jefferson\n (no image)   George Clinton
5                             Dolley Madison   George Clinton
6                             Dolley Madison    office vacant
```

좀 더 자세히 살펴보면, 마지막 몇 라인이 원하지 않는 정보를 포함하고 있는 것을 볼 수 있는데, 이 때문에 우리는 첫 64개 행만 사용하기로 한다.

```
> tail(presidents$YEAR)

[1] "2001-2009"
[2] "2009-"
[3] "Presidents: Introduction (Rights/Ordering\n Info.) | Adams\n
- Cleveland | Clinton - Harding Harrison\n - Jefferson | Johnson
- McKinley | Monroe\n - Roosevelt | Taft - Truman |
Tyler\n - WilsonList of names, Alphabetically"
[4] "First Ladies: Introduction\n
(Rights/Ordering Info.) | Adams\n - Coolidge | Eisenhower
- HooverJackson\n - Pierce | \n
Polk - Wilson | List\n of names, Alphabetically"
[5] "Vice Presidents: Introduction (Rights/Ordering Info.) |
Adams - Coolidge | Curtis - Hobart Humphrey - Rockefeller | Roosevelt
- WilsonList of names, Alphabetically"
[6] "Top\n of Page"

> presidents <- presidents[1:64, ]
```

먼저 두 개의 열을 만드는데, 하나는 임기 시작을 나타내고 하나는 임기 종료를 나타낸다. 이를 위해 하이픈(-)으로 Year 열을 나누도록 한다. stringr 패키지는 임의의 값에 따라 문자열을 나누는 str_split 함수를 가지고 있다. 이 함수는 입력 vector의 각 원소에 대해 하나의 원소를 가지는 list를 리턴하고, 원소 각각은 나뉜 결과 원소를 가지는데, 여기서는 둘이거나(시작과 종료 연도) 하나가(1년 이하 임기인 경우) 된다.

```
> require(stringr)
> # 문자열을 분리한다.
> yearList <- str split(string = presidents$YEAR, pattern = "-")
> head(yearList)

[[1]]
[1] "1789" "1797"

[[2]]
[1] "1797" "1801"

[[3]]
[1] "1801" "1805"

[[4]]
[1] "1805" "1809"

[[5]]
[1] "1809" "1812"

[[6]]
[1] "1812" "1813"

> # 분리된 문자열을 하나의 행렬로 결합한다.
> yearMatrix <- data.frame(Reduce(rbind, yearList))
> head(yearMatrix)

    X1   X2
1 1789 1797
2 1797 1801
3 1801 1805
4 1805 1809
5 1809 1812
6 1812 1813

> # 열에 이름을 부여한다.
> names(yearMatrix) <- c("Start", "Stop")
> # data.frame에 새로운 열들을 붙인다.
> presidents <- cbind(presidents, yearMatrix)
> # Start, Stop 열을 numeric으로 변환한다.
> presidents$Start <- as.numeric(as.character(presidents$Start))
> presidents$Stop <- as.numeric(as.character(presidents$Stop))
> # 변경 사항을 확인한다.
> head(presidents)

       YEAR          PRESIDENT
1 1789-1797 George Washington
2 1797-1801        John Adams
3 1801-1805  Thomas Jefferson
4 1805-1809  Thomas Jefferson
5 1809-1812     James Madison
6 1812-1813     James Madison
                                  FIRST LADY   VICE PRESIDENT
1                          Martha Washington        John Adams
2                             Abigail Adams Thomas Jefferson
3 Martha Wayles Skelton Jefferson\n (no image)       Aaron Burr
4 Martha Wayles Skelton Jefferson\n (no image)   George Clinton
5                            Dolley Madison   George Clinton
6                            Dolley Madison    office vacant
  Start Stop
1  1789 1797
2  1797 1801
3  1801 1805
4  1805 1809
```

```
5   1809 1812
6   1812 1813
```

```
> tail(presidents)
```

```
         YEAR       PRESIDENT           FIRST LADY    VICE PRESIDENT
59  1977-1981     Jimmy Carter    Rosalynn Carter  Walter F. Mondale
60  1981-1989    Ronald Reagan       Nancy Reagan        George Bush
61  1989-1993      George Bush       Barbara Bush         Dan Quayle
62  1993-2001     Bill Clinton  Hillary Rodham Clinton    Albert Gore
63  2001-2009   George W. Bush         Laura Bush     Richard Cheney
64       2009-    Barack Obama     Michelle Obama   Joseph R. Biden
    Start Stop
59   1977 1981
60   1981 1989
61   1989 1993
62   1993 2001
63   2001 2009
64   2009   NA
```

앞의 예제에서는 R에서 주의해야 할 점을 확인할 수 있다. president$Start factor를 numeric으로 변환하기 위해, 먼저 factor를 character로 변환해야 했는데, 이것은 4.4.2에서 본 것과 같이, factor가 정수로 이뤄진 간단한 라벨이기 때문이다. 그 때문에 as.numeric을 factor에 바로 적용하게 되면, 결과에는 factor 라벨의 정수로 변환되어 들어가게 된다.

엑셀에서와 같이, str_sub를 사용하여 문자열로부터 특정 문자들을 선택하는 것이 가능하다.

```
> # 첫 세 개 문자를 가져온다.
> str_sub(string = presidents$PRESIDENT, start = 1, end = 3)

 [1] "Geo" "Joh" "Tho" "Tho" "Jam" "Jam" "Jam" "Jam" "Jam" "Joh" "And"
[12] "And" "Mar" "Wil" "Joh" "Jam" "Zac" "Mil" "Fra" "Fra" "Jam" "Abr"
[23] "Abr" "And" "Uly" "Uly" "Uly" "Rut" "Jam" "Che" "Gro" "Gro" "Ben"
[34] "Gro" "Wil" "Wil" "Wil" "The" "The" "Wil" "Wil" "Woo" "War" "Cal"
[45] "Cal" "Her" "Fra" "Fra" "Fra" "Har" "Har" "Dwi" "Joh" "Lyn" "Lyn"
[56] "Ric" "Ric" "Ger" "Jim" "Ron" "Geo" "Bil" "Geo" "Bar"
```

```
> # 네 번째부터 여덟 번째까지의 문자를 가져온다.
> str_sub(string = presidents$PRESIDENT, start = 4, end = 8)

 [1] "rge W" "n Ada" "mas J" "mas J" "es Ma" "es Ma" "es Ma" "es Ma"
 [9] "es Mo" "n Qui" "rew J" "rew J" "tin V" "liam " "n Tyl" "es K."
[17] "hary " "lard " "nklin" "nklin" "es Bu" "aham " "aham " "rew J"
[25] "sses " "sses " "sses " "herfo" "es A." "ster " "ver C" "ver C"
[33] "jamin" "ver C" "liam " "liam " "liam " "odore" "odore" "liam "
[41] "liam " "drow " "ren G" "vin C" "vin C" "bert " "nklin" "nklin"
[49] "nklin" "ry S." "ry S." "ght D" "n F. " "don B" "don B" "hard "
[57] "hard " "ald R" "my Ca" "ald R" "rge B" "l Cli" "rge W" "ack O"
```

다음은 1로 끝나는 연도로 임기를 시작하는, 즉 0으로 끝나는 연도에 당선된 대통령을 찾는 코드다.

```
> presidents[str_sub(string = presidents$Start, start = 4,
+     end = 4) == 1, c("YEAR", "PRESIDENT", "Start", "Stop")]

        YEAR              PRESIDENT Start Stop
3  1801-1805       Thomas Jefferson  1801 1805
14      1841 William Henry Harrison  1841 1841
15 1841-1845            John Tyler   1841 1845
22 1861-1865        Abraham Lincoln  1861 1865
29      1881      James A. Garfield  1881 1881
30 1881-1885      Chester A. Arthur  1881 1885
37      1901      William McKinley   1901 1901
38 1901-1905    Theodore Roosevelt   1901 1905
43 1921-1923     Warren G. Harding   1921 1923
48 1941-1945 Franklin D. Roosevelt   1941 1945
53 1961-1963       John F. Kennedy   1961 1963
60 1981-1989        Ronald Reagan    1981 1989
63 2001-2009       George W. Bush    2001 2009
```

13.4 정규표현식

문자열에서 특정 패턴을 찾는 일은 매우 자주 발생하는데, 보통 이러한 패턴들
은 일반화되고 유연해야 한다. 이때 정규표현식은 매우 유용하다. 정규표현식
에 대해 깊게 다루진 않겠지만, R에서의 정규표현식 사용방법에 대해서는 설명
한다.

이름(성이나 이름)에 "John"이란 문자열을 포함한 대통령을 찾고자 한다.
"John"이 이름의 어느 위치에 있는지 알 수 없기 때문에, 간단히 str_sub를 사용
할 수는 없다. 대신, 우리는 str_detect를 사용하기로 한다.

```
> # 이름에서 John이 찾아지는지에 따라 TRUE/FALSE를 리턴한다.
> johnPos <- str_detect(string = presidents$PRESIDENT, pattern = "John")
> presidents[johnPos, c("YEAR", "PRESIDENT", "Start", "Stop")]

        YEAR         PRESIDENT Start Stop
2  1797-1801        John Adams  1797 1801
10 1825-1829 John Quincy Adams  1825 1829
15 1841-1845        John Tyler  1841 1845
24 1865-1869    Andrew Johnson  1865 1869
53 1961-1963   John F. Kennedy  1961 1963
54 1963-1965 Lyndon B. Johnson  1963 1965
55 1963-1969 Lyndon B. Johnson  1963 1969
```

앞의 코드로 John Adams, John Quincy Adams, John Tyler, Andrew Johnson,
John F. Kennedy, Lyndon B. Johnson을 찾아냈다. 정규표현식은 대소문자를
구분하기 때문에, 대소문자 구분을 무시하려면 ignore.case 안에 패턴을 넣어야
만 한다.

```
> badSearch <- str_detect(presidents$PRESIDENT, "john")
> goodSearch <- str_detect(presidents$PRESIDENT, ignore.case("John"))
> sum(badSearch)

[1] 0

> sum(goodSearch)

[1] 7
```

좀 더 흥미로운 정규표현식을 보여주기 위해 이제 위키백과의 미국 전쟁 목록을 이용할 것이다. 여기서는 인코딩 문제가 있는 오직 하나의 열에만 관심이 있기 때문에, http://www.jaredlander.com/data/warTimes.rdata에 해당 열만 포함한 rdata 파일을 올려놓았다. load를 사용하여 해당 파일을 불러들이고 나서 warTimes라는 새로운 객체를 살펴보도록 한다.

몇 가지 다양한 이유로, URL로부터 rdata 파일을 로드하는 것은 URL로부터 CSV 파일을 읽어 들이는 것만큼 간단하지가 않다. url을 사용하여 먼저 연결이 만들어져야 하고, 그리고 나서 load로 연결이 불려야 하며, close로 연결이 닫혀야만 한다.

```
> con <- url("http://www.jaredlander.com/data/warTimes.rdata")
> load(con)
> close(con)
```

이 vector는 전쟁의 시작과 종료 날짜를 가지고 있다. 어떤 것은 단지 연도만 가지고 있으며, 어떤 것은 월과 일까지도 포함하고 있다. 심지어 하나의 연도만 포함한 원소들도 있다. 이런 여러 형태의 데이터가 있기 때문에, 다양한 문자열 함수들로 구석구석 찾아보기에 좋은 데이터셋이다. 처음 몇 개 목록은 아래와 같다.

```
> head(warTimes, 10)

 [1] "September 1, 1774 ACAEA September 3, 1783"
 [2] "September 1, 1774 ACAEA March 17, 1776"
 [3] "1775ACAEA1783"
 [4] "June 1775 ACAEA October 1776"
 [5] "July 1776 ACAEA March 1777"
 [6] "June 14, 1777 ACAEA October 17, 1777"
 [7] "1777ACAEA1778"
 [8] "1775ACAEA1782"
 [9] "1776ACAEA1794"
[10] "1778ACAEA1782"
```

전쟁 시작에 대한 정보를 포함하는 새로운 열 하나를 만들고자 한다. 이 정보를 얻기 위해 Time 열을 나눌 필요가 있다. 위키백과의 인코딩 덕분에, 구분자는 일반적으로 "ACAEA"이며, 이것은 원래 "Â¢Â€Â''"였는데 좀 더 쉽게 만들기 위해 변환되었다. "-"가 나타나는 두 개 원소가 있는데, 하나는 구분자로 사용하였고 다른 하나는 하이픈으로 연결된 단어를 만드는 데 사용하였다. 다음 코드에서 이 내용을 확인할 수 있다.

```
> warTimes[str_detect(string = warTimes, pattern = "-")]

[1] "6 June 1944 ACAEA mid-July 1944"
[2] "25 August-17 December 1944"
```

이 문자열을 분리하려고 할 때, "ACAEA"나 "-"를 찾을 필요가 있다. str_split에서 pattern 인자는 정규표현식을 취할 수 있다. 이 경우 pattern 인자는 "(ACAEA)|-"가 되며, 이렇게 함으로써 엔진에게 문자열에서 "(ACAEA)" 또는 ("|"로 표시되는) "-"를 찾도록 전하게 된다. 이전에 봤던 "mid-July"에 사용된 하이픈이 있는 원소를 피하기 위해, n 인자를 2로 설정하여 입력 vector의 각 원소에 대해 많아야 두 개 부분으로 리턴되도록 한다. 패턴의 괄호는 실제 문자열에 매치되지는 않지만 조회 시에 "ACAEA" 문자열을 하나로 묶여 동작하게끔 한다.[1] 이런 그룹화 능력은 고급 문자열 대체에 중요한 역할을 하며, 이번 절의 후반부에 설명할 것이다.

```
> theTimes <- str_split(string = warTimes, pattern = "(ACAEA)|-", n = 2)
> head(theTimes)

[[1]]
[1] "September 1, 1774 " " September 3, 1783"

[[2]]
[1] "September 1, 1774 " " March 17, 1776"

[[3]]
[1] "1775" "1783"

[[4]]
[1] "June 1775 " " October 1776"

[[5]]
[1] "July 1776 " " March 1777"

[[6]]
[1] "June 14, 1777 " " October 17, 1777"
```

맨 처음 몇 개 목록으로 이 코드가 유효한 것을 확인하였고, 하이픈이 구분자인 두 개 원소 역시 확인하도록 한다.

---

1 괄호를 매치하기 위해서는 괄호 앞에 역슬래시(\)를 붙여야 한다.

```
> which(str_detect(string = warTimes, pattern = "-"))

[1] 147 150

> theTimes[[147]]

[1] "6 June 1944 " " mid-July 1944"

> theTimes[[150]]

[1] "25 August" "17 December 1944"
```

첫 번째 목록에 "mid-July"가 온전히 확인되지만 두 번째 목록에서 두 날짜가 나뉘었으므로, 하이픈에 의해 정확히 나뉜 것으로 보인다.

여기서 원하는 것은 전쟁의 시작일이므로, list에서 각 vector의 첫 번째(일부 경우에 한해) 원소를 추출하는 함수를 만들 필요가 있다.

```
> theStart <- sapply(theTimes, FUN = function(x) x[1])
> head(theStart)

[1] "September 1, 1774 " "September 1, 1774 " "1775"
[4] "June 1775 " "July 1776 " "June 14, 1777 "
```

원본 문자열이 가끔 구분자 주변에 공백을 가지고 있고 어느 경우는 가지지 않는데, 이는 문자열의 일부가 문자열 뒤에 붙는 공백문자들을 가진다는 것을 뜻한다. 이것을 제거하는 가장 쉬운 방법은 str_trim 함수를 사용하는 것이다.

```
> theStart <- str_trim(theStart)
> head(theStart)

[1] "September 1, 1774" "September 1, 1774" "1775"
[4] "June 1775" "July 1776" "June 14, 1777"
```

"January"가 나타나는 곳에서 해당 단어를 추출하려면 str_extract를 사용한다. 단어가 찾아지지 않는 곳에는 NA가 들어간다.

```
> # 'January'가 찾아진 곳은 'January'를, 나머지는 NA를 리턴한다.
> str_extract(string = theStart, pattern = "January")

 [1] NA        NA        NA        NA        NA        NA
 [7] NA        NA        NA        NA        NA        NA
[13] "January" NA        NA        NA        NA        NA
[19] NA        NA        NA        NA        NA        NA
[25] NA        NA        NA        NA        NA        NA
[31] NA        NA        NA        NA        NA        NA
[37] NA        NA        NA        NA        NA        NA
[43] NA        NA        NA        NA        NA        NA
[49] NA        NA        NA        NA        NA        NA
[55] NA        NA        NA        NA        NA        NA
[61] NA        NA        NA        NA        NA        NA
[67] NA        NA        NA        NA        NA        NA
[73] NA        NA        NA        NA        NA        NA
```

```
[79]  NA        NA        NA        NA        NA        NA
[85]  NA        NA        NA        NA        NA        NA
[91]  NA        NA        NA        NA        NA        NA
[97]  NA        NA        "January" NA        NA        NA
[103] NA        NA        NA        NA        NA        NA
[109] NA        NA        NA        NA        NA        NA
[115] NA        NA        NA        NA        NA        NA
[121] NA        NA        NA        NA        NA        NA
[127] NA        NA        NA        NA        "January" NA
[133] NA        NA        "January" NA        NA        NA
[139] NA        NA        NA        NA        NA        NA
[145] "January" "January" NA        NA        NA        NA
[151] NA        NA        NA        NA        NA        NA
[157] NA        NA        NA        NA        NA        NA
[163] NA        NA        NA        NA        NA        NA
[169] "January" NA        NA        NA        NA        NA
[175] NA        NA        NA        NA        NA        NA
[181] "January" NA        NA        NA        NA        "January"
[187] NA        NA
```

"January"가 포함된 원소를 찾고 "January"만이 아닌 해당 원소의 전체 내용을 리턴하기 위해 str_detect를 사용하고 그 결과로 theStart의 부분집합을 생성한다.

```
> # 'January'가 발견되는 원소만 리턴한다.
> theStart[str_detect(string = theStart, pattern = "January")]

[1] "January"        "January 21"      "January 1942"
[4] "January"        "January 22, 1944" "22 January 1944"
[7] "January 4, 1989" "15 January 2002" "January 14, 2010"
```

연도를 추출하기 위해, 네 개 숫자가 함께 위치하는 부분을 찾도록 한다. 구체적인 숫자를 모르기 때문에 패턴을 사용해야 한다. 정규표현식 검색에서, "[0-9]"는 임의의 숫자 하나를 찾는다. 우리는 연속적인 네 개의 숫자를 찾기 위해 "[0-9][0-9][0-9][0-9]"를 사용한다.

```
> # 한 개 행에서 네 개 숫자가 발생하는 곳을 추출한다.
> head(str_extract(string = theStart, "[0-9][0-9][0-9][0-9]"), 20)

 [1] "1774" "1774" "1775" "1775" "1776" "1777" "1777" "1775" "1776"
[10] "1778" "1775" "1779" NA     "1785" "1798" "1801" NA     "1812"
[19] "1812" "1813"
```

숫자가 여러 번 나오는 것을 찾을 때, "[0-9]"를 반복적으로 쓰는 것은 특히 비효율적이다. "[0-9]" 뒤 중괄호 안에 "4"를 넣으면 엔진이 임의의 네 개 숫자 조합을 찾도록 한다.

```
> # 네 개 숫자를 찾는 좀 더 똑똑한 방법이다.
> head(str_extract(string = theStart, "[0-9]{4}"), 20)

 [1] "1774" "1774" "1775" "1775" "1776" "1777" "1777" "1775" "1776"
[10] "1778" "1775" "1779" NA     "1785" "1798" "1801" NA     "1812"
[19] "1812" "1813"
```

심지어 "[0-9]"를 쓰는 것도 비효율적일 수 있으므로, 정수를 표시하기 위한 단축
키가 있다. 대부분의 다른 언어들에서는 "\d"이지만 R에서는 역슬래시가 두 번
들어간 "\\d"이다.

```
> # "\\d"는 "[0-9]"에 대한 단축키다.
> head(str_extract(string = theStart, "\\d{4}"), 20)

 [1] "1774" "1774" "1775" "1775" "1776" "1777" "1777" "1775" "1776"
[10] "1778" "1775" "1779" NA     "1785" "1798" "1801" NA     "1812"
[19] "1812" "1813"
```

중괄호는 훨씬 더 많은 기능을 제공하는데, 예를 들면, 숫자가 한 개인 것부터 세
개인 것까지 찾는 것도 가능하다.

```
> # 다음은 숫자가 한 번, 두 번 또는 세 번 나오는 것을 찾는다.
> str_extract(string = theStart, "\\d{1,3}")

  [1] "1"   "1"   "177" "177" "177" "14"  "177" "177" "177" "177"
 [11] "177" "177" NA    "178" "179" "180" NA    "18"  "181" "181"
 [21] "181" "181" "181" "181" "181" "181" "181" "181" "181" "181"
 [31] "22"  "181" "181" "5"   "182" "182" "182" NA    "6 " "183"
 [41] "23"  "183" "19"  "11"  "25"  "184" "184" "184" "184" "184"
 [51] "185" "184" "28"  "185" "13"  "4"   "185" "185" "185" "185"
 [61] "185" "185" "6"   "185" "6"   "186" "12"  "186" "186" "186"
 [71] "186" "186" "17"  "31"  "186" "186" "186" "186" "186" "186"
 [81] "186" "17"  "1"   "6"   "12"  "27"  "187" "187" "187" "187"
 [91] "187" "187" NA    "30"  "188" "189" "22"  "189" "21"  "189"
[101] "25"  "189" "189" "189" "189" "189" "189" "2"   "189" "28"
[111] "191" "21"  "28"  "191" "191" "191" "191" "191" "191" "191"
[121] "191" "191" "191" "7"   "194" "194" NA    NA    "3"   "7"
[131] "194" "194" NA    "20"  NA    "1"   "16"  "194" "8"   "194"
[141] "17"  "9"   "194" "3"   "22"  "22"  "6"   "6"   "15"  "25"
[151] "25"  "16"  "8"   "6"   "194" "195" "195" "195" "195" "197"
[161] "28"  "25"  "15"  "24"  "19"  "198" "15"  "198" "4"   "20"
[171] "2"   "199" "199" "199" "19"  "20"  "24"  "7"   "7"   "7"
[181] "15"  "7"   "6"   "20"  "16"  "14"  "200" "19"
```

정규표현식은 줄의 시작을 표시하는 "^"와 끝을 표시하는 "$"로 문자열을 검색할
수 있다.

```
> # 문자열 시작에서 네 자리 숫자를 추출한다.
> head(str_extract(string = theStart, pattern = "^\\d{4}"), 30)

 [1] NA     NA     "1775" NA     NA     NA     "1777" "1775" "1776"
[10] "1778" "1775" "1779" NA     "1785" "1798" "1801" NA     NA
[19] "1812" "1813" "1812" "1812" "1813" "1813" "1813" "1814" "1813"
[28] "1814" "1813" "1815"
```

```
> # 문자열 끝에서 네 자리 숫자를 추출한다.
> head(str_extract(string = theStart, pattern = "\\d{4}$"), 30)

 [1] "1774" "1774" "1775" "1775" "1776" "1777" "1777" "1775" "1776"
[10] "1778" "1775" "1779" NA     "1785" "1798" "1801" NA     "1812"
[19] "1812" "1813" "1812" "1812" "1813" "1813" "1813" "1814" "1813"
[28] "1814" "1813" "1815"
```

```
> # 문자열 시작과 끝에서 네 자리 숫자를 추출한다.
> head(str_extract(string = theStart, pattern = "^\\d{4}$"), 30)

 [1] NA      NA      "1775" NA      NA      NA      "1777" "1775" "1776"
[10] "1778" "1775" "1779" NA      "1785" "1798" "1801" NA      NA
[19] "1812" "1813" "1812" "1812" "1813" "1813" "1813" "1814" "1813"
[28] "1814" "1813" "1815"
```

선택적으로 문자열을 대체하는 것은 정규표현식의 또 다른 강력한 특징이다. 숫자들을 고정값으로 대체하는 것으로 간단히 시작해 보자.

```
> # 네 자리 중 첫 번째 자리를 "x"로 치환한다.
> head(str_replace(string=theStart, pattern="\\d", replacement="x"), 30)

 [1] "September x, 1774" "September x, 1774" "x775"
 [4] "June x775"         "July x776"         "June x4, 1777"
 [7] "x777"              "x775"              "x776"
[10] "x778"              "x775"              "x779"
[13] "January"           "x785"              "x798"
[16] "x801"              "August"            "June x8, 1812"
[19] "x812"              "x813"              "x812"
[22] "x812"              "x813"              "x813"
[25] "x813"              "x814"              "x813"
[28] "x814"              "x813"              "x815"
```

```
> # 모든 자리를 "x"로 치환한다.
> # 이는 "7" -> "x", "382" -> "xxx"를 의미한다.
> head(str_replace_all(string=theStart, pattern="\\d", replacement="x"),
+      30)

 [1] "September x, xxxx" "September x, xxxx" "xxxx"
 [4] "June xxxx"         "July xxxx"         "June xx, xxxx"
 [7] "xxxx"              "xxxx"              "xxxx"
[10] "xxxx"              "xxxx"              "xxxx"
[13] "January"           "xxxx"              "xxxx"
[16] "xxxx"              "August"            "June xx, xxxx"
[19] "xxxx"              "xxxx"              "xxxx"
[22] "xxxx"              "xxxx"              "xxxx"
[25] "xxxx"              "xxxx"              "xxxx"
[28] "xxxx"              "xxxx"              "xxxx"
```

```
> # 1에서 4의 길이를 가진 숫자의 문자열을 "x"로 치환한다.
> # 이는 "7" -> "x", "382" -> "x"로 치환된다는 것을 의미한다.
> head(str_replace_all(string=theStart, pattern="\\d{1,4}",
+                      replacement="x"), 30)

 [1] "September x, x" "September x, x" "x"
 [4] "June x"         "July x"         "June x, x"
 [7] "x"              "x"              "x"
[10] "x"              "x"              "x"
[13] "January"        "x"              "x"
[16] "x"              "August"         "June x, x"
[19] "x"              "x"              "x"
[22] "x"              "x"              "x"
[25] "x"              "x"              "x"
[28] "x"              "x"              "x"
```

정규표현식은 고정된 값들로 문자열을 대체할 수 있을 뿐 아니라, 검색 패턴의 일부로도 대체할 수 있다. 이를 확인하기 위해 HTML 코드로 vector를 만들도록 한다.

```
> # HTML 명령어의 벡터를 생성한다.
> commands <- c("<a href=index.html>The Link is here</a>",
+               "<b>This is bold text</b>")
```

이제 HTML 태그 사이의 문자열을 추출하고자 한다. 패턴은 열림꺾쇠괄호(〈)와 닫힘꺾쇠괄호(〉) 사이에 태그명("〈.+?〉")과 문자열(".+?") 그리고 또 다른 열림꺾쇠괄호(〈)와 닫힘꺾쇠괄호(〉)("〈.+?〉")의 집합이다. "."는 임의의 문자 한 개를 찾으며, 반면 "+"는 문자를 한 번 또는 여러 번을 찾는데 그리디(greedy) 탐색을 하지 않는다는 것을 의미하는 "?"와 함께 사용한다. 태그들 사이에 어떤 문자열이 있을지 모르고 해당 문자열로 치환하길 원하므로, 괄호로 ".+?"를 그룹화하며 이를 재삽입하기 위해 "\\1" 참조를 사용하는데, 이는 첫 번째 그룹을 사용한다는 것을 나타낸다. 다음 그룹들은 다음 숫자들을 사용하여 참조되며, 최대 9까지 가능하다. 다른 언어들에서는 "\\" 대신 "$"가 사용된다.

```
> # HTML 태그 사이의 문자열을 가져온다.
> # (.+?) 안의 내용은 1로 참조하여 치환에 사용한다.
> str_replace(string=commands, pattern="<.+?>(.+?)<.+>",
+             replacement="\\1")

[1] "The Link is here" "This is bold text"
```

R의 자신만의 정규표현식 특징을 가지고 있기 때문에, 이에 대한 도움말을 제공하고 있으며 ?regex로 확인할 수 있다.

13.5 마무리

R은 문자열의 생성, 추출, 가공을 다루는 기능이 많다. 문자열을 생성하기 위해 sprintf 그리고 필요하다면 paste를 사용하는 것이 가장 좋다. 다른 모든 문자열 연산에 대해서는 해들리 윅햄의 stringr 패키지를 사용하는 것이 가장 좋다. 이 패키지는 문자의 위치(str_sub) 및 정규표현식(str_detect, str_extract, str_replace)을 통한 문자열 추출과 문자열 분리(str_split)를 포함한다.

14장

R   f   o   r   E   v   e   r   y   o   n   e

확률 분포

통계 프로그래밍 언어가 되기 위해, R은 통계학의 모든 기본 사항을 쉽게 다루며, 여기에는 난수 추출, 분포값 계산(이번 장의 핵심), 평균, 분산, 최댓값/최솟값, 상관관계와 t-검정(15장의 핵심) 등이 포함된다.

확률 분포는 통계학의 진수이기 때문에, 당연히 R은 이를 활용하기 위한 많은 함수를 제공하며, 여기에는 난수 생성과 분포 및 분위 계산을 위한 함수가 포함된다.

14.1 정규 분포

아마도 가장 유명하고, 가장 많이 사용되는 통계 분포는 표준 분포일 것이다. 이 분포는 때때로 가우스(Gaussian) 분포로도 불리며 다음 수식으로 정의된다.

$$f(x; \mu, \sigma) = \frac{1}{\sqrt{2\pi}\,\sigma} e^{\frac{-(x-\mu)^2}{2\sigma^2}} \tag{14.1}$$

여기서 μ는 평균이고 σ는 표준 편차다. 이것은 생활에서 정말 많은 현상을 설명해 주는 그 유명한 종형 곡선(bell curve)이다. 정규 분포로부터 난수를 뽑기 위해 rnorm 함수를 사용하며, 이 함수는 평균과 표준 편차를 마음대로 지정할 수 있다.

```
> # 표준 0-1 정규 분포로부터 10회를 뽑는다.
> rnorm(n = 10)

 [1] -2.1654005  0.7044448  0.1545891  1.3325220 -0.1965996  1.3166821
 [7]  0.2055784  0.7698138  0.4276115 -0.6209493
```

```
> # 100-20 분포로부터 10회를 뽑는다.
> rnorm(n = 10, mean = 100, sd = 20)

 [1] 99.50443 86.81502 73.57329 113.36646 70.55072 95.70594
 [7] 67.10154 99.49917 111.02245 114.16694
```

정규 분포에 대한 밀도(특정 값의 확률)는 dnorm을 사용하여 계산된다.

```
> randNorm10 <- rnorm(10)
> randNorm10

 [1] -1.2376217 0.2989008 1.8963171 -1.1609135 -0.9199759 0.4251059
 [7] -1.1112031 -0.3353926 -0.5533266 -0.5985041

> dnorm(randNorm10)

 [1] 0.18548296 0.38151338 0.06607612 0.20335569 0.26129210 0.36447547
 [7] 0.21517046 0.37712348 0.34231507 0.33352345

> dnorm(c(-1, 0, 1))

[1] 0.2419707 0.3989423 0.2419707
```

dnorm은 특정 수가 발생할 확률을 리턴한다. 기술적으로 수학적으로 연속 분포로부터 숫자 하나가 발생할 정확한 확률을 찾는 것은 불가능하므로, 여기서 확률은 확률의 추정치다. rnorm과 마찬가지로, dnorm에도 평균과 표준편차가 지정될 수 있다.

이를 시각적으로 확인하기 위해 평범한 많은 난수를 생성하여 분포를 계산하고 플롯한다. 플롯은 그림 14.1에서 보는 것처럼 잘 그려진 종형 곡선 형태로 나타나야 한다.

```
> # 정규 분포 변수를 생성한다.
> randNorm <- rnorm(30000)
> # 생성된 변수의 분포를 계산한다.
> randDensity <- dnorm(randNorm)
> # ggplot2를 로드한다.
> require(ggplot2)
> # 데이터를 플롯한다.
> ggplot(data.frame(x = randNorm, y = randDensity)) + aes(x = x, y = y) +
+     geom_point() + labs(x = "Random Normal Variables", y = "Density")
```

유사하게, pnorm은 정규 분포의 분포를 계산하며, 이것은 즉 주어진 수 또는 그보다 작은 수가 발생할 누적 확률이다. 이 분포는 다음과 같이 정의된다.

$$\Phi(a) = P\{X <= a\} = \int_{-\infty}^{a} \frac{1}{\sqrt{2\pi}\sigma} e^{\frac{-(x-\mu)^2}{2\sigma^2}} \, \mathrm{d}x \qquad (14.2)$$

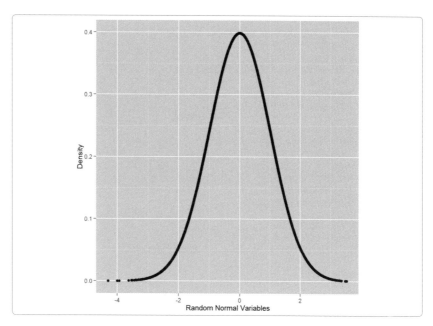

그림 14.1 임의의 정규 변수들과 밀도들의 플롯으로 종형 곡선으로 나타난다.

```
> pnorm(randNorm10)

 [1] 0.1079282 0.6174921 0.9710409 0.1228385 0.1787927 0.6646203
 [7] 0.1332405 0.3686645 0.2900199 0.2747518

> pnorm(c(-3, 0, 3))

[1] 0.001349898 0.500000000 0.998650102

> pnorm(-1)

[1] 0.1586553
```

기본적으로 이것은 좌측 꼬리 검정이다. 변수가 두 점 사이에 놓일 확률을 찾기 위해서는, 두 점에 대한 확률을 계산하고 서로를 빼야 한다.

```
> pnorm(1) - pnorm(0)

[1] 0.3413447

> pnorm(1) - pnorm(-1)

[1] 0.6826895
```

이 확률은 곡선 아래 영역에 의해 표현되고, 그림 14.2에 보이며 다음 코드로 그려진다.

```
> # 코드의 첫 번째 줄에서 몇 가지 내용이 나온다.
> # 그중 하나는 이후에 ggplot2 객체를 생성, 사용할 수 있도록
> # 기본 ggplot2 객체를 생성하는 것이다.
> # 이것이 p에 객체가 저장되는 이유다.
> # randNorm과 randDensity를 받아 data.frame에 넣는다.
> # 함수의 밖에서 x와 y축을 선언한다.
> # 이는 좀 더 유연성을 제공한다.
> # geom_line()으로 선을 추가한다.
> # x와 y축 명을 labs(x="x", y="Density")로 입력한다.
> p <- ggplot(data.frame(x=randNorm, y=randDensity)) + aes(x=x, y=y) +
+     geom_line() + labs(x="x", y="Density")
>
> # p를 플로팅하면 멋진 분포가 출력될 것이다.
> # 곡선 아래로 음영 영역을 생성하기 위해 먼저 해당 영역을 계산한다.
> # 극좌부터 -1까지의 숫자열을 생성한다.
> neg1Seq <- seq(from=min(randNorm), to=-1, by=.1)
>
> # 해당 숫자열의 x로, 해당 숫자열에 대한
> # 분포값을 y로 지정한 data.frame을 생성한다.
> lessThanNeg1 <- data.frame(x=neg1Seq, y=dnorm(neg1Seq))
>
> head(lessThanNeg1)

          x            y
1 -3.873328 0.0002203542
2 -3.773328 0.0003229731
3 -3.673328 0.0004686713
4 -3.573328 0.0006733293
5 -3.473328 0.0009577314
6 -3.373328 0.0013487051


>
> # 이를 높이가 0인 극좌와
> # 극우의 끝점들과 결합한다.
> lessThanNeg1 <- rbind(c(min(randNorm), 0),
+                       lessThanNeg1,
+                       c(max(lessThanNeg1$x), 0))
>
> # 음영 영역을 폴리곤으로 사용한다.
> p + geom_polygon(data=lessThanNeg1, aes(x=x, y=y))
>
> # -1부터 1까지의 유사한 숫자열을 생성한다.
> neg1Pos1Seq <- seq(from=-1, to=1, by=.1)
>
> # 해당 숫자열을 x로, 해당 숫자열에 대한
> # 분포값을 y로 지정한 data.frame을 생성한다.
> neg1To1 <- data.frame(x=neg1Pos1Seq, y=dnorm(neg1Pos1Seq))
>
> head(neg1To1)

     x         y
1 -1.0 0.2419707
2 -0.9 0.2660852
3 -0.8 0.2896916
4 -0.7 0.3122539
5 -0.6 0.3332246
6 -0.5 0.3520653


>
> # 이를 높이가 0인 극좌와
> # 극우의 끝점들과 결합한다.
> neg1To1 <- rbind(c(min(neg1To1$x), 0),
+                  neg1To1,
+                  c(max(neg1To1$x), 0))
```

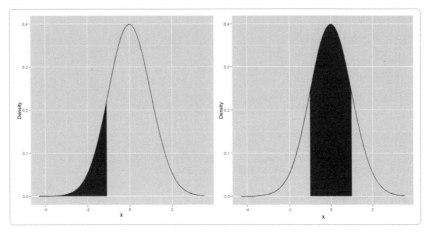

그림 14.2 정규 곡선 아래의 영역. 좌측 플롯은 -1의 좌측 영역을 보여주지만, 우측 플롯은 -1과 1 사이의 영역을 보여준다.

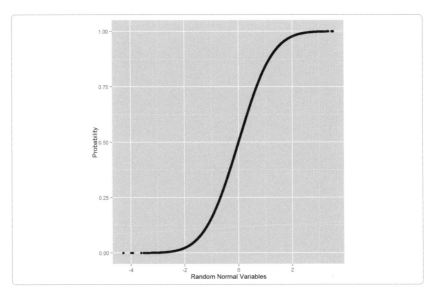

그림 14.3 정규 분포 함수

```
>
> # 음영 영역을 폴리곤으로 사용한다.
> p + geom_polygon(data=neg1To1, aes(x=x, y=y))
```

이 분포는 그림 14.3에서 보이는 것처럼 감소하지 않는 형태다. 여기서 보이는 정
보 자체는 그림 14.2에서와 동일하지만 다르게 표시된다. 그림 14.2에서는 누적
확률이 음영 영역으로 표시되지만, 그림 14.3에서는 y축의 한 점으로 표시된다.

```
> randProb <- pnorm(randNorm)
> ggplot(data.frame(x=randNorm, y=randProb)) + aes(x=x, y=y) +
+     geom_point() + labs(x="Random Normal Variables", y="Probability")
```

pnorm과 정반대 함수는 qnorm이다. 이 함수는 주어진 누적 확률에 대한 분위
수를 리턴한다.

```
> randNorm10

 [1] -1.2376217 0.2989008 1.8963171 -1.1609135 -0.9199759 0.4251059
 [7] -1.1112031 -0.3353926 -0.5533266 -0.5985041

> qnorm(pnorm(randNorm10))

 [1] -1.2376217 0.2989008 1.8963171 -1.1609135 -0.9199759 0.4251059
 [7] -1.1112031 -0.3353926 -0.5533266 -0.5985041

> all.equal(randNorm10, qnorm(pnorm(randNorm10)))

[1] TRUE
```

14.2 이항 분포

정규 분포처럼 이항 분포도 R에서 잘 표현된다. 이 분포의 확률 질량 함수는 다
음과 같다.

$$p(x; n, p) = \binom{n}{x} p^x (1-p)^{n-x} \tag{14.3}$$

$$\binom{n}{x} = \frac{n!}{x!(n-x)!} \tag{14.4}$$

n은 시도 횟수이며, p는 한 번의 시도에서 성공할 확률이다. 평균은 np이며 분산
은 $np(1-p)$이다. $n=1$일 때 이항 분포는 베르누이 분포가 된다.

이항 분포로부터 난수를 생성한다는 것은 간단하게 난수를 생성하는 것이 아
니라 독립된 시도 중 성공 횟수를 생성하는 것이다. 성공 확률이 0.4일 때 열 번
의 시도에서 성공하는 횟수를 실험하기 위해, rbinom을 n=1(실험을 한 번 실
행), size=10(열 번 시도), prob=0.4(성공 확률이 0.4)로 설정하여 실행한다.

```
> rbinom(n = 1, size = 10, prob = 0.4)
[1] 6
```

각 성공 확률이 0.4인 열 번의 시도가 수행되었고, 생성된 숫자는 성공한 횟수를
나타낸다. 이것은 일정하지 않으므로 매번 다른 숫자가 생성될 것이다.

n을 1보다 큰 수로 설정함으로써, R은 size번을 시도하는 n번의 실험 각각에
대해 성공 횟수를 생성할 것이다.

```
> rbinom(n = 1, size = 10, prob = 0.4)

[1] 3

> rbinom(n = 5, size = 10, prob = 0.4)

[1] 5 3 6 5 4

> rbinom(n = 10, size = 10, prob = 0.4)

 [1] 5 3 4 4 5 3 3 5 3 3
```

size를 1로 설정하면 생성되는 숫자는 베르누이 확률 변수로 변하며, 이것은 1(성공) 또는 0(실패) 중 오직 하나의 값을 가질 수 있다.

```
> rbinom(n = 1, size = 1, prob = 0.4)

[1] 1

> rbinom(n = 5, size = 1, prob = 0.4)

[1] 0 0 1 1 1

> rbinom(n = 10, size = 1, prob = 0.4)

 [1] 0 0 0 1 0 1 0 0 1 0
```

이항 분포를 시각화하기 위해 열 번의 시도와 성공 확률이 0.3인 1만 번의 실험을 임의로 생성한다. 기대한 대로 가장 많이 나온 성공 횟수는 3이며. 이는 그림 14.4에서 나타나 있다.

```
> binomData <- data.frame(Successes = rbinom(n = 10000, size = 10,
+        prob = 0.3))
> ggplot(binomData, aes(x = Successes)) + geom_histogram(binwidth = 1)
```

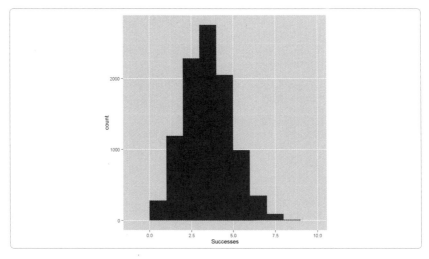

그림 14.4 열 번의 시도와 성공 확률이 0.3인 1만 번의 이항 실험

시도 횟수가 증가함에 따라 이항 분포가 정규 분포로 어떻게 잘 근사해져 가는 지 확인하기 위해, 시도 횟수가 다른 유사 실험들을 수행하고 그 결과로 그림 14.5와 같은 그래프를 생성한다.

```
> # 1만 번 랜덤 추출한 Success와 모든 1만 개 행에 대해
> # Size가 5인 data.frame을 생성한다.
> binom5 <- data.frame(Successes=rbinom(n=10000, size=5,
+          prob=.3), Size=5)
> dim(binom5)

[1] 10000 2

> head(binom5)

  Successes Size
1         1    5
2         1    5
3         2    5
4         2    5
5         3    5
6         0    5

>
> # 이전과 유사한 1만 개 행
> # 숫자들은 다른 크기를 가진 분포로부터 추출된다.
> # 모든 1만 개 행에 대해 Size는 10이다.
> binom10 <- data.frame(Successes=rbinom(n=10000, size=10,
+          prob=.3), Size=10)
> dim(binom10)

[1] 10000 2

> head(binom10)

  Successes Size
1         1   10
2         3   10
3         3   10
4         3   10
5         0   10
6         3   10

>
> binom100 <- data.frame(Successes=rbinom(n=10000, size=100,
+          prob=.3), Size=100)
>
> binom1000 <- data.frame(Successes=rbinom(n=10000, size=1000,
+          prob=.3), Size=1000)
>
> # 이들 모두를 하나의 data.frame으로 결합한다.
> binomAll <- rbind(binom5, binom10, binom100, binom1000)
> dim(binomAll)

[1] 40000 2

> head(binomAll, 10)

  Successes Size
1         1    5
2         1    5
3         2    5
```

```
4          2    5
5          3    5
6          0    5
7          1    5
8          1    5
9          1    5
10         1    5

> tail(binomAll, 10)

      Successes Size
39991       316 1000
39992       311 1000
39993       296 1000
39994       316 1000
39995       288 1000
39996       286 1000
39997       264 1000
39998       291 1000
39999       300 1000
40000       302 1000

>
> # 플롯을 생성한다.
> # 히스토그램은 오직 x aesthetic만 필요로 한다.
> # 이는 Size의 값에 따라 나뉜다.
> # Size의 값은 5, 10, 100, 1000이다.
> ggplot(binomAll, aes(x=Successes)) + geom_histogram() +
+     facet_wrap(~ Size, scales="free")
```

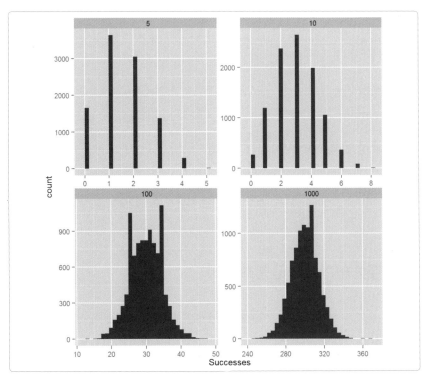

그림 14.5 시도 횟수 크기에 의해 파셋된 임의의 이항 히스토그램. 완벽하진 않지만,
시도 횟수가 증가함에 따라 그 분포가 좀 더 정규화됨을 확인한다. 또한, 각 패널에서 범위가 다른 것도 확인한다.

누적 분포 함수는 다음과 같다.

$$F(a; n, p) = P\{X <= a\} = \sum_{i=0}^{a} \binom{n}{i} p^i (1 - p)^{n-i} \tag{14.5}$$

이전과 같이 n과 p는 시도 횟수와 성공 확률이다.

정규 분포 함수와 유사하게, dbinom과 pbinom은 이항 분포에 대한 밀도(지정값의 확률)와 분포(누적 확률)를 제공한다.

```
> # 열 번에서 세 번 성공하는 확률
> dbinom(x = 3, size = 10, prob = 0.3)

[1] 0.2668279

> # 열 번에서 세 번 또는 그보다 적게 성공하는 확률
> pbinom(q = 3, size = 10, prob = 0.3)

[1] 0.6496107

> # 두 함수 모두 벡터화가 가능하다.
> dbinom(x = 1:10, size = 10, prob = 0.3)

 [1] 0.1210608210 0.2334744405 0.2668279320 0.2001209490 0.1029193452
 [6] 0.0367569090 0.0090016920 0.0014467005 0.0001377810 0.0000059049

> pbinom(q = 1:10, size = 10, prob = 0.3)

 [1] 0.1493083 0.3827828 0.6496107 0.8497317 0.9526510 0.9894079
 [7] 0.9984096 0.9998563 0.9999941 1.0000000
```

주어진 임의의 확률에 대해, qbinom은 분위수를 리턴하고, 이것은 이 분포에 대한 성공 횟수다.

```
> qbinom(p = 0.3, size = 10, prob = 0.3)

[1] 2

> qbinom(p = c(0.3, 0.35, 0.4, 0.5, 0.6), size = 10, prob = 0.3)

[1] 2 2 3 3 3
```

14.3 푸아송(Poisson) 분포

또 다른 유명한 분포는 푸아송 분포로, 이것은 정해진 시간 안에 어떤 사건이 일어날 횟수를 세는 데 사용한다. 이 분포의 확률 질량 함수는 다음과 같다.

$$p(x; \lambda) = \frac{\lambda^x e^{-\lambda}}{x!} \tag{14.6}$$

그리고 누적 분포는 다음과 같다.

$$F(a; \lambda) = P\{X <= a\} = \sum_{i=0}^{a} \frac{\lambda^{i} e^{-\lambda}}{i!} \tag{14.7}$$

여기서 람다(λ)는 평균과 분산이다.

임의의 횟수와 밀도, 분포와 분위수를 생성하기 위해 각각 rpois, dpois, ppois, qpois를 사용한다.

λ가 커짐에 따라 푸아송 분포는 정규 분포와 비슷해지기 시작한다. 이를 확인하기 위해 푸아송 분포로부터 1만 개를 추출하여 시뮬레이션하고 그 모양을 보기 위한 히스토그램을 플롯할 것이다.

```
> # 다섯 개의 다른 푸아송 분포로부터 1만 개의 임의의 카운트를 뽑는다.
> pois1 <- rpois(n=10000, lambda=1)
> pois2 <- rpois(n=10000, lambda=2)
> pois5 <- rpois(n=10000, lambda=5)
> pois10 <- rpois(n=10000, lambda=10)
> pois20 <- rpois(n=10000, lambda=20)
> pois <- data.frame(Lambda.1=pois1, Lambda.2=pois2,
+                    Lambda.5=pois5, Lambda.10=pois10, Lambda.20=pois20)
> # 플롯하기 쉽게 하기 위해 데이터를 melt하는 reshape2 패키지를 로드한다.
> require(reshape2)
> # 긴(long) 형식으로 데이터를 melt한다.
> pois <- melt(data=pois, variable.name="Lambda", value.name="x")
> # 새로운 열의 이름을 정리해주는 stringr 패키지를 로드한다.
> require(stringr)
> # 단지 람다(lambda)에 대한 값을 보여주기 위해 Lambda를 고친다.
> pois$Lambda <- as.factor(as.numeric(str_extract(string=pois$Lambda,
+                          pattern="\\d+")))
> head(pois)

  Lambda x
1      1 0
2      1 2
3      1 0
4      1 1
5      1 2
6      1 0

> tail(pois)

      Lambda  x
49995     20 26
49996     20 14
49997     20 26
49998     20 22
49999     20 20
50000     20 23
```

그림 14.6에서 보이는 것처럼, 이제 λ의 각 값에 대한 별도의 히스토그램을 플롯할 것이다.

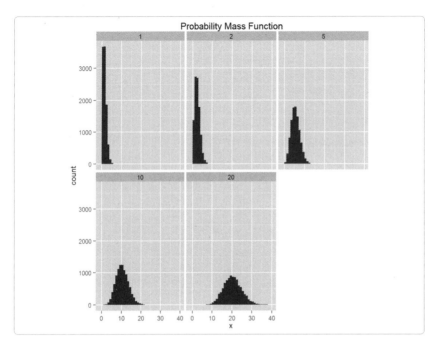

그림 14.6 λ가 다른 푸아송 분포로부터 1만 개를 추출한 것에 대한 히스토그램.
히스토그램이 어떻게 좀 더 정규 분포와 비슷해지는지 확인하도록 한다.

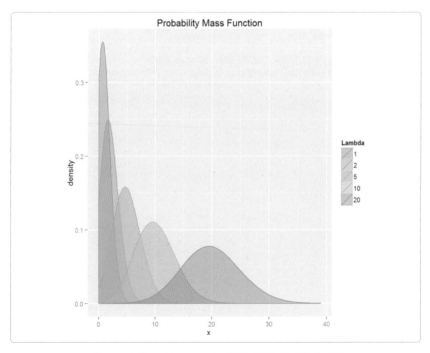

그림 14.7 λ가 다른 푸아송 분포로부터 1만 개를 추출한 것에 대한 밀도 플롯.
밀도 플롯이 어떻게 좀 더 정규 분포와 비슷해지는지 확인하도록 한다.

```
> require(ggplot2)
> ggplot(pois, aes(x=x)) + geom_histogram(binwidth=1) +
+      facet_wrap(~ Lambda) + ggtitle("Probability Mass Function")
```

아마도 이런 정규성으로의 수렴을 시각화하는 좀 더 강력한 방법은 오버레이 밀도 플롯일 것이며 그림 14.7에 나타나 있다.

```
> ggplot(pois, aes(x=x)) +
+      geom_density(aes(group=Lambda, color=Lambda, fill=Lambda),
+          adjust=4, alpha=1/2) +
+      scale_color_discrete() + scale_fill_discrete() +
+      ggtitle("Probability Mass Function")
```

14.4 기타 분포

R은 많은 분포를 지원하며 그중 일부는 매우 잘 알려져 있지만, 어떤 것들은 거의 알려져 있지 않다. 이 분포들은 표 14.1에 나열되어 있으며, 각각의 수학 공식, 평균, 분산은 표 14.2에 정리되어 있다.

분포(Distribution)	난수 (Random Number)	밀도(Density)	분포(Distribution)	분위수(Quantile)
정규(Normal)	rnorm	dnorm	pnorm	qnorm
이항(Binomial)	rbinom	dbinom	pbinom	qbinom
푸아송(Poisson)	rpois	dpois	ppois	qpois
t	rt	dt	pt	qt
F	rf	df	pf	qf
카이제곱(Chi-Squared)	rchisq	dchisq	pchisq	qchisq
감마(Gamma)	rgamma	dgamma	pgamma	qgamma
기하(Geometric)	rgeom	dgeom	pgeom	qgeom
음이항(Negative Binomial)	rnbinom	dnbinom	pnbinom	qnbinom
지수(Exponential)	rexp	dexp	pexp	qexp
베이불(Weibull)	rweibull	dweibull	pweibull	qweibull
균등(연속) (Uniform(Continuous))	runif	dunif	punif	qunif
베타(Beta)	rbeta	dbeta	pbeta	qbeta
코시(Cauchy)	rcauchy	dcauchy	pcauchy	qcauchy
다항(Multinomial)	rmultinom	dmultinom	pmultinom	qmultinom
초기하(Hypergeometric)	rhyper	dhyper	phyper	qhyper
로그-정규(Log-normal)	rlnorm	dlnorm	plnorm	qlnorm
로지스틱(Logistic)	rlogis	dlogis	plogis	qlogis

표 14.1 통계 분포와 함수

분포(Distribution)	수식(Formula)	평균(Mean)	분산(Variance)
정규(Normal)	$f(x; \mu, \sigma) = \frac{1}{\sqrt{2\pi}\sigma} e^{\frac{-(x-\mu)^2}{2\sigma^2}}$	μ	σ^2
이항(Binomial)	$p(x; n, p) = \binom{n}{x} p^x (1-p)^{n-x}$	np	$np(1-p)$
포아송(Poisson)	$p(i) = \binom{n}{i} p^i (1-p)^{n-i}$	λ	λ
t	$f(x; n) = \frac{\Gamma(\frac{n+1}{2})}{\sqrt{n\pi}\,\Gamma(\frac{n}{2})} \left(1 + \frac{x^2}{n}\right)^{-\frac{n+1}{2}}$	0	$\frac{n}{n-2}$
F	$f(x; \lambda, s) = \frac{\sqrt{\frac{(n_1 x)^{n_1} n_2^{n_2}}{(n_1 x + n_2)^{n_1 + n_2}}}}{x B(\frac{n_1}{2}, \frac{n_2}{2})}$	$\frac{n_2}{n_2 - 2}$	$\frac{2 n_2^2 (n_1 + n_2 - 2)}{n_1 (n_2 - 2)^2 (n_2 - 4)}$
카이제곱 (Chi-Squared)	$f(x; n) = \frac{e^{-\frac{y}{2}} y^{(\frac{n}{2})-1}}{2^{\frac{n}{2}} \Gamma(\frac{n}{2})}$	n	$2n$
감마(Gamma)	$f(x; \lambda, s) = \frac{\lambda e^{-\lambda x} (\lambda x)^{s-1}}{\Gamma(s)}$	$\frac{s}{\lambda}$	$\frac{s}{\lambda^2}$
기하(Geometric)	$p(x; p) = p(1-p)^{x-1}$	$\frac{1}{\lambda}$	$\frac{1}{\lambda^2}$
음이항(Negative Binomial)	$p(x; r, p) = \binom{x-1}{r-1} p^r (1-p)^{x-r}$	$\frac{r}{p}$	$\frac{r(1-p)}{p^2}$
지수(Exponential)	$f(x; \lambda) = \lambda e^{-\lambda x}$	$\frac{1}{\lambda}$	$\frac{1}{\lambda^2}$
베이불(Weibull)	$f(x; \lambda, k) = \frac{k}{\lambda} \left(\frac{x}{\lambda}\right)^{k-1} e^{-(x/\lambda)^k}$	$\lambda \Gamma(1 + \frac{1}{k})$	$\lambda^2 \Gamma(1 + \frac{2}{k}) - \mu^2$
균등(연속) (Uniform (Continuous))	$f(x; a, b) = \frac{1}{b-a}$	$\frac{a+b}{2}$	$\frac{(b-a)^2}{12}$
베타(Beta)	$f(x; \alpha, \beta) = \frac{1}{B(\alpha, \beta)} x^{\alpha-1} (1-x)^{\beta-1}$	$\frac{\alpha}{\alpha + \beta}$	$\frac{\alpha\beta}{(\alpha+\beta)^2 (\alpha+\beta+1)}$
코시(Cauchy)	$f(x; s, t) = \frac{s}{\pi\left(s^2 + (x-t)^2\right)}$	undefined	undefined
다항(Multinomial)	$p(x_1, \ldots, x_k; n, p_1, \ldots, p_k) = \frac{n!}{x_1! \cdots x_k!} p_1^{x_1} \cdots p_k^{x_k}$	np_i	$np_i(1 - p_i)$
초기하 (Hypergeometric)	$p(x; N, n, m) = \frac{\binom{m}{x}\binom{N-m}{n-x}}{\binom{N}{n}}$	$\frac{nm}{N}$	$\frac{nm}{N}\left[\frac{(n-1)(m-1)}{N-1} + 1 - \frac{nm}{N}\right]$
로그-정규 (Log-normal)	$f(x; \mu, \sigma) = \frac{1}{x\sigma\sqrt{2\pi}} e^{-\frac{(\ln x - \mu)^2}{2\sigma^2}}$	$e^{\mu + \frac{\sigma^2}{2}}$	$\left(e^{\sigma^2} - 1\right) e^{2\mu + \sigma^2}$
로지스틱 (Logistic)	$f(x; \mu, s) = \frac{e^{-\frac{x-\mu}{s}}}{s\left(1 + e^{-\frac{x-\mu}{s}}\right)^2}$	μ	$\frac{1}{3} s^2 \pi^2$

표 14.2 다양한 통계 분포에 대한 공식, 평균, 변수 (F 분포에서 B는 베타 함수다. $B(x, y) = \int_0^1 t^{x-1}(1-t)^{y-1} dt$)

14.5 마무리

R은 표 14.1에 정리된 난수, 밀도, 분포, 분위수 함수를 통해 다양한 확률 분포의 사용을 가능하게 한다. 우리는 가장 보편적으로 사용되는 정규, 베르누이, 푸아송 등 세 가지 분포에 대해 자세히 다뤘다. 모든 분포에 대한 평균, 분산과 수식은 기본 R 패키지에서 제공되며, 표 14.2에 정리되어 있다.

기본 통계

통계에서 가장 일반적으로 사용되는 도구에는 평균, 분산, 상관계수, t-검정 등이 있다. 이들은 모두 R에서 mean, var, cor, t.test와 같은 사용하기 쉬운 함수들로 잘 구현되어 있다.

15.1 요약 통계

많은 사람이 통계에서 생각하는 첫 번째는 평균(average 또는 mean(정확하게 부르는 경우))이다. 먼저 간단한 숫자들을 살펴보는 것으로 시작하고, 이 장의 후반부에서 좀 더 큰 데이터셋에 대해 다뤄본다. 첫 번째로 1과 100 사이의 100 개 숫자를 임의로 샘플링하여 생성한다.

```
> x <- sample(x = 1:100, size = 100, replace = TRUE)
> x

 [1] 93 98  84 62 18 12 40 13 30  4 95 18 55 46  2 24
[17] 54 91   9 57 74  6 11 38 67 13 40 87  2 85  4  6
[33] 61 28  37 61 10 87 41 10 11  4 37 84 54 69 21 33
[49] 37 44  46 78  6 50 88 74 76 31 67 68  1 23 31 51
[65] 22 64 100 12 20 56 74 61 52  4 28 62 90 66 34 11
[81] 21 78  17 94  9 80 92 83 72 43 20 44  3 43 46 72
[97] 32 61  16 12
```

sample은 x로부터 균등하게 size만큼의 목록을 추출한다. replace=TRUE를 설정하면 동일한 숫자가 여러 번 추출될 수 있다.

이제 데이터 vector가 준비되었고 평균을 계산할 수 있다.

```
> mean(x)

[1] 44.51
```

이것은 간단한 산술 평균이다.

$$E[X] = \frac{\sum_{i=1}^{N} x_i}{N} \tag{15.1}$$

무척 간단하다. 이는 통계이기 때문에, 일부 데이터가 빠져 있는 경우도 고려할
필요가 있다. 이를 위해 무작위로 x의 20% 원소를 NA로 설정한다.

```
> # x를 복사한다.
> y <- x
> # sample을 사용하여 20개의 임의의 원소를 선택하고 NA로 설정한다.
> y[sample(x = 1:100, size = 20, replace = FALSE)] <- NA
> y

 [1] 93 98   84 62 18 12 40 NA 30   4 95 18 55 46   2 24
[17] 54 91   NA 57 NA   6 11 38 67 NA 40 87   2 NA   4   6
[33] 61 28   37 NA 10 NA 41 10 11   4 37 84 54 69 21 33
[49] 37 44   46 78   6 50 88 74 76 NA 67 68 NA 23 31 51
[65] 22 64 100 12 20 56 74 NA 52   4 NA 62 90 NA 34 11
[81] 21 78   17 NA   9 80 NA 83 NA NA 20 44 NA NA 46 NA
[97] 32 61   NA 12
```

y에 mean을 사용하면 NA가 리턴될 것이다. 이것은 기본적으로, mean이 단 하
나의 NA 원소만 포함하더라도 NA를 리턴하기 때문이다. 이런 형태로 동작하는
이유는 잘못된 정보를 제공하는 것을 피하기 위해서이다.

```
> mean(y)

[1] NA
```

평균을 계산하기 전에 NA를 제거하기 위해, na.rm을 TRUE로 설정한다.

```
> mean(y, na.rm = TRUE)

[1] 43.5875
```

숫자 집합의 가중 평균을 계산하기 위해, weighted.mean 함수는 숫자 vector와
가중치 vector를 인자로 받는다. 또한, 계산 전 NA를 제거하기 위한 na.rm 인자
도 가지고 있으며, 이 인자를 TRUE로 설정하지 않으면 NA값이 포함된 vector는
NA를 리턴할 것이다.

```
> grades <- c(95, 72, 87, 66)
> weights <- c(1/2, 1/4, 1/8, 1/8)
> mean(grades)

[1] 80
```

```
> weighted.mean(x = grades, w = weights)

[1] 84.625
```

weighted.mean에 대한 식은 식 15.2에 나와 있으며, 이것은 확률 변수의 기댓값과 동일하다.

$$E[X] = \frac{\sum_{i=1}^{N} w_i x_i}{\sum_{i=1}^{N} w_i} = \sum_{i=1}^{N} p_i x_i \tag{15.2}$$

또 다른 아주 중요한 측정값은 분산이며, 이것은 var로 계산된다.

```
> var(x)

[1] 865.5049
```

분산은 다음과 같이 계산한다.

$$Var(x) = \frac{\sum_{i=1}^{N} (x_i - \bar{x})^2}{N - 1} \tag{15.3}$$

이는 R에서 검증될 수 있다.

```
> var(x)

[1] 865.5049

> sum((x - mean(x))^2)/(length(x) - 1)

[1] 865.5049
```

표준 편차는 분산의 제곱근이고 sd로 계산된다. mean과 var와 같이, sd는 계산 전 NA를 제거하기 위한 na.rm 인자를 가지며, 이를 TRUE로 설정하지 않으면 NA가 포함될 경우 결과는 NA가 된다.

```
> sqrt(var(x))

[1] 29.41947

> sd(x)

[1] 29.41947

> sd(y)

[1] NA

> sd(y, na.rm = TRUE)

[1] 28.89207
```

요약 통계에 대해 일반적으로 사용되는 다른 함수들은 min, max, median이다. 물론, 이들 모두 na.rm 인자를 가진다.

```
> min(x)
[1] 1
> max(x)
[1] 100
> median(x)
[1] 43
> min(y)
[1] NA
> min(y, na.rm = TRUE)
[1] 2
```

전에 계산된 대로, 중앙값은 정렬된 숫자 집합의 가운데 숫자다. 예를 들면 5, 2, 1, 8, 6의 중앙값은 5이다. 숫자가 짝수 개일 경우, 중앙값은 두 중간값의 평균이 된다. 5, 1, 7, 3, 8, 6, 2의 경우, 중앙값은 4.5이다.

평균, 최솟값, 최댓값, 중앙값을 구하는 유용한 함수는 summary다. 이 함수는 NA가 포함되어 있다면 NA를 자동으로 제거하고, NA의 개수를 결과에 포함하기 때문에 na.rm을 지정할 필요가 없다.

```
> summary(x)

   Min. 1st Qu.  Median   Mean 3rd Qu.    Max.
   1.00   17.75   43.00  44.51   68.25  100.00
> summary(y)

   Min. 1st Qu.  Median   Mean 3rd Qu.    Max.  NA's
   2.00   18.00   40.50  43.59   67.00  100.00    20
```

이 요약은 첫 번째와 세 번째 분위수 또한 표시하며, 이는 quantile을 사용하여 계산될 수 있다.

```
> # 25, 75번째 분위수를 계산한다.
> quantile(x, probs = c(0.25, 0.75))

  25%   75%
17.75 68.25

> # y에 대해 똑같이 계산한다.
> quantile(y, probs = c(0.25, 0.75))
```

```
Error: missing values and NaN's not allowed if 'na.rm' is FALSE

> # 이번에는 na.rm=TRUE를 사용한다.
> quantile(y, probs = c(0.25, 0.75), na.rm = TRUE)

 25% 75%
 18  67

> # 다른 분위수들을 계산한다.
> quantile(x, probs = c(0.1, 0.25, 0.5, 0.75, 0.99))

  10%   25%   50%   75%   99%
6.00 17.75 43.00 68.25 98.02
```

분위수들은 숫자들의 특정 비율이 해당 분위수보다 작은 일련의 숫자들이다. 예를 들면, 200까지의 숫자에서 75번째 분위수(숫자들의 75%보다 큰 숫자)는 150.25이다.

15.2 상관계수와 공분산

다수의 변수를 다룰 때, 서로 간 관계를 확인할 필요가 있다. 간단하고 쉬운 방법은 상관계수와 공분산이다. 둘의 개념을 이해하기 위해 ggplot2의 economics 데이터를 확인하도록 한다.

```
> require(ggplot2)
> head(economics)

        date   pce    pop psavert uempmed unemploy year month
1 1967-06-30 507.8 198712     9.8     4.5     2944 1967   Jun
2 1967-07-31 510.9 198911     9.8     4.7     2945 1967   Jul
3 1967-08-31 516.7 199113     9.0     4.6     2958 1967   Aug
4 1967-09-30 513.3 199311     9.8     4.9     3143 1967   Sep
5 1967-10-31 518.5 199498     9.7     4.7     3066 1967   Oct
6 1967-11-30 526.2 199657     9.4     4.8     3018 1967   Nov
```

economics 데이터셋에서 pce는 개인 소비 지출이고 psavert는 개인 저축률이다. 우리는 cor를 사용하여 둘의 상관계수를 계산한다.

```
> cor(economics$pce, economics$psavert)
```

```
[1] -0.9271222
```

지출과 저축이 서로의 반대이기 때문에, 이와 같은 매우 낮은 상관계수가 나오는 것이 이해가 된다. 상관계수는 다음과 같이 정의된다.

$$r_{xy} = \frac{\sum_{i=1}^{n}(x_i - \bar{x})(y_i - \bar{y})}{(n-1)s_x s_y}$$

(15.4)

여기서 $\bar{x}$와 $\bar{y}$는 x와 y의 평균이며, s_x와 s_y는 x와 y의 표준 편차다. 상관계수는 -1 에서 1 사이가 되는데, 좀 더 높은 양수일수록 두 변수 간에 좀 더 가까운 관계가 있다는 것을 의미하고, 좀 더 낮은 음수는 좀 더 역의 관계임을 의미하며, 0에 가까 운 수는 관계가 없음을 의미한다. 이는 식 15.4를 계산하여 쉽게 확인할 수 있다.

```
> # 상관관계를 계산하기 위해 cor를 사용한다.
> cor(economics$pce, economics$psavert)

[1] 0.9271222

>
> ## 상관관계의 각 부분을 계산한다.
> xPart <- economics$pce - mean(economics$pce)
> yPart <- economics$psavert - mean(economics$psavert)
> nMinusOne <- (nrow(economics) - 1)
> xSD <- sd(economics$pce)
> ySD <- sd(economics$psavert)
> # 상관관계 공식을 사용한다.
> sum(xPart * yPart) / (nMinusOne * xSD * ySD)

[1] -0.9271222
```

한 번에 다수의 변수를 비교하기 위해, matrix에 cor를 사용한다(numeric 변수 들에 대해서만 가능).

```
> cor(economics[, c(2, 4:6)])

                pce      psavert    uempmed     unemploy
pce      1.0000000  -0.92712221  0.5145862   0.32441514
psavert -0.9271222   1.00000000 -0.3615301  -0.07641651
uempmed  0.5145862  -0.36153012  1.0000000   0.78427918
unemploy 0.3244151  -0.07641651  0.7842792   1.00000000
```

이것은 단지 숫자들의 표이기 때문에, 플롯을 사용하여 정보를 시각화하는 것 이 유용할 것이다. 이를 위해 GGally 패키지(ggplot2에 내장된 유용한 플롯 묶 음)의 ggpairs 함수를 사용한다(그림 15.1). 여기서는 데이터 내의 다른 모든 변 수에 대한 모든 변수의 산점도를 보여준다. GGally를 불러오면 reshape 패키지 또한 불리는데, 이는 새로운 reshape2 패키지와의 namespace 문제를 발생시킨 다. 그래서 GGally를 로드하기보다는 :: 연산자를 사용하여 해당 함수를 호출한 다. 이렇게 하면 패키지 로딩 없이 패키지 내의 함수에 접근할 수 있다.

```
> GGally::ggpairs(economics[, c(2, 4:6)], params = list(labelSize = 8))
```

이것은 각 패널이 다른 x, y축을 가진다는 점을 제외하면 작은 여러 개의 플롯과 비슷하다. 이 플롯이 원래 데이터를 보여주는 반면, 실제로 상관계수를 보여주 진 않는다. 이를 확인하기 위해, 그림 15.2에서 보이는 것과 같은 상관계수들의

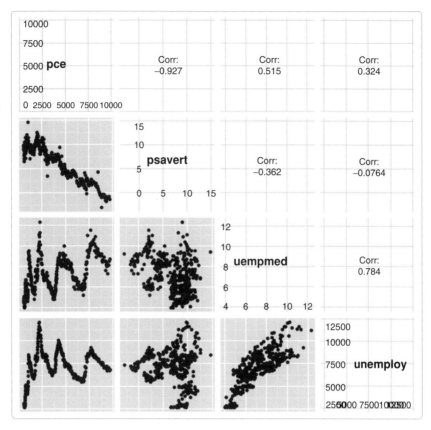

그림 15.1 변수들의 각 쌍 간 관계를 숫자로 상관계수가 적힌
산점도(scatterplot)로 보여주는 economics 데이터의 쌍 플롯

히트맵을 만들어 본다. 높은 양의 상관계수는 변수들 간 강한 양의 관계를 표시
하며, 높은 음의 상관계수는 변수들 간 강한 음의 관계를 나타낸다. 0에 가까운
상관계수는 변수들 간 강한 관계가 없음을 표시한다.

```
> # 데이터를 melt하기 위한 reshape 패키지를 로드한다.
> require(reshape2)
> # 몇몇 플로팅 기능을 위한 scales 패키지를 로드한다.
> require(scales)
> # 상관관계 행렬을 생성한다.
> econCor <- cor(economics[, c(2, 4:6)])
> # 긴(long) 형식으로 이를 melt한다.
> econMelt <- melt(econCor, varnames=c("x", "y"),
+               value.name="Correlation")
> # 상관관계에 따라 이를 정렬한다.
> econMelt <- econMelt[order(econMelt$Correlation), ]
> # melt된 데이터를 보여준다.
> econMelt

          x       y Correlation
2   psavert     pce -0.92712221
5       pce psavert -0.92712221
7  uempmed psavert -0.36153012
```

```
10  psavert  uempmed  -0.36153012
8  unemploy  psavert  -0.07641651
14  psavert  unemploy  -0.07641651
4  unemploy      pce   0.32441514
13      pce  unemploy   0.32441514
3  uempmed      pce   0.51458618
9      pce  uempmed   0.51458618
12  unemploy  uempmed   0.78427918
15  uempmed  unemploy   0.78427918
1      pce      pce   1.00000000
6  psavert  psavert   1.00000000
11  uempme d  uempmed   1.00000000
16  unemploy  unemploy   1.00000000
```

```
> ## ggplot으로 이를 플롯한다.
> # x와 y축에 x와 y를 사용하여 플롯을 초기화한다.
> ggplot(econMelt, aes(x=x, y=y)) +
+     # Correlation에 기초하여 타일에 색을 채운다.
+     geom_tile(aes(fill=Correlation)) +
+     # 세 가지 색(낮은 포인트에는 뮤티드 빨간색, 중간 포인트에는 흰색
+     # 그리고 높은 포인트에는 파란색)을 사용하여 포인트에 따라
+     # 변화를 줘 타일을 채운다.
+     # 범례(여기서는 guide)는 눈금(tick)이 없고
+     # 높이가 열 줄인 색 막대다.
+     # limits는 스케일(scale)이 -1부터 1까지로 채워져야 한다는 것을 표시한다.
+     scale_fill_gradient2(low=muted("red"), mid="white",
+         high="steelblue",
+         guide=guide colorbar(ticks=FALSE, barheight=10),
+         limits=c(-1, 1)) +
+     # minimal 테마를 사용하여 플롯에서 여백이 없게 한다.
+     theme minimal() +
+     # x와 y축 이름을 공백으로 처리한다.
+     labs(x=NULL, y=NULL)
```

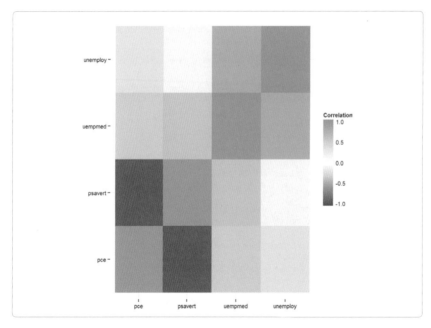

그림 15.2 economics 데이터 상관계수의 히트맵. 대각선은 상관계수가 1인 원소를 가지는데 이것은 모든 원소는 그 자신과 완벽한 상관관계가 있기 때문이다. 붉은색은 높은 음의 상관관계를 표시하고, 파란색은 높은 양의 상관관계를 나타내며 그리고 흰색은 상관관계가 없음을 표시한다.

결측 데이터는 mean, var를 사용할 때처럼 cor에서도 문제가 된다. 하지만 동시에 다수의 열들을 고려해야 하기 때문에 다른 방식으로 다뤄진다. NA를 제거하기 위해 na.rm=TRUE를 지정하는 대신, "all.obs", "complete.obs", "pairwise. complete.obs", "everything" 또는 "na.or.complete" 중 하나가 사용된다. 이를 설명하기 위해 우선 열이 다섯 개인 행렬을 만드는데, 네 번째와 다섯 번째 열에는 NA값이 없고 나머지 열에는 한 개 또는 두 개의 NA가 있다.

```
> m <- c(9, 9, NA, 3, NA, 5, 8, 1, 10, 4)
> n <- c(2, NA, 1, 6, 6, 4, 1, 1, 6, 7)
> p <- c(8, 4, 3, 9, 10, NA, 3, NA, 9, 9)
> q <- c(10, 10, 7, 8, 4, 2, 8, 5, 5, 2)
> r <- c(1, 9, 7, 6, 5, 6, 2, 7, 9, 10)
> # 이들을 함께 결합한다.
> theMat <- cbind(m, n, p, q, r)
```

use에 대한 첫 번째 설정은 "everything"으로, 이는 열 전체가 NA가 없어야 한다는 것을 의미하며 NA가 있으면 그 결과는 NA가 된다. 이를 실행하면 대각선 (vector는 그 자신과 항상 완벽한 상관관계를 가지기 때문에)과 q와 r 간의 결과를 제외한 행렬의 나머지에서는 결과가 NA가 된다. 두 번째 설정, "all.obs"는 임의의 열에 단 하나의 NA만 존재하더라도 오류를 발생시킨다.

```
> cor(theMat, use = "everything")

   m  n  p         q          r
m  1 NA NA        NA         NA
n NA  1 NA        NA         NA
p NA NA  1        NA         NA
q NA NA NA  1.0000000 -0.4242958
r NA NA NA -0.4242958  1.0000000

> cor(theMat, use = "all.obs")

Error: missing observations in cov/cor
```

세 번째와 네 번째 설정, "complete.obs"와 "na.or.complete"는 모든 원소가 NA가 아닌 행만 유지한다는 점에서 서로 비슷하게 동작한다. 이것은 theMat matrix가 1, 4, 7, 9, 10번째 행으로 축소되고 그 행들 사이의 상관계수만 계산된다는 것을 뜻한다. 두 설정 간 차이점은 "complete.obs"는 NA가 없는 행을 찾지 못하면 오류를 리턴하지만, "na.or.complete"는 NA를 리턴한다는 것이다.

```
> cor(theMat, use = "complete.obs")

           m          n          p          q          r
m  1.0000000 -0.5228840 -0.2893527  0.2974398 -0.3459470
n -0.5228840  1.0000000  0.8090195 -0.7448453  0.9350718
p -0.2893527  0.8090195  1.0000000 -0.3613720  0.6221470
```

```
q  0.2974398 -0.7448453 -0.3613720  1.0000000 -0.9059384
r -0.3459470  0.9350718  0.6221470 -0.9059384  1.0000000

> cor(theMat, use = "na.or.complete")

           m          n          p          q          r
m  1.0000000 -0.5228840 -0.2893527  0.2974398 -0.3459470
n -0.5228840  1.0000000  0.8090195 -0.7448453  0.9350718
p -0.2893527  0.8090195  1.0000000 -0.3613720  0.6221470
q  0.2974398 -0.7448453 -0.3613720  1.0000000 -0.9059384
r -0.3459470  0.9350718  0.6221470 -0.9059384  1.0000000

> # 완전한 행에 대해서만 상관관계를 계산한다.
> cor(theMat[c(1, 4, 7, 9, 10), ])

           m          n          p          q          r
m  1.0000000 -0.5228840 -0.2893527  0.2974398 -0.3459470
n -0.5228840  1.0000000  0.8090195 -0.7448453  0.9350718
p -0.2893527  0.8090195  1.0000000 -0.3613720  0.6221470
q  0.2974398 -0.7448453 -0.3613720  1.0000000 -0.9059384
r -0.3459470  0.9350718  0.6221470 -0.9059384  1.0000000

> # "complete.obs"와 선택된 행들에 대해 계산한 것과 비교한다.
> # 이는 같은 결과가 나와야 한다.
> identical(cor(theMat, use = "complete.obs"),
+     cor(theMat[c(1, 4, 7, 9, 10), ]))

[1] TRUE
```

마지막 설정은 "pairwise.complete"로, 훨씬 더 포괄적이다. 이것은 두 열을 한 번에 비교하여 두 열 모두에 NA가 없는 행만 유지한다. 이는 본질적으로 use를 "complete.obs"로 설정한 두 열의 모든 조합 간 상관계수를 계산한 것과 동일하다.

```
> # 전체 상관관계 행렬을 계산한다.
> cor(theMat, use = "pairwise.complete.obs")

            m           n           p           q           r
m  1.00000000 -0.02511812 -0.3965859  0.4622943 -0.2001722
n -0.02511812  1.00000000  0.8717389 -0.5070416  0.5332259
p -0.39658588  0.87173889  1.0000000 -0.5197292  0.1312506
q  0.46229434 -0.50704163 -0.5197292  1.0000000 -0.4242958
r -0.20017222  0.53322585  0.1312506 -0.4242958  1.0000000

> # 이 행렬에서 m 대 n에 대한 것만 계산한다.
> cor(theMat[, c("m", "n")], use = "complete.obs")

            m           n
m  1.00000000 -0.02511812
n -0.02511812  1.00000000

> # 이 행렬에서 m 대 p에 대한 것만 계산한다.
> cor(theMat[, c("m", "p")], use = "complete.obs")

           m          p
m  1.0000000 -0.3965859
p -0.3965859  1.0000000
```

ggpairs의 모든 기능을 확인하기 위해, reshape2 패키지의 tips 데이터를 살펴본

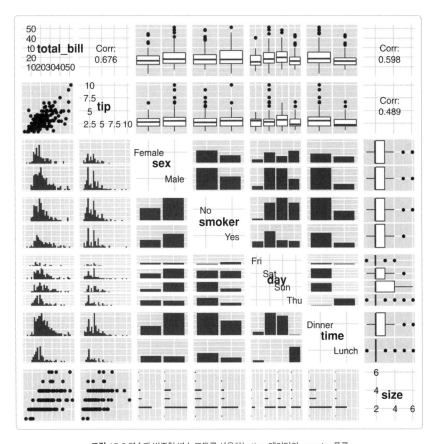

그림 15.3 연속과 범주형 변수 모두를 사용하는 tips 데이터의 ggpairs 플롯

다(그림 15.3). 이것은 서로에 관해 변수의 모든 쌍이 연속 및 이산 변수의 조합에 따라 히스토그램, 박스플롯 또는 산점도를 생성한 결과를 보여준다. 이와 같은 데이터 덤프가 정말 훌륭해 보이지만, 언제나 가장 유용한 정보를 제공하는 탐색적 데이터 분석의 형태는 아니다.

```
> data(tips, package = "reshape2")
> head(tips)

  total_bill  tip    sex smoker day   time size
1      16.99 1.01 Female     No Sun Dinner    2
2      10.34 1.66   Male     No Sun Dinner    3
3      21.01 3.50   Male     No Sun Dinner    3
4      23.68 3.31   Male     No Sun Dinner    2
5      24.59 3.61 Female     No Sun Dinner    4
6      25.29 4.71   Male     No Sun Dinner    4

> GGally::ggpairs(tips)
```

"상관관계가 인과관계를 의미하지 않는다"라는 말없이 상관관계에 대한 토론은 완료되지 않는다. 달리 말하면, 단지 두 변수가 상관관계가 있다고 해서 두 변수가 서로에게 영향을 미치지는 않는다는 의미다. 이것은 xkcd[1] 만화 552번에 예시로 나와 있다. 심지어 개별 만화를 다운로드하기 위한 RXKCD라는 R 패키지도 있다. 다음 코드를 실행하면 재밌는 일이 생길 것이다.

```
> require(RXKCD)
> getXKCD(which = "552")
```

상관계수와 유사한 것으로 공분산이 있으며, 이것은 변수들 간 분산과 비슷하다. 계산식은 식 15.5에 있다. 식 15.4에서 상관계수와 식 15.3에서 분산과의 유사점을 확인하도록 한다.

$$cov(X, Y) = \frac{1}{N-1} \sum_{i=1}^{N} (x_i - \bar{x})(y_i - \bar{y}) \tag{15.5}$$

cov 함수는 cor 함수와 비슷하게 동작하며, 결측 데이터를 다루기 위한 동일한 인자를 가진다. 사실, ?cor와 ?cov는 같은 도움말을 보여준다.

```
> cov(economics$pce, economics$psavert)

[1] -8412.231

> cov(economics[, c(2, 4:6)])

                  pce      psavert     uempmed     unemploy
pce       6810308.380 -8412.230823 2202.786256 1573882.2016
psavert     -8412.231    12.088756   -2.061893   -493.9304
uempmed      2202.786    -2.061893    2.690678   2391.6039
unemploy  1573882.202  -493.930390 2391.603889 3456013.5176

> # cov와 cor*sd*sd의 결과가 같음을 확인한다.
> identical(cov(economics$pce, economics$psavert),
+           cor(economics$pce, economics$psavert) *
+               sd(economics$pce) * sd(economics$psavert))

[1] TRUE
```

15.3 t-검정

전통적인 통계학 수업에서, t-검정(윌리엄 고셋(William Gosset)이 기네스 맥주 공장에서 근무하는 동안 발명)은 데이터의 평균에 대한 검증을 실시하거나 두 데이터셋을 비교하기 위해 가르쳐졌다. 이를 설명하기 위해 15.2부터 사용한

---

1   xkcd는 랜들 먼로(Randall Munroe)의 웹 만화로 통계학자, 물리학자, 수학자 등 유사 분야의 학자들에게 많은 인기를 얻고 있다. http://xkcd.com에서 찾을 수 있다.

tips 데이터를 계속 사용하도록 한다.

```
> head(tips)

  total_bill  tip    sex  smoke day   time size
1      16.99 1.01 Female    No Sun Dinner    2
2      10.34 1.66   Male    No Sun Dinner    3
3      21.01 3.50   Male    No Sun Dinner    3
4      23.68 3.31   Male    No Sun Dinner    2
5      24.59 3.61 Female    No Sun Dinner    4
6      25.29 4.71   Male    No Sun Dinner    4

> # 직원의 성별
> unique(tips$sex)

[1] Female Male
Levels: Female Male

> # 요일
> unique(tips$day)

[1] Sun Sat Thur Fri
Levels: Fri Sat Sun Thur
```

15.3.1 단일 표본 t-검정

첫째로 팁의 평균이 2.5달러인지 확인하는 단일 표본 t-검정을 실시한다. 이 검정은 기본적으로 데이터의 평균을 계산하고 신뢰구간을 수립한다. 만약 검정하려는 값이 신뢰구간 안에 속한다면 우리는 해당 데이터의 평균에 대한 참값으로 결론지을 수 있다. 반면, 그렇지 않다면 해당 값이 참인 평균이 아닌 것으로 결론을 낸다.

```
> t.test(tips$tip, alternative = "two.sided", mu = 2.5)

    One Sample t-test

data: tips$tip
t = 5.6253, df = 243, p-value = 5.08e-08
alternative hypothesis: true mean is not equal to 2.5
95 percent confidence interval:
 2.823799 3.172758
sample estimates:
mean of x
   2.998279
```

평균이 2.5달러인지 아닌지의 가설 검정에 대한 설정과 결과가 출력 내용에 매우 잘 확인된다. 여기에는 t-통계량, 자유도, p-값(p-value)이 포함되며 또한, 95% 신뢰구간과 관심 변수에 대한 평균도 제공된다. p-값은 설[2]이 기각되어야 한다는 것을 가리키고, 우리는 평균이 2.5달러와 같지 않다고 결론 낸다.

---

2 귀무가설은 참으로 간주되는 것으로, 이 경우에는 '평균이 2.5달러와 같다'이다.

여기서 몇 가지 새로운 개념이 등장하였다. t-통계량은 추정 평균과 가설 평균의 차인 분자를 추정 평균의 표준 오차인 분모로 나눈 값이다. 이는 식 15.6에 정의되어 있다.

$$\text{t-statistic} = \frac{(\bar{x} - \mu_0)}{s_{\bar{x}}/\sqrt{n}}$$

(15.6)

이때, $\bar{x}$는 추정 평균, μ_0은 가설 평균 그리고 $\frac{s_{\bar{x}}}{\sqrt{n}}$는 $\bar{x}$의 표준 오차이다.[3]

만약 가설 평균이 맞는다면, t-통계량은 t 분포의 중간(평균으로부터 두 표준 편차 사이) 어딘가에 속할 것이다. 그림 15.4는 추정 평균을 표현하는 굵은 검정 색 선이 해당 분포의 너무 먼 바깥쪽에 있기 때문에 평균이 2.5달러와 같지 않다고 결론 내야 한다는 것을 보여주고 있다.

```
> ## t 분포를 생성한다.
> randT <- rt(30000, df=NROW(tips)-1)
>
> # t-통계량과 다른 정보를 얻는다.
> tipTTest <- t.test(tips$tip, alternative="two.sided", mu=2.50)
>
> # 이를 플롯한다.
> ggplot(data.frame(x=randT)) +
+     geom_density(aes(x=x), fill="grey", color="grey") +
+     geom_vline(xintercept=tipTTest$statistic) +
+     geom_vline(xintercept=mean(randT) + c(-2, 2)*sd(randT), linetype=2)
```

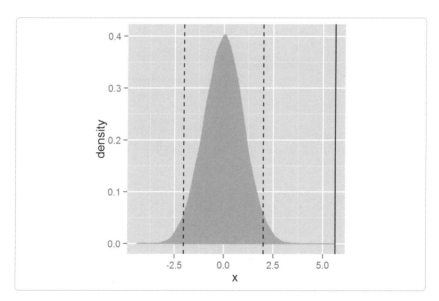

그림 15.4 tip 데이터에 대한 t 분포와 t-통계량. 점선들은 평균 양 방향으로의 두 표준 편차다. 굵은 검정색 선, t-통계량이 해당 분포의 너무 먼 바깥쪽에 있기 때문에 귀무가설을 기각해야만 하며 평균의 참값이 2.5달러가 아닌 것으로 결론 낸다.

---

3 $s_{\bar{x}}$는 데이터의 표준 편차이며 n은 관측수다.

p-값은 자주 오해받는 개념이다. 모든 오역에도 불구하고, p-값은 확률이며, 만약 귀무가설이 맞는다면 이것은 얼마나 통계(이 경우, 추정 평균)가 극단적이냐의 정도를 나타낸다. 그 통계가 너무 극단적이라면 귀무가설은 기각되어야 한다고 결론 낸다. 그러나 p-값의 가장 큰 문제는 너무 극단적인 것으로 간주되어야 하는 것을 결정하는 것이다. 현대 통계학의 아버지, 로널드 피셔(Ronald A. Fisher)는 0.10, 0.05 또는 0.01보다 작은 p-값을 너무 극단적인 것으로 간주해야 한다고 결정하였다. 수십 년 동안 이런 p-값이 표준이었지만, 이들은 임의로 선정되었기 때문에, 현대 데이터 과학자들 선두 주자 일부는 그 유용성에 대한 의문을 가지고 있다. 이 예제에서, p-값은 5.0799885×10^{-8}이고, 이것은 0.01보다 작으므로 우리는 귀무가설을 기각한다.

자유도는 완전하게 파악하기 어려운 또 다른 개념이지만 통계 곳곳에 스며들어 있다. 이것은 효과적인 관측값들의 수를 나타낸다. 일반적으로, 통계량 또는 분포의 자유도는 관측 수에서 매개 변수의 수를 뺀 것으로 계산된다. t 분포의 경우, 하나의 매개 변수, 표준 오차가 계산된다. 이 예제에서 nrow(tips)-1=243 자유도가 있다.

다음으로 평균이 2.5달러보다 큰지 확인하기 위해 단측 t-검정을 실시한다.

```
> t.test(tips$tip, alternative = "greater", mu = 2.5)

One Sample t-test

data: tips$tip
t = 5.6523, df = 243, p-value = 2.54e-08
alternative hypothesis: true mean is greater than 2.5
95 percent confidence interval:
 2.852023 Inf
sample estimates:
mean of x
    2.998279
```

또 다시, p-값은 우리가 귀무가설을 기각해야 한다고 가리키고 평균이 2.5달러보다 크다고 결론 내며 이는 멋지게 신뢰구간과 동시에 일어난다.

15.3.2 독립 표본 t-검정

그다지 자주는 아니지만 t-검정은 두 표본을 비교하기 위해 사용된다. 계속해서 tips 데이터를 사용하여, 남성과 여성 웨이터가 얼마나 팁을 받는지 비교하도록 한다. 하지만, t-검정을 실시하기 전에, 우선 각 표본의 분산을 확인할 필요가 있다. 전통적인 t-검정은 분산이 같은 두 그룹을 필요로 하지만, 웰치(Welch)의 독

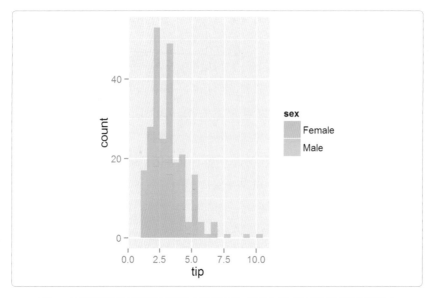

그림 15.5 성별에 대한 팁 금액의 히스토그램. 두 분포 중 어느 것도 정규 분포로 나타나지 않음을 확인한다.

립 표본 t-검정은 분산이 다른 그룹들도 다룰 수 있다. 우리는 이를 그림 15.5에서 수치적으로 그리고 시각적으로 탐색해본다.

```
> # 먼저 각 집단에 대한 분산을 계산한다.
> # formula 인터페이스를 사용하여
> # 성의 각 레벨에 대한 팁의 분산을 계산한다.
> aggregate(tip ~ sex, data=tips, var)

     sex       tip
1 Female 1.3444282
2   Male 2.217424

> # 이제 팁 분포의 정규성에 대한 테스트를 한다.
> shapiro.test(tips$tip)

Shapiro-Wilk normality test

data: tips$tip
W = 0.8978, p-value = 8.2e-12

> shapiro.test(tips$tip[tips$sex == "Female"])

Shapiro-Wilk normality test

data: tips$tip[tips$sex == "Female"]
W = 0.9568, p-value = 0.005448

> shapiro.test(tips$tip[tips$sex == "Male"])

Shapiro-Wilk normality test

data: tips$tip[tips$sex == "Male"]
W = 0.8759, p-value = 3.708e-10
```

```
> # 모든 테스트가 실패하였으므로 시각적으로 확인해 본다.
> ggplot(tips, aes(x=tip, fill=sex)) +
+     geom_histogram(binwidth=.5, alpha=1/2)
```

데이터가 정규 분포로 나타나지 않았기 때문에, 표준 F-검정(var.test 함수를 통한)과 바틀렛(Bartlett) 검정(bartlett.test 함수를 통한)은 적합하지 않을 것이다. 그래서 우리는 분산의 동일 여부를 검사하기 위해 비모수적 안사리-브래들리 (Ansari-Bradley) 검정을 사용한다.

```
> ansari.test(tip ~ sex, tips)

Ansari-Bradley test

data: tip by sex
AB = 5582.5, p-value = 0.376
alternative hypothesis: true ratio of scales is not equal to 1
```

이 검정은 분산이 같음을 가리키며 이는 즉, 표준 독립 표본 t-검정을 사용할 수 있다는 것을 뜻한다.

```
> # var.equal=TRUE로 설정하면 표준 2표본 t-검정을 실행하지만
> # 반면 var.equal=FALSE(기본 설정)의 경우 웰치 검정을 실행한다.
> t.test(tip ~ sex, data = tips, var.equal = TRUE)

Two Sample t-test

data: tip by sex

t = -1.3879, df = 242, p-value = 0.1665
alternative hypothesis: true difference in means is not equal to 0
95 percent confidence interval:
 -0.6197558 0.1074167
sample estimates:
mean in group Female mean in group Male
            2.833448           3.089618
```

이 검정에 따르면, 결과가 유의하지 않으므로 남성과 여성 노동자가 대략 같은 수준으로 팁을 받는다고 결론 내야 한다. 모든 통계적인 엄격함이 좋긴 하지만, 두 평균이 서로의 두 표준 편차 사이에 존재하는지 간단히 어림 감정하도록 한다.

```
> require(plyr)
> tipSummary <- ddply(tips, "sex", summarize,
+                   tip.mean=mean(tip), tip.sd=sd(tip),
+                   Lower=tip.mean - 2*tip.sd/sqrt(NROW(tip)),
+                   Upper=tip.mean + 2*tip.sd/sqrt(NROW(tip)))
> tipSummary

     sex tip.mean   tip.sd    Lower    Upper
1 Female 2.833448 1.159495 2.584827 3.082070
2   Male 3.089618 1.489102 2.851931 3.327304
```

이 코드에서 많은 것이 일어났다. 첫째로, 성별에 따라 데이터를 나누기 위해 ddply가 사용되었다. 그리고 나서 summarize 함수가 데이터의 각 부분 집합에 적용되었다. 이 함수는 표시된 함수를 데이터에 적용하여 새로운 data.frame을 생성하였다.

늘 그렇듯이, 우리는 숫자 형태의 값을 비교하기보다는 결과를 시각화하는 것을 선호한다. 이를 위해 데이터 형태를 약간 변경한다. 그림 15.6은 중복된 신뢰 구간을 분명하게 보여주며, 두 성별에 대한 평균이 대략 동일함을 말해준다.

```
> ggplot(tipSummary, aes(x=tip.mean, y=sex)) + geom_point() +
+     geom_errorbarh(aes(xmin=Lower, xmax=Upper), height=.2)
```

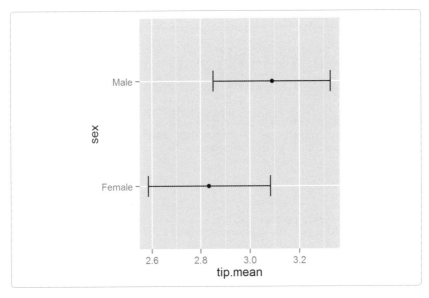

그림 15.6 웨이터의 성별에 의해 나뉜 팁의 평균과 두 표준 오차를 보여주는 플롯

15.3.3 대응 표본 t-검정

대응 데이터(예를 들면, 쌍둥이 측정, 치료 전후 효과, 아버지와 아들 비교)를 검정하기 위해 대응 t-검정이 사용되어야 한다. 이것은 t.test에서 paired 인자를 TRUE 설정하는 것만으로 간단히 가능하다. 이를 설명하기 위해, UsingR 패키지에 들어있는 아버지와 아들의 신장 데이터(칼 피어슨(Karl Pearson)에 의해 수집되었음)를 사용한다. 신장은 일반적으로 정규 분포를 따르므로, 정규성과 분산의 동일 여부에 대한 검정을 건너뛸 것이다.

```
> require(UsingR)
> head(father.son)

   fheight   sheight
1 65.04851 59.77827
2 63.25094 63.21404
3 64.95532 63.34242
4 65.75250 62.79238
5 61.13723 64.28113
6 63.02254 64.24221

> t.test(father.son$fheight, father.son$sheight, paired = TRUE)

Paired t-test

data: father.son$fheight and father.son$sheight
t = -11.7885, df = 1077, p-value < 2.2e-16
alternative hypothesis: true difference in means is not equal to 0
95 percent confidence interval:
 -1.1629160 -0.8310296
sample estimates:
mean of the differences
          -0.9969728
```

이 검정은 귀무가설을 기각해야 함을 보여주며, 아버지와 아들이 신장이 다르다는 것(적어도 이 데이터에 대해서는)으로 결론 낸다. 이 데이터는 그림 15.7에 보이는 것처럼, 차이의 밀도 플롯을 사용하여 시각화된다. 여기에서 우리는 평균이 0이 아니고 가까스로 이 검정에 동의하는 0을 제외하는 신뢰구간을 가진 분포를 확인한다.

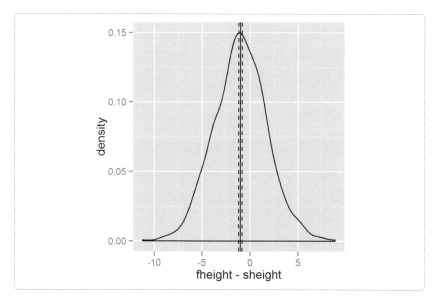

그림 15.7 아버지와 아들의 신장 차이를 보여주는 밀도 플롯

```
> heightDiff <- father.son$fheight - father.son$sheight
> ggplot(father.son, aes(x=fheight - sheight)) +
+     geom_density() +
+     geom_vline(xintercept=mean(heightDiff)) +
+     geom_vline(xintercept=mean(heightDiff) +
+                         2*c(-1, 1)*sd(heightDiff)/sqrt(nrow(father.son)),
+                 linetype=2)
```

15.4 ANOVA(분산분석)

두 그룹을 비교하고 나면, 그 다음 단계는 여러 그룹을 비교하는 것이다. 매년, 통계 입문 수업에서 너무 많은 학생들이 ANOVA(분산분석) 검정을 배우고 그 식을 암기하도록 강요당하고 있으며, 식은 다음과 같다.

$$F = \frac{\sum_i n_i (\bar{Y}_i - \bar{Y})^2 / (K - 1)}{\sum_{ij} (Y_{ij} - \bar{Y}_i)^2 / (N - K)} \qquad (15.7)$$

여기서 n_i는 그룹 i의 관측 수, $\bar{Y}_i$는 그룹 i의 평균, $\bar{Y}$는 전체 평균, Y_{ij}는 그룹 i의 관측 j, N은 관측의 총 수, 그리고 K는 그룹의 수다.

이것은 많은 학생들이 통계에 흥미를 잃게 되는 어려운 식일 뿐 아니라, 그룹을 비교하는 좀 오래된 방법이기도 하다. 그렇기는 하지만, 분산분석 검정을 실시하기 위한 R 함수(거의 사용되진 않더라도)가 있다. 이 함수도 formula 인터페이스를 사용하며, 좌측은 관심 변수, 우측은 그룹화를 조정하는 변수를 포함한다. 이를 확인하기 위해, 요일에 대해 팁을 비교하는데, 이때 요일은 Fri, Sat, Sun, Thur 레벨을 가진다.

```
> tipAnova <- aov(tip ~ day - 1, tips)
```

식에서 우측은 day - 1이었다. 처음엔 이것이 이상해 보일 수도 있지만 -1 없이 호출한 것과 비교하면 이해가 수월할 것이다.

```
> tipIntercept <- aov(tip ~ day, tips)
> tipAnova$coefficients

  dayFri   daySat   daySun  dayThur
2.734737 2.993103 3.255132 2.771452

> tipIntercept$coefficients

(Intercept)     daySat     daySun    dayThur
2.73473684 0.25836661 0.52039474 0.03671477
```

여기서 우린 tip ~ day를 사용하면 토요일, 일요일, 목요일만 포함한다는 것을 확인하였고, 반면 절편을 추가한 tip ~ day - 1은 절편이 없는 것과 비교해 금요일, 토요일, 일요일, 목요일을 포함하게 된다. 절편의 중요성은 16장에서 명확해진다. 하지만 지금은 절편을 가지지 않는다는 것이 분석을 좀 더 직관적으로 만들어준다는 것만으로도 충분하다.

분산분석 검정은 어떤 그룹이 어떤 다른 그룹과 다른지 여부를 검정하지만 구체적으로 어느 그룹이 다른지를 명시하지 않는다. 그렇기 때문에 검정의 요약을 출력하면 단 하나의 p-값만 리턴된다.

```
> summary(tipAnova)

            Df Sum Sq Mean Sq F value Pr(>F)
day          4 2203.0   550.8   290.1 <2e-16 ***
Residuals  240  455.7     1.9
---
Signif. codes:  0 '***' 0.001 '**' 0.01 '*' 0.05 '.' 0.1 ' ' 1
```

검정이 유의미한 p-값을 가졌기 때문에, 어느 그룹이 다른 그룹들과 다른지 확인하고자 한다. 가장 간단한 방법은 그룹의 평균과 신뢰구간의 플롯을 생성하고 어느 것이 겹쳐지는지 확인하는 것이다. 그림 15.8은 일요일이 목요일, 금요일과 팁이 다르다는 것(90%의 신뢰 수준에서 간신히)을 보여준다.

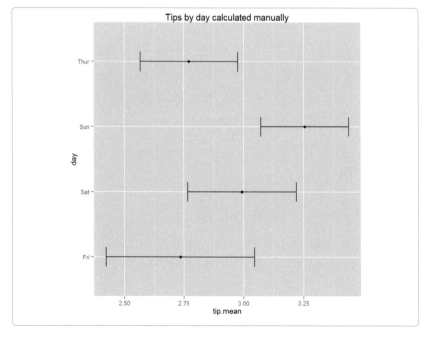

그림 15.8 요일에 대한 팁의 평균과 신뢰구간. 이것은 일요일 팁이 목요일, 금요일의 팁과 다름을 보여준다.

```
> tipsByDay <- ddply(tips, "day", summarize,
+                     tip.mean=mean(tip), tip.sd=sd(tip),
+                     Length=NROW(tip),
+                     tfrac=qt(p=.90, df=Length-1),
+                     Lower=tip.mean - tfrac*tip.sd/sqrt(Length),
+                     Upper=tip.mean + tfrac*tip.sd/sqrt(Length)
+ )
>
> ggplot(tipsByDay, aes(x=tip.mean, y=day)) + geom_point() +
+     geom_errorbarh(aes(xmin=Lower, xmax=Upper), height=.3)
```

nrow 대신에 NROW를 사용하면 연산을 보장할 수 있다. nrow가 data.frame과 matrices에만 동작한다면, NROW는 오직 1차원인 객체의 길이를 리턴한다.

```
> nrow(tips)

[1] 244

> NROW(tips)

[1] 244

> nrow(tips$tip)

NULL

> NROW(tips$tip)

[1] 244
```

분산분석의 결과를 확인하기 위해, 15.3.2에서와 같이 각 그룹 쌍에 대한 개별 t-검정이 수행될 수 있다. 전통적인 교재는 다중 비교를 수용하기 위한 p-값 조정을 권장한다. 하지만, 앤드류 겔먼을 포함한 일부 교수들은 다중 비교를 위한 조정을 걱정하지 말라고 말한다.

분산분석에 대한 대안은 하나의 범주형 변수로 절편 없는 선형회귀에 맞추는 것이다. 이는 16.1.1에서 설명하기로 한다.

15.5 마무리

간단한 수치 요약이든 가설 검정을 실시하든, R은 그 모든 것에 대한 함수를 가지고 있다. 평균, 분산, 표준 편차는 mean, var, sd로 계산되며, 상관계수와 공분산은 cor와 cov로 계산된다. t-검정을 위해 t.test가 사용되나 분산분석을 위해서는 aov가 사용된다.

16장

선형 모형

통계 분석의 주력은 선형 모형, 특히 회귀 분석이다. 원래 부모 자식 간 관계에 대한 연구를 위해 프랜시스 골턴(Francis Galton)에 의해 발명되었고, 그는 이것을 평균으로의 회귀라고 설명하였다. 회귀 분석은 가장 널리 사용되는 모형화 방법 중 하나가 되어 왔으며, 일반화 선형 모형, 회귀 나무, 벌점 회귀 및 다른 많은 모형을 낳아왔다. 이번 장에서 우리는 단순, 다중 회귀 분석과 여러 기본적인 일반화 선형 모형에 집중하도록 한다.

16.1 단순 선형 회귀

가장 간단한 형태로 회귀는 두 변수 간 관계를 결정하는 데 사용된다. 즉, 정해진 하나의 변수가 나머지 다른 하나의 변수로부터 우리가 기대하는 것을 알려준다는 것이다. 이 강력한 도구를 단순 선형 회귀라고 부르고, 이것은 자주 가르쳐지며 적은 노력으로 많은 분석을 수행할 수 있게 해준다.

좀 더 진행하기 전에, 몇 가지 용어를 명확하게 하자. 결과변수(예측하고자 하는 것)를 반응변수라고 부르고, 입력변수(예측하기 위해 사용하는 것)를 예측변수라고 한다. 통계학 외 분야에서는 다른 용어를 사용하는데, 반응변수는 측정변수, 결과변수, 실험변수라고 하고, 예측변수는 공변량, 특징, 설명변수라고 한다. 모든 용어 중 가장 안 좋은 것은 종속변수(반응변수)와 독립변수(예측변수)다. 이 이름들은 매우 부적절하다. 확률 이론에 따르면, 변수 y가 변수 x에 종속이면, 변수 x는 변수 y에 독립일 수 없다. 이 때문에 우리는 오직 반응변수와 예측변수로만 용어를 사용하도록 한다.

단순 선형 회귀 뒤의 일반적 아이디어는 반응변수의 평균값을 찾기 위해 예측변수를 사용한다는 것이다. 이 관계는 다음과 같이 정의된다.

$$y = a + bx + \epsilon \tag{16.1}$$

$$b = \frac{\sum_{i=1}^{n}(x_i - \bar{x})(y_i - \bar{y})}{\sum_{i=1}^{n}(x_i - \bar{x})^2} \tag{16.2}$$

$$a = \bar{y} - b \tag{16.3}$$

$$\epsilon \sim \mathcal{N}(0, 1) \tag{16.4}$$

식 16.4는 정규 분포된 오차가 있다는 것을 말한다.

식 16.1은 기본적으로 b가 기울기이고 a가 y절편인 데이터를 통과하는 직선을 나타내고 있다. 이는 아버지와 아들의 신장 데이터를 사용하여 설명되었고, 그림 16.1에 플롯되어 있다. 이 경우 아버지의 신장은 예측변수, 아들의 신장은 반응변수로 사용하고 있다. 점들 속 파란 선은 회귀선이며 감싸고 있는 회색 띠는 적합도의 불확실성을 나타낸다.

```
> require(UsingR)
> require(ggplot2)
> head(father.son)

   fheight   sheight
1 65.04851 59.77827
2 63.25094 63.21404
3 64.95532 63.34242
4 65.75250 62.79238
5 61.13723 64.28113
6 63.02254 64.24221

> ggplot(father.son, aes(x=fheight, y=sheight)) + geom_point() +
+     geom_smooth(method="lm") + labs(x="Fathers", y="Sons")
```

코드가 회귀의 결과를 보여주는 좋은 그래프를 생성했지만(geom_smooth (method="lm")으로 생성), 실제로 우리가 이 결과를 사용할 수 있는 것은 아니다. 실제 회귀를 계산하기 위해 lm 함수를 사용한다.

```
> heightsLM <- lm(sheight ~ fheight, data = father.son)
> heightsLM

Call:
lm(formula = sheight ~ fheight, data = father.son)

Coefficients:
(Intercept) fheight
   33.8866  0.5141
```

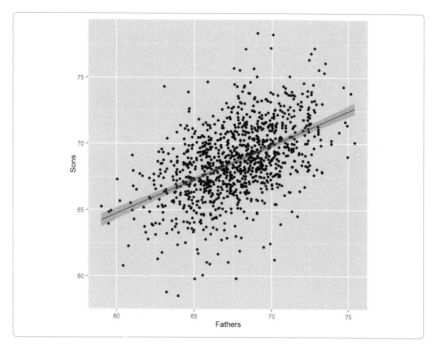

그림 16.1 단순 선형 회귀를 사용하여 아들의 신장을 예측하기 위해 아버지의 신장을 사용한 것. 아버지의 신장은 예측변수, 아들의 신장은 반응변수다. 점들 속 파란 선은 회귀선, 그 주변의 회색 띠는 적합성의 불확실성을 나타낸다.

여기서 우리는 fheight(예측변수)로 sheight(반응변수)를 회귀한다는 것을 명시하는 formula 표기법을 다시 한 번 확인할 수 있으며, 데이터는 father.son을 사용하고 절편항을 자동으로 추가한다. 그 결과는 (Intercept)와 fheight(예측변수)에 대한 기울기 fheight 계수에 보인다. 결과 해석은 다음과 같다. 아버지 신장의 모든 여분의 인치에 대해 아들의 신장에서 여분의 1/2인치를 기대한다. 이 경우 절편은 타당하지 않은데, 절편이 아버지가 신장이 0인 아들의 신장을 나타내는데, 현실에서 이런 일은 존재할 수 없기 때문이다.

계수들에 대한 점추정이 잘되었지만, 그것도 표준오차 없이는 그다지 도움이 되지 않는다. 표준오차는 추정의 불확실성에 대한 감을 제공하며 표준편차와 비슷하다. 모형에 대한 전체 정보를 빠르게 확인하려면 summary를 사용한다.

```
> summary(heightsLM)

Call:
lm(formula = sheight ~ fheight, data = father.son)

Residuals:
    Min      1Q  Median      3Q     Max
-8.8772 -1.5144 -0.0079  1.6285  8.9685
```

```
Coefficients:
            Estimate Std. Error t value Pr(>|t|)
(Intercept) 33.88660    1.83235   18.49   <2e-16 ***
fheight      0.51409    0.02705   19.01   <2e-16 ***
---
Signif. codes: 0 '***' 0.001 '**' 0.01 '*' 0.05 '.' 0.1 ' ' 1

Residual standard error: 2.437 on 1076 degrees of freedom
Multiple R-squared: 0.2513, Adjusted R-squared: 0.2506
F-statistic: 361.2 on 1 and 1076 DF, p-value: <2.2e-16
```

이 함수는 계수에 대한 표준오차, t-검정값, p-값과 자유도, 잔차 요약 통계(18.1
에서 좀 더 자세히 다룰) 및 F-검정 결과를 포함한 모형에 대한 많은 정보를 출력
한다. 이는 모형의 적합성을 확인하기 위한 모든 진단 정보이며, 다중 회귀에 대
해서는 16.2에서 좀 더 자세히 다룬다.

16.1.1 분산분석 대안

분산분석 검정(15.4에서 설명한)을 실행하는 다른 방법은 절편항을 포함하지
않고 오직 하나의 범주형 변수로 회귀를 적합하는 것이다. 이를 확인하기 위해
reshape2 패키지의 tips 데이터를 사용하고 여기에 회귀를 적합할 것이다.

```
> data(tips, package = "reshape2")
> head(tips)

  total_bill  tip    sex smoker day   time size
1      16.99 1.01 Female     No Sun Dinner    2
2      10.34 1.66   Male     No Sun Dinner    3
3      21.01 3.50   Male     No Sun Dinner    3
4      23.68 3.31   Male     No Sun Dinner    2
5      24.59 3.61 Female     No Sun Dinner    4
6      25.29 4.71   Male     No Sun Dinner    4

> tipsAnova <- aov(tip ~ day - 1, data = tips)
> # formula에 -1을 집어넣는 것은 절편이 모형에
> # 포함되지 않아야 한다는 것을 가리킨다.
> # 범주형 변수 day는 자동으로 각 레벨에 대해 계수를 가진다.
> tipsLM <- lm(tip ~ day - 1, data = tips)
> summary(tipsAnova)

           Df Sum Sq Mean Sq F value Pr(>F)
day         4 2203.  0 550.8   290.1 <2e-16 ***
Residuals 240  455.7     1.9
---
Signif. codes: 0 '***' 0.001 '**' 0.01 '*' 0.05 '.' 0.1 ' ' 1

> summary(tipsLM)

Call:
lm(formula = tip ~ day - 1, data = tips)

Residuals:
    Min     1Q  Median     3Q    Max
-2.2451 -0.9931 -0.2347 0.5382 7.0069
```

```
Coefficients:
        Estimate Std. Error t value Pr(>|t|)
dayFri    2.7347     0.3161   8.651 7.46e-16 ***
daySat    2.9931     0.1477  20.261  < 2e-16 ***
daySun    3.2551     0.1581  20.594  < 2e-16 ***
dayThur   2.7715     0.1750  15.837  < 2e-16 ***
---
Signif. codes: 0 '***' 0.001 '**' 0.01 '*' 0.05 '.' 0.1 ' ' 1

Residual standard error: 1.378 on 240 degrees of freedom
Multiple R-squared: 0.8286, Adjusted R-squared: 0.8257
F-statistic: 290.1 on 4 and 240 DF, p-value: <2.2e-16
```

자유도처럼 F-값이나 F-통계량은 양쪽 모두에서 동일함을 확인한다. 이는 분산분석과 회귀가 같은 선을 따라 도출되고 동일한 분석을 수행할 수 있다는 것을 보여준다. 계수와 표준오차를 시각화하는 것은 분산분석식을 사용하여 계산하는 것과 같은 결과를 보여줘야 한다. 이는 그림 16.2에 나와 있다. 평균에 대한 점추정은 동일하고, 신뢰구간은 비슷하지만 약간 다른 계산으로 차이가 난다.

```
> # 먼저 평균과 CI를 수동으로 계산한다.
> require(plyr)
> tipsByDay <- ddply(tips, "day", summarize,
+                    tip.mean=mean(tip), tip.sd=sd(tip),
+                    Length=NROW(tip),
+                    tfrac=qt(p=.90, df=Length-1),
+                    Lower=tip.mean - tfrac*tip.sd/sqrt(Length),
+                    Upper=tip.mean + tfrac*tip.sd/sqrt(Length)
+ )
>
> # 이제 tipsLM 요약 정보로부터 이를 추출한다.
> tipsInfo <- summary(tipsLM)
> tipsCoef <- as.data.frame(tipsInfo$coefficients[, 1:2])
> tipsCoef <- within(tipsCoef, f
+     Lower <- Estimate - qt(p=0.90, df=tipsInfo$df[2]) * 'Std. Error'
+     Upper <- Estimate + qt(p=0.90, df=tipsInfo$df[2]) * 'Std. Error'
+     day <- rownames(tipsCoef)
+ g)
> # 이들 모두를 플롯한다.
> ggplot(tipsByDay, aes(x=tip.mean, y=day)) + geom_point() +
+     geom_errorbarh(aes(xmin=Lower, xmax=Upper), height=.3) +
+     ggtitle("Tips by day calculated manually")
>
> ggplot(tipsCoef, aes(x=Estimate, y=day)) + geom_point() +
+     geom_errorbarh(aes(xmin=Lower, xmax=Upper), height=.3) +
+     ggtitle("Tips by day calculated from regression model")
```

여기서 새로운 함수와 새로운 특징이 사용되었다. 첫째로, within을 소개한다. 이 함수는 이름으로 data.frame의 열에 접근한다는 점은 with와 비슷하지만, 이름에서 알 수 있듯이 data.frame 안에 새로운 열을 생성할 수 있다는 점에서 차이가 있다. 둘째로, 열들 중 하나는 공백을 포함하는 Std. Error로 명명되었다. 이름에 공백이 포함된 변수에 접근하기 위해, 심지어 data.frame의 열에 대해서도, 반드시 역따옴표로 이름을 감싸야만 한다.

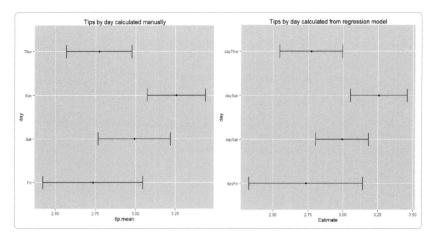

그림 16.2 회귀 모형에서 도출되고 수동으로 계산된 회귀 계수들과 신뢰구간. 평균에 대한 점추정은 동일하고, 신뢰구간은 매우 비슷하지만 약간 다른 계산으로 차이가 난다. y축 레이블 역시 다른데, lm이 factor를 다룰 때 변수의 이름을 레벨값에 덧붙이기 때문이다.

16.2 다중 회귀

단순 선형 회귀의 논리적 확장 모형은 다중 회귀이며, 이것은 다수의 예측변수를 고려한다. 기본 개념은 여전히 반응에 대한 예측 또는 추론[1]을 한다는 점에서 동일하지만 이제는 다수의 예측변수 형태에서 좀 더 많은 정보를 가지게 된다. 이 계산은 몇 가지 행렬 대수를 필요로 하지만 다행히도 lm 함수는 거의 추가 노력 없이 사용된다.

이 경우 반응변수와 p 예측변수들(p - 1 예측변수와 절편) 간 관계는 다음과 같이 모형화된다.

$$Y = X\beta + \epsilon \tag{16.5}$$

Y는 $n x 1$ 반응변수 벡터다.

$$Y = \begin{bmatrix} Y_1 \\ Y_2 \\ Y_3 \\ \vdots \\ Y_n \end{bmatrix} \tag{16.6}$$

---

1   예측은 알려지지 않은 반응변수를 예측하기 위해 알려진 예측변수들을 사용하는 것이지만 추론은 예측변수들이 반응변수에 얼마나 영향을 미치는지 알아내는 것이다.

X는 nxp 행렬이다(n개 행 그리고 $p - 1$ 예측변수와 절편).

$$X = \begin{bmatrix} 1 & X_{11} & X_{12} & \ldots & X_{1,p-1} \\ 1 & X_{21} & X_{22} & \ldots & X_{2,p-1} \\ \vdots & \vdots & \vdots & \ddots & \vdots \\ 1 & X_{n1} & X_{n2} & \ldots & X_{n,p-1} \end{bmatrix}$$

(16.7)

β는 계수들의 $px1$ 벡터다(각 예측변수와 절편에 대한 하나의 벡터).

$$\beta = \begin{bmatrix} \beta_0 \\ \beta_1 \\ \beta_2 \\ \vdots \\ \beta_{p-1} \end{bmatrix}$$

(16.8)

그리고 ϵ은 정규 분포된 오차의 $nx1$ 벡터다.

$$\epsilon = \begin{bmatrix} \epsilon_1 \\ \epsilon_2 \\ \epsilon_3 \\ \vdots \\ \epsilon_n \end{bmatrix}$$

(16.9)

$$\epsilon_i \sim \mathcal{N}(0, 1)$$

(16.10)

이는 단순 회귀보다는 좀 더 복잡해 보이지만 실제로 대수학은 더 쉽다.

계수에 대한 해법은 식 16.11에 간단히 적혀 있다.

$$\hat{\beta} = (X^T X)^{-1} X^T Y$$

(16.11)

실행으로 이를 확인하기 위해 NYC 오픈 데이터(NYC Open Data)를 통해 확보한 2011-2012 회계연도 뉴욕시 콘도 평가를 사용한다. NYC 오픈 데이터는 행정을 좀 더 투명하고 잘 운용하기 위한 뉴욕시의 계획이다. 그것은 분석, 정밀 조사, 그리고 앱 개발(http://nycbigapps.com/을 통해)을 위한 온갖 종류의 도시 서비스 데이터를 대중에게 제공한다. 이는 급격하게 유명해졌으며, 수백 개의 모바일 앱을 낳고 시카고와 워싱턴 DC 같은 다른 도시들에도 모방되었다. 해당 웹 사이트는 https://data.cityofnewyork.us/다.

원래 데이터는 맨해튼(Manhattan)[2], 브루클린(Brooklyn)[3], 퀸스(Queens)[4], 브롱크스(Bronx)[5], 스태튼 아일랜드(Staten Island)[6] 자치구에 대해 각각 하나의 파일로 나뉘어 있으며, 우리가 사용하지 않을 추가 정보도 포함되어 있다. 그래서 다섯 개의 파일을 하나로 결합하고, 열 이름을 정제하여 http://www.jared-lander.com/data/housing.csv에 올려놓았다. 이 데이터에 접근하기 위해, 해당 URL에서 파일을 다운로드하고 로컬 파일에 대해 read.table을 사용하거나, URL로부터 직접 읽어 들일 수 있다.

```
> housing <- read.table("http://www.jaredlander.com/data/housing.csv",
+                       sep = ",", header = TRUE,
+                       stringsAsFactors = FALSE)
```

앞의 코드가 무엇을 하는지 몇 가지만 확인하도록 한다. sep은 열을 구분하기 위해 사용된 쉼표를 명시하며, header는 첫 번째 행이 열 이름을 포함한다는 것을 뜻하고 stringAsFactors는 character 열을 factor로 변환하지 않고 그대로 남겨둔다는 것을 뜻한다. stringAsFactors는 로딩 시간을 줄여주고 또한 작업하기도 쉽게 해준다. 데이터를 보면, 많은 열을 가지고 있고 일부는 좋지 않은 이름인 것을 알 수 있다. 그 때문에 이런 이름을 수정해야 한다.

```
> names(housing) <- c("Neighborhood", "Class", "Units", "YearBuilt",
+                  "SqFt", "Income", "IncomePerSqFt", "Expense",
+                  "ExpensePerSqFt", "NetIncome", "Value",
+                  "ValuePerSqFt", "Boro")
> head(housing)

  Neighborhood          Class Units YearBuilt   SqFt   Income
1    FINANCIAL R9-CONDOMINIUM    42      1920  36500  1332615
2    FINANCIAL R4-CONDOMINIUM    78      1985 126420  6633257
3    FINANCIAL RR-CONDOMINIUM   500        NA 554174 17310000
4    FINANCIAL R4-CONDOMINIUM   282      1930 249076 11776313
5       TRIBECA R4-CONDOMINIUM  239      1985 219495 10004582
6       TRIBECA R4-CONDOMINIUM  133      1986 139719  5127687
  IncomePerSqFt Expense ExpensePerSqFt NetIncome     Value
1         36.51  342005           9.37    990610   7300000
2         52.47 1762295          13.94   4870962  30690000
3         31.24 3543000           6.39  13767000  90970000
```

2 https://data.cityofnewyork.us/Finances/DOF-Condominium-Comparable-Rental-Income-Manhattan/dvzp-h4k9
3 https://data.cityofnewyork.us/Finances/DOF-Condominium-Comparable-Rental-Income-Brooklyn-/bss9-579f
4 https://data.cityofnewyork.us/Finances/DOF-Condominium-Comparable-Rental-Income-Queens-FY/jcih-dj9q
5 https://data.cityofnewyork.us/Property/DOF-Condominium-Comparable-Rental-Income-Bronx-FY-/3qfc-4tta
6 https://data.cityofnewyork.us/Finances/DOF-Condominium-Comparable-Rental-Income-Staten-Is/tkdy-59zg

4	47.28	2784670	11.18	8991643	67556006
5	45.58	2783197	12.68	7221385	54320996
6	36.70	1497788	10.72	3629899	26737996

	ValuePerSqFt	Boro
1	200.00	Manhattan
2	242.76	Manhattan
3	164.15	Manhattan
4	271.23	Manhattan
5	247.48	Manhattan
6	191.37	Manhattan

이 데이터에서 반응변수는 평방피트당 가격이며, 예측변수는 나머지다. 하지만 여기서 수입과 지출 변수는 무시하는데, 두 변수가 실제로는 가치 평가 목적을 위해 콘도와 임대를 비교하는 비밀스런 요구 사항에 기반을 둔 추정이기 때문이다. 몇몇 탐색적 데이터 분석에서 첫 번째 단계는 데이터를 시각화하는 것이다. 시작은 ValuePerSqFt의 히스토그램이며, 그림 16.3에서 보인다.

```
> ggplot(housing, aes(x=ValuePerSqFt)) +
+     geom_histogram(binwidth=10) + labs(x="Value per Square Foot")
```

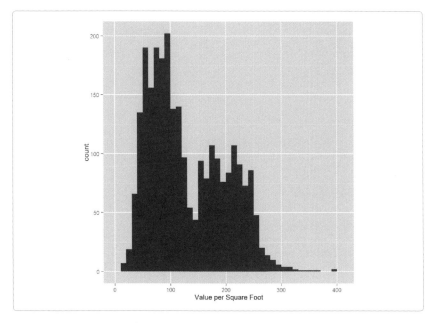

그림 16.3 뉴욕시 콘도에 대한 평방피트당 가격 히스토그램. 이것은 양봉(bimodal)으로 나타난다.

히스토그램의 양봉 특성은 탐색될 것이 남아 있다는 것을 의미한다. 그림 16.4a
에서 색을 Boro에 매핑하고, 그림 16.4b에서 Boro로 파셋팅한 것은 브루클린과
퀸스가 하나의 봉을 만들고 맨해튼이 다른 하나를 만들며, 반면 브롱크스와 스
태튼 아일랜드에는 데이터가 별로 없음을 확인한다.

```
> ggplot(housing, aes(x=ValuePerSqFt, fill=Boro)) +
+     geom_histogram(binwidth=10) + labs(x="Value per Square Foot")
> ggplot(housing, aes(x=ValuePerSqFt, fill=Boro)) +
+     geom_histogram(binwidth=10) + labs(x="Value per Square Foot") +
+     facet_wrap(~Boro)
```

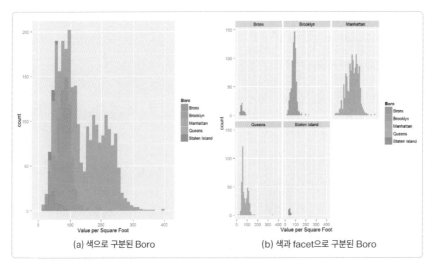

(a) 색으로 구분된 Boro   (b) 색과 facet으로 구분된 Boro

그림 16.4 평방피트당 가격의 히스토그램. 이들은 브루클린과 퀸스가 하나의 봉을 만들고 맨해튼이 다른 하나를 만들며,
반면 브롱크스와 스태튼 아일랜드에는 데이터가 별로 없음을 드러내는 데이터 구조를 분명하게 보여준다.

다음으로 평방피트와 유닛 수에 대한 히스토그램을 살펴봐야 한다.

```
> ggplot(housing, aes(x=SqFt)) + geom_histogram()
> ggplot(housing, aes(x=Units)) + geom_histogram()
> ggplot(housing[housing$Units < 1000, ],
+        aes(x=SqFt)) + geom_histogram()
> ggplot(housing[housing$Units < 1000, ],
+        aes(x=Units)) + geom_histogram()
```

그림 16.5는 엄청나게 많은 유닛을 가진 건물이 상당수 있음을 보여준다. 그림
16.6에서와 같이 이런 형태의 건물들을 포함할 때와 포함하지 않을 때의 평방피
트당 가격을 유닛 수와 평방피트에 대한 산점도로 플로팅하는 것은 분석으로부
터 그들을 제거할 수 있을지에 대한 감을 제공한다.

```
> ggplot(housing, aes(x = SqFt, y = ValuePerSqFt)) + geom_point()
> ggplot(housing, aes(x = Units, y = ValuePerSqFt)) + geom_point()
> ggplot(housing[housing$Units < 1000, ], aes(x = SqFt,
+      y = ValuePerSqFt)) + geom_point()
> ggplot(housing[housing$Units < 1000, ], aes(x = Units,
+      y = ValuePerSqFt)) + geom_point()

> # 지워질 것이 몇 개 있는가?
> sum(housing$Units >= 1000)

[1] 6

> # 해당 원소들을 지운다.
> housing <- housing[housing$Units < 1000, ]
```

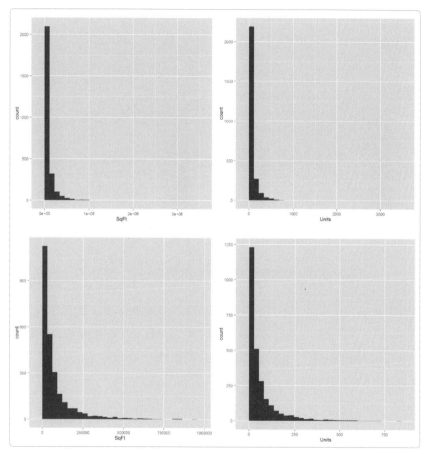

그림 16.5 전체 평방피트와 유닛 수에 대한 히스토그램. 상단의 두 그래프에서 분포가 매우 오른쪽으로 편향되어 있기 때문에 1000개보다 많은 유닛을 가진 건물을 제거한 후 그래프가 다시 플롯되었다.

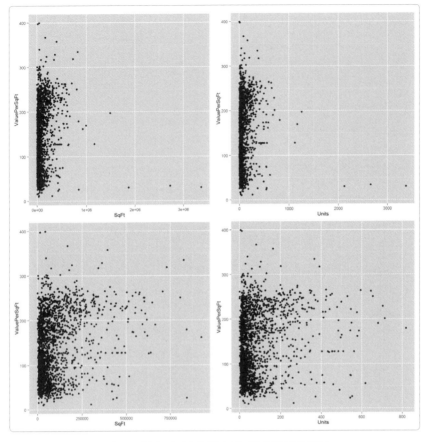

그림 16.6 평방피트당 가격 대 평방피트와 가격 대 유닛 수의 산점도
(1000개가 넘는 유닛을 가진 건물을 포함하고 포함하지 않는 두 경우 모두에 대한)

이상치를 제거했지만, 여전히 일부 데이터의 로그 변환이 유용할 것으로 보인다. 그림 16.7과 16.8은 평방피트와 유닛 수의 로그를 취하는 것이 도움이 될 수 있음을 보여준다. 또한, 이는 값의 로그를 취할 때 어떤 일이 일어나는지 보여준다.

```
> # SqFt에 대해 ValuePerSqFt를 플롯한다.
> ggplot(housing, aes(x=SqFt, y=ValuePerSqFt)) + geom_point()
> ggplot(housing, aes(x=log(SqFt), y=ValuePerSqFt)) + geom_point()
> ggplot(housing, aes(x=SqFt, y=log(ValuePerSqFt))) + geom_point()
> ggplot(housing, aes(x=log(SqFt), y=log(ValuePerSqFt))) +
+     geom_point()
```

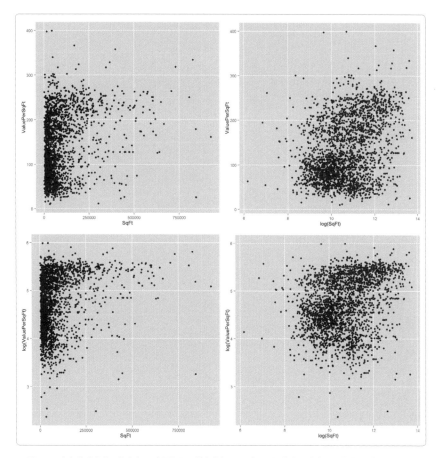

그림 16.7 가격 대 평방피트의 산점도. 이 플롯은 모형화에서 SqFt의 로그를 취하는 것이 도움이 될 수 있음을 보여준다.

```
> # Units에 대해 ValuePerSqFt를 플롯한다.
> ggplot(housing, aes(x=Units, y=ValuePerSqFt)) + geom_point()
> ggplot(housing, aes(x=log(Units), y=ValuePerSqFt)) + geom_point()
> ggplot(housing, aes(x=Units, y=log(ValuePerSqFt))) + geom_point()
> ggplot(housing, aes(x=log(Units), y=log(ValuePerSqFt))) +
+     geom_point()
```

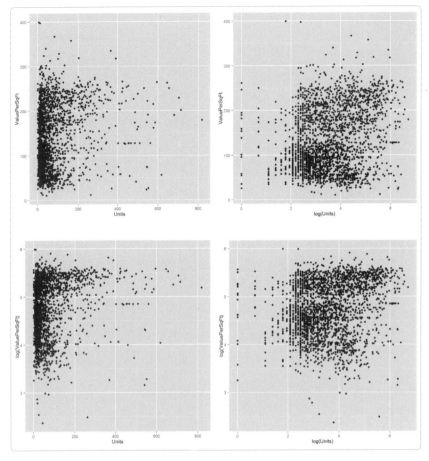

그림 16.8 가격 대 유닛 수의 산점도. 모형화에서 로그를 취하는 것이 도움이 될지 아직 확실하지 않다.

여러 방법으로 데이터를 살펴왔으니까, 이제 모형화를 시작할 시간이다. 우리는 이미 그림 16.4에서 다른 자치구를 설명하는 것이 중요하며, 다양한 산점도를 통해 Units와 SqFt 또한 중요하다는 것을 확인했다.

모형을 적합하는 것은 lm에서 formula 방식을 사용한다. 여러 개의 예측변수가 있기 때문에, 더하기(+)를 사용하여 formula 우측에 각 변수를 구분하도록 한다.

```
> house1 <- lm(ValuePerSqFt ~ Units + SqFt + Boro, data = housing)
> summary(house1)

Call:
lm(formula = ValuePerSqFt ~ Units + SqFt + Boro, data = housing)

Residuals:
     Min      1Q Median      3Q     Max
-168.458 -22.680  1.493  26.290 261.761
```

```
Coefficients:
                    Estimate Std. Error t value Pr(>|t|)
(Intercept)        4.430e+01  5.342e+00   8.293  < 2e-16 ***
Units             -1.532e-01  2.421e-02  -6.330 2.88e-10 ***
SqFt               2.070e-04  2.129e-05   9.723  < 2e-16 ***
BoroBrooklyn       3.258e+01  5.561e+00   5.858 5.28e-09 ***
BoroManhattan      1.274e+02  5.459e+00  23.343  < 2e-16 ***
BoroQueens         3.011e+01  5.711e+00   5.272 1.46e-07 ***
BoroStaten Island -7.114e+00  1.001e+01  -0.711    0.477
---
Signif. codes:  0 '***' 0.001 '**' 0.01 '*' 0.05 '.' 0.1 ' ' 1

Residual standard error: 43.2 on 2613 degrees of freedom
Multiple R-squared: 0.6034,  Adjusted R-squared: 0.6025
F-statistic: 662.6 on 6 and 2613 DF,  p-value: < 2.2e-16
```

첫 번째로 신경 써야 할 것은 R의 일부 버전에서 Boro가 factor로 변환되었다는 경고 메시지가 나온다는 것이다. 이것은 Boro가 character로 저장되어 있었고, 모형화를 위해 character 데이터는 지시변수를 사용하여 나타내져야만 했기 때문이다. 이는 5.1에서 보인 것처럼, 모형화 함수 내부에서 factor가 다뤄지는 방법이다.

summary 함수는 함수 호출 방식, 잔차에 대한 분위수, 각 변수에 대한 계수 추정, 표준오차 및 p-값과 모형에 대한 자유도, p-값 및 F-통계량을 포함한 모형에 대한 정보를 출력한다. 브롱크스에 대한 계수가 없는데 이는 Boro의 기준(baseline) level이기 때문이며, 다른 모든 Boro 계수는 해당 기준에 관한 것이다.

계수는 반응변수에 대한 예측변수의 영향도를 나타내며, 표준오차는 계수 추정에서의 불확실성이다. 계수에 대한 t-값(t-통계량)과 p-값은 통계적 유의성의 수치상 측정값이다. 하지만 이런 값들은 신중하게 살펴봐야 하는데, 대부분 현대 데이터 과학자들이 개별 계수의 통계적 유의성을 살펴보기보다는 18장에서 다루는 것처럼 전체로 모형을 판단하기 때문이다.

모형의 p-값과 F-통계량은 적합도의 측정값이다. 회귀에 대한 자유도는 관측값의 수에서 계수의 수를 빼는 것으로 계산된다. 이 예제에서는, nrow(housing)-length(coef(house1))=2613의 자유도가 있다.

모형으로부터 계수를 빠르게 얻어오는 방법은 coef 함수를 사용하거나 모형 객체에 $ 연산자를 사용하여 모형으로부터 가지고 오는 것이다.

```
> house1$coefficients

      (Intercept)             Units              SqFt
     4.430325e+01     -1.532405e-01      2.069727e-04
     BoroBrooklyn     BoroManhattan        BoroQueens
     3.257554e+01      1.274259e+02      3.011000e+01
BoroStaten Island
    -7.113688e+00
```

```
> coef(house1)

      (Intercept)            Units            SqFt
     4.430325e+01    -1.532405e-01    2.069727e-04
     BoroBrooklyn   BoroManhattan       BoroQueens
     3.257554e+01     1.274259e+02     3.011000e+01
BoroStaten Island
    -7.113688e+00

> # coef와 동일하게 동작한다.
> coefficients(house1)

      (Intercept)            Units            SqFt
     4.430325e+01    -1.532405e-01    2.069727e-04
     BoroBrooklyn   BoroManhattan       BoroQueens
     3.257554e+01     1.274259e+02     3.011000e+01
BoroStaten Island
    -7.113688e+00
```

반복되는 주제로, 정보를 표로 나타내기보다 더 나은 시각화를 선호하는데, 회귀 결과를 시각화하는 좋은 방법은 그림 16.2에서 보이는 것과 같은 계수 플롯이다. 기초적인 것으로 생성하기보다는, 편리한 coefplot 패키지를 사용한다. 그림 16.9는 그 결과를 보여주며, 각 계수는 1표준오차 신뢰구간을 나타내는 굵은 선과 2표준오차 신뢰구간을 나타내는 가는 선의 한 점으로 플롯된다. 여기 0을 가리키는 수직선이 있다. 일반적으로, 경험으로 비추어보면 두 표준오차 신뢰구간이 0을 포함하지 않는다면, 그것은 통계적으로 유의하다.

```
> require(coefplot)
> coefplot(house1)
```

기대한 대로, 그림 16.9는 맨해튼에 위치해 있다는 것이 평방인치당 가격에 가장 큰 영향을 미쳤음을 보여준다. 놀랍게도, 건물에서 유닛 수나 평방피트는 가격에 거의 영향을 미치지 않았다. 이는 순수하게 항을 추가하는 모형이다. 변수 간 교호작용은 마찬가지로 강력할 수 있다. 해당 변수를 formula에 집어넣기 위해, + 대신 *로 희망하는 변수를 구분한다. 그렇게 하면 개별 변수와 교호작용항이 모형에 포함된다. 개별 변수가 아닌 교호작용항만 포함하기 위해서는 :를 대신 사용한다. Units와 SqFT의 교호작용 결과는 그림 16.10에 나타나 있다.

```
> house2 <- lm(ValuePerSqFt ~ Units * SqFt + Boro, data = housing)
> house3 <- lm(ValuePerSqFt ~ Units:SqFt + Boro, data = housing)
> house2$coefficients

      (Intercept)            Units            SqFt
     4.093685e+01    -1.024579e-01    2.362293e-04
     BoroBrooklyn   BoroManhattan       BoroQueens
     3.394544e+01     1.272102e+02     3.040115e+01
BoroStaten Island      Units:SqFt
    -8.419682e+00    -1.809587e-07
```

```
> house3$coefficients

  (Intercept)     BoroBrooklyn BoroManhattan
 4.804972e+01      3.141208e+01  1.302084e+02
  BoroQueens BoroStaten Island     Units:SqFt
 2.841669e+01     -7.199902e+00   1.088059e-07

> coefplot(house2)
> coefplot(house3)
```

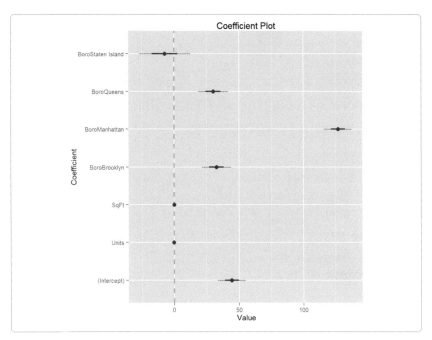

그림 16.9 콘도 가격 회귀에 대한 계수 플롯

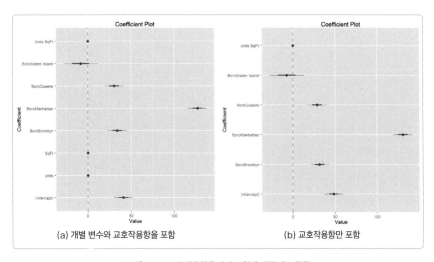

그림 16.10 교호작용항을 가진 모형에 대한 계수 플롯.
(a)는 개별 변수와 교호작용항을 포함하지만, (b)는 오직 교호작용항만 포함한다.

세 개의 변수가 모두 서로 교호한다면, 결과 계수는 세 개의 개별 항, 세 개의 이원교호작용항과 한 개의 삼원교호작용항에 대한 것이 될 것이다.

```
> house4 <- lm(ValuePerSqFt ~ SqFt * Units * Income, housing)
> house4$coefficients

  (Intercept)             SqFt            Units
 1.116433e+02    -1.694688e-03    7.142611e-03
       Income        SqFt:Units      SqFt:Income
 7.250830e-05     3.158094e-06   -5.129522e-11
 Units:Income SqFt:Units:Income
-1.279236e-07     9.107312e-14
```

Boro 같은 factor와 SqFt 같은 연속변수를 교호작용하게 되면(이제부터 별도 표시가 없으면 교호작용은 * 연산자로 나타낼 것이다) 연속변수, factor의 기준이 아닌(non-baseline) 각 level에 대한 개별항들을 생성한다. 또한, 연속변수와 factor의 각 non-baseline level 사이의 교호작용 항에 대한 개별 항들도 생성한다. 두 개(또는 그보다 많은) factor를 교호작용하는 것은 두 factor 모두에서 기준이 아닌 모든 개별 level에 대한 항과 factor의 기준이 아닌 level의 모든 조합에 대한 교호작용항을 생성한다.

```
> house5 <- lm(ValuePerSqFt ~ Class * Boro, housing)
> house5$coefficients

                          (Intercept)
                            47.041481
                  ClassR4-CONDOMINIUM
                             4.023852
                  ClassR9-CONDOMINIUM
                            -2.838624
                  ClassRR-CONDOMINIUM
                             3.688519
                          BoroBrooklyn
                            27.627141
                         BoroManhattan
                            89.598397
                           BoroQueens
                            19.144780
                     BoroStaten Island
                            -9.203410
          ClassR4-CONDOMINIUM:BoroBrooklyn
                             4.117977
          ClassR9-CONDOMINIUM:BoroBrooklyn
                             2.660419
          ClassRR-CONDOMINIUM:BoroBrooklyn
                           -25.607141
         ClassR4-CONDOMINIUM:BoroManhattan
                            47.198900
         ClassR9-CONDOMINIUM:BoroManhattan
                            33.479718
         ClassRR-CONDOMINIUM:BoroManhattan
                            10.619231
           ClassR4-CONDOMINIUM:BoroQueens
```

```
                      13.588293
    ClassR9-CONDOMINIUM:BoroQueens
                      -9.830637
    ClassRR-CONDOMINIUM:BoroQueens
                      34.675220
ClassR4-CONDOMINIUM:BoroStaten Island
                            NA
ClassR9-CONDOMINIUM:BoroStaten Island
                            NA
ClassRR-CONDOMINIUM:BoroStaten Island
                            NA
```

SqFt와 Units 모두 어떤 모형에서도 유의하지 않다고 나타났기 때문에, 이들의
비율을 검정하는 것이 좋다. formula에서 다른 변수로 하나의 변수를 간단히 나
누려면, 해당 나눗셈은 반드시 I 함수로 감싸야 한다.

```
> house6 <- lm(ValuePerSqFt ~ I(SqFt/Units) + Boro, housing)
> house6$coefficients

  (Intercept)  I(SqFt/Units)      BoroBrooklyn
 43.754838763     0.004017039      30.774343209
BoroManhattan      BoroQueens BoroStaten Island
130.769502685    29.767922792       -6.134446417
```

I 함수는 formula에서 수학적 관계를 보존하기 위해 사용되며, formula 규칙에
따라 해석되는 것을 막는다. 예를 들면, formula에서 (Units + SqFt)^2를 사용하
는 것은 Units * SqFt를 사용한 것과 동일하다. 반면에 I(Units + SqFt)^2는 두 변
수 합의 제곱을 formula의 항으로 포함할 것이다.

```
> house7 <- lm(ValuePerSqFt ~(Units + SqFt)^2, housing)
> house7$coefficients

  (Intercept)          Units          SqFt      Units:SqFt
1.070301e+02 -1.125194e-01 4.964623e-04 -5.159669e-07

> house8 <- lm(ValuePerSqFt ~Units * SqFt, housing)
> identical(house7$coefficients, house8$coefficients)

[1] TRUE

> house9 <- lm(ValuePerSqFt ~I(Units + SqFt)^2, housing)
> house9$coefficients

  (Intercept)  I(Units + SqFt)
1.147034e+02     2.107231e-04
```

우리는 많은 수의 모형을 적합해 왔고, 그중 '최고의' 모형을 선택할 필요가 있
다. 모형 선택은 18.2에서 설명한다. 그 과정에서, 다양한 모형의 계수 시각화는
유용한 도구가 된다. 그림 16.11은 house1, house2 및 house3 모형에 대한 계
수 플롯을 보여준다.

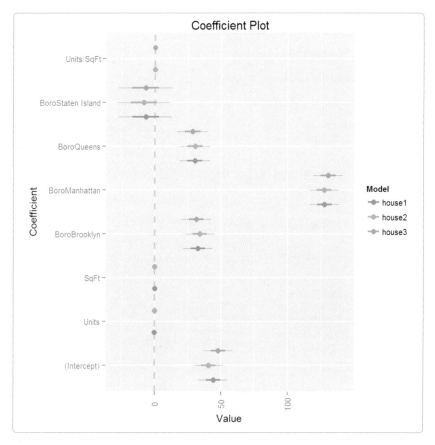

그림 16.11 다수 콘도 모형을 위한 계수 플롯. 계수는 각 모형에 대해 y축상 동일 지점에 플롯된다.
모형이 특정한 계수를 포함하지 않는다면 이는 플롯되지 않는다.

```
> # coefplot 패키지에서 제공된다.
> multiplot(house1, house2, house3)
```

회귀는 예측을 위해 자주 사용되며, 이는 R에서 predict 함수를 사용하여 이뤄진
다. 이 예를 위해, 새로운 데이터를 http://www.jaredlander.com/data/hous-
ingNew.csv에서 사용할 수 있다.

```
> housingNew <- read.table("http://www.jaredlander.com/data/
+ housingNew.csv", sep = ",", header = TRUE, stringsAsFactors = FALSE)
```

factor 예측변수를 다룰 때 모형 작성에서 사용된 level과 동일한 level을 가져야
한다는 것을 보장하기 위한 경고가 사용되며, 예측은 predict 함수를 호출하여
간단하게 수행할 수 있다.

```
> # 새로운 데이터와 95% 신뢰구간으로 예측한다.
> housePredict <- predict(house1, newdata = housingNew, se.fit = TRUE,
+                         interval = "prediction", level = .95)
> # 표준 오차에 기반을 둔 상한과 하한과 함께
> # 예측치를 확인한다.
> head(housePredict$fit)

        fit        lwr      upr
1  74.00645 -10.813887 158.8268
2  82.04988  -2.728506 166.8283
3 166.65975  81.808078 251.5114
4 169.00970  84.222648 253.7968
5  80.00129  -4.777303 164.7799
6  47.87795 -37.480170 133.2361

> # 예측에 대한 표준 오차를 확인한다.
> head(housePredict$se.fit)

       1        2        3        4        5        6
2.118509 1.624063 2.423006 1.737799 1.626923 5.318813
```

16.3 마무리

아마도 통계적 분석에서 가장 다재다능한 도구 중 하나일 회귀 분석은 R의 lm
함수를 사용하여 쉽게 다뤄진다. 이 함수는 formula 방식을 취하며, 여러 예측
변수로 하나의 반응변수를 모형화한다. 이 함수에서 유용한 다른 인자는 관측값
에 의한 가중치(확률과 횟수 가중치 모두)를 지정하는 weights와 데이터의 부분
집합에 대해서만 모형을 적합할 때 사용하는 subset이다.

17장

일반 선형 모형

모든 데이터가 선형 회귀로 적절히 모형화될 수 있는 것은 아닌데, 이는 해당 데이터가 이항(TRUE/FALSE) 데이터, 가산 데이터 또는 어떤 다른 형식이기 때문이다. 이런 형식의 데이터를 모형화하기 위해, 일반 선형 모형이 개발되었다. 이것들은 여전히 선형 예측변수(X)를 사용하여 모형화되지만, 몇몇 연결함수를 사용하여 변형된다. R 사용자에게, 일반 선형 모형을 적합하는 것은 선형 회귀를 실행하는 것보다 아주 적은 노력만을 추가로 필요로 한다.

17.1 로지스틱(Logistic) 회귀 분석

가장 강력하고 일반적인 모형(특히 마케팅과 제약 분야에서)은 로지스틱 회귀 분석이다. 이번에는 예제에서 뉴욕주에 대한 2010 ACS(American Community Survey) 데이터 일부를 사용할 것이다.[1] ACS 데이터는 많은 정보를 포함하고 있기 때문에, 우리는 2만 2745행과 18열을 가진 부분집합을 만들었고 http://jaredlander.com/data/acs_ny.csv에서 사용 가능하다.

```
> acs <- read.table("http://jaredlander.com/data/acs_ny.csv", sep = ",",
+     header = TRUE, stringsAsFactors = FALSE)
```

로지스틱 회귀 모형은 다음과 같이 만들어진다.

$$p(y_i = 1) = \text{logit}^{-1}(\boldsymbol{X}_i\boldsymbol{\beta}) \tag{17.1}$$

---

1 ACS는 좀 더 수시로 수행된다는 점을 제외하면 10년마다 하는 인구 조사와 매우 비슷한 대규모 조사다.

여기서 y_i는 i번째 반응변수이고 $\boldsymbol{X}_i\boldsymbol{\beta}$는 선형 예측변수이다. logit의 역함수는 식 17.2와 같은데

$$\text{logit}^{-1}(x) = \frac{e^x}{1 + e^x} = \frac{1}{1 + e^{-x}} \qquad (17.2)$$

연속결과를 선형 예측변수에서 0과 1 사이의 값으로 변환한다. 이는 연결함수의 역함수다.

우리는 이제 한 가정의 수입이 15만 달러보다 큰지를 묻는 질문을 만들어 본다(그림 17.1을 보라). 이를 수행하기 위해 수입이 기준치보다 높으면 TRUE, 낮으면 FALSE를 가지는 새로운 이진 변수를 만드는 것이 필요하다.

```
> acs$Income <- with(acs, FamilyIncome >= 150000)
> require(ggplot2)
> require(useful)
> ggplot(acs, aes(x=FamilyIncome)) +
+     geom_density(fill="grey", color="grey") +
+     geom_vline(xintercept=150000) +
+     scale_x_continuous(label=multiple.dollar, limits=c(0, 1000000))
```

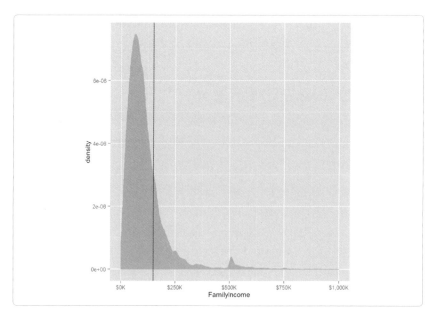

그림 17.1 15만 달러 지점을 가리키는 수직선을 포함하는 가족 수입의 밀도 플롯

```
> head(acs)

  Acres FamilyIncome  FamilyType NumBedrooms NumChildren NumPeople
1 1-10           150     Married           4           1         3
2 1-10           180 Female Head           3           2         4
3 1-10           280 Female Head           4           0         2
```

```
4 1-10        330 Female Head         2          1          2
5 1-10        330   Male Head         3          1          2
6 1-10        480   Male Head         0          3          4
  NumRooms          NumUnits NumVehicles NumWorkers  OwnRent
1        9 Single detached          1           0 Mortgage
2        6 Single detached          2           0   Rented
3        8 Single detached          3           1 Mortgage
4        4 Single detached          1           0   Rented
5        5 Single attached          1           0 Mortgage
6        1 Single detached          0           0   Rented
  YearBuilt HouseCosts ElectricBill FoodStamp HeatingFuel Insurance
1 1950-1959       1800           90        No         Gas      2500
2 Before 1939      850           90        No         Oil         0
3 2000-2004       2600          260        No         Oil      6600
4 1950-1959       1800          140        No         Oil         0
5 Before 1939      860          150        No         Gas       660
6 Before 1939      700          140        No         Gas         0
         Language Income
1         English FALSE
2         English FALSE
3 Other European FALSE
4         English FALSE
5         Spanish FALSE
6         English FALSE
```

로지스틱 회귀 분석을 실행하는 것은 선형 회귀 분석을 실행하는 것과 매우 비슷하다. 이 분석은 여전히 formula 형식을 사용하지만 lm 대신 glm 함수를 사용하고(glm은 실제로 선형 회귀에도 적합할 수 있다), 몇 가지 추가 설정을 필요로 한다.

```
> income1 <- glm(Income ~ HouseCosts + NumWorkers + OwnRent +
+                    NumBedrooms + FamilyType,
+                    data=acs, family=binomial(link="logit"))
> summary(income1)

Call:
glm(formula = Income ~ HouseCosts + NumWorkers + OwnRent + NumBedrooms +
    FamilyType, family = binomial(link = "logit"), data = acs)

Deviance Residuals:
    Min      1Q  Median      3Q     Max
-2.8452 -0.6246 -0.4231 -0.1743  2.9503

Coefficients:
                       Estimate Std. Error z value Pr(>|z|)
(Intercept)          -5.738e+00  1.185e-01 -48.421  <2e-16 ***
HouseCosts            7.398e-04  1.724e-05  42.908  <2e-16 ***
NumWorkers            5.611e-01  2.588e-02  21.684  <2e-16 ***
OwnRentOutright       1.772e+00  2.075e-01   8.541  <2e-16 ***
OwnRentRented        -8.886e-01  1.002e-01  -8.872  <2e-16 ***
NumBedrooms           2.339e-01  1.683e-02  13.895  <2e-16 ***
FamilyTypeMale Head   3.336e-01  1.472e-01   2.266  0.0235 *
FamilyTypeMarried     1.405e+00  8.704e-02  16.143  <2e-16 ***
---
Signif. codes:  0 '***' 0.001 '**' 0.01 '*' 0.05 '.' 0.1 ' ' 1

(Dispersion parameter for binomial family taken to be 1)
    Null deviance: 22808 on 22744 degrees of freedom
Residual deviance: 18073 on 22737 degrees of freedom
```

```
AIC: 18089

Number of Fisher Scoring iterations: 6

> require(coefplot)
> coefplot(income1)
```

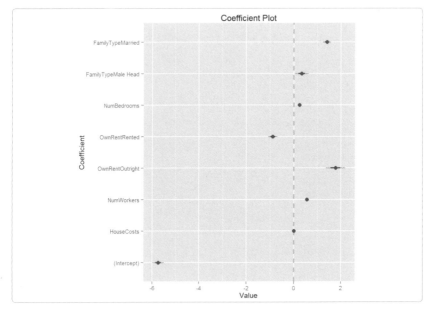

그림 17.2 15만 달러보다 큰 가족 수입에 관한 로지스틱 회귀 분석의 계수 플롯(ACS에 기초)

glm에 대한 summary와 coefplot의 출력은 lm의 출력과 비슷하다. 전체와 계수들에 대한 계수 추정, 표준오차 및 p-값과 정확도 측정(여기서는 편차와 AIC)이 있다. 일반적인 경험에 비추어볼 때 모형에 변수(또는 factor의 level)를 추가하는 것은 두 값의 감소를 낳아야 한다. 그렇지 않으면, 해당 변수는 모형에서 유용하지 않다. 교호작용과 모든 다른 formula 개념은 동일하게 작동한다.

로지스틱 회귀 분석으로부터 계수를 해석하기 위해서는 logit의 역함수를 취해야 한다.

```
> invlogit <- function(x)
+ {
+     1/(1 + exp(-x))
+ }
> invlogit(income1$coefficients)

          (Intercept)        HouseCosts   NumWorkers
          0.003211572       0.500184950  0.636702036
       OwnRentOutright     OwnRentRented  NumBedrooms
          0.854753527       0.291408659  0.558200010
  FamilyTypeMale Head  FamilyTypeMarried
          0.582624773       0.802983719
```

17.2 푸아송 회귀 분석

일반 선형 모형 중 또 다른 유명한 멤버는 푸아송 회귀 분석으로, 이것은 푸아송 분포와 매우 비슷하며 데이터를 카운트하는 경우 사용된다. 다른 모든 일반 선형 모형과 마찬가지로, glm을 사용하여 호출된다. 이를 설명하기 위해 어린이수 (NumChildren)를 반응변수로 하고 ACS 데이터를 계속 사용하기로 한다.

푸아송 회귀 분석에 대한 식은 다음과 같다.

$$\gamma_i \sim pois(\theta_i) \tag{17.3}$$

여기서 γ_i는 i번째 반응변수다.

$$\theta_i = e^{X_i\beta} \tag{17.4}$$

식 17.4는 i번째 관측치에 대한 분포의 평균이다.

모형을 적합하기 전에, 각 가구 안 어린이 수의 히스토그램을 살펴보도록 한다.

```
> ggplot(acs, aes(x = NumChildren)) + geom_histogram(binwidth = 1)
```

그림 17.3이 완벽한 푸아송 분포를 가지는 데이터를 보여주지는 않지만 좋은 모형을 적합하기에 충분히 비슷하다. 계수 플롯은 그림 17.4에서 보인다.

```
> children1 <- glm(NumChildren . FamilyIncome + FamilyType + OwnRent,
+                  data=acs, family=poisson(link="log"))
> summary(children1)

Call:
glm(formula = NumChildren . FamilyIncome + FamilyType + OwnRent,
    family = poisson(link = "log"), data = acs)

Deviance Residuals:
    Min      1Q  Median      3Q     Max
-1.9950 -1.3235 -1.2045  0.9464  6.3781

Coefficients:
                       Estimate Std. Error z value Pr(>|z|)
(Intercept)          -3.257e-01  2.103e-02 -15.491  < 2e-16 ***
FamilyIncome          5.420e-07  6.572e-08   8.247  < 2e-16 ***
FamilyTypeMale Head  -6.298e-02  3.847e-02  -1.637    0.102
FamilyTypeMarried     1.440e-01  2.147e-02   6.707 1.98e-11 ***
OwnRentOutright      -1.974e+00  2.292e-01  -8.611  < 2e-16 ***
OwnRentRented         4.086e-01  2.067e-02  19.773  < 2e-16 ***
---
Signif. codes: 0 '***' 0.001 '**' 0.01 '*' 0.05 '.' 0.1 ' ' 1

(Dispersion parameter for poisson family taken to be 1)
```

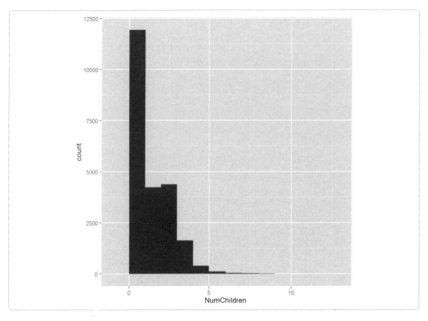

그림 17.3 ACS로 얻어진 가구당 어린이 수의 히스토그램.
이 분포가 완벽하게 푸아송은 아니지만 푸아송 회귀로 모형화하기에는 충분하다.

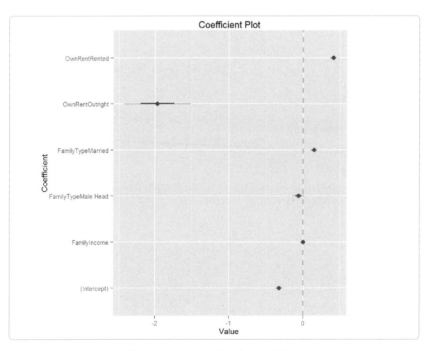

그림 17.4 ACS 데이터에 대한 로지스틱 회귀 계수 플롯

```
      Null deviance: 35240 on 22744 degrees of freedom
Residual deviance: 34643 on 22739 degrees of freedom
AIC: 61370

Number of Fisher Scoring iterations: 5

> coefplot(children1)
```

여기서 출력 결과는 로지스틱 회귀 분석의 출력 결과와 비슷하고, 편차에 대한 동일한 규칙을 적용한다.

푸아송 회귀 분석에서 특별한 관심사는 과대산포로, 이는 데이터에서 보이는 변동성이 평균과 분산이 같은 푸아송 분포에 의해 이론화된 것보다 크다는 것을 뜻한다.

과대산포는 다음과 같이 정의된다.

$$OD = \frac{1}{n-p} \sum_{i=1}^{n} z_i^2 \qquad (17.5)$$

$$z_i = \frac{y_i - \hat{y}_i}{sd(\hat{y}_i)} = \frac{y_i - u_i\hat{\theta}_i}{\sqrt{u_i\hat{\theta}_i}} \qquad (17.6)$$

식 17.6은 표준화된 잔차다.

R에서 과대산포를 계산하는 것은 다음과 같다.

```
> # 표준화된 잔차
> z <- (acs$NumChildren - children1$fitted.values) /
+      sqrt(children1$fitted.values)
> # 과대산포 Factor
> sum(z^2) / children1$df.residual

[1] 1.469747

> # 과대산포 p-값(p-value)
> pchisq(sum(z^2), children1$df.residual)

[1] 1
```

일반적으로 2 또는 그보다 큰 과대산포비를 과대산포로 가리킨다. 하지만 이 과대산포비가 2보다 작으면, (p-값이 1이고) 통계학적으로 유의한 과대산포가 있다는 것을 뜻한다. 따라서 우리는 준푸아송 패밀리를 사용하여 과대산포를 설명하기 위해 모형을 재적합하고, 실제로 이 패밀리는 음이항분포를 사용한다.

```
> children2 <- glm(NumChildren . FamilyIncome + FamilyType + OwnRent,
+                 data=acs, family=quasipoisson(link="log"))
> multiplot(children1, children2)
```

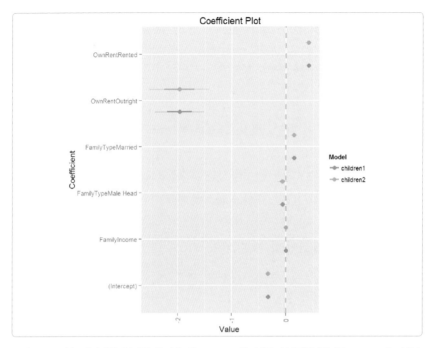

그림 17.5 푸아송 모형에 대한 계수 플롯. 첫 번째 모형, children1은 과대산포를 설명하지 않지만 children2는 과대산포를 설명한다. 해당 과대산포가 그다지 크지 않았기 때문에, 두 번째 모형에서 계수 추정은 약간의 불확실성만 가진다.

그림 17.5는 과대산포와 그렇지 않은 것을 설명하는 모형에 대한 계수 플롯을 보여준다. 과대산포가 아주 크지 않았기 때문에, 두 번째 모형은 계수 추정에 단지 약간의 불확실성만 추가한다.

17.3 다른 일반 선형 모형

glm 함수에서 지원되는 다른 일반 선형 모형은 감마, 역가우시안, 준이항이다. 이항에 대해 logit, probit, cauchit, log, cloglog, 감마에 대해 inverse, identity, log, 푸아송에 대해 log, identity, sqrt, 그리고 역가우시안에 대해서는 $1/mu^2$, inverse, identity, log 같은 다른 연결함수가 지원된다.

여러 카테고리를 분류하기 위해, 다항 회귀는 다수 로지스틱 회귀 실행(통계 문헌에서 잘 제공되는 전략) 또는 nnet 패키지에서 제공되는 polr나 multinom 함수 사용을 필요로 한다.

17.4 생존 분석

기술적으로 일반 선형 모형 패밀리의 일원은 아니지만, 생존 분석은 회귀 분석에 또 다른 중요한 확장이다. 이것은 임상 의학 실험, 서버 실패 횟수, 사고 횟수, 치료 또는 질병 이후 죽음까지 걸리는 시간과 같은 많은 적용 분야가 있다.

생존 분석을 위해 사용되는 데이터는 보통 정해진 시간 후 대상에 일어나는 사건에 대하여 데이터가 중도절단(censored)인, 즉 알 수 없는 정보가 있다는 뜻이라는 점에서 대부분의 다른 데이터와 다르다. 예를 위해, survival 패키지의 bladder 데이터를 살펴본다.

```
> require(survival)
> head(bladder)

  id rx number size stop event enum
1  1  1      1    3    1     0    1
2  1  1      1    3    1     0    2
3  1  1      1    3    1     0    3
4  1  1      1    3    1     0    4
5  2  1      2    1    4     0    1
6  2  1      2    1    4     0    2
```

여기서 중요한 열은 stop(사건이 일어나거나 환자가 연구에서 빠지는 경우)과 event(당시 사건이 발생했는지 여부)다. 설령 event가 0이라도, 이후 사건이 발생했을지 우리는 알 수가 없다. 이것이 바로 중도절단이라고 부르는 이유다. 해당 구조를 활용하려면 Surv 함수를 사용한다.

```
> # 먼저 데이터 일부를 본다.
> bladder[100:105, ]

     id rx number size stop event enum
100  25  1      2    1   12     1    4
101  26  1      1    3   12     1    1
102  26  1      1    3   15     1    2
103  26  1      1    3   24     1    3
104  26  1      1    3   31     0    4
105  27  1      1    2   32     0    1

> # 이제 build.y에 의해 생성된 응답변수를 본다.
> survObject <- with(bladder[100:105, ], Surv(stop, event))
> # 잘 출력된 형태
> survObject

[1] 12 12 15 24 31+ 32+

> # 이것의 행렬 형태를 확인한다.
> survObject[, 1:2]
```

```
     time status
[1,]   12    1
[2,]   12    1
[3,]   15    1
[4,]   24    1
[5,]   31    0
[6,]   32    0
```

이것은 사건이 발생한 첫 두 개의 행에서 시간은 12로 알려지지만, 반면 마지막 두 열은 사건이 없었고, 이후에 사건이 발생할 수 있었으므로 시간이 중도절단 이라는 것을 보여준다.

아마 생존 분석에서 가장 보편적인 모형화 기술은 콕스(Cox) 비례 위험 모형을 사용하는 것이며, 이는 R에서 coxph로 수행된다. 이 모형은 coxph에서 제공되는 친숙한 formula 형식을 사용하여 적합된다. 그리고 나서 survfit 함수는 그림 17.6에서 보이는 것과 같이 플롯될 수 있는 생존 곡선을 만든다. 생존 곡선은 정해진 시간에 생존한 참가자들의 비율을 보여준다. 이 요약은 다른 요약들과 비슷하지만 생존 분석에 잘 맞춰져 있다.

```
> cox1 <- coxph(Surv(stop, event) ~ rx + number + size + enum,
+               data=bladder)
> summary(cox1)

Call:
coxph(formula = Surv(stop, event) ~ rx + number + size + enum,
    data = bladder)

  n= 340, number of events= 112

          coef exp(coef) se(coef)      z Pr(>|z|)
rx     -0.59739   0.55024  0.20088 -2.974  0.00294 **
number  0.21754   1.24301  0.04653  4.675 2.93e-06 ***
size   -0.05677   0.94481  0.07091 -0.801  0.42333
enum   -0.60385   0.54670  0.09401 -6.423 1.34e-10 ***
---
Signif. codes:  0 '***' 0.001 '**' 0.01 '*' 0.05 '.' 0.1 ' ' 1

       exp(coef) exp(-coef) lower .95 upper .95
rx        0.5502     1.8174    0.3712    0.8157
number    1.2430     0.8045    1.1347    1.3617
size      0.9448     1.0584    0.8222    1.0857
enum      0.5467     1.8291    0.4547    0.6573

Concordance= 0.753 (se = 0.029 )
Rsquare= 0.179 (max possible= 0.971 )
Likelihood ratio test= 67.21 on 4 df, p=8.804e-14
Wald test            = 64.73 on 4 df, p=2.932e-13
Score (logrank) test = 69.42 on 4 df, p=2.998e-14

> plot(survfit(cox1), xlab="Days", ylab="Survival Rate",
+      conf.int=TRUE)
```

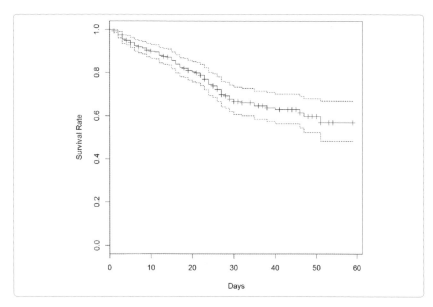

그림 17.6 bladder 데이터에 적합된 콕스 비례 위험 모형에 대한 생존 곡선

이 데이터에서, rx 변수는 플라시보 대 치료를 나타내는 것으로, 이는 환자에 대한 자연적 계층화가 된다. formula에서 rx를 strata의 인자로 전달함으로써 분석을 위해 데이터를 둘로 나누게 되고, 그림 17.7에서 보이는 것과 같은 두 개의 생존 곡선을 생성하게 해줄 것이다.

```
> cox2 <- coxph(Surv(stop, event) ~ strata(rx) + number + size + enum,
+               data=bladder)
> summary(cox2)

Call:
coxph(formula = Surv(stop, event) ~ strata(rx) + number + size +
    enum, data = bladder)

  n= 340, number of events= 112

           coef exp(coef) se(coef)      z Pr(>|z|)
number  0.21371   1.23826  0.04648  4.598 4.27e-06 ***
size   -0.05485   0.94662  0.07097 -0.773     0.44
enum   -0.60695   0.54501  0.09408 -6.451 1.11e-10 ***
---
Signif. codes: 0 '***' 0.001 '**' 0.01 '*' 0.05 '.' 0.1 ' ' 1

       exp(coef) exp(-coef) lower .95 upper .95
number    1.2383     0.8076    1.1304    1.3564
size      0.9466     1.0564    0.8237    1.0879
enum      0.5450     1.8348    0.4532    0.6554

Concordance= 0.74 (se = 0.04 )
Rsquare= 0.166 (max possible= 0.954 )
Likelihood ratio test= 61.84 on 3 df, p=2.379e-13
Wald test            = 60.04 on 3 df, p=5.751e-13
Score (logrank) test = 65.05 on 3 df, p=4.896e-14
```

```
> plot(survfit(cox2), xlab="Days", ylab="Survival Rate",
+       conf.int=TRUE, col=1:2)
> legend("bottomleft", legend=c(1, 2), lty=1, col=1:2,
+        text.col=1:2, title="rx")
```

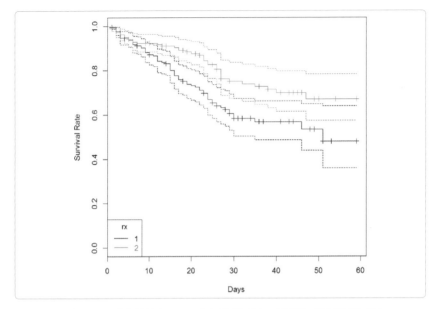

그림 17.7 rx에 의해 계층화된 bladder 데이터에 적합된 콕스 비례 위험 모형에 대한 생존 곡선

한 가지 코멘트를 하자면, 이것은 만들기에 비교적 간단한 범례이긴 했지만, ggplot2를 사용하는 것보다는 훨씬 많은 노력을 필요로 했다.

비례위험의 추정을 검정하려면 cox.zph를 사용한다.

```
> cox.zph(cox1)

          rho   chisq        p
rx      0.0299  0.0957 7.57e-01
number  0.0900  0.6945 4.05e-01
size   -0.1383  2.3825 1.23e-01
enum    0.4934 27.2087 1.83e-07
GLOBAL      NA 32.2101 1.73e-06

> cox.zph(cox2)

          rho  chisq       p
number  0.0966  0.785 3.76e-01
size   -0.1331  2.197 1.38e-01
enum    0.4972 27.237 1.80e-07
GLOBAL      NA 32.101 4.98e-07
```

앤더슨-길(Andersen-Gill) 분석은 기간 데이터를 취하고 응급실 방문 여부가 아니라 응급실 방문 횟수를 세는 것 같은 여러 사건을 다룰 수 있다는 점만 제외하고는 생존 분석과 비슷하다. 이 분석은 또한 coxph를 사용하여 수행되는데, Surv에 추가적인 변수가 전달되고 여러 사건을 기록하기 위해 해당 데이터는 식별열(id)로 묶여야 한다. 이에 대한 생존 곡선은 그림 17.8에 보인다.

```
> head(bladder2)

  id rx number size start stop event enum
1  1  1      1    3     0    1     0    1
2  2  1      2    1     0    4     0    1
3  3  1      1    1     0    7     0    1
4  4  1      5    1     0   10     0    1
5  5  1      4    1     0    6     1    1
6  5  1      4    1     6   10     0    2
> ag1 <- coxph(Surv(start, stop, event) ~ rx + number + size + enum +
+                 cluster(id), data=bladder2)
> ag2 <- coxph(Surv(start, stop, event) ~ strata(rx) + number + size +
+                 enum + cluster(id), data=bladder2)
> plot(survfit(ag1), conf.int=TRUE)
> plot(survfit(ag2), conf.int=TRUE, col=1:2)
> legend("topright", legend=c(1, 2), lty=1, col=1:2,
+         text.col=1:2, title="rx")
```

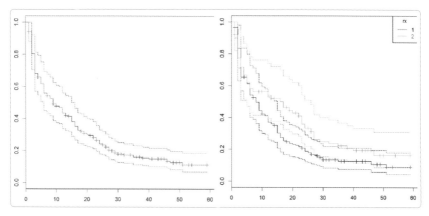

그림 17.8 bladder2 데이터에 대한 앤더슨-길 생존 곡선

17.5 마무리

일반 선형 모형은 예측변수와 반응변수 사이의 선형 관계를 넘어서 회귀 분석을 확장한다. 가장 중요한 유형들은 이진 데이터를 위한 로지스틱, 데이터를 카운트하기 위한 푸아송, 그리고 생존 분석이다. 이것들은 매우 넓은 영역에서 활용되고 있다.

18장

모형 진단

모형을 만드는 것은 교호작용을 추가하고, 변수를 제거하고, 변환을 수행하는 등의 다양한 과정을 통해 계속적으로 모형을 향상시키는 끝이 없는 과정일 수 있다. 하지만 어느 시점에서 우리는 그 시점에서의 가장 좋은 모형 또는 단지 좋은 모형이라도 확정해야 할 필요가 있다. 이는 다음 질문을 이끌어낸다, "어떻게 모형의 품질을 판단할 수 있는 것인가?" 대다수 경우 다른 모형들과 비교하여 답이 나오게 되는데 이때 잔차 분석, 분산분석 검정 또는 왈드(Wald) 검정의 결과, 편차의 감소, AIC 또는 BIC 점수, 교차 검증 오차 또는 부트스트래핑 등이 활용된다.

18.1 잔차(residual)

모형의 품질을 평가할 때 처음으로 배우게 되는 방법 중 하나는 잔차 분석으로, 잔차는 실제 반응변수와 적합된 값(모형에 의해 예측된 값)의 차이다. 여기서 예측값은 오차(잔차와 비슷한)가 정규분포인 식 16.1의 직접적인 결과다. 기본 개념은 만약 모형이 적절하게 데이터에 적합되었다면, 잔차 또한 정규 분포여야 한다는 것이다. 이를 확인하기 위해, 주택 데이터에 대해 회귀 모형을 적합하고 그림 18.1에서 보이는 것과 같은 계수 플롯을 그려본다.

```
> # 데이터를 입력한다.
> housing <- read.table("data/housing.csv", sep=",", header=TRUE,
+                       stringsAsFactors=FALSE)
> # 데이터에 적절한 이름을 부여한다.
> names(housing) <- c("Neighborhood", "Class", "Units", "YearBuilt",
+                     "SqFt", "Income", "IncomePerSqFt", "Expense",
```

```
+                          "ExpensePerSqFt", "NetIncome", "Value",
+                          "ValuePerSqFt", "Boro")
> # 일부 이상치(outlier)를 제거한다.
> housing <- housing[housing$Units < 1000, ]
> head(housing)

  Neighborhood            Class Units YearBuilt   SqFt   Income
1    FINANCIAL R9-CONDOMINIUM    42      1920  36500  1332615
2    FINANCIAL R4-CONDOMINIUM    78      1985 126420  6633257
3    FINANCIAL RR-CONDOMINIUM   500        NA 554174 17310000
4    FINANCIAL R4-CONDOMINIUM   282      1930 249076 11776313
5       TRIBECA R4-CONDOMINIUM   239      1985 219495 10004582
6       TRIBECA R4-CONDOMINIUM   133      1986 139719  5127687
  IncomePerSqFt Expense ExpensePerSqFt NetIncome     Value
1         36.51  342005           9.37    990610   7300000
2         52.47 1762295          13.94   4870962  30690000
3         31.24 3543000           6.39  13767000  90970000
4         47.28 2784670          11.18   8991643  67556006
5         45.58 2783197          12.68   7221385  54320996
6         36.70 1497788          10.72   3629899  26737996
  ValuePerSqFt      Boro
1       200.00 Manhattan
2       242.76 Manhattan
3       164.15 Manhattan
4       271.23 Manhattan
5       247.48 Manhattan
6       191.37 Manhattan

>
> # 모형을 적합한다.
> house1 <- lm(ValuePerSqFt ~ Units + SqFt + Boro, data=housing)
> summary(house1)

Call:
lm(formula = ValuePerSqFt ~ Units + SqFt + Boro, data = housing)

Residuals:
     Min      1Q  Median      3Q     Max
-168.458 -22.680   1.493  26.290 261.761

Coefficients:
                    Estimate Std. Error t value Pr(>|t|)
(Intercept)        4.430e+01  5.342e+00   8.293  < 2e-16 ***
Units             -1.532e-01  2.421e-02  -6.330 2.88e-10 ***
SqFt               2.070e-04  2.129e-05   9.723  < 2e-16 ***
BoroBrooklyn       3.258e+01  5.561e+00   5.858 5.28e-09 ***
BoroManhattan      1.274e+02  5.459e+00  23.343  < 2e-16 ***
BoroQueens         3.011e+01  5.711e+00   5.272 1.46e-07 ***
BoroStaten Island -7.114e+00  1.001e+01  -0.711    0.477
---
Signif. codes:  0 '***' 0.001 '**' 0.01 '*' 0.05 '.' 0.1 ' ' 1

Residual standard error: 43.2 on 2613 degrees of freedom
Multiple R-squared: 0.6034,  Adjusted R-squared: 0.6025
F-statistic: 662.6 on 6 and 2613 DF, p-value: <2.2e-16

>
> # 모형을 시각화한다.
> require(coefplot)
> coefplot(house1)
```

선형 회귀 분석을 위해, 세 가지 중요한 잔차 플롯들(Q-Q 플롯들과 잔차의 히스

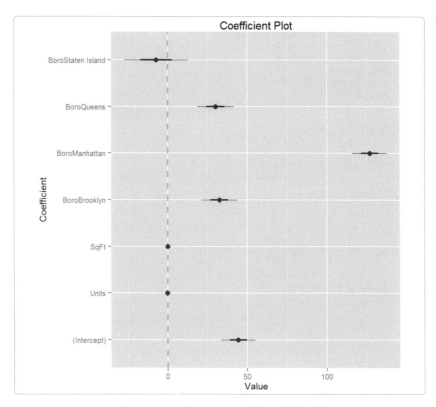

그림 18.1 house1에서 콘도 값 데이터 회귀에 대한 계수 플롯

토그램)은 잔차에 대해 적합된 값들이다. 그 첫 번째는 ggplot2로 매우 간단하게 플롯된다. 다행히도 ggplot2는 lm 모형을 다루기 위한 유용한 기능을 제공하고 있다. 우리는 해당 모형을 데이터 소스로 사용할 수 있고, ggplot2는 쉬운 플로팅을 위해 fortify 함수로 새로운 열을 생성한다.

```
> require(ggplot2)
> # 적합된 모형에 대한 결과가 추가된 lm 모형의 형태를 확인한다.
> head(fortify(house1))

  ValuePerSqFt Units   SqFt      Boro         .hat  .sigma
1       200.00    42  36500 Manhattan 0.0009594821 43.20952
2       242.76    78 126420 Manhattan 0.0009232393 43.19848
3       164.15   500 554174 Manhattan 0.0089836758 43.20347
4       271.23   282 249076 Manhattan 0.0035168641 43.17583
5       247.48   239 219495 Manhattan 0.0023865978 43.19289
6       191.37   133 139719 Manhattan 0.0008934957 43.21225
        .cooksd  .fitted    .resid .stdresid
1 5.424169e-05 172.8475  27.15248 0.6287655
2 2.285253e-04 185.9418  56.81815 1.3157048
3 1.459368e-03 209.8077 -45.65775 -1.0615607
4 2.252653e-03 180.0672  91.16278 2.1137487
5 8.225193e-04 180.5341  66.94589 1.5513636
6 8.446170e-06 180.2661  11.10385 0.2571216
```

```
> # 객체에 플롯을 저장한다.
> # x-와 y-축에 생성된 열을 사용하는 것을 확인한다.
> # 여기서는 .fitted와 .resid이다.
> h1 <- ggplot(aes(x=.fitted, y=.resid), data = house1) +
+     geom_point() +
+     geom_hline(yintercept = 0) +
+     geom_smooth(se = FALSE) +
+     labs(x="Fitted Values", y="Residuals")
>
> # 플롯을 출력한다.
> h1
```

그림 18.2에서 보이는 잔차 대 적합 값의 플롯은 언뜻 보기에 혼란스러운데, 잔차의 패턴이 바랐던 만큼 임의로 분산되어 있지 않은 것처럼 보이기 때문이다. 하지만 추가 확인을 통해 그림 18.3에서 보이는 것처럼 이것이 Boro가 해당 데이터를 제공하는 구조 때문임을 밝혀낸다.

```
> h1 + geom_point(aes(color = Boro))
```

이 플롯은 그림 18.4에서 보이는 것처럼 내장 플로팅 함수를 사용하여 덜 매력적이긴 하지만 쉽게 플롯될 수 있다.

```
> # 기본 플롯
> plot(house1, which=1)
> # 동일하지만 Boro에 의해 색이 칠해진 플롯
> plot(house1, which=1, col=as.numeric(factor(house1$model$Boro)))
> # 대응 범례
> legend("topright", legend=levels(factor(house1$model$Boro)), pch=1,
+        col=as.numeric(factor(levels(factor(house1$model$Boro)))),
+        text.col=as.numeric(factor(levels(factor(house1$model$Boro)))),
+        title="Boro")
```

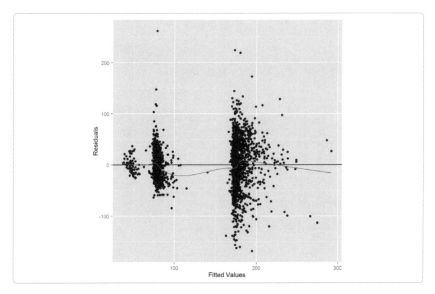

그림 18.2 house1의 잔차 대 적합된 값의 플롯. 이는 임의로 나타나지 않는 데이터 패턴을 명확하게 보여준다.

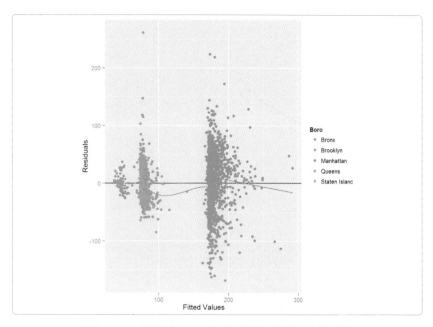

그림 18.3 Boro로 채색된 house1의 잔차 대 적합된 값의 플롯. 잔차의 패턴은
모형에 대한 Boro 영향의 결과임이 밝혀진다. 점들은 x축과 곡선보다 상위에
위치하는데, 이는 geom_point가 다른 geom들 다음에 추가되었기 때문이다.

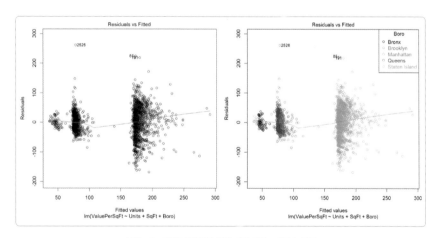

그림 18.4 잔차 대 적합된 값에 대한 기본 그래픽스 플롯

다음은 Q-Q 플롯이다. 만약 모형이 적합하다면, 표준화된 잔차는 정규 분포
의 이론상 분위수에 대해 플로팅될 때 모두 직선을 따라 감소해야만 한다. 그림
18.5에서 기본 그래픽스와 ggplot2 버전 모두가 보인다.

```
> plot(house1, which = 2)
> ggplot(house1, aes(sample = .stdresid)) + stat_qq() + geom_abline()
```

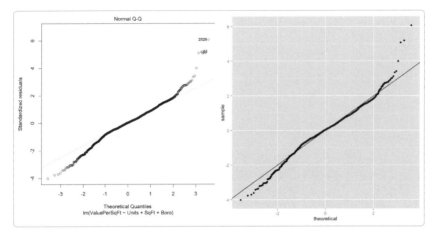

그림 18.5 house1에 대한 Q-Q 플롯. 꼬리 부분이 이상적인 이론상의 선으로부터 떨어져나가는데,
이것은 최상의 적합을 가지지 않음을 나타낸다.

다른 진단 방법은 잔차의 히스토그램이다. 히스토그램은 반복적으로 보여 왔던
표준 플롯이기 때문에 기본 그래픽스로 따로 보여주진 않을 것이다. 그림 18.6
에서 히스토그램은 정규 분포를 이루지 않는데, 이는 모형이 완전하게 적합된
것이 아님을 의미한다.

```
> ggplot(house1, aes(x = .resid)) + geom_histogram()
```

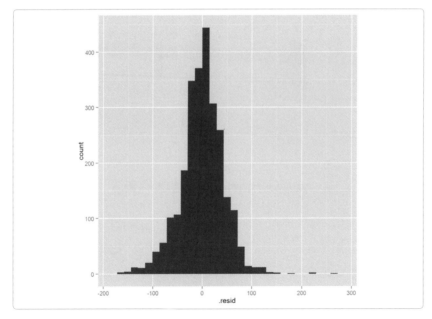

그림 18.6 house1 잔차 히스토그램.
이것은 정규 분포로 보이지 않는데, 이는 모형이 완전하지 않음을 의미한다.

18.2 모형 비교

모형 적합성 측정은 여러 모형의 비교를 통해 이뤄지는데, 비교의 척도는 모두 상대적이기 때문이다. 우리는 모형들을 서로 비교하기 위해 다수의 모형을 적합할 것이다.

```
> house2 <- lm(ValuePerSqFt ~ Units * SqFt + Boro, data=housing)
> house3 <- lm(ValuePerSqFt ~ Units + SqFt * Boro + Class,
+               data=housing)
> house4 <- lm(ValuePerSqFt ~ Units + SqFt * Boro + SqFt*Class,
+               data=housing)
> house5 <- lm(ValuePerSqFt ~ Boro + Class, data=housing)
```

늘 그렇듯이, 첫 번째 단계는 coefplot 패키지의 multiplot을 사용하여 모형들을 함께 시각화하는 것이다. 결과는 그림 18.7에 있으며, Boro가 특정 콘도형과 함께 ValuePerSqFt에 유의미한 영향을 주는 유일한 변수임을 보여준다.

```
> multiplot(house1, house2, house3, house4, house5, pointSize = 2)
```

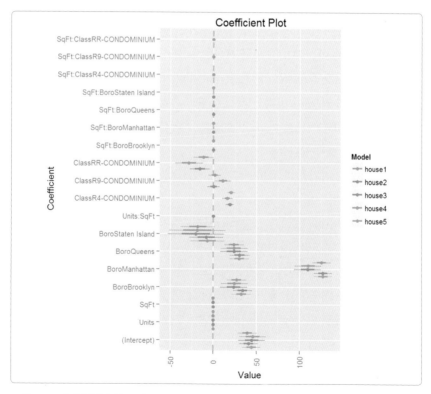

그림 18.7 주택 데이터에 기반을 둔 다양한 모형들의 계수 플롯. 이는 오직 Boro와 몇몇 콘도형만이 중요함을 보여준다.

다중 표본 검정을 위해 분산분석을 사용하는 것을 권하진 않지만, 그것이 다른 모형들의 상대적인 장점을 검정하는 목적에는 도움이 될 것이라 생각한다. 간단하게 anova에 여러 모형의 객체를 전달하면 잔차제곱합(RSS)을 포함하는 결과 표를 리턴할 것이다. 여기서 잔차제곱합은 오차의 정도로 낮을수록 좋다.

```
> anova(house1, house2, house3, house4, house5)
Analysis of Variance Table

Model 1: ValuePerSqFt . Units + SqFt + Boro
Model 2: ValuePerSqFt . Units * SqFt + Boro
Model 3: ValuePerSqFt . Units + SqFt * Boro + Class
Model 4: ValuePerSqFt . Units + SqFt * Boro + SqFt * Class
Model 5: ValuePerSqFt . Boro + Class
  Res.Df      RSS Df Sum of Sq       F    Pr(>F)
1   2613  4877506
2   2612  4847886  1     29620 17.0360 3.783e-05 ***
3   2606  4576769  6    271117 25.9888 < 2.2e-16 ***
4   2603  4525783  3     50986  9.7749 2.066e-06 ***
5   2612  4895630 -9   -369847 23.6353 < 2.2e-16 ***
---
Signif. codes: 0 '***' 0.001 '**' 0.01 '*' 0.05 '.' 0.1 ' ' 1
```

앞의 결과는 네 번째 모형(house4)의 RSS가 가장 낮고, 이 중에서 가장 좋은 모형임을 보여준다. RSS의 문제는 추가 변수가 모형에 추가되면 품질이 항상 향상된다는 것이다. 이는 과도한 모형 복잡도와 과적합을 초래할 수 있다. 또 다른 척도는 AIC(Akaike Information Criterion)이다. RSS와 같이, AIC가 가장 낮은 모형(심지어 음수라도)이 최적인 것으로 판단된다. BIC(Bayesian Information Criterion)도 비슷한 척도로 이 또한 낮은 값이 더 좋다.

AIC의 식은 다음과 같다.

$$\text{AIC} = -2\ln(\mathcal{L}) + 2p \tag{18.1}$$

여기서 $\ln(\mathcal{L})$은 최대화된 로그우도이고, p는 모형에서 계수의 개수다. 모형이 향상됨에 따라 로그우도가 커지고, 해당 항이 음이므로 AIC는 낮아진다. 하지만 계수를 추가하는 것은 AIC를 증가시키므로, 이는 모형 복잡도를 안 좋게 한다. BIC에 대한 식은 계수의 수에 2를 곱하는 대신 행의 수에 자연로그한 값을 곱한다는 것을 제외하면 비슷하다. 이는 식 18.2에서 보인다.

$$\text{BIC} = -2\ln(\mathcal{L}) + \ln(n) \cdot p \tag{18.2}$$

모형에 대한 AIC와 BIC는 각각 AIC와 BIC 함수를 사용하여 계산된다.

```
> AIC(house1, house2, house3, house4, house5)

        df      AIC
house1   8 27177.78
house2   9 27163.82
house3  15 27025.04
house4  18 27001.69
house5   9 27189.50

> BIC(house1, house2, house3, house4, house5)

        df      BIC
house1   8 27224.75
house2   9 27216.66
house3  15 27113.11
house4  18 27107.37
house5   9 27242.34
```

glm으로 적합된 모형을 호출할 때, anova는 모형의 편차를 리턴하며 이것은 또 다른 오차의 측정값이다. 앤드류 겔먼에 따르면 모형에 추가된 모든 변수에 대해, 그 편차는 2가 감소해야 한다. 범주형(factor) 변수에 대해, 편차는 각 level 에 대해 2만큼 감소해야 한다.

이를 보여주기 위해 ValuePerSqFt로부터 이진변수를 만들고 몇 개의 로지스 틱 회귀에 적합한다.

```
> # ValuePerSqFt가 150을 넘는지 안 넘는지에 대한 이진 변수를 생성한다.
> housing$HighValue <- housing$ValuePerSqFt >= 150
>
> # 몇몇 모형에 적합한다.
> high1 <- glm(HighValue ~ Units + SqFt + Boro,
+               data=housing, family=binomial(link="logit"))
> high2 <- glm(HighValue ~ Units * SqFt + Boro,
+               data=housing, family=binomial(link="logit"))
> high3 <- glm(HighValue ~ Units + SqFt * Boro + Class,
+               data=housing, family=binomial(link="logit"))
> high4 <- glm(HighValue ~ Units + SqFt * Boro + SqFt*Class,
+               data=housing, family=binomial(link="logit"))
> high5 <- glm(HighValue ~ Boro + Class,
+               data=housing, family=binomial(link="logit"))
>
> # ANOVA(편차값), AIC, BIC를 사용하여 모형을 테스트한다.
> anova(high1, high2, high3, high4, high5)

Analysis of Deviance Table

Model 1: HighValue ~ Units + SqFt + Boro
Model 2: HighValue ~ Units * SqFt + Boro
Model 3: HighValue ~ Units + SqFt * Boro + Class
Model 4: HighValue ~ Units + SqFt * Boro + SqFt * Class
Model 5: HighValue ~ Boro + Class
  Resid. Df Resid. Dev Df Deviance
1      2613     1687.5
2      2612     1678.8  1    8.648
3      2606     1627.5  6   51.331
4      2603     1606.1  3   21.420
5      2612     1662.3 -9  -56.205
```

```
> AIC(high1, high2, high3, high4, high5)

       df      AIC
high1   7 1701.484
high2   8 1694.835
high3  14 1655.504
high4  17 1640.084
high5   8 1678.290

> BIC(high1, high2, high3, high4, high5)

       df      BIC
high1   7 1742.580
high2   8 1741.803
high3  14 1737.697
high4  17 1739.890
high5   8 1725.257
```

여기서 또다시 네 번째 모형이 가장 좋았다. 네 번째 모형은 세 개 변수(SqFt와 교호작용된 Class에 대한 세 개의 지시 변수)를 추가했고 편차는 21이 감소했는데, 이는 각 추가 변수에 대해 2가 감소한 값보다 크다.

18.3 교차 검증(Cross-Validation)

잔차 진단 방법 및 분산분석과 AIC 같은 모형 검정은 약간은 구식이고 현대 컴퓨팅 파워가 나오기 전에 생긴 것이다. (적어도 대부분의 데이터 과학자들이) 모형 품질을 평가하기 위해 선호하는 방법은 교차 검증으로, 때때로 k-fold 교차 검증으로 불린다. 데이터는 겹치지 않는 k개(보통 다섯이나 열 개)의 부분으로 나뉜다. 이후 모형은 데이터의 $k - 1$ 부분에 적합되며, k번째 부분에 대한 예측을 위해 사용된다. 이 과정은 모든 부분이 한 번씩 검증되고 k - 1번 모형 적합에 포함될 때까지 k번 반복된다. 교차 검증은 모형 예측 정확도의 측정값을 제공하며, 대체로 모형 품질을 평가하는 좋은 방법으로 간주된다.

교차 검증의 수행을 돕는 많은 함수와 패키지가 있다. 각각은 자신만의 한계와 특이점이 있으며, 그래서 불완전한 많은 함수를 살펴보기보다는 일반 선형 모형(선형 회귀를 포함하는)에 대해 잘 동작하는 한 가지를 보여주고, 임의의 모형 타입에 대해 일반적으로 사용될 수 있는 포괄적 프레임워크를 만들도록 한다.

브라이언 리플리(Brian Ripley)의 boot 패키지는 교차 검증을 수행하기 위한 cv.glm을 가지고 있다. 이름이 나타내는 것처럼, 이는 오직 일반 선형 모형에 대해 동작하며, 많은 상황에 충분할 것이다.

```
> require(boot)
> # lm 대신 glm을 사용하여 house1를 재적합한다.
> houseG1 <- glm(ValuePerSqFt ~ Units + SqFt + Boro,
+                data=housing, family=gaussian(link="identity"))
>
> # lm의 결과와 동일함을 확인한다.
> identical(coef(house1), coef(houseG1))

[1] TRUE

>
> # 5-fold 교차 검증을 실행한다.
> houseCV1 <- cv.glm(housing, houseG1, K=5)
> # 오차를 확인한다.
> houseCV1$delta

[1] 1878.596 1876.691
```

cv.glm의 결과는 delta를 포함하는데, 이는 모든 fold에 대한 비용(cost) 함수(이 경우 평균 제곱 오차이며, 이것은 추정량에 대한 정확도의 척도로 식 18.3에 정의된다)에 기반을 둔 가공하지 않는 교차 검증 오차와 조정된 교차 검증 오차 등 두 개의 숫자를 가진다. 여기서 두 번째 수는 leave-one-out(한 개 데이터만 제외하고 모형을 구축) 교차 검증을 사용하지 않는 것을 보정하는데, 이 검증은 각 fold에서 하나의 관측값을 뺀 모든 데이터를 모형 구축에 사용한다는 점을 제외하면 k-fold 교차 검증과 같다. 이것은 정말 정확하지만 매우 많은 연산이 필요하다.

$$\text{MSE} = \frac{1}{n} \sum_{i=1}^{n} (\hat{y}_i - y_i)^2 \tag{18.3}$$

오차에 대해 좋은 결과를 얻었지만, 이는 오직 해당 숫자를 다른 모형과 비교할 수 있을 경우에 한해 도움이 된다. 그 때문에 이전에 만든 다른 모형들에 대해 같은 과정을 실행하는데 먼저 glm으로 그것들을 재적합한다.

```
> # glm을 사용하여 모형을 재적합한다.
> houseG2 <- glm(ValuePerSqFt ~ Units * SqFt + Boro, data=housing)
> houseG3 <- glm(ValuePerSqFt ~ Units + SqFt * Boro + Class,
+                data=housing)
> houseG4 <- glm(ValuePerSqFt ~ Units + SqFt * Boro + SqFt*Class,
+                data=housing)
> houseG5 <- glm(ValuePerSqFt ~ Boro + Class, data=housing)
>
> # 교차 검증을 실행한다.
> houseCV2 <- cv.glm(housing, houseG2, K=5)
> houseCV3 <- cv.glm(housing, houseG3, K=5)
> houseCV4 <- cv.glm(housing, houseG4, K=5)
> houseCV5 <- cv.glm(housing, houseG5, K=5)
>
> ## 오차 결과를 확인한다.
> # 결과의 data.frame을 생성한다.
```

```
> cvResults <- as.data.frame(rbind(houseCV1$delta, houseCV2$delta,
+                                   houseCV3$delta, houseCV4$delta,
+                                   houseCV5$delta))
> ## 결과를 좀 더 보기 좋게 만들기 위해 약간 정제를 한다.
> # 더 좋은 열 이름을 부여한다.
> names(cvResults) <- c("Error", "Adjusted.Error")
> # 모형 이름을 추가한다.
> cvResults$Model <- sprintf("houseG%s", 1:5)
>
> # 결과를 확인한다.
> cvResults

    Error Adjusted.Error    Model
1 1878.596       1876.691 houseG1
2 1862.247       1860.900 houseG2
3 1767.268       1764.953 houseG3
4 1764.370       1760.102 houseG4
5 1882.631       1881.067 houseG5
```

이번에도 역시, 네 번째 모형, houseG4가 가장 우수하게 나왔다. 그림 18.8은
분산분석, AIC, 교차 검증이 다른 모형들의 상대적인 값들에 얼마나 일치하는지
를 보여준다. 비율은 모두 다르지만 플롯의 모양은 동일하다.

```
> # 결과를 시각화한다.
> # ANOVA로 테스트한다.
> cvANOVA <-anova(houseG1, houseG2, houseG3, houseG4, houseG5)
> cvResults$ANOVA <- cvANOVA$'Resid. Dev'
> # AIC로 측정한다.
> cvResults$AIC <- AIC(houseG1, houseG2, houseG3, houseG4, houseG5)$AIC
>
> # 플로팅을 위한 적합한 data.frame을 만든다.
> require(reshape2)
> cvMelt <- melt(cvResults, id.vars="Model", variable.name="Measure",
+               value.name="Value")
> cvMelt

      Model        Measure        Value
1   houseG1          Error     1878.596
2   houseG2          Error     1862.247
3   houseG3          Error     1767.268
4   houseG4          Error     1764.370
5   houseG5          Error     1882.631
6   houseG1 Adjusted.Error     1876.691
7   houseG2 Adjusted.Error     1860.900
8   houseG3 Adjusted.Error     1764.953
9   houseG4 Adjusted.Error     1760.102
10  houseG5 Adjusted.Error     1881.067
11  houseG1          ANOVA 4877506.411
12  houseG2          ANOVA 4847886.327
13  houseG3          ANOVA 4576768.981
14  houseG4          ANOVA 4525782.873
15  houseG5          ANOVA 4895630.307
16  houseG1            AIC   27177.781
17  houseG2            AIC   27163.822
18  houseG3            AIC   27025.042
19  houseG4            AIC   27001.691
20  houseG5            AIC   27189.499

>
> ggplot(cvMelt, aes(x=Model, y=Value)) +
```

```
+          geom_line(aes(group=Measure, color=Measure)) +
+          facet_wrap(~Measure, scales="free_y") +
+          theme(axis.text.x=element_text(angle=90, vjust=.5)) +
+          guides(color=FALSE)
```

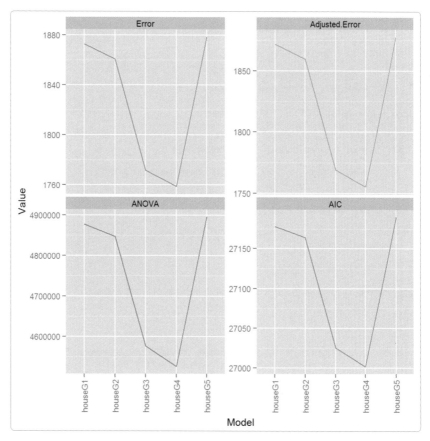

그림 18.8 주택 모형에 대한 교차 검증 오차(계산값 그대로와 보정된 값), 분산분석, AIC의 플롯.
비율은 다르지만 모양은 동일하며, houseG4가 진정한 최고 모형임을 보여준다.

이제 glm보다는 모형에 대한 자체적인 교차 검증을 실행하기 위한 일반적인 프레임워크(cv.glm으로부터 살짝 따온)를 제시한다. 이는 보편적이지 않고 모든 모형에 대해 동작하지는 않을 것이다. 하지만 이것이 어떻게 수행되어야 하는지에 대한 일반적인 개념을 제공한다. 실제로는 좀 더 작은 부분으로 요약되고 좀 더 견고하게 만들어져야 한다.

```
> cv.work <- function(fun, k = 5, data,
+                     cost = function(y, yhat) mean((y - yhat)^2),
+                     response="y", ...)
+ {
+     # fold를 생성한다.
+     folds <- data.frame(Fold=sample(rep(x=1:k, length.out=nrow(data))),
+                         Row=1:nrow(data))
```

```
+
+        # 오차를 0에서 시작한다.
+        error <- 0
+
+        ## fold 각각에 대해 루프를 돈다.
+        ## 각각 fold에 대해:
+        ## 학습 데이터에 대한 모형을 적합한다.
+        ## 테스트 데이터에 대해 예측한다.
+        ## 오차를 계산하고 이를 누적한다.
+        for(f in 1:max(folds$Fold))
+        {
+            # 테스트 데이터에 존재하는 행들
+            theRows <- folds$Row[folds$Fold == f]
+
+            ## data[-theRows, ]에 fun을 호출한다.
+            ## data[theRows, ]를 예측한다.
+            mod <- fun(data=data[-theRows, ], ...)
+            pred <- predict(mod, data[theRows, ])
+
+            # 해당 fold의 행의 개수에 의해 가중치가 매겨진 새로운 오차를 더한다.
+            error <- error +
+                cost(data[theRows, response], pred) *
+                (length(theRows)/nrow(data))
+        }
+
+        return(error)
+ }
```

다양한 주택 모형들에 함수를 적용하면서 그것들의 교차 검증 오차를 구할 수 있다.

```
> cv1 <- cv.work(fun=lm, k=5, data=housing, response="ValuePerSqFt",
+                 formula=ValuePerSqFt ~ Units + SqFt + Boro)
> cv2 <- cv.work(fun=lm, k=5, data=housing, response="ValuePerSqFt",
+                 formula=ValuePerSqFt ~ Units * SqFt + Boro)
> cv3 <- cv.work(fun=lm, k=5, data=housing, response="ValuePerSqFt",
+                 formula=ValuePerSqFt ~ Units + SqFt * Boro + Class)
> cv4 <- cv.work(fun=lm, k=5, data=housing, response="ValuePerSqFt",
+                 formula=ValuePerSqFt ~ Units + SqFt * Boro + SqFt*Class)
> cv5 <- cv.work(fun=lm, k=5, data=housing, response="ValuePerSqFt",
+                 formula=ValuePerSqFt ~ Boro + Class)
> cvResults <- data.frame(Model=sprintf("house%s", 1:5),
+                         Error=c(cv1, cv2, cv3, cv4, cv5))
> cvResults

   Model    Error
1 house1 1875.582
2 house2 1859.388
3 house3 1766.066
4 house4 1764.343
5 house5 1880.926
```

이는 cv.glm의 결과와 매우 비슷하고 또 다시 네 번째 매개변수화가 여전히 가장 좋음을 보여준다. 이러한 척도들이 항상 이렇게 일치하진 않지만 일치하는 경우에는 매우 훌륭하다.

18.4 부트스트랩(Bootstrap)

때때로, 여러 이유로 인해, 문제에 대한 좋은 분석적 해결책이 없어 또 다른 전략이 필요하게 된다. 이는 특히 신뢰구간에 대한 불확실성을 측정하는 경우 그렇다. 이를 극복하기 위해, 브래들리 에프런(Bradley Efron)은 1979년 부트스트랩을 소개했다. 그 후 부트스트랩은 현대 통계에 대혁신을 일으켰으며 부트스트랩은 이제 없어서는 안 되는 중요한 것이 되었다.

아이디어는 n개 행의 데이터로 시작한다. 몇몇 통계(평균, 회귀 또는 어떤 임의의 함수든지)가 데이터에 적용된다. 그리고 나서 데이터가 표본 추출되고 새로운 데이터셋을 만든다. 중복이 존재할 수 있고 일부 행들이 완전히 빠질 수 있다는 것을 제외하면 새로운 데이터셋도 여전히 행이 n개이다. 통계는 새로운 데이터셋에 적용된다. 이 과정은 R번(일반적으로 1200번 내외) 반복되고, 이는 해당 통계에 대한 전체 분포를 생성한다. 이후 이 분포는 해당 통계에 대한 평균과 신뢰구간(보통 95%)을 찾기 위해 사용될 수 있다.

boot 패키지는 부트스트랩을 다루기 쉽게 만들어주는 매우 강력한 도구의 집합이다. 함수 호출을 준비할 때 약간의 주의가 필요하지만, 충분히 쉽게 다룰 수 있다.

간단한 예로 시작하기 위해, 1990년 이후 전체 메이저리그 야구(MLB)의 타율을 분석한다. baseball 데이터는 타석(ab)과 안타(h)와 같은 정보를 가진다.

```
> require(plyr)
> baseball <- baseball[baseball$year >= 1990, ]
> head(baseball)
```

```
              id year stint team lg   g  ab  r   h X2b X3b hr rbi sb
67412 alomasa02 1990     1  CLE AL 132 445 60 129  26   2  9  66  4
67414 anderbr01 1990     1  BAL AL  89 234 24  54   5   2  3  24 15
67422 baergca01 1990     1  CLE AL 108 312 46  81  17   2  7  47  0
67424 baineha01 1990     1  TEX AL 103 321 41  93  10   1 13  44  0
67425 baineha01 1990     2  OAK AL  32  94 11  25   5   0  3  21  0
67442 bergmda01 1990     1  DET AL 100 205 21  57  10   1  2  26  3
      cs bb so ibb hbp sh sf gidp       OBP
67412  1 25 46   2   2  5  6   10 0.3263598
67414  2 31 46   2   5  4  5    4 0.3272727
67422  2 16 57   2   4  1  5    4 0.2997033
67424  1 47 63   9   0  0  3   13 0.3773585
67425  2 20 17   1   0  0  4    4 0.3813559
67442  2 33 17   3   0  1  2    7 0.3750000
```

타율을 계산하는 정확한 방법은 전체 타석으로 전체 안타수를 나누는 것이다. 이는 평균과 표준편차를 구하기 위해 간단하게 mean(h/ab)와 sd(h/ab)를 실행할 수 없다는 것을 뜻한다. 대신, 타율은 sum(h) / sum(ab)로 계산되고 표준편차는 쉽게 계산되지 않는다. 이 문제는 부트스트랩을 사용하기 위한 정말 좋은 예다.

우선 원래 데이터로 전체 타율을 계산한다. 그러고 나서 중복을 허용한 n개 행을 표본 추출하고 다시 타율을 계산한다. 이 작업을 분포가 형성될 때까지 반복적으로 수행한다. 수동으로 이 작업을 하기보다는 boot를 사용하도록 한다.

boot의 첫 번째 인자는 데이터다. 두 번째 인자는 데이터에 연산될 함수다. 이 함수는 적어도 두 개 인자(오직 첫 번째 인자만 필요로 하는 sim="parametric"이 아닌 한)를 취해야 한다. 첫 번째 인자는 원래 데이터이고 두 번째 인자는 인덱스, 빈도 또는 가중치의 vector다. boot에서 추가로 명명된 인자들은 해당 함수에 전달될 수 있다.

```
> ## 타율을 계산하기 위해 함수를 생성한다.
> # 데이터는 data이다.
> # boot는 변화하는 인덱스 집합을 전달할 것이다.
> # 어떤 행들은 한 패스(pass)에서 여러 번 나타날 것이다.
> # 다른 어떤 행들은 전혀 나타나지 않을 것이다.
> # 평균적으로 행의 63%가 나타날 것이다.
> # 이 함수는 boot에 의해 반복적으로 호출된다.
> bat.avg <- function(data, indices=1:NROW(data), hits="h",
+                     at.bats="ab")
+ {
+     sum(data[indices, hits], na.rm=TRUE) /
+         sum(data[indices, at.bats], na.rm=TRUE)
+ }
>
> # 원래 데이터에 이를 테스트한다.
> bat.avg(baseball)

[1] 0.2745988


>
> # baseball 데이터를 사용하여 이를 부트스트랩하는데,
> # bat.avg를 1200번 호출하고
> # 함수로 인덱스를 전달한다.
> avgBoot <- boot(data=baseball, statistic=bat.avg, R=1200, stype="i")
>
> # 원래 측정값과 편향과 표준 오차의 추정값을 출력한다.
> avgBoot

ORDINARY NONPARAMETRIC BOOTSTRAP

Call:
boot(data = baseball, statistic = bat.avg, R = 1200, stype = "i")

Bootstrap Statistics :
    original      bias     std. error
t1* 0.2745988 1.071011e-05 0.0006843765

> # 신뢰구간을 출력한다.
> boot.ci(avgBoot, conf=.95, type="norm")
```

```
BOOTSTRAP CONFIDENCE INTERVAL CALCULATIONS
Based on 1200 bootstrap replicates

CALL :
boot.ci(boot.out = avgBoot, conf = 0.95, type = "norm")

Intervals :
Level Normal
95% ( 0.2732, 0.2759 )
Calculations and Intervals on Original Scale
```

이 분포를 시각화하는 것은 반복한 결과들의 히스토그램을 플로팅하는 것만큼 간단하다. 그림 18.9는 최초 추정값의 두 표준오차를 양쪽에 수직선으로 가지는 타율에 대한 히스토그램을 보여준다. 이는 (대략) 95% 신뢰구간을 표시한다.

```
> ggplot() +
+       geom_histogram(aes(x=avgBoot$t), fill="grey", color="grey") +
+       geom_vline(xintercept=avgBoot$t0 + c(-1, 1)*2*sqrt(var(avgBoot$t)),
+                  linetype=2)
```

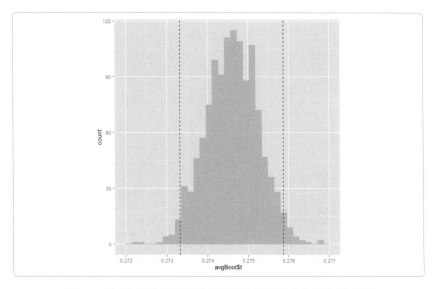

그림 18.9 타율 부트스트랩의 히스토그램. 양쪽의 수직선들은 최초 추정값의 두 표준오차다. 이것들은 부트스트랩된 95% 신뢰구간을 형성한다.

부트스트랩은 많은 가능성을 가지고 있고 믿을 수 없을 정도로 강력한 도구다. boot 패키지는 부트스트랩 시계열 기능과 중도절단된 데이터를 포함한 여기서 설명한 것보다 훨씬 많은 것을 제공한다. 부트스트랩은 매우 보편적인 적용 가능성 덕분에 아름답다고 할 수 있다. 이는 분석적 해결책이 비현실적이거나 불가능한 어떤 상황에서 사용될 수 있다. 드물긴 하지만, lasso로부터 추정된 것과 같은 편향된 추정치의 불확실성 측정 등 부트스트랩이 적절하지 않는 몇몇 경우가 있다.

18.5 단계적 변수 선택

모형에 대한 변수를 선택하는 일반적인 방법 중 하나는 단계적 변수 선택법이다. 이는 모형에 반복적으로 변수를 추가하고 제거하며 각 단계에서 모형을 검증하는(보통 AIC를 사용) 과정이다.

　step 함수는 가능한 모형에 대해 반복한다. scope 인자는 가능한 모형들의 낮고 높은 경계를 지정한다. direction 인자는 변수가 모형에 추가만 되는지, 모형으로부터 제거만 되는지 또는 필요에 따라 추가되고 제거되는지를 지정한다. step은 실행 시, 최적의 모형이라고 간주하는 것에 도달하기 위해 취해온 모든 반복을 출력한다.

```
> # 최소 모형은 null 모형(기초 모형)으로, 기본적으로 직선 평균이다.
> nullModel <- lm(ValuePerSqFt ~ 1, data=housing)
> # 우리가 수용할 최대 모형
> fullModel <- lm(ValuePerSqFt ~ Units + SqFt*Boro + Boro*Class,
+                 data=housing)
> # 다른 모형을 시도해 본다.
> # nullModel로 시작하여
> # fullModel을 넘지 않는다.
> # 양 방향에서 동작한다.
> houseStep <- step(nullModel,
+                   scope=list(lower=nullModel, upper=fullModel),
+                   direction="both")

Start: AIC=22151.56
ValuePerSqFt ~ 1

        Df Sum of Sq      RSS    AIC
+ Boro   4   7160206  5137931  19873
+ SqFt   1   1310379 10987758  21858
+ Class  3   1264662 11033475  21873
+ Units  1    778093 11520044  21982
<none>              12298137  22152

Step: AIC=19872.83
ValuePerSqFt ~ Boro

        Df Sum of Sq      RSS    AIC
+ Class  3    242301  4895630  19752
+ SqFt   1    185635  4952296  19778
+ Units  1     83948  5053983  19832
<none>               5137931  19873
- Boro   4   7160206 12298137  22152

Step: AIC=19752.26
ValuePerSqFt ~ Boro + Class

           Df Sum of Sq      RSS    AIC
+ SqFt       1    182170  4713460  19655
+ Units      1    100323  4795308  19700
+ Boro:Class 9    111838  4783792  19710
<none>                   4895630  19752
- Class      3    242301  5137931  19873
- Boro       4   6137845 11033475  21873
```

```
Step: AIC=19654.91

ValuePerSqFt ~ Boro + Class + SqFt

            Df Sum of Sq      RSS   AIC
+ SqFt:Boro  4    113219  4600241 19599
+ Boro:Class 9     94590  4618870 19620
+ Units      1     37078  4676382 19636
<none>                    4713460 19655
- SqFt       1    182170  4895630 19752
- Class      3    238836  4952296 19778
- Boro       4   5480928 10194388 21668

Step: AIC=19599.21
ValuePerSqFt ~ Boro + Class + SqFt + Boro:SqFt

            Df Sum of Sq      RSS   AIC
+ Boro:Class 9     68660  4531581 19578
+ Units      1     23472  4576769 19588
<none>                    4600241 19599
- Boro:SqFt  4    113219  4713460 19655
- Class      3    258642  4858883 19737

Step: AIC=19577.81
ValuePerSqFt ~ Boro + Class + SqFt + Boro:SqFt + Boro:Class

            Df Sum of Sq      RSS   AIC
+ Units      1     20131  4511450 19568
<none>                    4531581 19578
- Boro:Class 9     68660  4600241 19599
- Boro:SqFt  4     87289  4618870 19620

Step: AIC=19568.14
ValuePerSqFt ~ Boro + Class + SqFt + Units + Boro:SqFt + Boro:Class

            Df Sum of Sq      RSS   AIC
<none>                    4511450 19568
- Units      1     20131  4531581 19578
- Boro:Class 9     65319  4576769 19588
- Boro:SqFt  4     75955  4587405 19604
```

```
> # 선택된 모형을 확인한다.
> houseStep

Call:
lm(formula = ValuePerSqFt . Boro + Class + SqFt + Units + Boro:SqFt +
    Boro:Class, data = housing)

Coefficients:
                  (Intercept)
                    4.848e+01
                 BoroBrooklyn
                    2.655e+01
                BoroManhattan
                    8.672e+01
                    BoroQueens
                    1.999e+01
            BoroStaten Island
                   -1.132e+01
            ClassR4-CONDOMINIUM
                    6.586e+00
            ClassR9-CONDOMINIUM
                    4.553e+00
            ClassRR-CONDOMINIUM
```

```
                         8.130e+00
                              SqFt
                         1.373e-05
                             Units
                        -8.296e-02
                   BoroBrooklyn:SqFt
                         3.798e-05
                  BoroManhattan:SqFt
                         1.594e-04
                     BoroQueens:SqFt
                         2.753e-06
                BoroStaten Island:SqFt
                         4.362e-05
       BoroBrooklyn:ClassR4-CONDOMINIUM
                         1.933e+00
      BoroManhattan:ClassR4-CONDOMINIUM
                         3.436e+01
         BoroQueens:ClassR4-CONDOMINIUM
                         1.274e+01
   BoroStaten Island:ClassR4-CONDOMINIUM
                                NA
       BoroBrooklyn:ClassR9-CONDOMINIUM
                        -3.440e+00
      BoroManhattan:ClassR9-CONDOMINIUM
                         1.497e+01
         BoroQueens:ClassR9-CONDOMINIUM
                        -9.967e+00
   BoroStaten Island:ClassR9-CONDOMINIUM
                                NA
       BoroBrooklyn:ClassRR-CONDOMINIUM
                        -2.901e+01
      BoroManhattan:ClassRR-CONDOMINIUM
                        -6.850e+00
         BoroQueens:ClassRR-CONDOMINIUM
                         2.989e+01
   BoroStaten Island:ClassRR-CONDOMINIUM
                                NA
```

결론적으로, step은 가장 낮은 AIC의 fullModel이 최적임을 결정하였다. 이 방법이 유효하긴 하지만, 약간 마구잡이식 방법이고 자체적인 이론상 문제점을 가지고 있다. Lasso 회귀는 변수 선택 작업을 거의 틀림없이 이보다 더 잘 수행할수 있으며, 19.1에서 설명한다.

18.6 마무리

모형의 품질을 평가하는 것은 모형 구축 과정에서 중요한 단계다. 이는 분산분석같은 전통적인 적합성 검사나 교차 검증 같은 좀 더 현대적인 기술의 형태를 취할 수 있다. 특시 부트스트랩은 계산하기에 비현실적인 신뢰구간을 가진 모형의불확실성을 결정하는 또 다른 수단이다. 이런 것들은 모두 어느 변수가 모형에포함되고 어느 것이 제외되는지를 선택하게 함으로써 모두 형상화될 수 있다.

19장

정규화(regularization)와 축소(shrinkage)

오늘날과 같은 고차원(많은 변수) 데이터 시대에는 과적합을 방지하는 방법들이 필요하다. 이는 전통적으로, 연산 측면에서 많은 비용이 소모되는 다수 변수를 다룰 때도 18장에서 설명한 것과 같은 변수 선택으로 수행되어 왔다. 이런 방법들은 여러 형태를 가질 수 있지만 여기서는 정규화와 축소에 초점을 맞추기로 한다. 이를 위해 glmnet 패키지에서 glmnet과 arm 패키지에서 bayesglm을 사용할 것이다.

19.1 일래스틱 넷(Elastic Net)

과거 5년간 발명된 가장 흥미로운 알고리즘 중 하나는 일래스틱 넷으로, 이는 lasso와 ridge 회귀의 동적 혼합 알고리즘이다. lasso는 변수 선택과 차원 감소를 위해 L1 페널티를 사용하지만 ridge는 좀 더 안정적인 예측을 위해 계수를 줄이는 L2 페널티를 사용한다. 일래스틱 넷의 식은 다음과 같다.

$$\min_{\beta_0, \beta \in \mathbb{R}^{p+1}} \left[\frac{1}{2N} \sum_{i=1}^{N} \left(y_i - \beta_0 - x_i^T \beta \right)^2 + \lambda P_\alpha \left(\beta \right) \right] \tag{19.1}$$

$$P_\alpha \left(\beta \right) = (1 - \alpha) \frac{1}{2} ||\beta||_{l_2}^2 + \alpha ||\beta||_{l_1} \tag{19.2}$$

여기서 λ는 축소의 양(0은 페널티 없음이고 ∞은 최대 페널티임)을 조절하는 복잡도 매개 변수이고 α는 $\alpha = 0$에서 완전한 ridge가 되고 $\alpha = 1$에서 완전한 lasso가 되도록 하는 ridge 대 lasso 비율을 정규화한다. Γ(여기서는 보이지 않는)은 각 변수에 적용되는 페널티의 미세 조정을 위해 곱하는 페널티 요소들의 벡터(변수 당 하나의 값)이며, 여기서도 0은 페널티 없음이고 ∞은 최대 페널티이다.

새로운 패키지(비교적 새로운 알고리즘)는 glmnet으로, 일래스틱 넷으로 일반 선형 모형을 적합한다. 이 패키지는 일래스틱 넷에 관한 대표적 논문을 게재한 스탠포드 대학교의 트레버 헤이스티, 로버트 팁시라니, 제롬 프리드먼에 의해 작성되었다.

이 패키지는 속도와 좀 더 크고 희박한 데이터를 위해 설계되었으므로, glmnet은 대부분의 다른 모형화 함수들에 비해 사용하기에 약간의 노력을 더 필요로 한다. lm과 glm 같은 함수들은 모형을 명시하는 formula를 취하고, glmnet은 예측변수들(절편을 포함하는)의 matrix와 반응변수의 matrix를 필요로 한다.

엄청나게 고차원은 아니지만, 뉴욕주에 대한 ACS(American Community Survey) 데이터를 살펴볼 것이다. 우리는 모든 가능한 예측변수를 모형에 넣고 어떤 것이 선택되는지 확인할 것이다.

```
> acs <- read.table("http://jaredlander.com/data/acs_ny.csv", sep = ",",
+     header = TRUE, stringsAsFactors = FALSE)
```

glmnet이 예측변수 matrix를 필요로 하기 때문에, 해당 matrix를 생성하는 편리한 방법이 있다면 좋을 것이다. 이는 model.matrix를 사용하여 간단히 수행될 수 있으며, 이 함수는 기본적으로 formula와 data.frame을 취하고 설계 matrix를 리턴한다. 예제로 일부 가짜 데이터를 만들고 여기에 model.matrix를 실행하도록 한다.

```
> # 첫 세 개 열이 숫자형인 data.frame을 생성한다.
> testFrame <-
+     data.frame(First=sample(1:10, 20, replace=TRUE),
+               Second=sample(1:20, 20, replace=TRUE),
+               Third=sample(1:10, 20, replace=TRUE),
+               Fourth=factor(rep(c("Alice", "Bob", "Charlie", "David"),
+                            5)),
+               Fifth=ordered(rep(c("Edward", "Frank", "Georgia",
+                                  "Hank", "Isaac"), 4)),
+               Sixth=rep(c("a", "b"), 10), stringsAsFactors=F)
> head(testFrame)

  First Second Third  Fourth   Fifth Sixth
1     3      8     6   Alice  Edward     a
2     3     16     4     Bob   Frank     b
3     9     14     6 Charlie Georgia     a
4     9      2     2   David    Hank     b
5     5     17     6   Alice   Isaac     a
6     6      3     4     Bob  Edward     b
```

```
>
> head(model.matrix(First ~ Second + Fourth + Fifth, testFrame))
  (Intercept) Second FourthBob FourthCharlie FourthDavid     Fifth.L
1           1      8        0             0           0 -0.6324555
2           1     16        1             0           0 -0.3162278
3           1     14        0             1           0  0.0000000
4           1      2        0             0           1  0.3162278
5           1     17        0             0           0  0.6324555
6           1      3        1             0           0 -0.6324555
    Fifth.Q       Fifth.C     Fifth^4
1  0.5345225 -3.162278e-01  0.1195229
2 -0.2672612  6.324555e-01 -0.4780914
3 -0.5345225 -4.095972e-16  0.7171372
4 -0.2672612 -6.324555e-01 -0.4780914
5  0.5345225  3.162278e-01  0.1195229
6  0.5345225 -3.162278e-01  0.1195229
```

이것은 매우 잘 동작하고 간단하지만, 알아두어야 할 몇 가지가 있다. 예상대로, Fourth는 Fourth의 levels보다 하나 적은 열을 가진 지시 변수들로 변환된다. 처음에, 전체 levels보다 하나 적은 열이 있기 때문에, Fifth의 모수화가 이상해 보일 수도 있지만 그 값들은 1과 0만이 아니다. 이는 Fifth가 하나의 level이 다른 level보다 크거나 작은 ordered factor이기 때문이다.

대부분의 선형 모형에서는 다중공선성을 피하기 위해 factor의 기본 level에 대한 지시 변수를 만들지 않는다.[1] 하지만 일반적으로 예측변수 행렬이 일래스틱 넷에 대해 이런 방식으로 디자인되는 것은 바람직하지 않은 것으로 간주된다. factor의 모든 level에 대한 지시 변수를 리턴하는 model.matrix를 만드는 것이 가능하긴 하지만, 그러려면 약간의 창조적인 코딩이 필요하다.[2] 해당 작업을 좀 더 쉽게 수행하기 위해 useful 패키지의 build.x 함수에서 해결 방법을 포함하고 있다.

```
> require(useful)
> # 항상 모든 레벨을 사용한다.
> head(build.x(First ~ Second + Fourth + Fifth, testFrame,
+               contrasts=FALSE))

  (Intercept) Second FourthAlice FourthBob FourthCharlie FourthDavid
1           1      8          1         0             0           0
2           1     16          0         1             0           0
3           1     14          0         0             1           0
4           1      2          0         0             0           1
5           1     17          1         0             0           0
6           1      3          0         1             0           0
```

---

1 이것은 열들이 선형적으로 독립이 아닌 선형대수 행렬의 특징이다. 중요한 개념이긴 하지만, 이 책의 맥락에서 이것을 지나치게 신경 쓸 필요는 없다.

2 이 어려움은 스택 오버플로(Stack Overflow)에 올린 우리 질문에 증명되어 있다(http://stackoverflow.com/questions/4560459/all-levels-of-a-factor-in-a-model-matrix-in-r/15400119).

```
    FifthEdward FifthFrank FifthGeorgia FifthHank FifthIsaac
1             1          0             0          0          0
2             0          1             0          0          0
3             0          0             1          0          0
4             0          0             0          1          0
5             0          0             0          0          1
6             1          0             0          0          0

> # Fourth에 대해서만 모든 레벨을 사용한다.
> head(build.x(First ~ Second + Fourth + Fifth, testFrame,
+               contrasts=c(Fourth=FALSE, Fifth=TRUE)))

  (Intercept) Second FourthAlice FourthBob FourthCharlie FourthDavid
1           1      8           1         0             0           0
2           1     16           0         1             0           0
3           1     14           0         0             1           0
4           1      2           0         0             0           1
5           1     17           1         0             0           0
6           1      3           0         1             0           0
     Fifth.L    Fifth.Q       Fifth.C      Fifth^4
1 -0.6324555  0.5345225 -3.162278e-01  0.1195229
2 -0.3162278 -0.2672612  6.324555e-01 -0.4780914
3  0.0000000 -0.5345225 -4.095972e-16  0.7171372
4  0.3162278 -0.2672612 -6.324555e-01 -0.4780914
5  0.6324555  0.5345225  3.162278e-01  0.1195229
6 -0.6324555  0.5345225 -3.162278e-01  0.1195229
```

acs에 대해 build.x를 적절하게 사용하면 glmnet용의 좋은 예측변수 matrix를
생성할 수 있다. 우리는 lm, 교호작용 및 모든 것에서처럼 모형 규격에 대한 for-
mula를 사용함으로써 바라던 matrix를 조정한다.

```
> # 로지스틱 회귀를 적합하기 위해 이진 Income 변수를 만든다.
> acs$Income <- with(acs, FamilyIncome >= 150000)
>
> head(acs)

  Acres FamilyIncome   FamilyType NumBedrooms NumChildren NumPeople
1  1-10          150      Married           4           1         3
2  1-10          180  Female Head           3           2         4
3  1-10          280  Female Head           4           0         2
4  1-10          330  Female Head           2           1         2
5  1-10          330    Male Head           3           1         2
6  1-10          480    Male Head           0           3         4
  NumRooms         NumUnits NumVehicles NumWorkers  OwnRent
1        9  Single detached           1          0 Mortgage
2        6  Single detached           2          0   Rented
3        8  Single detached           3          1 Mortgage
4        4  Single detached           1          0   Rented
5        5  Single attached           1          0 Mortgage
6        1  Single detached           0          0   Rented
  YearBuilt HouseCosts ElectricBill FoodStamp HeatingFuel Insurance
1 1950-1959       1800           90        No         Gas      2500
2 Before 1939        850           90        No         Oil         0
3 2000-2004       2600          260        No         Oil      6600
4 1950-1959       1800          140        No         Oil         0
5 Before 1939        860          150        No         Gas       660
6 Before 1939        700          140        No         Gas         0
  Language Income
1  English  FALSE
2  English  FALSE
```

```
3 Other European  FALSE
4         English  FALSE
5         Spanish  FALSE
6         English  FALSE

>
> # 예측변수 행렬을 생성한다.
> # 절편을 포함하지 않기 때문에 glmnet은 이를 자동으로 추가할 것이다.
> acsX <- build.x(Income ~ NumBedrooms + NumChildren + NumPeople +
+                 NumRooms + NumUnits + NumVehicles + NumWorkers +
+                 OwnRent + YearBuilt + ElectricBill + FoodStamp +
+                 HeatingFuel + Insurance + Language - 1,
+              data=acs, contrasts=FALSE)
>
> # 클래스(class)와 차원을 확인한다.
> class(acsX)

[1] "matrix"

> dim(acsX)

[1] 22745 44

>
> # 데이터의 좌상단과 우상단을 보여준다.
> topleft(acsX, c=6)

  NumBedrooms NumChildren NumPeople NumRooms NumUnitsMobile home
1           4           1         3        9                   0
2           3           2         4        6                   0
3           4           0         2        8                   0
4           2           1         2        4                   0
5           3           1         2        5                   0
  NumUnitsSingle attached
1                       0
2                       0
3                       0
4                       0
5                       1

> topright(acsX, c=6)

  Insurance LanguageAsian Pacific LanguageEnglish LanguageOther
1      2500                     0               1             0
2         0                     0               1             0
3      6600                     0               0             0
4         0                     0               1             0
5       660                     0               0             0
  LanguageOther European LanguageSpanish
1                      0               0
2                      0               0
3                      1               0
4                      0               0
5                      0               1

>
> # 응답 예측변수를 생성한다.
> acsY <- build.y(Income ~ NumBedrooms + NumChildren + NumPeople +
+                 NumRooms + NumUnits + NumVehicles + NumWorkers +
+                 OwnRent + YearBuilt + ElectricBill + FoodStamp +
+                 HeatingFuel + Insurance + Language - 1, data=acs)
```

```
>
> head(acsY)
```

[1] FALSE FALSE FALSE FALSE FALSE FALSE

```
> tail(acsY)
```

[1] TRUE TRUE TRUE TRUE TRUE TRUE

데이터가 적절하게 저장되었기 때문에 glmnet을 실행할 수 있다. 식 19.1에서 보이는 것과 같이, λ는 축소의 양을 조절한다. glmnet은 자동으로 100개의 다른 λ값들에 대해 정규화 경로를 적합한다. 이후 어느 것이 가장 좋은지에 대한 결정은 교차 검증을 사용하는 사용자의 몫이다. 다행스럽게도 glmnet 패키지는 교차 검증을 자동으로 계산하는 함수(cv.glmnet)를 가지고 있다. 기본적으로 α = 1이며, 이것은 오직 lasso만 계산됨을 뜻한다. 최고의 α를 선택하는 것은 교차 검증의 추가 단계 하나를 필요로 한다.

```
> require(glmnet)
> set.seed(1863561)
> # 교차 검증된 glmnet을 실행한다.
> acsCV1 <- cv.glmnet(x = acsX, y = acsY, family = "binomial", nfold = 5)
```

cv.glmnet에서 리턴되는 가장 중요한 정보는 교차 검증과 교차 검증 오차를 최소화하는 어떤 값이다. 추가적으로, 이 함수는 해당 최솟값의 1표준오차 내에 있는 교차 검증 오차를 가지는 λ의 가장 큰 값도 리턴한다. 이론에 의하면 약간 덜 정확하더라도, 간결성에 기인하는 좀 더 간단한 모형이 선호되어야 한다고 한다. λ의 다른 값들에 대한 교차 검증 오차가 그림 19.1에 나타난다. 맨 위의 숫자 행은 log(λ)의 주어진 값에 대해 모형에 얼마나 많은 변수들(factor levels는 개별 변수들로 세어진다)이 있는지를 가리킨다.

```
> acsCV1$lambda.min
```

[1] 0.0005258299

```
> acsCV1$lambda.1se
```

[1] 0.006482677

```
> plot(acsCV1)
```

계수를 추출하는 것은 다른 모형에서와 같이 coef를 사용하여 가능한데, 다른 점은 λ의 구체적인 레벨이 지정되어야 한다는 것이다. 그렇지 않은 경우 전체 경로가 리턴된다. 점들은 선택되지 않은 변수들을 나타낸다.

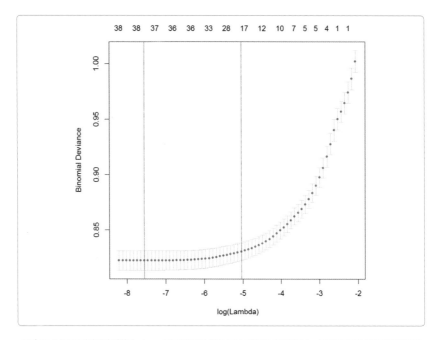

그림 19.1 ACS 데이터에 적합된 glmnet에 대한 교차 검증 곡선. 맨 위의 숫자 행은 log(λ)의 주어진 값에 대해 모형에서 얼마나 많은 변수들(factor levels는 개별 변수들로 세어진다)이 있는지를 가리킨다. 점들은 해당 점에서의 교차 검증 오차를 나타내고 수직선들은 해당 오차에 대한 신뢰구간이다. 가장 좌측의 수직선은 해당 오차를 최소화하는 λ의 값을 가리키며 가장 우측의 수직선은 최솟값의 1표준오차 내에 있는 다음으로 가장 큰 λ 오차의 값이다.

```
> coef(acsCV1, s = "lambda.1se")

45 x 1 sparse Matrix of class "dgCMatrix"
                                  1
(Intercept)             -5.0552170103
NumBedrooms              0.0542621380
NumChildren              .
NumPeople                .
NumRooms                 0.1102021934
NumUnitsMobile home     -0.8960712560
NumUnitsSingle attached  .
NumUnitsSingle detached  .
NumVehicles              0.1283171343
NumWorkers               0.4806697219
OwnRentMortgage          .
OwnRentOutright          0.2574766773
OwnRentRented           -0.1790627645
YearBuilt15              .
YearBuilt1940-1949      -0.0253908040
YearBuilt1950-1959       .
YearBuilt1960-1969       .
YearBuilt1970-1979      -0.0063336086
YearBuilt1980-1989       0.0147761442
YearBuilt1990-1999       .
YearBuilt2000-2004       .
YearBuilt2005            .
YearBuilt2006            .
YearBuilt2007            .
YearBuilt2008            .
YearBuilt2009            .
```

```
YearBuilt2010              .
YearBuiltBefore 1939       -0.1829643904
ElectricBill                0.0018200312
FoodStampNo                 0.7071289660
FoodStampYes               .
HeatingFuelCoal            -0.2635263281
HeatingFuelElectricity     .
HeatingFuelGas             .
HeatingFuelNone            .
HeatingFuelOil             .
HeatingFuelOther           .
HeatingFuelSolar           .
HeatingFuelWood            -0.7454315355
Insurance                   0.0004973315
LanguageAsian Pacific       0.3606176925
LanguageEnglish            .
LanguageOther              .
LanguageOther European      0.0389641675
LanguageSpanish            .
```

factor의 일부 level이 선택되고 나머지는 선택되지 않은 것이 이상해 보일 수 있지만, lasso가 서로 높은 상관관계가 있는 변수들을 제거했기 때문에 이것이 설명된다.

주목할 또 다른 것은 표준 오차가 없고 그러므로 해당 계수에 대한 신뢰구간이 없다는 것이다. glmnet 모형에서 만들어진 어떤 예측에서도 마찬가지다. 이는 lasso와 ridge의 이론적 특성 때문이고 열린 문제다. 연구가 적어도 일래스틱넷도 다룰 수 있는 검증 능력을 확장할 때까지는 현재 사용되는 R 패키지가 해당 모형이 glmnet이 아닌 lars 패키지를 사용하여 적합되는 것을 필요로 할지라도, 최근에는 lasso 회귀에 대한 유의성 검증을 수행할 수 있는 방향으로 발전되어 가고 있다.

변수가 경로에 따라 모형에 들어가는 것을 시각화하는 것은 이해를 도울 수 있으며 그림 19.2에 보인다.

```
> # 경로를 플롯한다.
> plot(acsCV1$glmnet.fit, xvar = "lambda")
> # 람다의 최적값에 대한 수직선들도 추가한다.
> abline(v = log(c(acsCV1$lambda.min, acsCV1$lambda.1se)), lty = 2)
```

α를 0으로 설정하면 ridge에서 결과가 나오게 된다. 이 경우, 모든 변수는 모형에서 유지되지만 0에 좀 더 가까워지면서 감소된다. 그림 19.3에서 교차 검증 곡선이 보인다. 그림 19.4에서 모든 λ값에 대해 모든 변수가 다른 크기로 여전히 존재함을 확인하도록 한다.

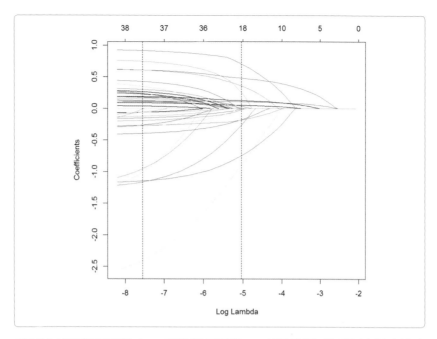

그림 19.2 ACS 데이터에 적합된 glmnet 모형의 계수 프로파일(profile) 플롯. 각 선은 다른 λ값들에서 계수의 값을 나타낸다. 가장 좌측의 수직선은 오차를 최소화하는 λ의 값을 가리키고 가장 우측의 수직선은 최솟값의 1표준오차 내에 있는 다음으로 가장 큰 λ 오차의 값이다.

```
> # ridge 모형을 적합한다.
> set.seed(71623)
> acsCV2 <- cv.glmnet(x = acsX, y = acsY, family = "binomial", nfold = 5,
+     alpha = 0)

> # 람다값을 살펴본다.
> acsCV2$lambda.min

[1] 0.01272576

> acsCV2$lambda.1se

[1] 0.04681018

>
> # 계수를 살펴본다.
> coef(acsCV2, s = "lambda.1se")

45 x 1 sparse Matrix of class "dgCMatrix"
                               1
(Intercept)             -4.8197810188
NumBedrooms              0.1027963294
NumChildren              0.0308893447
NumPeople               -0.0203037177
NumRooms                 0.0918136969
NumUnitsMobile home     -0.8470874369
NumUnitsSingle attached  0.1714879712
NumUnitsSingle detached  0.0841095530
NumVehicles              0.1583881396
NumWorkers               0.3811651456
OwnRentMortgage          0.1985621193
```

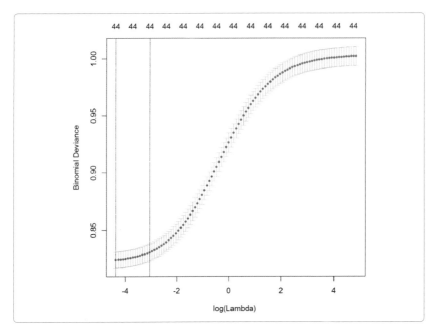

그림 19.3 ACS 데이터에 적합된 ridge 회귀에 대한 교차 검증 곡선

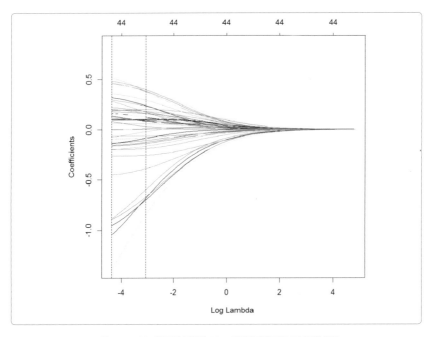

그림 19.4 ACS 데이터에 적합된 ridge 회귀에 대한 계수 프로파일 플롯

```
OwnRentOutright              0.6480126218
OwnRentRented               -0.2548147427
YearBuilt15                 -0.6828640400
YearBuilt1940-1949          -0.1082928305
YearBuilt1950-1959           0.0602009151
YearBuilt1960-1969           0.0081133932
YearBuilt1970-1979          -0.0816541923
YearBuilt1980-1989           0.1593567244
YearBuilt1990-1999           0.1218212609
YearBuilt2000-2004           0.1768690849
YearBuilt2005                0.2923210334
YearBuilt2006                0.2309044444
YearBuilt2007                0.3765019705
YearBuilt2008               -0.0648999685
YearBuilt2009                0.2382560699
YearBuilt2010                0.3804282473
YearBuiltBefore 1939        -0.1648659906
ElectricBill                 0.0018576432
FoodStampNo                  0.3886474609
FoodStampYes                -0.3886013004
HeatingFuelCoal             -0.7005075763
HeatingFuelElectricity      -0.1370927269
HeatingFuelGas               0.0873505398
HeatingFuelNone             -0.5983944720
HeatingFuelOil               0.1241958119
HeatingFuelOther            -0.1872564710
HeatingFuelSolar            -0.0870480957
HeatingFuelWood             -0.6699727752
Insurance                    0.0003881588
LanguageAsian Pacific        0.3982023046
LanguageEnglish             -0.0851389569
LanguageOther                0.1804675114
LanguageOther European       0.0964194255
LanguageSpanish             -0.1274688978
>
> # 교차 검증 오차 경로를 플롯한다.
> plot(acsCV2)

> # 계수 경로를 플롯한다.
> plot(acsCV2$glmnet.fit, xvar = "lambda")
> abline(v = log(c(acsCV2$lambda.min, acsCV2$lambda.1se)), lty = 2)
```

α의 최적값을 찾는 것은 교차 검증의 추가 단계를 필요로 하며, 불행하게도 glm-net은 이를 자동으로 수행하지 않는다. 이는 다양한 α 레벨에서 cv.glmnet를 실행하는 것을 필요로 할 것이며, 순차적으로 실행된다면 꽤 긴 시간이 걸릴 것이기 때문에 병렬화를 사용하는 것이 좋다. 병렬로 코드를 실행하는 가장 쉬운 방법은 parallel, doParallel과 foreach 패키지를 사용하는 것이다.

```
> require(parallel)
Loading required package: parallel
> require(doParallel)
Loading required package: doParallel
Loading required package: foreach
Loading required package: iterators
```

우선, 작업을 빠르게 하는 몇 가지 헬퍼(helper) 객체를 만든다. 이중 교차 검증이 실행될 때, 관측값은 매번 같은 fold에 떨어져야 하므로 fold 멤버십을 명시하는 vector를 생성한다. 또한 foreach가 반복할 α값들의 순서를 명시한다. 일반적으로 ridge보다는 lasso에 대해 기울어지는 것이 더 나은 것으로 간주되므로, α값이 0.5보다 큰 경우만 고려하도록 한다.

```
> # 임의의 결과의 반복성에 대한 시드를 설정한다.
> set.seed(2834673)
>
> # fold를 생성하는 데 관측값은
> # 실행 시 매번 같은 fold에 존재해야 한다.
> theFolds <- sample(rep(x = 1:5, length.out = nrow(acsX)))
>
> # alpha값의 열을 만든다.
> alphas <- seq(from = 0.5, to = 1, by = 0.05)
```

병렬 작업을 실행하기 전에, 클러스터(심지어 하나의 머신에서라도)는 make-Cluster와 registerDoParallel로 시작되고 등록되어야 한다. 작업이 완료된 후 해당 클러스터는 stopCluster로 중지되어야 한다. .errorhandling을 "remove"로 설정한다는 것은 오류가 발생하면 해당 반복은 건너뛴다는 것을 의미한다. .inorder를 FALSE로 설정한다는 것은 결과들을 결합하는 순서는 아무 상관이 없고 리턴될 때마다 결합될 수 있다는 것을 뜻하며, 이것은 의미 있는 속도 향상을 가져온다. 여러 인자를 동시에 받는 기본 결합 함수(list)를 사용하고 있기 때문에, .multicombine을 TRUE로 설정함으로써 해당 과정의 속도를 올릴 수 있다. .packages에서 glmnet이 워커(worker) 각각에서 불려야 한다는 것을 명시하여 다시 성능 향상을 가져온다. 연산자 %dopar%는 foreach가 병렬로 동작함을 알려준다. 병렬 연산은 environment에 의존할 수 있으므로 .export를 사용하여 foreach environment에 명시적으로 몇몇 변수를 불러들이며 이는 acsX, acsY, alphas, theFolds다.

```
> # 임의의 결과의 반복성에 대한 시드를 설정한다.
> set.seed(5127151)
>
> # 두 워커(worker)를 가진 클러스터를 시작한다.
> cl <- makeCluster(2)
> # 워커를 등록한다.
> registerDoParallel(cl)
>
> # 시작 시간을 기록한다.
> before <- Sys.time()
>
> # 병렬로 실행할 foreach 루프를 생성한다.
> ## 몇몇 인자들
> acsDouble <- foreach(i=1:length(alphas), .errorhandling="remove",
```

```
+                          .inorder=FALSE, .multicombine=TRUE,
+                          .export=c("acsX", "acsY", "alphas", "theFolds"),
+                          .packages="glmnet") %dopar%
+ {
+     print(alphas[i])
+     cv.glmnet(x=acsX, y=acsY, family="binomial", nfolds=5,
+                 foldid=theFolds, alpha=alphas[i])
+ }
>
> # 종료 시간을 기록한다.
> after <- Sys.time()
>
> # 종료 시 클러스터가 멈추도록 한다.
> stopCluster(cl)
>
> # 수행 시간 계산
> # 이는 속도, 메모리 그리고 머신 코어 수에 따라 결정된다.
> after - before

Time difference of 1.443783 mins
```

acsDouble에서 결과는 cv.glmnet 객체들의 열한 개 인스턴스를 가지는 하나의
리스트여야 한다. 우리는 해당 list 각 원소의 class를 확인하기 위해 sapply를 사
용할 수 있다.

```
> sapply(acsDouble, class)

 [1] "cv.glmnet" "cv.glmnet" "cv.glmnet" "cv.glmnet" "cv.glmnet"
 [6] "cv.glmnet" "cv.glmnet" "cv.glmnet" "cv.glmnet" "cv.glmnet"
[11] "cv.glmnet"
```

λ와 α의 가장 좋은 조합을 찾는 것이 목표이므로, 리스트의 각 원소에서 교차 검
증 오차(신뢰구간을 포함하는)와 λ를 추출하는 코드를 작성할 필요가 있다.

```
> # cv.glmnet 객체로부터 정보를 추출하기 위한 함수
> extractGlmnetInfo <- function(object)
+ {
+     # 람다를 찾는다.
+     lambdaMin <- object$lambda.min
+     lambda1se <- object$lambda.1se
+
+     # 경로에서 람다가 떨어지는 곳을 확인한다.
+     whichMin <- which(object$lambda == lambdaMin)
+     which1se <- which(object$lambda == lambda1se)
+
+     # 선택된 각 람다와 이에 대응하는 오차 수치로
+     # 한 줄짜리 data.frame을 생성한다.
+     data.frame(lambda.min=lambdaMin, error.min=object$cvm[whichMin],
+                 lambda.1se=lambda1se, error.1se=object$cvm[which1se])
+ }
>
> # 해당 함수를 리스트의 각 원소에 적용한다.
> # 이를 모두 하나의 data.frame으로 결합한다.
> alphaInfo <- Reduce(rbind, lapply(acsDouble, extractGlmnetInfo))
>
> # 또한 plyr의 ldply를 사용하여 수행할 수 있다.
```

```
> alphaInfo2 <- plyr::ldply(acsDouble, extractGlmnetInfo)
> identical(alphaInfo, alphaInfo2)

[1] TRUE

>
> # alpha를 표시하는 열을 만든다.
> alphaInfo$Alpha <- alphas
> alphaInfo

     lambda.min error.min  lambda.1se error.1se Alpha
1  0.0009582333 0.8220267 0.008142621 0.8275331  0.50
2  0.0009560545 0.8220226 0.007402382 0.8273936  0.55
3  0.0008763832 0.8220197 0.006785517 0.8272771  0.60
4  0.0008089692 0.8220184 0.006263554 0.8271786  0.65
5  0.0008244253 0.8220168 0.005816158 0.8270917  0.70
6  0.0007694636 0.8220151 0.005428414 0.8270161  0.75
7  0.0007213721 0.8220139 0.005585323 0.8276118  0.80
8  0.0006789385 0.8220130 0.005256774 0.8275519  0.85
9  0.0006412197 0.8220123 0.004964731 0.8274993  0.90
10 0.0006074713 0.8220128 0.004703430 0.8274524  0.95
11 0.0005770977 0.8220125 0.004468258 0.8274120  1.00
```

앞의 숫자 세트를 이해할 수 없기 때문에, α와 λ의 최상의 조합을 쉽게 고르기 위해 이를 플롯해야 하며, 해당 플롯이 최소 오차를 보여주는 점이 최적이다. 그림 19.5는 1표준오차 방법론을 사용하여 최적의 α와 λ가 각각 0.75와 0.0054284 임을 가리킨다.

```
> ## 정보의 여러 부분을 플로팅하기 위해 data.frame을 준비한다.
> require(reshape2)
> require(stringr)
>
> # 해당 데이터를 긴 형식으로 melt한다.
> alphaMelt <- melt(alphaInfo, id.vars="Alpha", value.name="Value",
+                   variable.name="Measure")
> alphaMelt$Type <- str_extract(string=alphaMelt$Measure,
+                           pattern="(min)|(1se)")
>
> # 약간의 처리
> alphaMelt$Measure <- str_replace(string=alphaMelt$Measure,
+                           pattern="nn.(min|1se)",
+                           replacement="")
> alphaCast <- dcast(alphaMelt, Alpha + Type . Measure,
+                   value.var="Value")
>
> ggplot(alphaCast, aes(x=Alpha, y=error)) +
+     geom_line(aes(group=Type)) +
+     facet_wrap(.Type, scales="free_y", ncol=1) +
+     geom_point(aes(size=lambda))
```

α의 최적값(0.75)을 찾았으므로, 모형을 재적합하고 결과를 확인한다.

```
> set.seed(5127151)
> acsCV3 <- cv.glmnet(x = acsX, y = acsY, family = "binomial", nfold = 5,
+     alpha = alphaInfo$Alpha[which.min(alphaInfo$error.1se)])
```

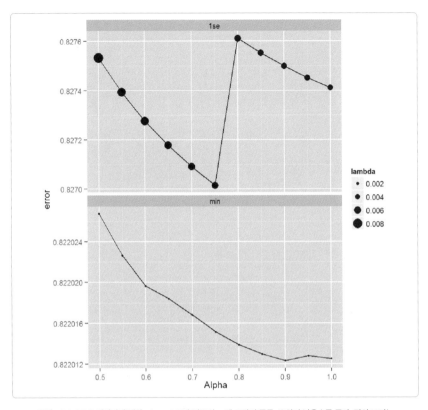

그림 19.5 ACS 데이터에 대한 glmnet 교차 검증의 α 대 오차의 플롯. 오차가 낮을수록 좋다. 점의 크기는 람다(lambda)의 값을 나타낸다. 상단 플롯은 1표준오차 방법론(0.0054)을 사용하여 오차를 보여주며 하단 플롯은 해당 오차를 최소화하는 λ(6e-04)를 선택함으로써 오차를 보여준다. 상단 플롯에서 α가 0.75일 때 오차가 가장 작고 하단 플롯에서 최적의 α는 0.9이다.

모형을 적합한 후 그림 19.6과 19.7에서 보이는 진단 플롯을 확인한다.

```
> plot(acsCV3)
```

```
> plot(acsCV3$glmnet.fit, xvar = "lambda")
> abline(v = log(c(acsCV3$lambda.min, acsCV3$lambda.1se)), lty = 2)
```

glmnet 객체에 대한 계수 플롯을 보는 것은 coefplot에서 아직 구현되지 않았으므로, 수동으로 이를 생성하도록 한다. 그림 19.8은 가족에서 일하는 사람의 수와 식권을 타지 않는 것이 고소득의 가장 강력한 지표이고 석탄 난방을 사용하는 것과 이동 주택에 사는 것이 저소득의 가장 강력한 지표임을 보여준다. 여기에는 표준오차가 없는데 glmnet이 이를 계산하지 않기 때문이다.

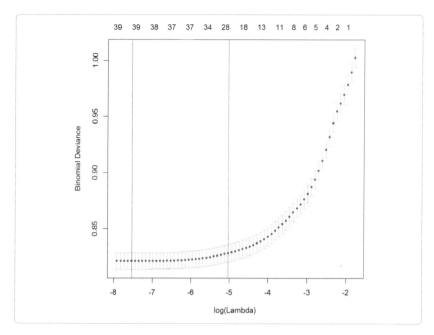

그림 **19.6** α= 0.75인 glmnet에 대한 교차 검증 곡선

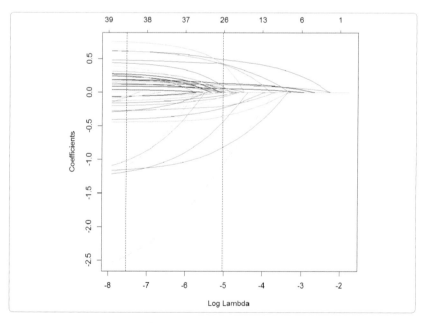

그림 **19.7** α= 0.75인 glmnet의 계수 경로

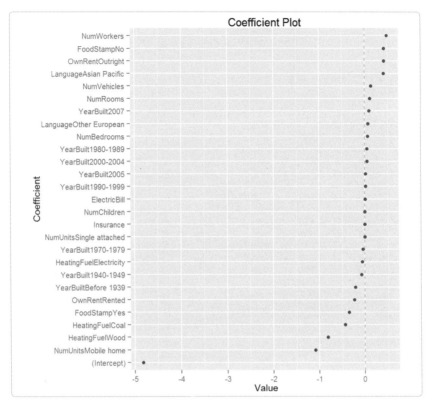

그림 19.8 ACS 데이터에 대한 glmnet의 계수 플롯. 이 플롯은 가족에서 일하는 사람의 수와 식권을 타지 않는 것이 고소득의 가장 강력한 지표이고 석탄 난방을 사용하는 것과 이동 주택에 사는 것이 저소득의 가장 강력한 지표임을 보여준다. 여기에는 표준오차가 없는데 glmnet이 이를 계산하지 않기 때문이다.

```
> theCoef <- as.matrix(coef(acsCV3, s = "lambda.1se"))
> coefDF <- data.frame(Value = theCoef,
+       Coefficient = rownames(theCoef))
> coefDF <- coefDF[nonzeroCoef(coef(acsCV3, s = "lambda.1se")), ]
> ggplot(coefDF, aes(x = X1, y = reorder(Coefficient, X1))) +
+       geom_vline(xintercept = 0, color = "grey", linetype = 2) +
+       geom_point(color = "blue") + labs(x = "Value",
+       y = "Coefficient", title = "Coefficient Plot")
```

19.2 베이지안 축소

베이지안에서, 축소는 정보력이 약한 사전 분포들의 형태에서 도입될 수 있다.[3] 이것은 변수들의 몇 가지 조합에 대해 충분히 많은 수의 행이 없는 데이터에서 모형이 생성될 때 특히 유용할 수 있다. 예를 위해, 유권자의 선호를 조사한 앤드류 겔먼과 제니퍼 힐의 책 『Data Analysis Using Regression and Multilevel/

---

3   베이지안의 관점에서, 일래스틱 넷에서 페널티 항도 로그 사전 분포로 간주될 수 있다.

Hierarchical Models』에서 예제를 가져왔다. 해당 데이터는 정리되어 http://jaredlander.com/data/ideo.rdata에 올려져 있다.

```
> load("data/ideo.rdata")
> head(ideo)

  Year        Vote Age Gender  Race
1 1948    democrat  NA   male white
2 1948  republican  NA female white
3 1948    democrat  NA female white
4 1948  republican  NA female white
5 1948    democrat  NA   male white
6 1948  republican  NA female white
                              Education              Income
1      grade school of less (0-8 grades)  34 to 67 percentile
2 high school (12 grades or fewer, incl  96 to 100 percentile
3 high school (12 grades or fewer, incl   68 to 95 percentile
4 some college(13 grades or more,but no  96 to 100 percentile
5 some college(13 grades or more,but no   68 to 95 percentile
6 high school (12 grades or fewer, incl  96 to 100 percentile
                     Religion
1                   protestant
2                   protestant
3 catholic (roman catholic)
4                   protestant
5 catholic (roman catholic)
6                   protestant
```

축소의 필요성을 보이기 위해, 각 선거 연도에 대한 개별 모형을 적합하고 Race의 black level에 대한 결과 계수를 보여준다.

```
> ## 다수의 모형을 적합한다.
> # 모형들을 적합할 연도를 계산한다.
> theYears <- unique(ideo$Year)
>
> # 연도 수만큼의 원소를 가진
> # 빈 리스트를 생성한다.
> # 해당 리스트는 결과를 저장한다.
> # 객체를 먼저 할당하면 코드가 더 빠르게 동작한다.
> results <- vector(mode="list", length=length(theYears))
> # 리스트에 이름을 부여한다.
> names(results) <- theYears
>
> ## 연도만큼 루프를 돈다.
> # 해당 연도에 대한 데이터의 부분집합에 대해 모형을 적합한다.
> for(i in theYears)
+ {
+     results[[as.character(i)]] <- glm(Vote ~ Race + Income + Gender +
+                                Education,
+                                data=ideo, subset=Year==i,
+                                family=binomial(link="logit"))
+ }
```

모형 모두를 가지고 있기 때문에, multiplot으로 해당 계수들을 플로팅할 수 있다. 그림 19.9는 각 모형에서 Race의 black level에 대한 계수를 보여준다. 1964

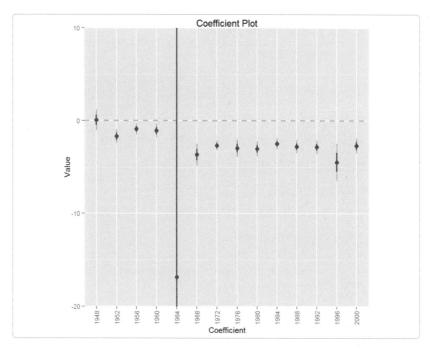

그림 19.9 모형들 각각에 대한 Race의 black level 계수를 보여주는 플롯. 1964년에 대한 계수는 다른 모든 연도의 것보다 큰 자릿수의 표준오차를 가진다. 이 경우 균형이 너무 맞지 않기 때문에 나머지 다른 데이터 지점에서의 분산 확인을 위해 플롯이 잘려야만 했다.

년에서 모형의 결과는 분명히 다른 모형들과 큰 차이가 있다. 그림 19.9는 표준 오차를 보여주는데, 이는 다른 점들에서의 분산을 확인하기 위해 플롯 창을 제한해야 할 만큼 스케일을 벗어났다. 이처럼 일련의 모형들을 적합하고 시간에 따른 계수들을 플로팅하는 것은 유용성과 단순성으로 인해 겔먼은 이를 "비장의 무기(secret weapon)"로 불렀다.

```
> require(coefplot)
> # 계수 정보를 얻는다.
> voteInfo <- multiplot(results, coefficients="Raceblack", plot=FALSE)
> head(voteInfo)

       Value Coefficient   HighInner      LowInner    HighOuter
1   0.07119541   Raceblack   0.6297813   -0.4873905    1.1883673
2  -1.68490828   Raceblack  -1.3175506   -2.0522659   -0.9501930
3  -0.89178359   Raceblack  -0.5857195   -1.1978476   -0.2796555
4  -1.07674848   Raceblack  -0.7099648   -1.4435322   -0.3431811
5 -16.85751152   Raceblack 382.1171424 -415.8321655  781.0917963
6  -3.65505395   Raceblack  -3.0580572   -4.2520507   -2.4610605
     LowOuter Model
1   -1.045976  1948
2   -2.419624  1952
3   -1.503912  1956
4   -1.810316  1960
5 -814.806819  1964
6   -4.849047  1968
```

```
>
> # (-20, 10)까지로 범위를 제한하여 이를 플롯한다.
> multiplot(results, coefficients="Raceblack", secret.weapon=TRUE) +
+     coord_flip(xlim=c(-20, 10))
```

1964년에 대한 모형을 나머지 다른 모형들과 비교함으로써, 해당 추정값에 뭔가 문제가 있음을 분명하게 알 수 있다. 이를 수정하기 위해 모형에 계수들에 대한 사전분포를 부여한다. 이를 수행하는 가장 간단한 방법은 arm 패키지에서 겔먼의 bayesglm 함수를 사용하는 것이다. 이는 기본으로 스케일(scale) 2.5의 코시(Cauchy) 사전분포를 설정한다. arm 패키지의 namespace가 coefplot namespace에 지장을 주기 때문에, 해당 패키지를 로드하지 않고 :: 연산자를 사용하여 해당 함수만 호출하도록 한다.

```
> resultsB <- vector(mode="list", length=length(theYears))
> # 리스트에 이름을 부여한다.
> names(resultsB) <- theYears
>
> ## 연도만큼 루프를 돈다.
> ## 해당 연도에 대한 데이터의 부분집합에 대해 모형을 적합한다.
> for(i in theYears)
+ {
+     # 2.5 scale의 코시 사전분포로 모형을 적합한다.
+     resultsB[[as.character(i)]] <-
+         arm::bayesglm(Vote ~ Race + Income + Gender + Education,
+                       data=ideo, subset=Year==i,
+                       family=binomial(link="logit"),
+                       prior.scale=2.5, prior.df=1)
+ }
>
> # 계수 플롯을 생성한다.
> multiplot(resultsB, coefficients="Raceblack", secret.weapon=TRUE)
```

그림 19.10에서 보이는 것과 같이 단순히 코시 사전분포를 추가하는 것으로 계수의 추정값과 표준오차가 극적으로 감소한다. 이 모형들은 독립적으로 적합되었는데, 이 말은 이것은 단지 고정된 사전분포이며 다른 나머지 연도들로부터 가져온 정보가 아님을 의미한다는 것을 기억하자. 1964년에 수행된 조사는 흑인 응답자를 소외했던 것으로 나타났으며, 이는 매우 부정확한 측정 결과를 초래했다.

기본 사전분포는 scale 2.5의 코시로, 이는 자유도가 1인 t 분포와 동일하다. prior.scale과 prior.df 인자들은 임의의 자유도를 가지는 t 분포를 나타내기 위해 변경될 수 있다. 두 가지 모두를 무한대(Inf)로 설정하면 이들을 정규 사전분포로 만드는데, 이는 보통의 glm을 실행하는 것과 동일하다.

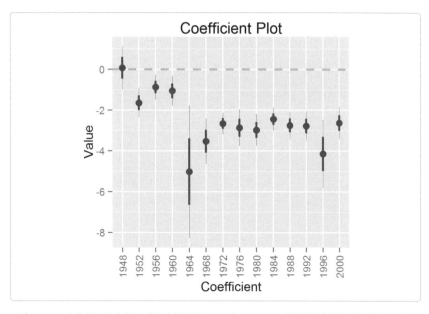

그림 19.10 코시 사전분포를 가지는 모형들 각각에 대한 Race의 black level 계수 플롯(비장의 무기). 사전분포를 추가한 것과 같은 간단한 변화는 추정값과 표준오차를 극적으로 변화시켰다.

19.3 마무리

정규화와 축소는 현대 통계학에서 중요한 역할을 한다. 이들은 형편없게 설계된 데이터에 모형을 적합하고 복잡한 모형들의 과적합을 방지하는 데 도움이 된다. 전자는 베이지안 방법들(이 경우 간단한 bayesglm)을 사용하여 수행되고, 후자는 glmnet을 사용하여 lasso, ridge 또는 일래스틱 넷으로 수행된다. 둘 모두 가지고 있기에 유용한 도구들이다.

20장

비선형 모형

선형 모형들의 핵심은 선형 관계로, 이는 예측변수들이 아닌 계수들에 반영된다. 선형성이 간단하고 좋은 가정이긴 하지만, 실제로는 비선형성이 자주 나타난다. 다행스럽게도, 현대 컴퓨팅은 선형 모형을 적합하는 것보다 그리 어렵지 않게 비선형 모형을 적합하게 해준다. 대표적인 구현 방법들은 비선형 최소 제곱법(nonlinear least squares), 스플라인(spline), 의사결정나무(decision tree), 랜덤포레스트(random forest), 일반화 가법 모형(GAM)이다.

20.1 비선형 최소 제곱법

비선형 최소 제곱법 모형은 예측변수들의 일반(비선형) 함수의 최적 모수를 찾기 위해 제곱 오차 손실을 사용한다.

$$y_i = f(x_i, \beta) \tag{20.1}$$

비선형 모형에 대한 일반적인 적용 예는 와이파이 핫스팟 위치를 결정하기 위해 와이파이에 연결된 장치의 위치를 사용하는 것이다. 이와 같은 문제에서, 장치의 위치들은 이차원 그리드 상에 정의되고, 장치들은 핫스팟까지의 거리를 알리는데 신호 세기의 변동으로 인해 일부 임의의 노이즈가 존재할 수 있으며 거리 오차가 발생할 수 있다. 샘플 데이터는 http://jaredlander.com/data/wifi.rdata 에서 받을 수 있다.

```
> load("data/wifi.rdata")
> head(wifi)
```

```
  Distance        x          y
1 21.87559 28.60461 68.429628
2 67.68198 90.29680 29.155945
3 79.25427 83.48934  0.371902
4 44.73767 61.39133 80.258138
5 39.71233 19.55080 83.805855
6 56.65595 71.93928 65.551340
```

이 데이터셋은 ggplot2로 쉽게 플로팅할 수 있다. x, y축은 그리드 상 장치의 위치이고 색은 해당 장치가 핫스팟으로부터 얼마나 떨어져 있는지를 나타내는데 파란색은 가까운 위치, 빨간색은 먼 위치를 나타낸다(그림 20.1).

```
> require(ggplot2)
> ggplot(wifi, aes(x=x, y=y, color=Distance)) + geom_point() +
+     scale_color_gradient2(low="blue", mid="white", high="red",
+                           midpoint=mean(wifi$Distance))
```

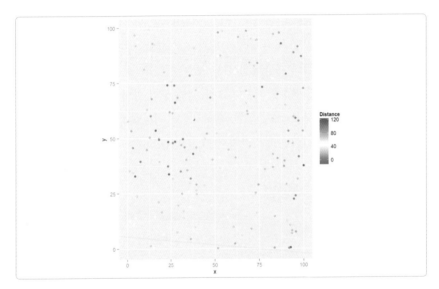

그림 20.1 핫스팟으로부터의 거리가 색으로 표현된 와이파이 장치 위치의 플롯.
파란 점은 가까운 곳이고 빨간 점은 먼 곳이다.

장치 i와 핫스팟 사이의 거리는 다음과 같다.

$$d_i = \sqrt{(\beta_x - x_i)^2 + (\beta_y - y_i)^2} \tag{20.2}$$

여기서 β_x와 β_y는 핫스팟의 알려지지 않은 x, y 좌표다.

비선형 최소 제곱을 계산하기 위한 R의 표준함수는 nls이다. 이런 문제들은 보통 다루기 어렵기 때문에, 수치적 방법들이 사용되고, 이는 시작값들에 민감할 수 있으므로 가장 좋은 추측값이 지정될 필요가 있다. 이 함수는 등식과 계수들이 명시적으로 지정된다는 것을 제외하면 lm과 같은 형식을 취한다. 계수들에 대한 시작값들은 이름이 지정된 list에서 주어진다.

```
> # 제곱근 모형을 명시한다.
> # 시작값은 그리드의 중간이다.
> wifiMod1 <- nls(Distance ~ sqrt((betaX - x)^2 + (betaY - y)^2),
+     data = wifi, start = list(betaX = 50, betaY = 50))
> summary(wifiMod1)

Formula: Distance ~ sqrt((betaX - x)^2 + (betaY - y)^2)

Parameters:
      Estimate Std. Error t value Pr(>|t|)
betaX   17.851      1.289   13.85   <2e-16 ***
betaY   52.906      1.476   35.85   <2e-16 ***
---
Signif. codes:  0 '***' 0.001 '**' 0.01 '*' 0.05 '.' 0.1 ' ' 1

Residual standard error: 13.73 on 198 degrees of freedom

Number of iterations to convergence: 6
Achieved convergence tolerance: 3.846e-06
```

모형은 핫스팟이 17.8506668, 52.9056438에 위치한다고 추정한다. 그림 20.2를 보면 '근접한' 파란 점들 한 가운데 핫스팟이 위치한다는 것을 확인할 수 있으며 이를 통해 모형이 잘 적합했음을 알 수 있다.

```
> ggplot(wifi, aes(x = x, y = y, color = Distance)) + geom_point() +
+     scale_color_gradient2(low = "blue", mid = "white", high = "red",
+                     midpoint = mean(wifi$Distance)) +
+     geom_point(data = as.data.frame(t(coef(wifiMod1))),
+               aes(x = betaX, y = betaY), size = 5, color = "green")
```

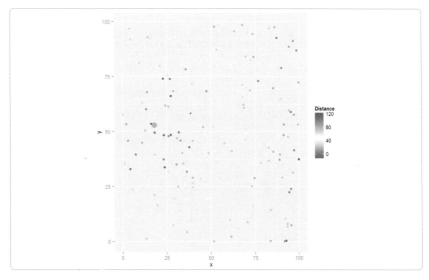

그림 20.2 와이파이 장치의 플롯. 핫스팟은 큰 녹색점이다. 파란 점들 중앙의 핫스팟 위치는 좋은 적합임을 가리킨다.

20.2 스플라인

평활(smoothing) 스플라인은 비선형적 양상을 보이는 데이터에 부드러움을 적합하고 심지어 새로운 데이터를 예측하기 위해서도 사용될 수 있다. 스플라인은 변수 x를 변환하는 N개 함수들(각각의 데이터에 대해 한 개의 함수)의 선형 결합인 함수 f이다.

$$f(x) = \sum_{j=1}^{N} N_j(x)\theta_j \tag{20.3}$$

이것의 목표는 식 20.4의 값을 최소화하는 함수 f를 찾는 것이다.

$$RSS(f, \lambda) = \sum_{i=1}^{N} \{y_i - f(x_i)\}^2 + \lambda \int \{f''(t)\}^2 \, dt \tag{20.4}$$

여기서 λ는 평활 모수다. λ가 작을수록 거칠게 평활되고 λ가 클수록 부드럽게 평활된다.

이는 R에서 smooth.spline을 사용하여 수행된다. 이 함수는 x가 데이터의 유일한 값들이고, y가 이에 상응하는 적합된 값들이며 df가 자유도인 아이템들의 리스트를 리턴한다. diamonds 데이터로 설명하도록 한다.

```
> data(diamonds)
> # 몇몇 다른 자유도로 적합한다.
> # 자유도는 1보다 커야 하지만
> # 데이터의 유일한(unique) x값들의 숫자보다는 작아야 한다.
> diaSpline1 <- smooth.spline(x=diamonds$carat, y=diamonds$price)
> diaSpline2 <- smooth.spline(x=diamonds$carat, y=diamonds$price,
+                   df=2)
> diaSpline3 <- smooth.spline(x=diamonds$carat, y=diamonds$price,
+                   df=10)
> diaSpline4 <- smooth.spline(x=diamonds$carat, y=diamonds$price,
+                   df=20)
> diaSpline5 <- smooth.spline(x=diamonds$carat, y=diamonds$price,
+                   df=50)
> diaSpline6 <- smooth.spline(x=diamonds$carat, y=diamonds$price,
+                   df=100)
```

이를 플롯하기 위해 객체들에서 정보를 추출하여, data.frame을 생성한 다음 diamonds 데이터의 표준 산점도 위에 새로운 레이어를 하나 추가한다. 그림 20.3은 이를 보여준다. 작은 자유도일수록 일직선으로 적합하게 되고 반면에 높은 자유도일수록 보간한 선들로 나오게 된다.

```
> get.spline.info <- function(object)
+ {
+     data.frame(x=object$x, y=object$y, df=object$df)
+ }
>
> require(plyr)
> # 결과를 하나의 data.frame으로 결합한다.
> splineDF <- ldply(list(diaSpline1, diaSpline2, diaSpline3,
+                        diaSpline4, diaSpline5, diaSpline6),
+                   get.spline.info)
> head(splineDF)

     x       y        df
1 0.20 361.9112 101.9053
2 0.21 397.1761 101.9053
3 0.22 437.9095 101.9053
4 0.23 479.9756 101.9053
5 0.24 517.0467 101.9053
6 0.25 542.2470 101.9053

>
> g <- ggplot(diamonds, aes(x=carat, y=price)) + geom_point()
> g + geom_line(data=splineDF,
+               aes(x=x, y=y, color=factor(round(df, 0)),
+       group=df)) + scale_color_discrete("Degrees of nnFreedom")
```

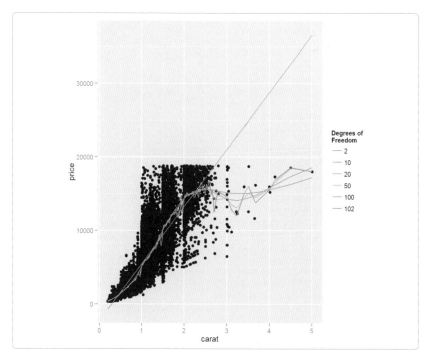

그림 20.3 많은 다른 평활 스플라인들을 가지는 다이아몬드 데이터

새로운 데이터를 예측하는 것은, 늘 그렇듯이 predict를 사용하여 수행된다.

스플라인의 또 다른 형태는 B-스플라인으로, 이는 원 예측변수들의 변환에 기
반을 둔 새로운 예측변수들을 생성한다. 가장 좋은 B-스플라인은 자연3차 스플

라인으로, 이는 내부 중단점들에서 평활 변환을 만들고 입력 데이터의 종점들을 넘어서는 선형적 움직임을 강제하기 때문이다. K 중단점들(마디(knots))을 가지는 자연3차 스플라인(natural cubic spline)은 K개의 기초 함수들로 구성된다.

$$N_1(X) = 1, N_2(X) = X, N_{k+2} = d_k(X) - d_{K-1}(X) \tag{20.5}$$

$$d_k(X) = \frac{(X - \xi_k)_+^3 - (X - \xi_K)_+^3}{\xi_K - \xi_k} \tag{20.6}$$

그리고 ξ는 마디의 위치이고 t_+는 t의 양수 부분을 표시한다.

수식은 복잡해 보일 수 있지만, 자연3차 스플라인들은 splines 패키지의 ns를 사용하여 쉽게 적합된다. 이 함수는 예측변수와 리턴할 새로운 변수들의 수를 취한다.

```
> require(splines)
> head(ns(diamonds$carat, df = 1))

            1
[1,] 0.00500073
[2,] 0.00166691
[3,] 0.00500073
[4,] 0.01500219
[5,] 0.01833601
[6,] 0.00666764

> head(ns(diamonds$carat, df = 2))

             1            2
[1,] 0.013777685 -0.007265289
[2,] 0.004593275 -0.002422504
[3,] 0.013777685 -0.007265289
[4,] 0.041275287 -0.021735857
[5,] 0.050408348 -0.026525299
[6,] 0.018367750 -0.009684459

> head(ns(diamonds$carat, df = 3))

             1          2           3
[1,] -0.03025012 0.06432178 -0.03404826
[2,] -0.01010308 0.02146773 -0.01136379
[3,] -0.03025012 0.06432178 -0.03404826
[4,] -0.08915435 0.19076693 -0.10098109
[5,] -0.10788271 0.23166685 -0.12263116
[6,] -0.04026453 0.08566738 -0.04534740

> head(ns(diamonds$carat, df = 4))

              1           2          3           4
[1,] 3.214286e-04 -0.04811737 0.10035562 -0.05223825
[2,] 1.190476e-05 -0.01611797 0.03361632 -0.01749835
[3,] 3.214286e-04 -0.04811737 0.10035562 -0.05223825
[4,] 8.678571e-03 -0.13796549 0.28774667 -0.14978118
[5,] 1.584524e-02 -0.16428790 0.34264579 -0.17835789
[6,] 7.619048e-04 -0.06388053 0.13323194 -0.06935141
```

이후 이런 새로운 예측변수들은 다른 어떤 예측변수와 같이 임의의 모형에서 사용될 수 있으며 마디가 높을수록 좀 더 보간한 적합을 의미한다. 자연3차 스플라인의 결과를 플로팅하는 것은 ggplot2를 사용하면 간단하다. 그림 20.4a는 diamonds 데이터와 여섯 개 마디에 대한 플로팅 결과를 보여주고, 그림 20.4b는 이를 세 개 마디에 대해 보여준다. 여섯 개 마디를 가질 때 데이터가 더 부드럽게 적합됨을 확인할 수 있다.

```
> g <- ggplot(diamonds, aes(x = carat, y = price)) + geom_point()
> g + stat_smooth(method = "lm", formula = y ~ ns(x, 6), color = "blue")
> g + stat_smooth(method = "lm", formula = y ~ ns(x, 3), color = "red")
```

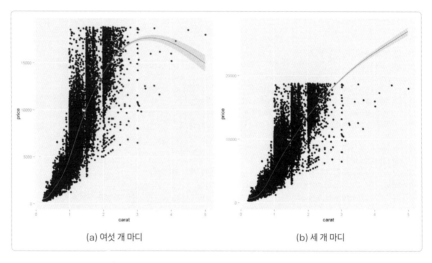

(a) 여섯 개 마디   (b) 세 개 마디

그림 20.4 자연3차 스플라인에 적합된 회귀와 가격 대 캐럿의 산점도.

20.3 일반화 가법 모형(Generalized Additive Models)

비선형 모형을 적합하는 또 다른 방법은 일반화 가법 모형(GAMs)으로, 이것은 각 예측변수에 대해 독립적으로 별개의 평활 함수를 적합한다. 이름이 뜻하는 것처럼, 이 모형은 일반적이고 많은 회귀 상황에서 동작하며, 반응변수가 연속, 이진, 카운트와 다른 형태들이 될 수 있음을 의미한다. 기계 학습에서 최고의 현대 기법들 중 많은 것과 같이, 이 모형은 존 챔버스(John Chambers: S의 창시자이자 R의 선구자)의 작업에 기반을 둔 트레버 헤이스티와 로버트 팁시라니의 발명품이다.

모형은 다음과 같이 명시된다.

$$E(Y|X_1, X_2, \ldots, X_p) = \alpha + f_1(X_1) + f_2(X_2) + \cdots + f_p(X_p) \tag{20.7}$$

여기서 $X_1, X_2, \cdots, X_p$는 보통의 예측변수들이고 f_j는 임의의 평활 함수들이다.

mgcv 패키지는 glm과 매우 비슷한 문법으로 일반화 가법 모형을 적합한다. 이를 보여주기 위해 캘리포니아-어바인 대학교 기계 학습 저장소(http://archive. ics.uci.edu/ml/datasets/Statlog+(German+Credit+Data))의 신용 점수 데이터를 사용한다. 해당 데이터는 범주형 데이터에 불분명한 코드가 붙어 있고 헤더가 없으며 공백으로 구분된 문서 파일에 저장되어 있다. 이 특이한 파일 형식은 데이터 저장소가 좀 더 한정되었던 때로 거슬러 올라가지만 몇 가지 이유로 지속되고 있다.

열 이름이 명시될 필요가 있다는 점을 제외하면 첫 번째 단계는 다른 파일처럼 데이터를 읽는 것이다.

```
> # 열 이름 벡터를 생성한다.
> creditNames <- c("Checking", "Duration", "CreditHistory",
+     "Purpose", "CreditAmount", "Savings", "Employment",
+     "InstallmentRate", "GenderMarital", "OtherDebtors",
+     "YearsAtResidence", "RealEstate", "Age",
+     "OtherInstallment", "Housing", "ExistingCredits", "Job",
+     "NumLiable", "Phone", "Foreign", "Credit")
>
> # 파일을 읽기 위해 read.table을 사용한다.
> # 헤더(header)가 포함되지 않았고
> # creditNames에 저장된 값으로 col.names를 설정함을 명시한다.
> theURL <- "http://archive.ics.uci.edu/ml/
+           machine-learning-databases/statlog/german/german.data
> credit <- read.table(theURL, sep = " ", header = FALSE,
+                   col.names = creditNames,
+                   stringsAsFactors = FALSE)
>
> head(credit)

  Checking Duration CreditHistory Purpose CreditAmount Savings
1      A11        6           A34     A43         1169     A65
2      A12       48           A32     A43         5951     A61
3      A14       12           A34     A46         2096     A61
4      A11       42           A32     A42         7882     A61
5      A11       24           A33     A40         4870     A61
6      A14       36           A32     A46         9055     A65
  Employment InstallmentRate GenderMarital OtherDebtors
1        A75               4           A93         A101
2        A73               2           A92         A101
3        A74               2           A93         A101
4        A74               2           A93         A103
5        A73               3           A93         A101
6        A73               2           A93         A101
  YearsAtResidence RealEstate Age OtherInstallment Housing
1                4       A121  67             A143    A152
2                2       A121  22             A143    A152
3                3       A121  49             A143    A152
4                4       A122  45             A143    A153
5                4       A124  53             A143    A153
6                4       A124  35             A143    A153
```

```
   ExistingCredits  Job NumLiable Phone Foreign Credit
1                2 A173        1  A192    A201      1
2                1 A173        1  A191    A201      2
3                1 A172        2  A191    A201      1
4                1 A173        2  A191    A201      1
5                2 A173        2  A191    A201      2
6                1 A172        2  A192    A201      1
```

이제 코드들을 의미를 갖는 데이터로 변환하는 번거로운 작업을 한다. 시간과 노력을 절약하기 위해, 간단한 모형에 고려할 변수들만 디코드하도록 한다. 디코딩의 가장 간단한 방법은 이름이 코드이고 값이 새로운 데이터인 이름이 지정된 vector들을 생성하는 것이다.

```
> # 변환 전
> head(credit[, c("CreditHistory", "Purpose", "Employment", "Credit")])

  CreditHistory Purpose Employment Credit
1           A34     A43        A75      1
2           A32     A43        A73      2
3           A34     A46        A74      1
4           A32     A42        A74      1
5           A33     A40        A73      2
6           A32     A46        A73      1

>
> creditHistory <- c(A30 = "All Paid", A31 = "All Paid This Bank",
+     A32 = "Up To Date", A33 = "Late Payment",
+     A34 = "Critical Account")
>
> purpose <- c(A40 = "car (new)", A41 = "car (used)",
+     A42 = "furniture/equipment", A43 = "radio/television",
+     A44 = "domestic appliances", A45 = "repairs",
+     A46 = "education", A47 = "(vacation - does not exist?)",
+     A48 = "retraining", A49 = "business", A410 = "others")
>
> employment <- c(A71 = "unemployed", A72 = "< 1 year",
+     A73 = "1 - 4 years", A74 = "4 - 7 years", A75 = ">= 7 years")
>
> credit$CreditHistory <- creditHistory[credit$CreditHistory]
> credit$Purpose <- purpose[credit$Purpose]
> credit$Employment <- employment[credit$Employment]
>
> # "Good"/"Bad"로 신용도(credit)를 코드화한다.
> credit$Credit <- ifelse(credit$Credit == 1, "Good", "Bad")
> # 'Good'을 기본 레벨로 한다.
> credit$Credit <- factor(credit$Credit, levels = c("Good", "Bad"))
>
> # 변환 후
> head(credit[, c("CreditHistory", "Purpose", "Employment",
      "Credit")])

      CreditHistory             Purpose  Employment Credit
1 Critical Account    radio/television  >= 7 years   Good
2      Up To Date    radio/television  1 - 4 years    Bad
3 Critical Account           education  4 - 7 years   Good
4      Up To Date furniture/equipment  4 - 7 years   Good
5    Late Payment           car (new)  1 - 4 years    Bad
6      Up To Date           education  1 - 4 years   Good
```

데이터를 보는 것은 변수들 간 관계의 감을 얻는 데 도움이 될 것이다. 그림 20.5와 20.6은 명확한 선형 관계가 없음을 보여주며, 때문에 GAM이 적절할 수 있다.

```
> require(useful)
> ggplot(credit, aes(x=CreditAmount, y=Credit)) +
+     geom_jitter(position = position_jitter(height = .2)) +
+     facet_grid(CreditHistory ~ Employment) +
+     xlab("Credit Amount") +
+     theme(axis.text.x=element_text(angle=90, hjust=1, vjust=.5)) +
+     scale_x_continuous(labels=multiple)

>
> ggplot(credit, aes(x=CreditAmount, y=Age)) +
+     geom_point(aes(color=Credit)) +
+     facet_grid(CreditHistory ~ Employment) +
+     xlab("Credit Amount") +
+     theme(axis.text.x=element_text(angle=90, hjust=1, vjust=.5)) +
+     scale_x_continuous(labels=multiple)
```

gam은 formula 인자를 취하는 lm과 glm 같은 다른 모형화 함수들과 매우 유사하게 사용할 수 있다. 차이점은 연속 변수들(CreditAmount, Age)이 스플라인 또는 텐서(tensor) 곱과 같은 비모수적 평활함수를 사용하여 변환될 수 있다는 것이다.[1]

```
> require(mgcv)
> # 로지스틱 GAM을 적합한다.
> # CreditAmount에 텐서 곱, Age에 스플라인을 적용한다.
> creditGam <- gam(Credit ~ te(CreditAmount) + s(Age) + CreditHistory +
+                    Employment,
+                  data=credit, family=binomial(link="logit"))
> summary(creditGam)

Family: binomial
Link function: logit

Formula:
Credit ~ te(CreditAmount) + s(Age) + CreditHistory + Employment

Parametric coefficients:
                               Estimate Std. Error z value Pr(>|z|)
(Intercept)                    0.662840   0.372377   1.780  0.07507
CreditHistoryAll Paid This Bank 0.008412  0.453267   0.019  0.98519
CreditHistoryCritical Account -1.809046   0.376326  -4.807 1.53e-06
CreditHistoryLate Payment     -1.136008   0.412776  -2.752  0.00592
CreditHistoryUp To Date       -1.104274   0.355208  -3.109  0.00188
Employment>= 7 years          -0.388518   0.240343  -1.617  0.10598
Employment1 - 4 years         -0.380981   0.204292  -1.865  0.06220
Employment4 - 7 years         -0.820943   0.252069  -3.257  0.00113
Employmentunemployed          -0.092727   0.334975  -0.277  0.78192
```

1 텐서 곱은 아마도 다른 유닛들에서 측정된 예측변수들의 변환 함수들을 표현하는 방법이다.

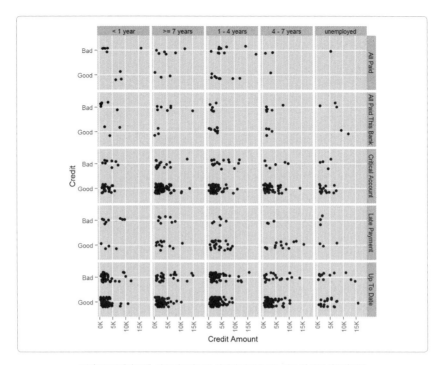

그림 20.5 채권 금액, 신용 기록과 고용 상태에 기초한 좋은 신용 대 나쁜 신용의 플롯

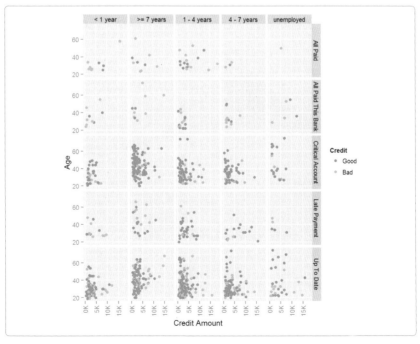

그림 20.6 신용에 의해 색이 지정되고 신용 기록과 고용 상태로 파셋된 나이 대 채권 금액의 플롯

```
(Intercept)                          .
CreditHistoryAll Paid This Bank
CreditHistoryCritical Account    ***
CreditHistoryLate Payment         **
CreditHistoryUp To Date           **
Employment>= 7 years
Employment1 - 4 years             .
Employment4 - 7 years            **
Employmentunemployed
---
Signif. codes: 0 '***' 0.001 '**' 0.01 '*' 0.05 '.' 0.1 ' ' 1

Approximate significance of smooth terms:
                 edf Ref.df Chi.sq  p-value
te(CreditAmount) 2.415  2.783  20.79 0.000112 ***
s(Age)           1.932  2.435   6.13 0.068957 .
---
Signif. codes: 0 '***' 0.001 '**' 0.01 '*' 0.05 '.' 0.1 ' ' 1
R-sq.(adj) = 0.0922 Deviance explained = 8.57%
UBRE score = 0.1437 Scale est. = 1 n = 1000
```

평활기(smoother)는 적합하는 과정에서 자동으로 적합되고 사후에 보일 수 있다. 그림 20.7은 적용된 평활기들(텐서 곱과 스플라인)로 각각 CreditAmount와 Age를 보여준다. 회색 음영 영역은 평활한 부분에 대한 신뢰구간을 나타낸다.

```
> plot(creditGam, select = 1, se = TRUE, shade = TRUE)
> plot(creditGam, select = 2, se = TRUE, shade = TRUE)
```

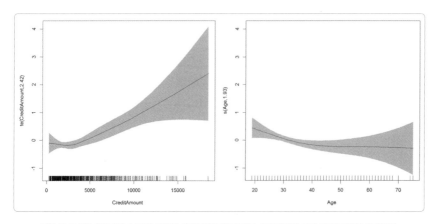

그림 20.7 신용 데이터에 GAM을 적합한 것에 대한 평활기 결과. 음영 영역은 점별 2표준편차를 나타낸다.

20.4 의사결정나무

비선형 모형들을 적합하기 위한 비교적 현대적인 기법은 의사결정나무다. 의사결정나무는 예측변수들에 반복적으로 이진분할을 수행함으로써 회귀와 분류 모두에 대해 동작한다.

회귀나무를 위해, 예측변수들은 $R_1, R_2, \ldots, R_M$의 M개 영역으로 나뉘고 반응변수 y는 식 20.8과 같이 영역에 대한 평균으로 모형화된다.

$$\hat{f}(x) = \sum_{m=1}^{M} \hat{c}_m I(x \in R_m) \tag{20.8}$$

$$\hat{c}_m = \mathrm{avg}(y_i | x_i \in R_m) \tag{20.9}$$

식 20.9는 해당 영역에 대한 평균 y값이다.

분류나무에 대한 방법은 비슷하다. 예측변수들은 M개 영역으로 나뉘고 영역에서 각 클래스의 비율($\hat{p}_{mk}$)은 다음과 같이 계산된다.

$$\hat{p}_{mk} = \frac{1}{N_m} \sum_{x_i \in R_m} I(y_i = k) \tag{20.10}$$

N_m은 영역 m의 아이템 개수이고 합계는 영역 m에서 클래스 k의 관측수를 센 것이다.

나무들은 rpart의 rpart 함수로 계산될 수 있다. 다른 모형화 함수들 같이, 이 함수는 formula 방식을 사용하지만 교호작용은 취하지 않는다.

```
> require(rpart)
> creditTree <- rpart(Credit ~ CreditAmount + Age +
+     CreditHistory + Employment, data = credit)
```

해당 객체를 출력하면 문자열 형태로 나무(tree)가 나타난다.

```
> creditTree

n= 1000

node), split, n, loss, yval, (yprob)
      * denotes terminal node

1) root 1000 300 Good (0.7000000 0.3000000)
   2) CreditHistory=Critical Account,Late Payment,Up To
      Date 911 247 Good (0.7288694 0.2711306)
     4) CreditAmount< 7760.5 846 211 Good (0.7505910 0.2494090) *
     5) CreditAmount>=7760.5 65 29 Bad (0.4461538 0.5538462)
      10) Age>=29.5 40 17 Good (0.5750000 0.4250000)
        20) Age< 38.5 19 4 Good (0.7894737 0.2105263) *
        21) Age>=38.5 21 8 Bad (0.3809524 0.6190476) *
      11) Age< 29.5 25 6 Bad (0.2400000 0.7600000) *
   3) CreditHistory=All Paid,All Paid This Bank 89 36
      Bad (0.4044944 0.5955056) *
```

출력된 나무는 노드당 하나의 선을 가진다. 첫 번째 노드는 모든 데이터에 대한 root이고 300개가 'Bad'로 간주되는 1000개 관측이 있음을 보여준다. 다음 들여쓰기 단계는 첫 번째 분할로, CreditHistory에 대한 것이다. 한쪽(CreditHistory가 'Critical Account' 또는 'Late Payment'나 'Up To Date'인)은 247개가 'Bad'로 간주되는 911개 관측을 포함한다. 여기서는 73%의 확률로 좋은 신용을 가진다. 반대쪽(CreditHistory가 'All Paid'나 'All Paid This Bank'인)은 60%의 확률로 나쁜 신용을 가진다. 그다음 들여쓰기 단계는 다음 분할을 나타낸다.

이런 식으로 결과를 계속 읽는 것은 힘들 수 있으므로, 플로팅이 좀 더 쉬울 것이다. 그림 20.8은 분할들을 보여준다. 기준에 맞는 노드들은 좌측으로 분할되고, 반면 그렇지 않은 노드들은 우측으로 분할된다. 각 종점 노드는 'Good' 또는 'Bad' 중 예측된 클래스에 따라 라벨이 붙는다. 비율은 좌측에서 우측으로 읽히며, 좌측이 'Good'이 되는 확률이다.

```
> require(rpart.plot)
> rpart.plot(creditTree, extra = 4)
```

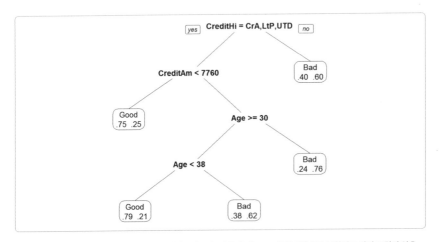

그림 20.8 신용 데이터에 기반을 둔 의사결정나무의 모습. 기준에 맞는 노드들은 좌측으로 분할되고 반면 그렇지 않은 노드들은 우측으로 분할된다. 각 종점 노드는 'Good' 또는 'Bad' 중 예측된 클래스에 따라 라벨이 붙는다. 비율은 좌측에서 우측으로 읽히며, 좌측이 'Good'이 되는 확률이다.

나무는 해석하기 쉽고 데이터를 잘 적합하는 반면, 과적합으로 인해 분산이 커져 불안정한 경향이 있다. 훈련 데이터에서 약간의 변화도 모형에서 유의한 차이를 발생시킬 수 있다.

20.5 랜덤포레스트

랜덤포레스트는 앙상블 방법의 일종이다. 앙상블 방법은 좀 더 강력한 예측을 위해 많은 모형들이 적합되고 그 결과들이 결합되는 프로세스다. 이 방법이 좋은 예측을 제공하지만 추론과 설명성에는 한계가 있다. 랜덤포레스트는 임의로 선택된 예측변수들이 포함된 다수의 의사결정나무들이 결합된 것이다. 이 이름은 숲을 만들기 위해 임의로 생성된 나무들에서 생겨났다.

신용 데이터 사례에서 우리는 CreditHistory, Purpose, Employment, Duration, Age와 CreditAmount를 사용할 것이다. 몇몇 나무는 단지 CreditHistory와 Employment만을 가질 것이고, 또 다른 것은 Purpose, Employment와 Age를 가지며, 반면 또 어떤 것은 CreditHistory, Purpose, Employment와 Age를 가질 것이다. 이런 나무들 모두는 모든 기준을 다루고 강력한 예측력을 가져야 하는 하나의 랜덤포레스트에 기여하게 된다.

랜덤포레스트 적합은 randomForest 패키지의 randomForest를 사용한다. 보통, randomForest는 formula로 사용될 수 있으나, 때때로 이것은 실패하기 때문에 개별 예측변수와 반응변수 matrices가 제공되어야 한다.

```
> require(useful)
> require(randomForest)
> # 예측변수와 반응변수 행렬을 생성한다.
> creditFormula <- Credit ~ CreditHistory + Purpose + Employment +
+       Duration + Age + CreditAmount
> creditX <- build.x(creditFormula, data=credit)
> creditY <- build.y(creditFormula, data=credit)
>
> # 랜덤포레스트를 적합한다.
> creditForest <- randomForest(x=creditX, y=creditY)
>
> creditForest

Call:
 randomForest(x = creditX, y = creditY)
               Type of random forest: classification
                     Number of trees: 500
No. of variables tried at each split: 4

        OOB estimate of  error rate: 28.2%
Confusion matrix:
     Good Bad class.error
Good  649  51  0.07285714
Bad   231  69  0.77000000
```

표시된 정보는 500개 나무가 생성되었고 각 분할에 네 개 변수들이 평가되었음을 보여주고, 혼동 행렬(confusion matrix)은 이것이 정확하게 최고의 적합은 아니고 향상할 수 있는 여지가 남아 있음을 보여준다.

20.6 마무리

현대의 컴퓨팅 파워로, 이전에는 불가피하게 사용하던 선형성과 정규성 등의 단순화를 위한 가정들이 비모수적 기법들에 의해 조금씩 밀려나고 있다. 대표적인 구현 방법들은 비선형 최소 제곱법, 스플라인, 일반화 가법 모형, 의사결정나무와 랜덤포레스트다. 모든 다른 방법들과 마찬가지로, 모두 자신만의 장점과 단점이 있으므로 잘 선택하여 사용해야 한다.

21장

시계열(Time Series)과 자기상관(Autocorrelation)

통계학, 특히 금융과 계량경제학 데이터에서 시계열(시간이 흐름에 따라 자기상관되는 데이터) 분석은 매우 중요하다. 자기 상관을 가지는 시계열 데이터에서, 하나의 관측은 이전 관측들에 의해 결정되며 그 순서도 중요하다. 이런 의존성을 설명하기 위해 특별한 조치가 필요하며 R은 시계열 작업을 좀 더 쉽게 해주는 많은 내장 함수와 패키지를 가지고 있다.

21.1 자기회귀이동평균(Autoregressive Moving Average)

시계열 모형을 적합하는 가장 일반적인 방법 중 하나는 자기회귀(AR), 이동평균(MA) 또는 둘 다 사용하는 것(ARMA)이다. 이 모형들은 R에 잘 나타나 있고 작업하기도 꽤 쉽다. ARMA(p, q)에 대한 식은 다음과 같다.

$$X_t - \Phi_1 X_{t-1} - \cdots - \Phi_p X_{t-p} = Z_t + \theta_1 Z_{t-1} + \cdots + \theta_q Z_{t-q} \qquad (21.1)$$

$$Z_t \sim \text{WN}(0, \sigma^2) \qquad (21.2)$$

식 21.2는 백색잡음으로, 기본적으로 무작위 데이터다.

AR 모형은 시계열의 이전 값들에 대한 현재 값의 선형회귀로 생각될 수 있다. 이와 유사하게, MA 모형은 시계열의 현재와 이전 잔차들에 대한 현재 값의 선형회귀다.

설명을 위하여, 세계은행(World Bank) API를 이용하여 1960년부터 2011년까지 여러 나라에 대한 국내총생산(GDP)을 다운로드한다.

```
> # 세계은행 API 패키지를 로드한다.
> require(WDI)
> # 데이터를 가져온다.
> gdp <- WDI(country=c("US", "CA", "GB", "DE", "CN", "JP", "SG", "IL"),
+            indicator=c("NY.GDP.PCAP.CD", "NY.GDP.MKTP.CD"),
+            start=1960, end=2011)
> # 이름을 부여한다.
> names(gdp) <- c("iso2c", "Country", "Year", "PerCapGDP", "GDP")
```

다운로드를 하고 나서, 데이터를 살펴볼 수 있는데, 데이터는 국가-연도 형태로 저장되며 그림 21.1a의 1인당 GDP 플롯에서 확인한다. 그림 21.1b는 전체 GDP를 보여주는데, 중국의 GDP가 과거 10년 동안 크게 증가한 반면, 1인당 GDP는 약간 증가했음을 설명한다.

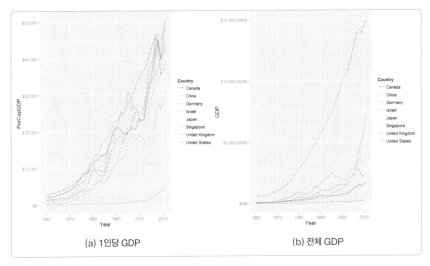

(a) 1인당 GDP   (b) 전체 GDP

그림 21.1 1960년부터 2011년까지 여러 나라들에 대한 GDP

```
> head(gdp)

  iso2c Country Year PerCapGDP         GDP
1    CA  Canada 1960  2294.569  41093453545
2    CA  Canada 1961  2231.294  40767969454
3    CA  Canada 1962  2255.230  41978852041
4    CA  Canada 1963  2354.839  44657169109
5    CA  Canada 1964  2529.518  48882938810
6    CA  Canada 1965  2739.586  53909570342

> require(ggplot2)
> require(scales)
> # 1인당 국내총생산(GDP)
> ggplot(gdp, aes(Year, PerCapGDP, color=Country, linetype=Country)) +
+     geom_line() + scale_y_continuous(label=dollar)
>
> require(useful)
> # 전체 GDP
> ggplot(gdp, aes(Year, GDP, color=Country, linetype=Country)) +
```

```
+    geom_line() +
+    scale_y_continuous(label=multiple format(extra=dollar,
+                                             multiple="M"))
```

먼저 하나의 시계열만 살펴볼 것이므로, 미국에 대한 데이터를 추출하도록 한다. 그림 21.2를 본다.

```
> # 미국 데이터를 가져온다.
> us <- gdp$PerCapGDP[gdp$Country == "United States"]
> # 이를 시계열로 변환한다.
> us <- ts(us, start = min(gdp$Year), end = max(gdp$Year))
> us

Time Series:
Start = 1960
End = 2011
Frequency = 1
 [1]   2881.100   2934.553   3107.937   3232.208   3423.396   3664.802
 [7]   3972.123   4152.020   4491.424   4802.642   4997.757   5360.178
[13]   5836.224   6461.736   6948.198   7516.680   8297.292   9142.795
[19]  10225.307  11301.682  12179.558  13526.187  13932.678  15000.086
[25]  16539.383  17588.810  18427.288  19393.782  20703.152  22039.227
[31]  23037.941  23443.263  24411.143  25326.736  26577.761  27559.167
[37]  28772.356  30281.636  31687.052  33332.139  35081.923  35912.333
[43]  36819.445  38224.739  40292.304  42516.393  44622.642  46349.115
[49]  46759.560  45305.052  46611.975  48111.967

> plot(us, ylab = "Per Capita GDP", xlab = "Year")
```

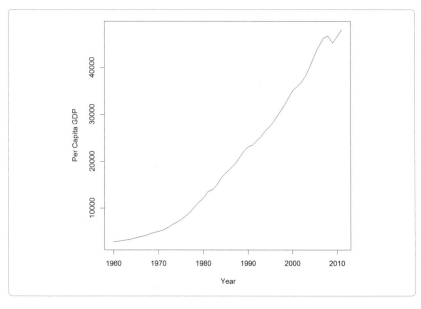

그림 21.2 미국의 1인당 국내총생산 시계열 플롯

시계열을 평가하는 또 다른 방법은 자기공분산함수(ACF)와 편자기공분산함수(PACF)를 보는 것이다. 이는 R에서 적절히 명명된 acf와 pacf 함수들로 수행된다.

ACF는 시차들과 시계열의 상관을 나타낸다. 다시 말해, 시계열이 시차1, 시차2, 시차3 등과 얼마나 상관되어 있는가이다.

PACF는 약간 더 복잡하다. 시차1에서 자기상관은 시차2와 그 이후에서 자기상관에 지체 효과(lingering effect)를 줄 수 있다. 편자기상관은 시계열과 시차들 간(이전 시차에 의해 설명되지 않은)에 상관의 양이다. 그래서 시차2에서 편자기상관은 시계열과 첫 번째 시차에 의해 설명되지 않은 두 번째 시차 사이의 상관이다.

미국 1인당 GDP 데이터에 대한 ACF와 PACF가 그림 21.3에서 보인다. 가로선을 넘어간 수직선은 해당 시차와 유의한 자기상관과 편자기상관이 있음을 나타낸다.

```
> acf(us)
> pacf(us)
```

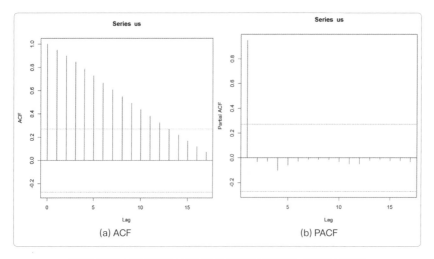

그림 21.3 미국 1인당 GDP의 ACF와 PACF. 이 플롯들은 변화하는 시계열을 나타낸다.

이 시계열은 적절하게 모형화되기 전에 다수의 변환을 필요로 한다. 이것의 상승 추세는 안정(stationary)이 아니라는 것을 보여준다(데이터는 현재 미국 달러 기준이므로, 인플레이션이 원인은 아니다).[1] 그것은 계열을 차분(diffing)하거나

---

1 안정(stationary)된다는 것은 전체 계열에 대해 시계열의 평균과 분산이 변함이 없다는 것을 말한다.

몇몇 다른 변환을 적용함으로써 수정될 수 있다. 차분은 다른 관측값에서 하나의 관측값을 빼는 과정이고 몇 번의 관측에도 수행될 수 있다. 예를 위해, x = [1 4 8 2 6 6 5 3]인 계열로 시작하도록 한다. 이를 차분하면 x(1) = [3 4 -6 4 0 -1 -2]가 결과로 나오며, 이는 연속적인 원소들 간 차이다. 차분을 두 번 반복하여 차이에 차이를 만들면, x(2) = [1 -10 10 -4 -1 -1]이 된다. 차분의 각 단계에 대해 해당 계열에서 원소가 하나씩 줄어든다는 것을 확인한다. R에서 이를 수행하기 위해 diff 함수를 사용한다. differences 인자는 얼마나 많이 차분을 반복할지 결정한다. lag는 서로에게 어느 원소들이 차분될지를 결정한다. 1시차는 연속적인 원소들을 빼는 반면, 2시차는 서로로부터 두 인덱스가 떨어진 원소들을 뺀다.

```
> x <- c(1, 4, 8, 2, 6, 6, 5, 3)
> # 차분 1회
> diff(x, differences = 1)

[1] 3 4 -6 4 0 -1 -2

> # 차분 2회 반복
> diff(x, differences = 2)

[1] 1 -10 10 -4 -1 -1

> # 차분 1회와 동일함
> diff(x, lag = 1)

[1] 3 4 -6 4 0 -1 -2

> # 두 개의 인덱스가 떨어진 원소와의 차분
> diff(x, lag = 2)

[1] 7 -2 -2 4 -1 -3
```

적절한 차이의 수를 알아내는 것은 성가신 과정일 수 있다. 다행스럽게도, fore-cast 패키지는 최적 차이의 수를 결정하는 것을 포함, 시계열 데이터 작업을 쉽게 만들어주는 많은 함수를 가지고 있다. 이 결과는 그림 21.4에 보인다.

```
> require(forecast)
> ndiffs(x = us)

[1] 2

> plot(diff(us, 2))
```

R이 각각 ar과 ma 함수를 제공하지만, 더 나은 선택은 arima 함수다. 이는 AR, MA 모형들과 결합된 ARMA 모형 모두를 적합할 수 있다. 이 함수는 계열을 차분하고 계절 효과(seasonal effect)를 적합할 수 있다는 점에서 훨씬 더 강력하다. 전통적으로, 모형 각 성분의 올바른 순서는 ACF와 PACF를 분석함으로써

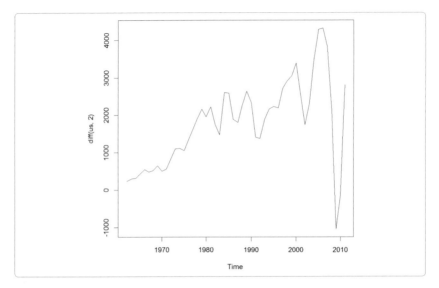

그림 21.4 두 번 차분된 미국 1인당 GDP의 플롯

정해진다. 이 과정은 매우 주관적일 수 있으므로, 다행히도 forecast 패키지는 auto.arima 함수를 포함하며, 이는 가장 좋은 설정을 알아낼 것이다.

```
> usBest <- auto.arima(x = us)
> usBest

Series: us
ARIMA(2,2,1)

Coefficients:
        ar1      ar2      ma1
     0.4181  -0.2567  -0.8102
s.e. 0.1632   0.1486   0.1111

sigma^2 estimated as 269726: log likelihood=-384.05
AIC=776.1 AICc=776.99 BIC=783.75
```

함수는 두 번 차분된 ARMA(2,1)(AR(2) 성분과 MA(1) 성분)이 최소 AICC(즉, 모형 복잡도에 좀 더 큰 페널티를 주는 '정확한' AIC)에 기초했을 때 최적의 모형임을 나타낸다. 두 차분은 실제로 이를 ARMA 모형 대신 ARIMA 모형(I는 integrated를 의미)으로 만든다. 이 모형이 잘 적합한다면, 잔차들은 백색잡음과 비슷해야 한다. 그림 21.5는 이상적인 모형에 대한 잔차들의 ACF와 PACF를 보여준다. 이들은 백색잡음에 대한 패턴과 비슷하므로, 모형 선정을 확정한다.

```
> acf(usBest$residuals)
> pacf(usBest$residuals)
```

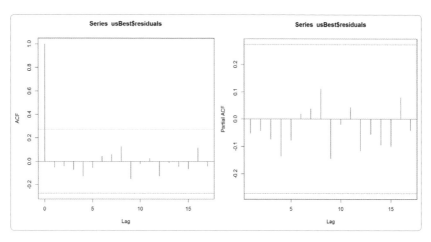

그림 21.5 auto.arima에 의해 선택된 이상적 모형의 잔차들에 대한 ACF와 PACF 플롯

ARIMA 모형에 대한 계수들은 AR과 MA 성분들이다.

```
> coef(usBest)
      ar1            ar2          ma1
0.4181109 -0.2567494  -0.8102419
```

ARIMA 모형으로 예측하는 것은 다른 모형 타입으로 하는 것과 거의 같은 형태의 predict 함수를 사용한다.

```
> # 향후 5년을 예측하며 표준 오차를 포함한다.
> predict(usBest, n.ahead = 5, se.fit = TRUE)

$pred
Time Series:
Start = 2012
End = 2016
Frequency = 1
[1] 49292.41 50289.69 51292.41 52344.45 53415.70

$se
Time Series:
Start = 2012
End = 2016
Frequency = 1
[1] 519.3512 983.3778 1355.0380 1678.3930 2000.3464
```

이를 시각화하는 것이 충분히 쉽긴 하지만 forecast 함수를 사용하면 이를 훨씬 더 쉽게 할 수 있다(그림 21.6).

```
> # 5년 후에 대해 예측한다.
> theForecast <- forecast(object = usBest, h = 5)
> # 이를 플롯한다.
> plot(theForecast)
```

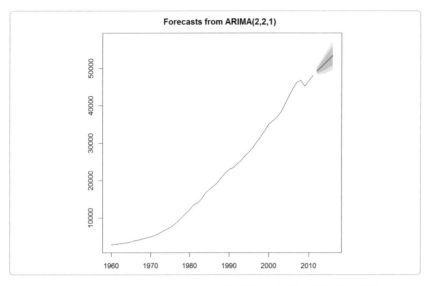

그림 21.6 미국 GDP의 향후 5년 예측. 굵은 선은 점추정값이고 음영 영역은 신뢰구간을 표현한다.

21.2 벡터자기회귀(VAR)

자체의 과거, 다른 시계열들의 과거와 현재에 의존하는 다수 시계열을 다룰 때, 문제는 점점 복잡하게 된다. 첫 번째로 해야 할 것은 GDP 데이터 모두를 다변량 시계열로 변환하는 것이다. 이를 위해 먼저 data.frame을 넓은(wide) 형식으로 캐스트(cast)하고 ts를 호출해 이를 변환한다. 이 결과는 그림 21.7에서 보인다.

```
> # reshape2를 로드한다.
> require(reshape2)
> # data.frame을 넓은 형태로 변환한다.
> gdpCast <- dcast(Year ~ Country,
+ data=gdp[, c("Country", "Year", "PerCapGDP")],
+ value.var="PerCapGDP")
> head(gdpCast)

  Year   Canada   China Germany   Israel    Japan Singapore
1 1960 2294.569 92.01123      NA 1365.683 478.9953  394.6489
2 1961 2231.294 75.87257      NA 1595.860 563.5868  437.9432
3 1962 2255.230 69.78987      NA 1132.383 633.6403  429.5377
4 1963 2354.839 73.68877      NA 1257.743 717.8669  472.1830
5 1964 2529.518 83.93044      NA 1375.943 835.6573  464.3773
6 1965 2739.586 97.47010      NA 1429.319 919.7767  516.2622
  United Kingdom United States
1       1380.306      2881.100
2       1452.545      2934.553
3       1513.651      3107.937
4       1592.614      3232.208
5       1729.400      3423.396
6       1850.955      3664.802
```

```
> # Germany를 포함하지 않았으므로 첫 열 개 행은 제거한다.
>
> # 시계열로 변환한다.
> gdpTS <- ts(data=gdpCast[, -1], start=min(gdpCast$Year),
+             end=max(gdpCast$Year))
>
> # 기본 그래픽스를 사용하여 범례와 플롯을 생성한다.
> plot(gdpTS, plot.type="single", col=1:8)
> legend("topleft", legend=colnames(gdpTS), ncol=2, lty=1,
+        col=1:8, cex=.9)
```

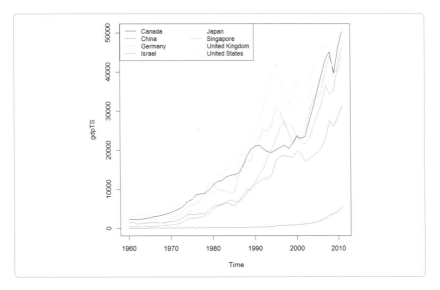

그림 21.7 데이터 내 모든 국가에 대한 GDP 데이터의 시계열 플롯.
그림 21.1a에서와 같은 정보이지만, 기본 그래픽스를 사용하여 생성되었다.

진행하기 전에 독일에 대한 NA를 다뤄야만 한다. 몇 가지 이유로 세계은행은 1970년 전 독일의 GDP 데이터를 가지고 있지 않다. 세인트 루이스 FRED(St. Louis Federal Reserve Economic Data) 같은 다른 리소스들이 있지만, 이런 데이터는 세계은행 데이터와 잘 맞지 않기 때문에, 전체 데이터에서 독일을 제거하도록 한다.

```
> gdpTS <- gdpTS[, which(colnames(gdpTS) != "Germany")]
```

다수 시계열에 모형을 적합하는 가장 일반적인 방법은 벡터자기회귀(VAR) 모형을 사용하는 것이다. VAR에 대한 식은 다음과 같다.

$$\mathbf{X}_t = \Phi_1 \mathbf{X}_{t-1} + \cdots + \Phi_p \mathbf{X}_{t-p} + \mathbf{Z}_t \tag{21.3}$$

$$\{\mathbf{Z}_t\} \sim \mathrm{WN}(0, \Sigma) \tag{21.4}$$

식 21.4는 백색잡음이다.

ar이 VAR를 계산할 수 있지만, AR 차수가 높을 때 특이(singular) matrices에 문제가 자주 발생하기 때문에 vars 패키지의 VAR를 사용하는 것이 더 좋다. 데이터가 차분되어야 하는지 확인하기 위해, gdpTS에 ndiffs 함수를 사용하고 그런 다음 해당 차분 수를 적용한다. 차분된 데이터는 그림 21.8에 보이는데, 이는 그림 21.7보다 더 큰 안정성(stationarity)을 보인다.

```
> numDiffs <- ndiffs(gdpTS)
> numDiffs

[1] 1

> gdpDiffed <- diff(gdpTS, differences=numDiffs)
> plot(gdpDiffed, plot.type="single", col=1:7)
> legend("bottomleft", legend=colnames(gdpDiffed), ncol=2, lty=1,
+        col=1:7, cex=.9)
```

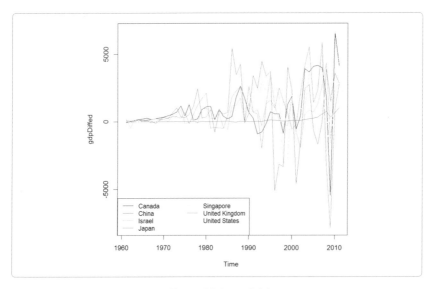

그림 21.8 차감된 GDP 데이터

데이터가 준비되었으므로, VAR를 사용하여 VAR를 적합할 수 있다. 이는 기본적으로 lm을 사용하여 자체 시차에 대한 각각의 시계열과 다른 계열들의 개별 회귀를 적합한다. 이것은 그림 21.9에 보이는 캐나다와 일본 모형들에 대한 계수 플롯에서 입증된다.

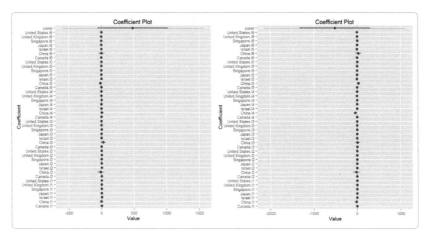

그림 21.9 캐나다와 일본에 대한 GDP 데이터의 VAR 모형에 대한 계수 플롯

```r
> require(vars)
> # 모형을 적합한다.
> gdpVar <- VAR(gdpDiffed, lag.max = 12)
> # 선택된 순서
> gdpVar$p

AIC(n)
    6

>
> # 모형 각각의 이름
> names(gdpVar$varresult)

[1] "Canada"        "China"      "Israel"
[4] "Japan"         "Singapore" "United.Kingdom"
[7] "United.States"

>
> # 각 모형은 실제로 lm 객체다.
> class(gdpVar$varresult$Canada)

[1] "lm"

> class(gdpVar$varresult$Japan)

[1] "lm"

>
> # 각 모형은 자기 자신의 계수를 가진다.
> head(coef(gdpVar$varresult$Canada))
        Canada.l1       China.l1       Israel.l1
      -1.07854513    -7.28241774      1.06538174
         Japan.l1  Singapore.l1 United.Kingdom.l1
      -0.45533608    -0.03827402      0.60149182

> head(coef(gdpVar$varresult$Japan))

        Canada.l1       China.l1       Israel.l1
       1.8045012   -19.7904918      -0.1507690
         Japan.l1  Singapore.l1 United.Kingdom.l1
       1.3344763     1.5738029      0.5707742
```

```
>
> require(coefplot)
> coefplot(gdpVar$varresult$Canada)
> coefplot(gdpVar$varresult$Japan)
```

이 모형에 대한 예측은 다른 모형들에서와 같이 predict 함수를 사용하여 수행

된다.

```
> predict(gdpVar, n.ahead = 5)

$Canada
           fcst       lower       upper         CI
[1,]  -12459.46   -13284.63   -11634.30   825.1656
[2,]   15067.05    14106.02    16028.08   961.0344
[3,]   20632.99    19176.30    22089.69  1456.6943
[4,] -103830.42  -105902.11  -101758.73  2071.6904
[5,]  124483.19   119267.39   129699.00  5215.8046

$China
          fcst       lower       upper         CI
[1,]  -470.5917   -523.6101   -417.5733   53.01843
[2,]   899.5380    826.2362    972.8399   73.30188
[3,]  1730.8087   1596.4256   1865.1918  134.38308
[4,] -3361.7713  -3530.6042  -3192.9384  168.83288
[5,]  2742.1265   2518.9867   2965.2662  223.13974

$Israel
           fcst        lower        upper          CI
[1,]  -6686.711    -7817.289    -5556.133   1130.578
[2,] -39569.216   -40879.912   -38258.520   1310.696
[3,]  62192.139    60146.978    64237.300   2045.161
[4,] -96325.105  -101259.427   -91390.783   4934.322
[5,] -12922.005   -24003.839    -1840.171  11081.834

$Japan
            fcst        lower        upper          CI
[1,]  -14590.8574   -15826.761   -13354.954  1235.903
[2,]  -52051.5807   -53900.387   -50202.775  1848.806
[3,]    -248.4379    -3247.875     2750.999  2999.437
[4,]  -51465.6686   -55434.880   -47496.457  3969.212
[5,] -111005.8032  -118885.682  -103125.924  7879.879

$Singapore
          fcst       lower       upper         CI
[1,] -35923.80   -36071.93   -35775.67   148.1312
[2,]  54502.69    53055.85    55949.53  1446.8376
[3,] -43551.08   -47987.48   -39114.68  4436.3991
[4,] -99075.95  -107789.86   -90362.04  8713.9078
[5,] 145133.22   135155.64   155110.81  9977.5872

$United.Kingdom
          fcst       lower       upper         CI
[1,] -19224.96   -20259.35   -18190.56  1034.396
[2,]  31194.77    30136.87    32252.67  1057.903
[3,]  27813.08    24593.47    31032.68  3219.604
[4,] -66506.90   -70690.12   -62323.67  4183.226
[5,]  93857.98    88550.03    99165.94  5307.958
```

```
$United.States
          fcst      lower      upper        CI
[1,]  -657.2679 -1033.322  -281.2137  376.0542
[2,] 11088.0517 10614.924 11561.1792  473.1275
[3,]  2340.6277  1426.120  3255.1350  914.5074
[4,] -5790.0143 -7013.843 -4566.1855 1223.8288
[5,] 24306.5309 23013.525 25599.5373 1293.0064
```

21.3 GARCH

ARMA 모형들의 문제는 극사건 또는 고변동성(volatility)을 잘 다루지 못한다
는 것이다. 이를 극복하기 위해 사용하는 좋은 도구는 GARCH(generalized au-
toregressive conditional heteroskedasticity) 또는 모형들의 GARCH 패밀리로,
이것은 과정의 평균을 모형화할 뿐 아니라 분산 또한 모형화한다.

GARCH(m, s)에서 분산에 대한 모형은 다음과 같다.

$$\epsilon_t = \sigma_t e_t \tag{21.5}$$

$$\sigma_t^2 = \alpha_0 + \alpha_1 \epsilon_{t-1}^2 + \cdots + \alpha_m \epsilon_{t-m}^2 + \beta_1 \sigma_{t-1}^2 + \cdots + \beta_s \sigma_{t-s}^2 \tag{21.6}$$

$$e \sim \mathrm{GWN}(0, 1) \tag{21.7}$$

식 21.7은 일반화 백색잡음이다.

예를 위해 quantmod 패키지를 사용하여 AT&T 시세 데이터를 다운로드한다.

```
> require(quantmod)
> load("data/att.rdata")

> att <- getSymbols("T", auto.assign = FALSE)
```

이는 데이터를 xts 패키지의 xts 객체로 저장하며, 해당 객체는 여러 장점이 있
으며 불규칙한 시차 이벤트들을 다룰 수 있는 좀 더 강력한 시계열 객체다. 그림
21.10에서 보이는 것처럼, 이 객체는 ts에 대해 플로팅도 향상시킨다.

```
> require(xts)
> # 데이터를 확인한다.
> head(att)

           T.Open T.High T.Low T.Close T.Volume T.Adjusted
2007-01-03  35.67  35.78 34.78   34.95 33694300      25.06
2007-01-04  34.95  35.24 34.07   34.50 44285400      24.74
2007-01-05  34.40  34.54 33.95   33.96 36561800      24.35
```

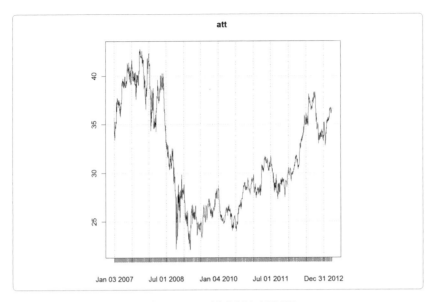

그림 21.10 AT&T 시세 데이터의 시계열 플롯

```
2007-01-08   33.40   34.01 33.21    33.81 40237400      24.50
2007-01-09   33.85   34.41 33.66    33.94 40082600      24.59
2007-01-10   34.20   35.00 31.94    34.03 29964300      24.66

> plot(att)
```

금융 터미널 차트들에 익숙한 사람들을 위해, chartSeries 함수가 위로가 될 것 이다. 이는 그림 21.11에서 보이는 차트를 생성한다.

```
> chartSeries(att)
> addBBands()
> addMACD(32, 50, 12)
```

여기서는 종가에만 관심이 있으므로, 종가를 저장하는 변수만 생성하도록 한다.

```
> attClose <- att$T.Close
> class(attClose)

[1] "xts" "zoo"

> head(attClose)

            T.Close
2007-01-03   34.95
2007-01-04   34.50
2007-01-05   33.96
2007-01-08   33.81
2007-01-09   33.94
2007-01-10   34.03
```

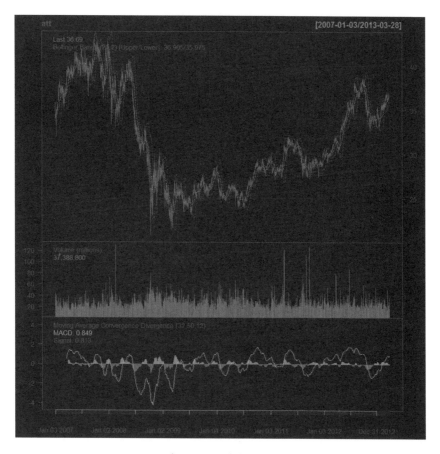

그림 21.11 AT&T에 대한 계열 차트

GARCH 모형을 적합하기 위해 가장 좋은 것으로 알려진 패키지는 rugarch다. GARCH 모형들을 적합하는 tseries, fGarch, bayesGARCH 같은 많은 패키지가 있지만, 여기서는 rugarch에 집중하기로 한다.

일반적으로, GARCH(1, 1)가 적당하므로 데이터에 이 모형을 적합할 것이다. 첫 번째 단계는 ugarchspec을 사용하여 모형 규격을 설정하는 것이다. GARCH(1, 1)로 모형화될 변동성과 ARMA(1, 1)로 모형화되는 평균을 지정한다. 또한, innovation의 분포가 t분포가 되어야 함을 명시한다.

```
> require(rugarch)
> attSpec <- ugarchspec(variance.model=list(model="sGARCH",
+                                     garchOrder=c(1, 1)),
+                mean.model=list(armaOrder=c(1, 1)),
+                distribution.model="std")
```

다음 단계는 ugarchfit을 사용하여 모형을 적합하는 것이다.

```
> attGarch <- ugarchfit(spec = attSpec, data = attClose)
```

모형을 출력하면 많은 정보가 나오게 되며 계수, 표준오차, AIC, BIC가 포함된
다. 잔차, 검정, AIC와 BIC 통계 같은 것들 대부분은 적합의 품질에 대한 진단
측정값들이다. 출력된 결과 윗부분에 보이는 최적 모수들은 모형의 가장 중요한
부분이다.

```
> attGarch

*---------------------------------*
*          GARCH Model Fit        *
*---------------------------------*
Conditional Variance Dynamics
-----------------------------------
GARCH Model : sGARCH(1,1)
Mean Model : ARFIMA(1,0,1)
Distribution : std

Optimal Parameters
-----------------------------------
        Estimate Std. Error   t value Pr(>|t|)
mu     35.159848   1.328210  26.47160 0.000000
ar1     0.997009   0.001302 765.82269 0.000000
ma1    -0.009937   0.026801  -0.37078 0.710800
omega   0.001335   0.000692   1.92969 0.053645
alpha1  0.069952   0.014968   4.67328 0.000003
beta1   0.925012   0.015400  60.06615 0.000000
shape   7.581676   1.404834   5.39685 0.000000

Robust Standard Errors:
        Estimate Std. Error  t value Pr(>|t|)
mu     35.159848   0.541745  64.9011 0.000000
ar1     0.997009   0.001155 862.8530 0.000000
ma1    -0.009937   0.028813  -0.3449 0.730171
omega   0.001335   0.000795   1.6781 0.093319
alpha1  0.069952   0.018096   3.8657 0.000111
beta1   0.925012   0.018992  48.7047 0.000000
shape   7.581676   1.332371   5.6904 0.000000

LogLikelihood : -776.0355

Information Criteria
-----------------------------------

Akaike       0.99750
Bayes        1.02139
Shibata      0.99746
Hannan-Quinn 1.00638

Q-Statistics on Standardized Residuals
-----------------------------------
              statistic p-value
Lag[1]          0.5528  0.4572
Lag[p+q+1][3]   3.2738  0.0704
Lag[p+q+5][7]   6.8829  0.2295
d.o.f=2
H0 : No serial correlation
```

```
Q-Statistics on Standardized Squared Residuals
------------------------------------
            statistic p-value
Lag[1]       0.005088 0.94314
Lag[p+q+1][3] 3.989786 0.04578
Lag[p+q+5][7] 5.817106 0.32442
d.o.f=2

ARCH LM Tests
------------------------------------
            Statistic DoF P-Value
ARCH Lag[2]     2.229   2  0.3281
ARCH Lag[5]     4.597   5  0.4670
ARCH Lag[10]    9.457  10  0.4893

Nyblom stability test
------------------------------------
Joint Statistic: 1.5032
Individual Statistics:
mu      0.18923
ar1     0.09786
ma1     0.24465
omega   0.13823
alpha1  0.62782
beta1   0.52974
shape   0.47109

Asymptotic Critical Values (10% 5% 1%)
Joint Statistic:        1.69 1.9 2.35
Individual Statistic:   0.35 0.47 0.75

Sign Bias Test
------------------------------------
                   t-value    prob sig
Sign Bias           0.8259 0.4090
Negative Sign Bias 0.8228 0.4108
Positive Sign Bias 0.3965 0.6918
Joint Effect        3.0136 0.3895

Adjusted Pearson Goodness-of-Fit Test:
------------------------------------
  group statistic p-value(g-1)
1    20     28339          0
2    30     44012          0
3    40     59699          0
4    50     75391          0

Elapsed time : 0.8640492
```

그림 21.12는 시계열 플롯과 모형 잔차들의 ACF를 보여준다.

```
> # attGarch는 S4 객체이므로 슬롯(slot)은 @로 접근한다.
> # 슬롯 fit은 리스트이므로, 이것의 원소는 평상시처럼 $를 사용하여 접근한다.
> plot(attGarch@fit$residuals, type="l")
> plot(attGarch, which=10)
```

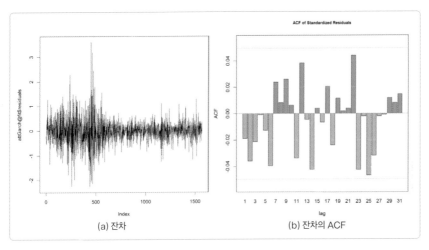

(a) 잔차   (b) 잔차의 ACF

그림 21.12 AT&T 데이터에 대한 GARCH 모형의 잔차 플롯들

이 모형의 품질을 판단하기 위해, 다른 평균 규격들로 몇 개 모형을 생성하고(모두 GARCH(1, 1)) 그들의 AIC를 비교한다.

```
> # ARMA(1,1)
> attSpec1 <- ugarchspec(variance.model=list(model="sGARCH",
+                                             garchOrder=c(1, 1)),
+                         mean.model=list(armaOrder=c(1, 1)),
+                         distribution.model="std")
> # ARMA(0,0)
> attSpec2 <- ugarchspec(variance.model=list(model="sGARCH",
+                                             garchOrder=c(1, 1)),
+                         mean.model=list(armaOrder=c(0, 0)),
+                         distribution.model="std")
> # ARMA(0,2)
> attSpec3 <- ugarchspec(variance.model=list(model="sGARCH",
+                                             garchOrder=c(1, 1)),
+                         mean.model=list(armaOrder=c(0, 2)),
+                         distribution.model="std")
> # ARMA(1,2)
> attSpec4 <- ugarchspec(variance.model=list(model="sGARCH",
+                                             garchOrder=c(1, 1)),
+                         mean.model=list(armaOrder=c(1, 2)),
+                         distribution.model="std")
>
> attGarch1 <- ugarchfit(spec=attSpec1, data=attClose)
> attGarch2 <- ugarchfit(spec=attSpec2, data=attClose)
> attGarch3 <- ugarchfit(spec=attSpec3, data=attClose)
> attGarch4 <- ugarchfit(spec=attSpec4, data=attClose)
>
> infocriteria(attGarch1)

Akaike        0.9974974
Bayes         1.0213903
Shibata       0.9974579
Hannan-Quinn  1.0063781

> infocriteria(attGarch2)
```

```
Akaike        5.108533
Bayes         5.125600
Shibata       5.108513
Hannan-Quinn  5.114877

> infocriteria(attGarch3)

Akaike        3.406478
Bayes         3.430371
Shibata       3.406438
Hannan-Quinn  3.415359

> infocriteria(attGarch4)

Akaike        0.9963163
Bayes         1.0236224
Shibata       0.9962647
Hannan-Quinn  1.0064656
```

결과는 AIC와 BIC 그리고 다른 척도에 따라 첫 번째와 네 번째 모형이 가장 좋음을 보여준다.

rugarch로부터 나온 객체로 예측하는 것은 ugarchboot 함수를 통해 수행되는데, 이는 그림 21.13에서 보이는 것처럼 플로팅될 수 있다.

```
> attPred <- ugarchboot(attGarch, n.ahead=50,
+                       method = c("Partial", "Full")[1])
> plot(attPred, which=2)
```

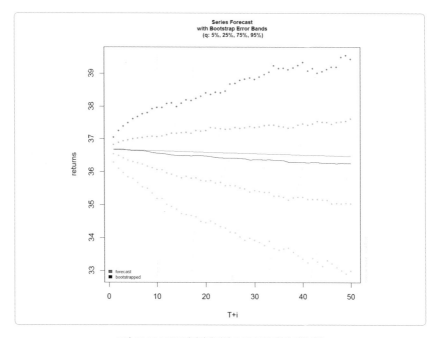

그림 21.13 AT&T 데이터에 관한 GARCH 모형에 대한 예측

이것은 주식 데이터이므로, 실제 종가 대신 로그 수익에 대한 모형을 적합해 볼 가치가 있다.

```
> # 로그를 취하고 차분한 후 현재 NA인 첫 번째 것을 제거한다.
> attLog <- diff(log(attClose))[-1]
> # 규격(spec)을 생성한다.
> attLogSpec <- ugarchspec(variance.model=list(model="sGARCH",
+                                               garchOrder=c(1, 1)),
+                          mean.model=list(armaOrder=c(1, 1)),
+                          distribution.model="std")
> # 모형을 적합한다.
> attLogGarch <- ugarchfit(spec=attLogSpec, data=attLog)
> infocriteria(attLogGarch)

Akaike       -5.870043
Bayes        -5.846138
Shibata      -5.870083
Hannan-Quinn -5.861158
```

AIC가 크게 감소한 것을 확인할 수 있다.

GARCH 모형의 목적은 신호를 더 잘 모형화하는 것이 아니라 변동성을 더 잘 포착하는 것임을 기억하는 것이 중요하다.

21.4 마무리

시계열은 많은 분야에서 중요한 역할을 하며, 금융과 일부 물리 과학에서는 특히 그렇다. R에서 시계열에 대한 기본 구성 요소는 ts 객체로, 이는 xts 객체에 의해 크게 확장되어 오고 있다. 모형에 대한 가장 일반적인 형태는 ARMA, VAR와 GARCH이며, 각각 arima, VAR와 ugarchfit 함수로 모형화된다.

22장

군집화(Clustering)

현대 기계 학습에서 중요한 역할을 하는 군집화는 데이터를 그룹들로 분할하는 기법이다. 이는 다양한 방법으로 수행될 수 있으며, 가장 널리 알려진 두 기법은 K-평균(K-means)과 계층적 군집화(hierarchical clustering)다. data.frame에 대해, 군집화 알고리즘은 어떤 행들이 서로 비슷한지를 찾아낸다. 함께 그룹화된 행들은 서로 높은 유사성을 가지고 그룹 밖의 행들과는 낮은 유사성을 가지는 것으로 여겨진다.

22.1 K-평균

군집화의 유명한 알고리즘 중 하나는 K-평균이다. 이는 몇 가지 거리 측정 기준에 기초해 관측값들을 별개의 그룹들로 나눈다. 예를 위해, 캘리포니아-어바인 대학교 기계 학습 저장소(http://archive.ics.uci.edu/ml/datasets/Wine)의 와인 데이터셋을 사용하도록 한다.

```
> wine <- read.table("data/wine.csv", header = TRUE, sep = ",")
> head(wine)

  Cultivar Alcohol Malic.acid  Ash Alcalinity.of.ash Magnesium
1        1   14.23       1.71 2.43              15.6       127
2        1   13.20       1.78 2.14              11.2       100
3        1   13.16       2.36 2.67              18.6       101
4        1   14.37       1.95 2.50              16.8       113
5        1   13.24       2.59 2.87              21.0       118
6        1   14.20       1.76 2.45              15.2       112
  Total.phenols Flavanoids Nonflavanoid.phenols Proanthocyanins
1          2.80       3.06                 0.28            2.29
2          2.65       2.76                 0.26            1.28
3          2.80       3.24                 0.30            2.81
```

4	3.85	3.49	0.24	2.18
5	2.80	2.69	0.39	1.82
6	3.27	3.39	0.34	1.97

	Color.intensity	Hue	OD280.OD315.of.diluted.wines	Proline
1	5.64	1.04	3.92	1065
2	4.38	1.05	3.40	1050
3	5.68	1.03	3.17	1185
4	7.80	0.86	3.45	1480
5	4.32	1.04	2.93	735
6	6.75	1.05	2.85	1450

첫 번째 열은 품종(cultivar)이기 때문에, 해당 열이 그룹 멤버십과 너무 상관될 수 있으므로 이 분석에서는 제외하도록 한다.

```
> wineTrain <- wine[, which(names(wine) != "Cultivar")]
```

K-평균을 위해 먼저 그룹화할 군집 개수를 지정하고, 알고리즘은 해당 개수의 군집에 관측값들을 할당한다. 군집 수를 결정하는 휴리스틱(heuristic) 법칙들이 있으며, 이는 이후 다루기로 한다. R에서 K-평균은 적절하게 명명된 kmeans 함수로 수행된다. 이 함수의 첫 두 개 인자는 군집될 데이터(모두 numeric이어야 한다(K-평균은 범주형 데이터에는 동작하지 않는다))와 중심점(군집)들의 수이다. 군집화에 임의 성분이 있으므로, 재현 가능한 결과를 만들어 내기 위해 시드(seed)를 설정한다.

```
> set.seed(278613)
> wineK3 <- kmeans(x = wineTrain, centers = 3)
```

K-평균 객체를 출력하면 군집들의 크기, 각 열의 군집 평균, 각 행의 군집 멤버십과 유사성 측정값이 나타난다.

```
> wineK3

K-means clustering with 3 clusters of sizes 62, 47, 69
```

Cluster means:

	Alcohol	Malic.acid	Ash	Alcalinity.of.ash	Magnesium
1	12.92984	2.504032	2.408065	19.89032	103.59677
2	13.80447	1.883404	2.426170	17.02340	105.51064
3	12.51667	2.494203	2.288551	20.82319	92.34783

	Total.phenols	Flavanoids	Nonflavanoid.phenols	Proanthocyanins
1	2.111129	1.584032	0.3883871	1.503387
2	2.867234	3.014255	0.2853191	1.910426
3	2.070725	1.758406	0.3901449	1.451884

	Color.intensity	Hue	OD280.OD315.of.diluted.wines	Proline
1	5.650323	0.8839677	2.365484	728.3387
2	5.702553	1.0782979	3.114043	1195.1489
3	4.086957	0.9411594	2.490725	458.2319

```
Clustering vector:
  [1] 2 2 2 1 2 2 2 2 2 2 2 2 2 2 2 2 2 2 2 2 1 1 1 2 2 1 1 2 2 1 2 2 2
 [33] 2 2 2 1 1 2 2 1 1 2 2 1 1 2 2 2 2 2 2 2 2 2 2 2 2 2 2 3 1 3 1 3
 [65] 3 1 3 3 1 1 1 3 3 2 1 3 3 3 1 3 3 1 1 3 3 3 3 3 1 1 3 3 3 3 3 1
 [97] 1 3 1 3 1 3 3 3 1 3 3 3 3 1 3 3 1 3 3 3 3 3 3 3 1 3 3 3 3 3 3 3
[129] 3 3 1 3 3 1 1 1 1 3 3 3 1 1 3 3 1 1 3 1 1 3 3 3 3 1 1 1 3 1 1 1
[161] 3 1 3 1 1 3 1 1 1 1 3 3 1 1 1 1 1 3

Within cluster sum of squares by cluster:
[1] 566572.5 1360950.5 443166.7
 (between_SS / total_SS =  86.5 %)

Available components:

[1] "cluster"      "centers"    "totss" "withinss"
[5] "tot.withinss" "betweenss"  "size"
```

K-평균 군집화의 결과를 플로팅하는 것은 데이터의 고차원적 특성으로 인해 어려울 수 있다. 이를 극복하기 위해, useful의 plot.kmeans 함수는 데이터를 2차원으로 사영하기 위한 다차원 척도법(multidimensional scaling)을 수행하고, 그런 다음 군집 멤버십에 따라 점들에 색을 입힌다. 이는 그림 22.1에 보인다.

```
> require(useful)
> plot(wineK3, data = wineTrain)
```

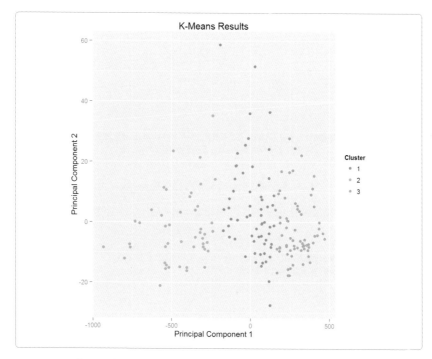

그림 22.1 2차원으로 변경되고 K-평균 군집화 결과에 의해 색이 정해진 와인 데이터의 플롯

만약 원래의 와인 데이터를 전달하고 Cultivar가 참 멤버십 열임을 명시하면, 점들의 모양은 Cultivar에 의해 코드화될 것이다. 이 경우 그림 22.2에서처럼 점의 모양과 색을 비교, 확인할 수 있으며 색과 모양의 강력한 상관관계를 통해 좋은 군집을 알 수 있게 된다.

```
> plot(wineK3, data = wine, class = "Cultivar")
```

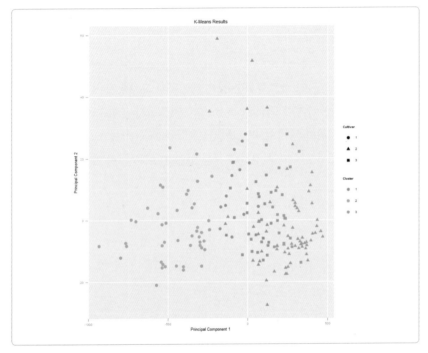

그림 22.2 2차원으로 변경되고 K-평균 군집화의 결과로 색이 입혀진 와인 데이터의 플롯. 모양은 품종을 가리킨다. 색과 모양 간 강력한 상관관계는 좋은 군집화임을 가리킨다.

K-평균은 임의의 시작 조건들에 의해 바뀔 수 있으므로, 여러 번 임의의 시작점들로 알고리즘을 실행하는 것이 좋다. 이는 nstart 인자로 가능하다.

```
> set.seed(278613)
> wineK3N25 <- kmeans(wineTrain, centers = 3, nstart = 25)
> # nstart를 1로 했을 때 군집 크기를 확인한다.
> wineK3$size

[1] 62 47 69

> # nstart를 25로 했을 때 군집 크기를 확인한다.
> wineK3N25$size

[1] 62 47 69
```

이 데이터에서 해당 인자로 인해 결과가 변하지 않았지만 다른 데이터에 대해 시작점 수는 중요한 영향을 끼칠 수 있다.

적절한 군집의 수를 선택하는 것은 좋은 데이터 분할을 얻을 수 있다는 점에서 중요하다. 컬럼비아 대학교 통계학과장인 데이비드 매디건(David Madigan)에 따르면, 최적의 군집 수를 결정할 때 좋은 사용 기준은 하티건 룰(Hartigan's Rule)(하티건(J. A. Hartigan)은 가장 유명한 K-평균 알고리즘의 저자 중 한 명이다)이다. 이는 기본적으로 k군집과 k+1군집의 군집화에 대한 군집 내 제곱합(within-cluster sum of squares, WCSS)의 비율을 비교하며, 이를 통해 행과 군집의 수를 설명한다. 해당 숫자가 10보다 크다면, k+1 군집을 사용하는 것이 가치가 있다. 만약 이 과정이 바로 끝나지 않아 반복적으로 적합하게 되면 이는 지루할 뿐 아니라 연산적인 측면에서도 비효율적일 수 있다. useful 패키지는 이를 수행하기 위한 FitKMeans 함수를 가지고 있으며 결과는 그림 22.3에서 플로팅된다.

```
> wineBest <- FitKMeans(wineTrain, max.clusters=20, nstart=25,
+                       seed=278613)
> wineBest

   Clusters   Hartigan AddCluster
1         2 505.429310       TRUE
2         3 160.411331       TRUE
3         4 135.707228       TRUE
4         5  78.445289       TRUE
5         6  71.489710       TRUE
6         7  97.582072       TRUE
7         8  46.772501       TRUE
8         9  33.198650       TRUE
9        10  33.277952       TRUE
10       11  33.465424       TRUE
11       12  17.940296       TRUE
12       13  33.268151       TRUE
13       14   6.434996      FALSE
14       15   7.833562      FALSE
15       16  46.783444       TRUE
16       17  12.229408       TRUE
17       18  10.261821       TRUE
18       19 -13.576343      FALSE
19       20  56.373939       TRUE

> PlotHartigan(wineBest)
```

이 기준에 따르면 열세 개의 군집을 사용해야 한다. 이는 단지 주먹구구식으로 계산한 것이므로 엄격하게 고수되진 않아야 한다. 우리가 세 개 품종이 있음을 알고 있기 때문에 세 개 군집을 선택하는 게 자연스러울 수 있다. 또 한편으로는, 세 개 군집으로 수행한 군집화 결과가 단지 품종으로 군집을 조절하는 것에만 좋은 작업이었으므로, 이는 좋지 않은 적합일 수도 있다. 그림 22.4는 상단에

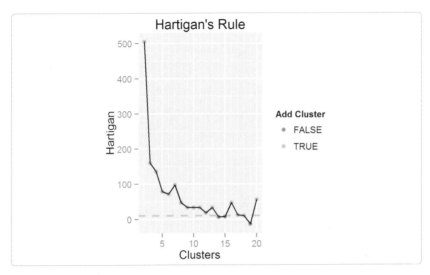

그림 22.3 일련의 다른 군집 크기에 대한 하티건 룰의 플롯

품종, 좌측에 군집 순서를 보여준다. 품종 1은 대부분 자체 군집에 홀로 존재하고, 품종 2는 이보다 약간 나쁜 편이나, 반면 품종 3은 전혀 군집되지 않았다. 만약 이것이 정말로 잘 적합되었다면, 전체의 대각선에 위치한 세그먼트들이 가장 크게 되었을 것이다.

```
> table(wine$Cultivar, wineK3N25$cluster)

    1  2  3
1 13 46  0
2 20  1 50
3 29  0 19

> plot(table(wine$Cultivar, wineK3N25$cluster),
+     main="Confusion Matrix for Wine Clustering",
+     xlab="Cultivar", ylab="Cluster")
```

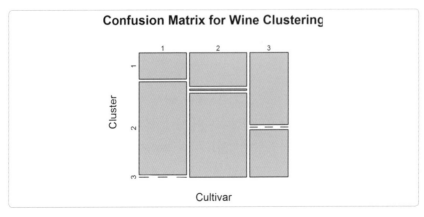

그림 22.4 와인 데이터를 품종에 의해 군집화한 것에 대한 혼동 행렬(Confusion matrix)

하티건 룰을 대체할 수 있는 건 갭 통계(Gap statistic)로, 이것은 데이터의 군집
화에 대한 군집 내 비유사성을 부트스트랩된 데이터의 표본에 대한 것과 비교한
다. 이것은 실제와 예측 사이의 차이를 측정하고, cluster의 clusGap을 사용하여
계산될 수 있다(오직 숫자 데이터에 대해). 이 함수는 실행하는 데 많은 시간이
필요한데 이는 많은 시뮬레이션을 수행하기 때문이다.

```
> require(cluster)
> theGap <- clusGap(wineTrain, FUNcluster = pam, K.max = 20)
> gapDF <- as.data.frame(theGap$Tab)
> gapDF

       logW    E.logW       gap     SE.sim
1  9.655294  9.947093 0.2917988 0.03367473
2  8.987942  9.258169 0.2702262 0.03498740
3  8.617563  8.862178 0.2446152 0.03117947
4  8.370194  8.594228 0.2240346 0.03193258
5  8.193144  8.388382 0.1952376 0.03243527
6  7.979259  8.232036 0.2527773 0.03456908
7  7.819287  8.098214 0.2789276 0.03089973
8  7.685612  7.987350 0.3017378 0.02825189
9  7.591487  7.894791 0.3033035 0.02505585
10 7.496676  7.818529 0.3218525 0.02707628
11 7.398811  7.750513 0.3517019 0.02492806
12 7.340516  7.691724 0.3512081 0.02529801
13 7.269456  7.638362 0.3689066 0.02329920
14 7.224292  7.591250 0.3669578 0.02248816
15 7.157981  7.545987 0.3880061 0.02352986
16 7.104300  7.506623 0.4023225 0.02451914
17 7.054116  7.469984 0.4158683 0.02541277
18 7.006179  7.433963 0.4277835 0.02542758
19 6.971455  7.401962 0.4305071 0.02616872
20 6.932463  7.369970 0.4375070 0.02761156
```

그림 22.5는 다른 많은 군집들에 대한 갭 통계를 보여준다. 최적 군집의 수는 해
당 간격(gap)을 최소화하는 군집 수의 1표준편차 내에서 간격을 만들어 내는 가
장 작은 수다.

```
> # logW 곡선
> ggplot(gapDF, aes(x=1:nrow(gapDF))) +
+     geom_line(aes(y=logW), color="blue") +
+     geom_point(aes(y=logW), color="blue") +
+     geom_line(aes(y=E.logW), color="green") +
+     geom_point(aes(y=E.logW), color="green") +
+     labs(x="Number of Clusters")
>
> # gap 곡선
> ggplot(gapDF, aes(x=1:nrow(gapDF))) +
+     geom_line(aes(y=gap), color="red") +
+     geom_point(aes(y=gap), color="red") +
+     geom_errorbar(aes(ymin=gap-SE.sim, ymax=gap+SE.sim), color="red") +
+     labs(x="Number of Clusters", y="Gap")
```

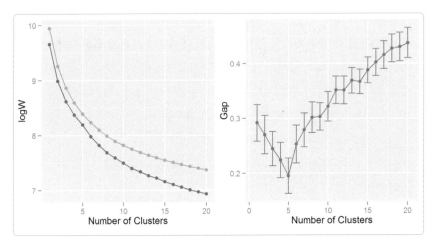

그림 22.5 와인 데이터에 대한 갭 곡선. 파란색 곡선은 관측된 군집 내 비유사성이고, 녹색 곡선은 예측된 군집 내 비유사성이다. 빨간 곡선은 갭 통계(예측되고 관측된)를 나타내고 오차막대들은 간격의 표준편차들이다.

22.2 PAM

K-평균 군집화에서 두 가지 문제는 범주형 데이터에는 유효하지 않고 이상치 (outlier)들에 취약하다는 것이다. 대안은 K-medoids이다. 군집의 평균으로 군 집의 중심을 사용하는 대신, 여기서의 중심은 군집 내 실제 관측값 중 하나가 된 다. 이것은 중간값(median)과 비슷한데, 중간값은 이상치에 대해 강력하다.

가장 일반적인 K-medoids 알고리즘은 PAM(Partitioning Around Medoids) 으로 R의 cluster 패키지는 pam 함수를 포함한다. 예를 위해, 세계은행의 일부 데이터를 살펴본다. 이 데이터는 GDP 같은 수치 측정값과 지역, 소득 수준 같은 범주형 정보 모두를 포함한다.

WDI를 사용하여 세계은행의 다수 지표를 다운로드하기 위해 국가 코드를 사 용한다.

```
> indicators <- c("BX.KLT.DINV.WD.GD.ZS", "NY.GDP.DEFL.KD.ZG",
+                  "NY.GDP.MKTP.CD", "NY.GDP.MKTP.KD.ZG",
+                  "NY.GDP.PCAP.CD", "NY.GDP.PCAP.KD.ZG",
+                  "TG.VAL.TOTL.GD.ZS")
> require(WDI)
>
> # 리스트의 모든 국가에 대해 지표들을 가져온다.
> # 모든 국가가 모든 지표에 대한 정보를 가지고 있진 않다.
> # 어떤 국가들은 아무런 데이터도 없다.
> wbInfo <- WDI(country="all", indicator=indicators, start=2011,
+               end=2011, extra=TRUE)
> # 집계 정보를 제거한다.
> wbInfo <- wbInfo[wbInfo$region != "Aggregates", ]
```

```
> # 모든 지표가 NA인 국가들을 제거한다.
> wbInfo <- wbInfo[which(rowSums(!is.na(wbInfo[, indicators])) > 0), ]
> # iso가 빠져 있는 행을 제거한다.
> wbInfo <- wbInfo[!is.na(wbInfo$iso2c), ]
```

이 데이터는 몇 개 결측치를 가지고 있지만, 다행히도 pam은 결측치를 잘 다룬다. 군집화 알고리즘을 실행하기 전 데이터를 좀 더 정제하는데, data.frame의 행 이름으로 국가명을 사용하고 범주형 변수들은 적절한 level을 가진 factor로 변환한다.

```
> # 행 이름을 설정하기 때문에 군집화에 대한 정보를 사용하지 않고
> # 해당 국가를 알 수 있다.
> rownames(wbInfo) <- wbInfo$iso2c
> # 레벨의 변화를 처리하기 위해
> # 지역(region), 수입(income), 대출(lending)을 다시 factor화한다.
> wbInfo$region <- factor(wbInfo$region)
> wbInfo$income <- factor(wbInfo$income)
> wbInfo$lending <- factor(wbInfo$lending)
```

이제 cluster 패키지의 pam을 사용하여 군집화를 수행한다. 그림 22.6은 해당 결과의 실루엣(silhouette) 플롯을 보여준다. 각 선은 하나의 관측을 나타내고, 각 선의 그룹은 군집이다. 군집을 잘 적합한 관측들은 큰 양의 선들이고 잘 적합하지 않은 관측들은 작거나 음의 선들이다. 군집에서 더 큰 평균 폭은 더 좋은 군집화를 의미한다.

```
> # 주어진 벡터에 없는 열만 저장한다.
> keep.cols <- which(!names(wbInfo) %in% c("iso2c", "country", "year",
+                                          "capital", "iso3c"))
> # 군집화를 수행한다.
> wbPam <- pam(x=wbInfo[, keep.cols], k=12, keep.diss=TRUE,
+              keep.data=TRUE)
>
> # medoid 관측값들을 보여준다.
> wbPam$medoids

   BX.KLT.DINV.WD.GD.ZS NY.GDP.DEFL.KD.ZG NY.GDP.MKTP.CD
PT          5.507851973         0.6601427   2.373736e+11
HT          2.463873387         6.7745103   7.346157e+09
BY          7.259657119        58.3675854   5.513208e+10
BE         19.857364384         2.0299163   5.136611e+11
MX          1.765034004         5.5580395   1.153343e+11
GB          1.157530889         2.6028860   2.445408e+12
IN          1.741905033         7.9938177   1.847977e+12
CN          3.008038634         7.7539567   7.318499e+12
DE          1.084936891         0.8084950   3.600833e+12
NL          1.660830419         1.2428287   8.360736e+11
JP          0.001347863        -2.1202280   5.867154e+12
US          1.717849686         2.2283033   1.499130e+13
   NY.GDP.MKTP.KD.ZG NY.GDP.PCAP.CD NY.GDP.PCAP.KD.ZG
PT        -1.6688187     22315.8420       -1.66562016
HT         5.5903433       725.6333        4.22882080
BY         5.3000000      5819.9177        5.48896865
```

```
BE        1.7839242      46662.5283        0.74634396
MX        3.9106137      10047.1252        2.67022734
GB        0.7583280      39038.4583        0.09938161
IN        6.8559233       1488.5129        5.40325582
CN        9.3000000       5444.7853        8.78729922
DE        3.0288866      44059.8259        3.09309213
NL        0.9925175      50076.2824        0.50493944
JP       -0.7000000      45902.6716       -0.98497734
US        1.7000000      48111.9669        0.96816270
     TG.VAL.TOTL.GD.ZS region  longitude latitude income lending
PT          58.63188      2   -9.135520  38.7072      2       4
HT          49.82197      3  -72.328800  18.5392      3       3
BY         156.27254      2   27.576600  53.9678      6       2
BE         182.42266      2    4.367610  50.8371      2       4
MX          61.62462      3  -99.127600  19.4270      6       2
GB          45.37562      2   -0.126236  51.5002      2       4
IN          40.45037      6   77.225000  28.6353      4       1
CN          49.76509      1  116.286000  40.0495      6       2
DE          75.75581      2   13.411500  52.5235      2       4
NL         150.41895      2    4.890950  52.3738      2       4
JP          28.58185      1  139.770000  35.6700      2       4
US          24.98827      5  -77.032000  38.8895      2       4

>
> # 실루엣 플롯을 생성한다.
> plot(wbPam, which.plots=2, main="")
```

국가 수준의 정보를 다루고 있으므로, 세계지도에서 군집화를 확인하는 것이 유익할 것이다. 세계은행 데이터로 작업하고 있기 때문에, http://maps.world-bank.org/overlays/2712에서 받을 수 있는 세계은행 셰이프파일(shapefile: 한 개의 파일 포맷이 아니라 복수의 파일로 구성된 GIS 데이터)을 사용할 것이다. 이 파일은 다른 파일처럼 브라우저나 R을 사용하여 다운로드할 수 있다. R을 사용하면 브라우저를 사용하는 것보다 느리긴 하지만, 프로그램적으로 많은 파일을 다운로드해야 한다면 R을 사용하는 것이 좋다.

```
> download.file(url="http://maps.worldbank.org/overlays/2712.zip",
+               destfile="data/worldmap.zip", method="curl")
```

받은 파일은 압축이 풀려야 하는데, 이는 운영 체제나 R로 수행할 수 있다.

```
> unzip(zipfile = "data/worldmap.zip", exdir = "data")
```

네 개 파일에서, .shp로 끝나는 것만 신경 쓰면 되고, 나머지는 R이 처리할 것이다. 우리는 maptools 패키지의 readShapeSpatial 함수를 사용하여 그 안에서 .shp 파일을 읽는다.

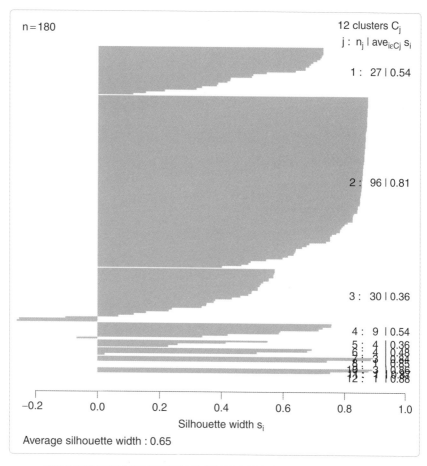

그림 22.6 국가 군집화에 대한 실루엣 플롯. 각 선은 하나의 관측을 나타내고, 각 선의 그룹은 군집이다.
군집을 잘 적합한 관측들은 큰 양의 선들이고 잘 적합하지 않은 관측들은 작거나 음의 선들이다.
군집에서 더 큰 평균 폭은 더 좋은 군집화를 의미한다.

```
        name             CntryName FipsCntry
0 Fips Cntry:                Aruba        AA
1 Fips Cntry:    Antigua & Barbuda        AC
2 Fips Cntry: United Arab Emirates        AE
3 Fips Cntry:          Afghanistan        AF
4 Fips Cntry:              Algeria        AG
5 Fips Cntry:           Azerbaijan        AJ

> require(maptools)
> world <- readShapeSpatial(
+       "data/world_country_admin_boundary_shapefile_with_fips_codes.shp"
+       )
> head(world@data)
```

세계은행 셰이프파일의 두 자리 코드와 WDI를 사용해 가져온 세계은행 데이터
의 두 자리 코드 사이에 많은 차이가 있다. 특히 오스트리아는 'AT', 호주는 'AU',
미얀마(버마)는 'MM', 베트남은 'VN' 등이 되어야 한다.

```
> require(plyr)
> world@data$FipsCntry <- as.character(
+       revalue(world@data$FipsCntry,
+               replace=c(AU="AT", AS="AU", VM="VN", BM="MM", SP="ES",
+                         PO="PT", IC="IL", SF="ZA", TU="TR", IZ="IQ",
+                         UK="GB", EI="IE", SU="SD", MA="MG", MO="MA",
+                         JA="JP", SW="SE", SN="SG"))
+       )
```

ggplot2를 사용하기 위해, shapefile 객체를 data.frame으로 변환할 필요가 있으며, 이는 몇 가지 단계를 요한다.

```
> # rownames를 사용하여 id 열을 생성한다.
> world@data$id <- rownames(world@data)
> # 이를 fortify하는데, 이 함수는 shapefile을
> # data.frame으로 변환해 주는 ggplot2의 특별한 함수다.
> require(ggplot2)
> require(rgeos)
> world.df <- fortify(world, region = "id")
> head(world.df)

       long      lat order  hole piece group id
1 -69.88223 12.41111     1 FALSE     1   0.1  0
2 -69.94695 12.43667     2 FALSE     1   0.1  0
3 -70.05904 12.54021     3 FALSE     1   0.1  0
4 -70.05966 12.62778     4 FALSE     1   0.1  0
5 -70.03320 12.61833     5 FALSE     1   0.1  0
6 -69.93224 12.52806     6 FALSE     1   0.1  0
```

이를 군집화 결과와 조인(join)하기 전에, FipsCntry를 world.df에 다시 조인해야 한다.

```
> world.df <- join(world.df,
+                   world@data[, c("id", "CntryName", "FipsCntry")],
+                   by="id")
> head(world.df)
       long      lat order  hole piece group id CntryName FipsCntry

1 -69.88223 12.41111     1 FALSE     1   0.1  0     Aruba        AA
2 -69.94695 12.43667     2 FALSE     1   0.1  0     Aruba        AA
3 -70.05904 12.54021     3 FALSE     1   0.1  0     Aruba        AA
4 -70.05966 12.62778     4 FALSE     1   0.1  0     Aruba        AA
5 -70.03320 12.61833     5 FALSE     1   0.1  0     Aruba        AA
6 -69.93224 12.52806     6 FALSE     1   0.1  0     Aruba        AA
```

이제 군집화 결과와 원래 세계은행 데이터 조인 작업을 할 수 있다.

```
> clusterMembership <- data.frame(FipsCntry=names(wbPam$clustering),
+                         Cluster=wbPam$clustering,
+                         stringsAsFactors=FALSE)
> head(clusterMembership)
```

```
    FipsCntry Cluster
AE        AE      1
AF        AF      2
AG        AG      2
AL        AL      2
AM        AM      2
AO        AO      3
```

```
> world.df <- join(world.df, clusterMembership, by="FipsCntry")
> world.df$Cluster <- as.character(world.df$Cluster)
> world.df$Cluster <- factor(world.df$Cluster, levels=1:12)
> 1
```

```
[1] 1
```

이 플롯을 생성하려면 정확한 형식을 맞추기 위해 다수의 ggplot2 명령어가 필요하다. 그림 22.7은 군집 멤버십에 의해 색이 지정된 지도를 보여준다. 회색 국가들은 세계은행 정보를 가지고 있지 않거나 두 데이터셋 사이에서 제대로 맞춰지지 않았던 것들이다.

```
> ggplot() +
+     geom_polygon(data=world.df, aes(x=long, y=lat, group=group,
+                                 fill=Cluster, color=Cluster)) +
+     labs(x=NULL, y=NULL) + coord_equal() +
+     theme(panel.grid.major=element_blank(),
+         panel.grid.minor=element_blank(),
+         axis.text.x=element_blank(), axis.text.y=element_blank(),
+         axis.ticks=element_blank(), panel.background=element_blank())
```

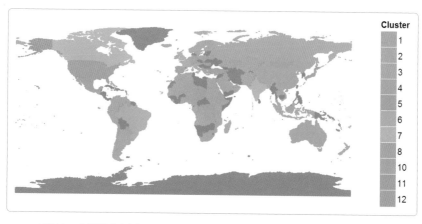

그림 22.7 세계은행 데이터의 PAM 군집화의 지도. 회색 국가들은 세계은행 정보를 가지고 있지 않거나 두 데이터셋 사이에서 제대로 맞춰지지 않았던 것들이다.

K-평균과 매우 비슷하게, K-medoids 군집화에서도 군집의 수는 지정되어야 한다. 하티건 룰과 유사하게 pam에 의해 리턴되는 비유사성 정보를 사용하여 적절한 군집 수를 선택할 수 있다.

```
> wbPam$clusinfo
```

```
        size     max_diss      av_diss     diameter   separation
 [1,]     27 122871463849  46185193372 200539326122 1.967640e+10
 [2,]     96  22901202940   7270137217  31951289020 3.373324e+09
 [3,]     30  84897264072  21252371506 106408660458 3.373324e+09
 [4,]      9 145646809734  59174398936 251071168505 4.799168e+10
 [5,]      4 323538875043 146668424920 360634547126 2.591686e+11
 [6,]      4 327624060484 152576296819 579061061914 3.362014e+11
 [7,]      3 111926243631  40573057031 121719171093 2.591686e+11
 [8,]      1            0            0            0 1.451345e+12
 [9,]      1            0            0            0 8.278012e+11
[10,]      3  61090193130  23949621648  71848864944 1.156755e+11
[11,]      1            0            0            0 1.451345e+12
[12,]      1            0            0            0 7.672801e+12
```

22.3 계층적 군집화(Hierarchical Clustering)

계층적 군집화는 군집들 내에 군집들을 생성하고, K-평균과 K-medoids에서 사용하는 선지정 군집 수는 필요로 하지 않는다. 계층적 군집화는 나무(tree)로 생각할 수 있고 계통도(dendrogram)로 표현할 수 있다. 최상단에는 모든 관측으로 구성되는 단 하나의 군집이 있고, 최하단에는 각 관측이 군집 하나를 구성하며 중간에 있는 것들은 군집화 수준이 각기 달라진다.

와인 데이터를 사용하여, hclust로 군집화를 만들어 낼 수 있다. 결과는 그림 22.8와 같은 계통도로 시각화된다. 텍스트 확인이 어렵긴 하지만, 단말 노드의 관측들에 라벨을 붙인다.

```
> wineH <- hclust(d = dist(wineTrain))
> plot(wineH)
```

계층적 군집화는 국가 정보 데이터 같은 범주형 데이터에도 유효하다. 하지만 해당 데이터의 비유사성 matrix는 다르게 계산되어야 한다. 계통도는 그림 22.9에서 보인다.

```
> # 거리를 계산한다.
> keep.cols <- which(!names(wbInfo) %in% c("iso2c", "country", "year",
+                                          "capital", "iso3c"))
> wbDaisy <- daisy(x=wbInfo[, keep.cols])
>
> wbH <- hclust(wbDaisy)
> plot(wbH)
```

군집들 사이의 거리를 계산하는 다양한 방법이 있으며 이들은 계층적 군집화 결과에 중요한 영향을 미칠 수 있다. 그림 22.10은 단일(single), 완전(complete),

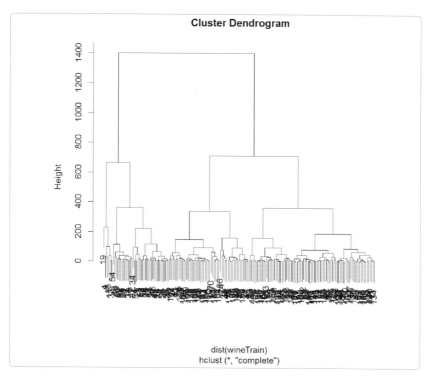

그림 22.8 와인 데이터의 계층적 군집화

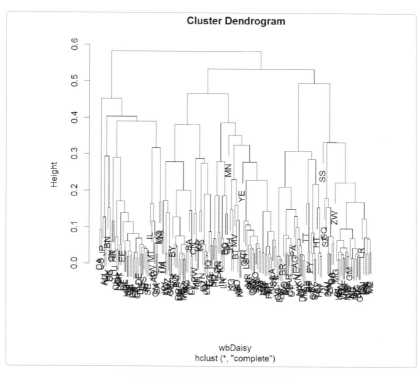

그림 22.9 국가 정보 데이터의 계층적 군집화

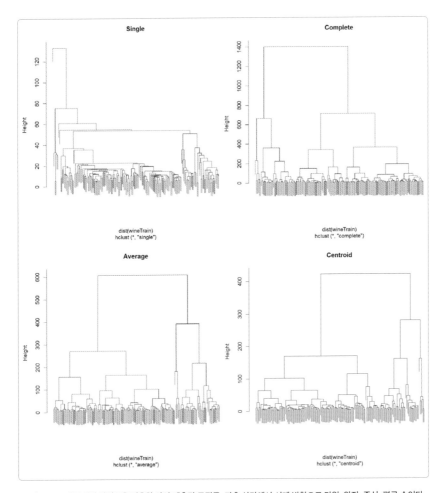

그림 22.10 다른 연결 방법들을 적용한 와인 계층적 군집들. 좌측 상단에서 시계 방향으로 단일, 완전, 중심, 평균 순이다.

평균(average), 중심(centroid) 등 네 가지 다른 연결 방법(linkage method)들로부터의 결과 나무를 보여주며 일반적으로 평균 연결법이 가장 적절한 것으로 간주된다.

```
> wineH1 <- hclust(dist(wineTrain), method = "single")
> wineH2 <- hclust(dist(wineTrain), method = "complete")
> wineH3 <- hclust(dist(wineTrain), method = "average")
> wineH4 <- hclust(dist(wineTrain), method = "centroid")
>
> plot(wineH1, labels = FALSE, main = "Single")
> plot(wineH2, labels = FALSE, main = "Complete")
> plot(wineH3, labels = FALSE, main = "Average")
> plot(wineH4, labels = FALSE, main = "Centroid")
```

계층적 군집화로 생겨난 결과 나무를 잘라 관측들을 정의된 그룹들로 분리한다.

이를 자르는 방법은 두 가지가 있으며, 군집 수를 명시하거나(어디서 잘라야 할지를 결정한다) 어느 선에서 자를지를 명시하는 것이다(군집 수를 결정한다). 그림 22.11은 군집들 수를 명시하여 잘린 나무를 보여준다.

```
> # 나무(tree)를 플롯한다.
> plot(wineH)
> # 세 개 군집으로 분리한다.
> rect.hclust(wineH, k = 3, border = "red")
> # 열세 개 군집으로 분리한다.
> rect.hclust(wineH, k = 13, border = "blue")
```

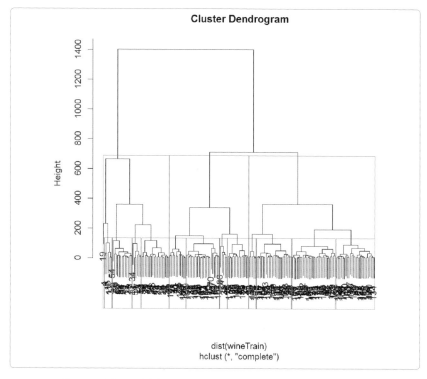

그림 22.11 세 개 그룹(빨간색)과 열세 개 그룹(파란색)으로 나뉜 와인 데이터의 계층적 군집화

그림 22.12는 자르는 높이를 명시하여 잘린 나무를 보여준다.

```
> # 나무(tree)를 플롯한다.
> plot(wineH)
> # 높이 200으로 분리한다.
> rect.hclust(wineH, h = 200, border = "red")
> # 높이 800으로 분리한다.
> rect.hclust(wineH, h = 800, border = "blue")
```

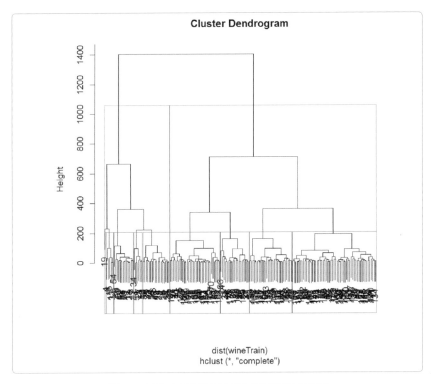

그림 22.12 자르는 높이에 의해 나뉜 와인 데이터의 계층적 군집화

22.4 마무리

군집화는 데이터를 분할하는 유명한 기법이다. R에서는 주로 K-평균을 위한 kmeans, K-medoids를 위한 cluster의 pam과 계층적 군집화를 위한 hclust를 사용한다. 때때로 군집화(특히, 계층적 군집화)에서 속도는 문제가 될 수 있는 데, 이럴 때는 fastcluster 같은 대체 패키지들을 고려할 수 있으며 fastcluster 패키지는 표준 hclust와 동작은 같지만 좀 더 빠른 대체 함수 hclust를 가지고 있다.

23장

knitr을 활용한 재현성(Reproducibility), 리포트, 슬라이드쇼

성공적으로 분석 결과를 전달하는 것은 분석 그 자체만큼 중요할 수 있다. 그래서 효과적인 방법으로 의사소통하는 것이 중요한데, 이는 보고서, 결과 웹 사이트, 슬라이드쇼, 대시보드 등이 될 수 있다. 이번 장에서 우리는 앞의 세 가지에 초점을 맞추는데, 이것들은 셰이후이가 만든 knitr 패키지를 사용하여 매우 쉽게 생성된다.

Sweave는 R 코드 및 실행 시 생성 결과를 레이텍(LATEX)과 조합하여 PDF 문서를 생성하기 위한 도구다. 처음에 knitr은 Sweave를 대체하기 위해 만들어졌다. 이후 knitr에는 HTML 문서를 생성하는 마크다운(Markdown)과 동작하는 기능도 추가되었다. 레이텍과 마크다운에 R 코드를 조합할 때 각각 다른 문법이 필요하지만, 이 프로그램들은 둘 모두를 쉽게 다룰 수 있을 만큼 충분히 비슷하다. 먼저 레이텍으로 작업하는 것에 대해 다루고 그다음 마크다운을 설명하도록 한다.

knitr와 R스튜디오의 조합은 매우 강력해서 R 코드와 그래픽스를 삽입, 실행하는 knitr을 사용하여 이 책 전부를 R스튜디오 IDE 안에서 작성하는 것이 가능했다.

23.1 레이텍 프로그램 설치하기

레이텍은 도널드 커누스(Donald Knuth)가 만든 텍(TEX) 조판 시스템에 기반을 둔 마크업 언어다. 과학 논문이나 서적을 집필하는 데 자주 사용된다. 다른 프로그램들과 마찬가지로, 레이텍은 사용하기 전에 설치를 해야 한다.

운영 체제	배포판	URL
윈도	MiKTeX	http://miktex.org/
맥	MacTeX	http://www.tug.org/mactex/
리눅스	TeX Live	http://www.tug.org/texlive/

표 23.1 레이텍 배포판과 관련 사이트

운영 체제 각각은 다른 레이텍 배포판을 사용한다. 표 23.1은 운영 체제, 배포판, 다운로드 사이트를 나열한다.

23.2 레이텍 입문

여기서 레이텍의 포괄적인 내용을 다루지는 않지만, 문서를 만들어 보는 것만으로도 학습하기에는 충분하다. 레이텍 문서는 해당 문서임을 확인하기 위해 .tex 확장자로 저장되어야 한다. R스튜디오는 R을 다루는 데 목적이 있지만, 레이텍용 문서 편집기로도 적합하고 앞으로 우리가 사용할 환경이기도 하다.

레이텍 파일에서 맨 첫 줄은 문서 형태를 선언하는데, 가장 일반적으로 'article', 'book'을 사용한다. 이는 \documentclass{...}로 수행되며, ... 부분을 원하는 문서 종류로 대체한다.

documentclass 선언 바로 다음은 서문이다. 여기에는 \usepackage{…}를 사용하여 불러들일 패키지(레이텍 패키지)가 무엇인지와 \makeindex로 색인을 만드는 것과 같이 문서 전반에 영향을 미치는 명령어들이 들어간다.

이미지를 포함하기 위해서는 graphicx 패키지를 사용하는 것이 좋다. 이 패키지는 \DeclareGraphicsExtensions{.png,.jpg}을 입력하여 사용하게 될 이미지 파일 형식을 지정하는데, 이 구문은 레이텍이 먼저 .png로 끝나는 파일들을 찾고 그런 다음 .jpg로 끝나는 파일들을 찾는다는 것을 의미한다. 이미지를 다루는 것은 이후 좀 더 자세히 설명할 것이다.

또한 제목, 저자, 날짜는 각각 \title, \author, \date로 선언된다. \newcommand {\dataframe}{\texttt{data.frame}} 같은 새 단축키는 여기서 생성될 수 있는데, 이렇게 하면 \dataframe{}이 입력될 때마다 data.frame이 출력되며 \texttt{...} 때문에 타자기 폰트로 나타나게 된다.

실제 문서는 \begin{document}로 시작하고 \end{document}로 끝나는데, 여기 모든 내용이 들어간다. 지금까지의 레이텍 문서는 다음 예제와 같다.

```
\documentclass{article}
% 이것은 주석이다.
% % 뒤에 나오는 모든 내용은 마치 레이텍에 없었던 것처럼 주석 처리될 것이다.

\usepackage{graphicx} % graphicx를 사용한다.
\DeclareGraphicsExtensions{.png,.jpg} % png 다음으로 jpg를 찾는다.

% dataframe에 대한 단축키를 정의한다.
\newcommand{\dataframe}{\texttt{data.frame}}

\title{A Simple Article}
\author{Jared P. Lander\\ Lander Analytics}
% \\는 다음 줄에 나올 것을 집어넣는다.
\date{April 14th, 2013}

\begin{document}
\maketitle

내용

\end{document}
```

내용은 \section{Section Name}을 사용하여 여러 섹션으로 나눌 수 있다. 이 명령어 다음에 나오는 모든 텍스트는 다른 \section{...}을 만나기 전까지 해당 섹션의 일부가 될 것이다. 섹션(서브섹션, 장)은 레이텍에 의해 자동으로 번호가 매겨진다. \label{...}을 사용하여 주어진 라벨은 \ref{...}를 사용하여 참조될 수 있다. 목차는 자동으로 숫자가 매겨지고 \tableofcontents를 사용하여 생성된다. 이제 문서를 몇 개 섹션과 목차로 좀 더 확장해 볼 수 있다. 보통, 레이텍은 교차 참조와 목차를 위해 두 번 실행되어야 하지만, R스튜디오와 대부분의 다른 레이텍 편집기는 해당 작업을 자동으로 수행할 것이다.

```
\documentclass{article}
% 주석이다.
% % 뒤에 나오는 모든 내용은 마치 레이텍에 없었던 것처럼 주석 처리될 것이다.

\usepackage{graphicx} % graphicx를 사용한다.
\DeclareGraphicsExtensions{.png,.jpg} % png 다음으로 jpg를 찾는다.

% dataframe의 단축키를 정의한다.
\newcommand{\dataframe}{\texttt{data.frame}}

\title{A Simple Article}
\author{Jared P. Lander\\ Lander Analytics}
% \\는 다음 줄에 나오는 것을 넣는다.
\date{April 14th, 2013}

\begin{document}
\maketitle % 제목 페이지를 생성한다.
\tableofcontents % 목차를 생성한다.

\section{Getting Started}
```

```
\label{sec:GettingStarted}
이것은 글의 첫 번째 섹션이다. 여기서 \dataframe{}을 만드는 것에 대해서만 다루며 나머지는 별
거 없다.

새로운 단락은 공백 줄을 두는 것으로 간단히 시작된다. 이거면 충분하고 들여쓰기는 자동으로 된다.

\section{More Information}
\label{sec:MoreInfo}
여기는 또 다른 섹션이다. \ref{sec:GettingStarted}에서 몇몇 기본을 학습하였고 이제 좀 더
볼 것이다. 이 섹션은 너무 길어질 수 있어 몇 개 서브섹션으로 나누어야 한다.

\subsection{First Subsection}
\label{FirstSub}
서브섹션에 대한 내용

\subsection{Second Subsection}
\label{SecondSub}
\ref{sec:MoreInfo}에 끼워 넣는 추가 내용

\section{Last Section}
\label{sec:LastBit}
이 섹션은 앞 서브섹션, 섹션 또는 장(chapter)을 어떻게 중단하는지 보여주기 위해 생성되었다.
장은 오직 글이 아니라 서적에서만 활용된다는 것을 기억한다.

\makeindex % 색인을 생성한다.

\end{document}
```

레이텍에 대해 배워야 할 것이 분명히 훨씬 더 많이 있지만, 앞의 내용은 knitr로 레이텍을 사용하기 위한 시작점을 충분히 제공한다. 좋은 참고자료로「Not So Short Introduction to LATEX」을 http://tobi.oetiker.ch/lshort/lshort.pdf에서 찾을 수 있다.

23.3 레이텍과 함께 knitr 사용하기

R 코드로 레이텍 문서를 작성하는 것은 꽤 쉬운 편이다. 일반적인 텍스트는 보통의 레이텍 규약을 사용하여 작성되고 R 코드는 특수 명령어들로 기술된다. 모든 R 코드는 〈〈label-name,option1='value1',option2='value2'〉〉=로 시작되며 @로 끝난다. 편집하는 동안, R스튜디오는 작성되고 있는 것(레이텍 또는 R 코드)에 따라 편집기의 배경색을 멋지게 설정한다. 이는 그림 23.1에서 확인되고 '청크(chunk)'라고 부른다.

이 문서들은 .Rnw 파일로 저장된다. knit 프로세스를 진행하는 동안 .Rnw 파일은 .tex 파일로 변환되고 이후 이 파일은 PDF로 컴파일된다. 콘솔을 사용한다면, 이 과정은 knit 함수를 호출하여 수행할 수 있고, 이때 첫 번째 인자로 .Rnw

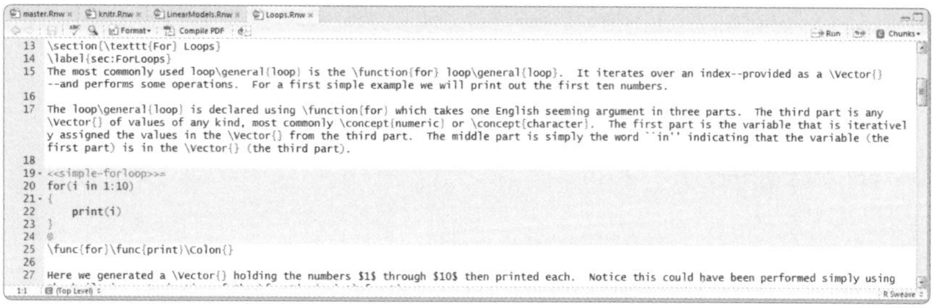

그림 23.1 R스튜디오 문서 편집기에서 레이텍과 R 코드의 스크린샷. 코드 부분이 회색인 것을 확인한다.

파일을 넘겨준다. R스튜디오에서는 툴바 내 📄 **Compile PDF** 버튼을 클릭하거나 키보드에서 Ctrl+Shift+I를 눌러 수행할 수 있다.

청크는 knitr의 기본 작업 단위로 필수적으로 이해해야 하고, 보통 코드와 결과 모두를 보여주는 데 사용한다. 코드 또는 결과를 보여줄 수도 있고 둘 다 보여주지 않을 수도 있지만, 여기서는 코드가 연산, 출력되는 것에 중점을 두도록 한다. ggplot2를 로드하고, diamonds 데이터의 앞부분을 살펴보고 그런 다음 회귀에 적합하는 것을 설명하려고 하면 첫 단계는 청크를 만드는 것이다.

```
<<diamonds-model>>=
# ggplot을 로드한다.
require(ggplot2)

# diamonds 데이터를 로드하고 확인한다.
data(diamonds)
head(diamonds)

# 모형을 적합한다.
mod1 <- lm(price . carat + cut, data=diamonds)
# 요약 정보를 확인한다.
summary(mod1)
@
```

이는 다음에 보이는 것과 같이 마지막 문서에서 코드와 결과 모두를 출력할 것이다.

```
> # ggplot을 로드한다.
> require(ggplot2)
>
> # diamonds 데이터를 로드하고 확인한다.
> data(diamonds)
> head(diamonds)

  carat       cut color clarity depth table price    x    y    z
1  0.23     Ideal     E     SI2  61.5    55   326 3.95 3.98 2.43
2  0.21   Premium     E     SI1  59.8    61   326 3.89 3.84 2.31
3  0.23      Good     E     VS1  56.9    65   327 4.05 4.07 2.31
4  0.29   Premium     I     VS2  62.4    58   334 4.20 4.23 2.63
```

```
5  0.31       Good     J     SI2   63.3      58      335 4.34 4.35 2.75
6  0.24 Very Good       J     VVS2  62.8      57      336 3.94 3.96 2.48

>
> # 모형을 적합한다.
> mod1 <- lm(price ~carat + cut, data = diamonds)
> # 요약 정보를 확인한다.
> summary(mod1)

Call:
lm(formula = price ~carat + cut, data = diamonds)

Residuals:
     Min     1Q Median     3Q     Max
-17540.7 -791.6  -37.6 522.1 12721.4

Coefficients:
            Estimate Std. Error  t value Pr(>|t|)
(Intercept) -2701.38      15.43 -175.061  < 2e-16 ***
carat        7871.08      13.98  563.040  < 2e-16 ***
cut.L        1239.80      26.10   47.502  < 2e-16 ***
cut.Q        -528.60      23.13  -22.851  < 2e-16 ***
cut.C         367.91      20.21   18.201  < 2e-16 ***
cut?           74.59      16.24    4.593 4.37e-06 ***
---
Signif. codes: 0 '***' 0.001 '**' 0.01 '*' 0.05 '.' 0.1 ' ' 1

Residual standard error: 1511 on 53934 degrees of freedom
Multiple R-squared: 0.8565, Adjusted R-squared: 0.8565
F-statistic: 6.437e+04 on 5 and 53934 DF, p-value: < 2.2e-16
```

지금까지 청크에 제공된 것은 오직 라벨(여기서는 'diamonds-model')뿐이었다. 청크 라벨에서는 마침표와 공백을 사용하지 않는 것이 좋다. 설정은 화면과 연산을 조절하기 위해 청크에 전달될 수 있고, 쉼표로 구분되어 라벨 다음에 입력된다. 몇몇 일반적인 knitr 청크 설정들은 표 23.2에 나열되어 있다. 이 설정들은 문자열, 숫자, TRUE/FALSE 또는 이것들 중 하나로 처리되는 R 객체가 될 수 있다.

이미지 보여주기는 knitr로 매우 쉽게 가능하다. 간단히 플롯을 생성하는 명령어를 실행하면 이미지는 해당 코드 바로 다음에 삽입되고 추가 코드 및 결과는 그다음에 출력된다.

다음 청크는 1 + 1 다음에 이에 대한 결과를, plot(1:10) 다음에 이미지를, 2 + 2 다음에 그 결과를 출력할 것이다.

```
<<inline-plot>>=
```

옵션	효과
eval	TRUE이면 결과를 출력
echo	TRUE이면 코드를 출력
include	FALSE이면, 코드가 실행은 되지만 코드와 결과가 출력되지 않음
cache	코드가 변경되지 않았다면, 이전 결과를 그대로 확인할 수 있지만 컴파일 시간을 줄이기 위해 다시 실행하지는 않음
fig.cap	이미지에 대한 캡션(caption) 문자열. 이미지는 자동으로 도표 환경에 집어넣어질 것이며 청크 라벨에 기반을 둔 라벨이 주어짐
fig.scap	캡션 목록에서 사용되는 이미지 캡션의 짧은 버전
out.width	출력될 이미지의 가로 길이
fig.show	이미지가 보이는 시점을 조절. 'as.is'이면 코드 내 이미지 생성 코드에서 이미지를 출력하고 'hold'이면 이미지 모두를 마지막에 출력함
dev	.png, .jpg, 기타 등등 출력될 이미지 유형
engine	knitr은 파이썬, 배시, 펄, C++, SAS 같은 다른 언어의 코드를 다룰 수 있음(청크의 언어명)
prompt	코드 행 앞에 넣을 프롬프트 문자를 명시한다. FALSE이면 프롬프트를 넣지 않는다.
comment	좀 더 쉬운 재현성을 위해, 결과 행들을 주석 처리할 수 있다

표 23.2 일반적인 knitr chunk 설정

```
1 + 1
plot(1:10)
2 + 2
@

> 1 + 1

[1] 2

> plot(1:10)
```

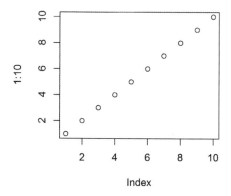

```
> 2 + 2

[1] 4
```

fig.cap 설정을 추가하면 캡션(caption)과 함께 적절한 곳에 이미지를 넣을 것이다. "Simple plot of the numbers 1 through 10."으로 fig.cap을 설정한 동일 청크를 실행하면, 1 + 1 다음 이에 대한 결과가, plot(1:10), 2 + 2 다음에 그 결과가 보일 것이다. 캡션이 포함된 이미지는 코드 라인 사이에서 잘 위치할 수 있는 공간에 배치될 것이다. '.75\\linewidth'(인용 부호를 포함)로 설정된 out.width는 해당 이미지의 가로 길이를 줄 가로 길이의 75%로 만들 것이다. \linewidth는 레이텍 명령어이지만, R 문자열이기 때문에 역슬래시(\)는 다른 역슬래시로 이스케이프(escape)될 필요가 있다. 결과로 나오는 플롯은 그림 23.2에 보인다.

```
<<figure-plot,fig.cap="Simple plot of the numbers 1 through 10.",
fig.scap="Simple plot of the numbers 1 through 10",
out.width='.75\\linewidth'>>=
1 + 1
plot(1:10)
2 + 2
@

> 1 + 1

[1] 2

> plot(1:10)

> 2 + 2

[1] 4
```

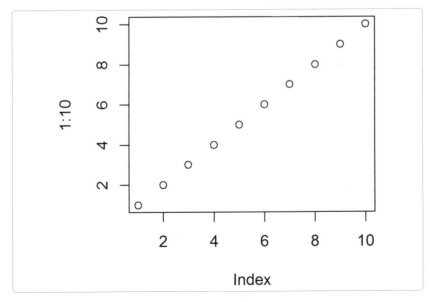

그림 23.2 1부터 10 숫자들의 간단한 플롯

지금까지의 내용은 레이텍과 knitr로 할 수 있는 것 중 일부에 불과하다. 추가 정보는 세이후이의 사이트(http://yihui.name/knitr/)에서 찾을 수 있다. knitr을 사용할 때 "Yihui Xie (2013). knitr: A general-purpose package for dynamic report generation in R. R package version 1.2."라고 정식 인용을 사용하는 것이 좋다. 패키지에 대한, 적절한 인용은 citation 함수를 사용하여 찾을 수 있다.

```
> citation(package = "knitr")
```

To cite the 'knitr' package in publications use:

```
  Yihui Xie (2013). knitr: A general-purpose package for
  dynamic report generation in R. R package version 1.4.1.
  Yihui Xie (2013) Dynamic Documents with R and knitr. Chapman
  and Hall/CRC. ISBN 978-1482203530

  Yihui Xie (2013) knitr: A Comprehensive Tool for
  Reproducible Research in R. In Victoria Stodden, Friedrich
  Leisch and Roger D. Peng, editors, Implementing Reproducible
  Computational Research. Chapman and Hall/CRC. ISBN
  978-1466561595
```

23.4 마크다운 팁

레이텍은 책이나 글을 작성하기에 좋은 도구인데, 마크다운은 좀 더 쉬운 도구이고, 웹 사이트와 프레젠테이션에 대해 이상적이다.[1] 마크다운은 웹 페이지를 작성할 때 보통 수반되는 지루함을 없애버린 단순화된 HTML 버전이다. 또한, 레이텍보다 마크다운에 구성 요소들이 훨씬 적은데, 이는 제어할 수 있는 게 적긴 하지만 작성은 좀 더 쉽다는 것을 의미한다.

행 바꿈은 텍스트 블록들 사이에 공백 줄을 넣어 생성한다. 이탤릭체는 밑줄(_)을 단어의 양쪽에 넣어 생성할 수 있고, 볼드체는 양쪽에 두 개의 밑줄(__)를 넣어 생성한다. 목록은 별표(*)로 시작하는 줄에 각각의 원소를 넣어 생성한다. 텍스트는 '#'로 줄을 시작하여 헤더(header)를 만들게 되고, '#'의 개수는 헤더의 단계를 가리킨다.

링크는 대괄호([]) 안에는 보일 텍스트, 괄호 안에는 링크된 URL를 넣어 생성할 수 있다. 또한, 이미지를 넣는 것도 대괄호와 괄호로 가능하며 느낌표(!)를 앞에 붙인다. 샘플 마크다운 문서는 다음에 보인다.

---

[1] 레이텍에서 비머(Beamer)를 사용하여 프레젠테이션을 생성할 수 있지만 23.6에서 보이는 마크다운 슬라이드쇼가 만들기에 더 빠르며 양방향성도 제공한다.

```
# 제목 - 헤더 1이기도 하다

_이것은 이탤릭체가 될 것이다._

_ _이것은 볼드체가 될 것이다._ _

## 헤더 2

리스트를 생성한다.

* 항목 1
* 항목 2
* 항목 3

링크다.

[내 웹 사이트](http://www.jaredlander.com)

## 또 다른 헤더 2

이미지를 삽입한다.

![이미지를 설명하는 텍스트](location-of-image.png)

#### 헤더 4
```

R스튜디오는 마크다운에 대한 손쉽고 빠른 참고 가이드를 제공하며, 툴바의 MD 버튼을 눌러 접근할 수 있다.

23.5 knitr과 마크다운 사용하기

일반 텍스트(마크다운이 곁들여진)가 작성되고 R 코드는 청크에 넣는 것과 같이 마크다운 문서의 작성 흐름은 레이텍 문서를 작성하는 것과 비슷하다. 청크의 스타일은 다르지만 개념은 동일하다. 마크다운과 R 코드 모두를 포함하는 파일은 .Rmd 파일로 저장되고 이후 마크다운 파일(.md)로 바뀌며 이는 HTML 파일로 컴파일된다. 콘솔에서는 knit 함수, R스튜디오에서는 Knit HTML 버튼이나 Ctrl+Shift+H로 수행된다.

마크다운 문서에서 청크는 ```{r label-name, option1='value1',option2='value2'}로 시작하고 ```로 끝난다. 이와 달리, out.width='.75\linewidth'와 대조적인 out.width='75%' 같은 HTML 형식(convention)을 제외하면 나머지 모든 것은 동일하다. 다음은 이전과 동일한 청크를 마크다운 문서에 맞게 수정한 것이다.

```
'''{r figure-plot,fig.cap="Simple plot of the numbers 1 through 10.",
fig.scap="Simple plot of the numbers 1 through 10",
out.width='.75\\linewidth'}
1 + 1
plot(1:10)
2 + 2
'''
```

23.6 팬독(pandoc)

친숙한 R 환경의 제약을 벗어나지 않고 재현 가능한 프레젠테이션을 만드는 것은 레이텍의 비머(Beamer) 모드(각 페이지가 하나의 슬라이드인 PDF를 생성하는)를 사용하여 오랫동안 가능해 왔다. 하지만 모든 레이텍 코드를 작성하는 것은 불필요한 시간 낭비일 수 있다. 좀 더 간단한 방법은 마크다운 문서를 작성하고 팬독을 사용하여 HTML5 슬라이드쇼로 이를 컴파일하는 것이다. 팬독은 존맥파레인(John MacFarlane)이 만든 매우 좋은 변환 유틸리티로 명령행에서 사용된다.

이를 사용하기 전에, http://johnmacfarlane.net/pandoc/installing.html에서 팬독을 다운로드하고 설치해야 한다.

팬독은 파일을 하나의 타입에서 다른 것으로 변환하는 데 사용될 수 있다. 여기서는 마크다운을 HTML5(특히 slidy 슬라이드 쇼 형태로)로 변환한다(s5, dzslides, slideous 같은 다른 슬라이드 형태도 사용 가능하다).

슬라이드는 헤더 명령어(#)에 의해 표시되고, 이는 또한 슬라이드 제목도 제공한다. 헤더에 여러 단계가 있지만, 내용이 바로 따라 나오는 가장 높은 단계의 헤더는 슬라이드 제목에 사용된다. 팬독을 호출할 때 --slide-level 설정을 줘 이를 덮어씌울 수 있으며, 이는 나중에 보일 것이다. 예제에서는 섹션을 생성하기 위해 헤더1(#)을, 서브섹션을 생성하기 위해 헤더2(##)를, 슬라이드를 생성하기 위해 헤더3(###)을 사용할 것이다.

마크다운 파일의 첫 세 줄은 각각 퍼센트(%)로 시작해야 한다. 첫 번째는 제목, 두 번째는 지은이 이름이고 세 번째는 날짜다. 이것들은 제목 슬라이드를 만들기 위해 사용된다.

이런 몇 가지 사항 이외에도, 표준 마크다운이 사용되어야 한다. 예제 슬라이스쇼 코드는 다음과 같다.

```
% 슬라이스쇼 예제
% Jared P. Lander
% 2013년 4월 14일

# 첫 번째 섹션

### 첫 번째 섹션의 첫 번째 슬라이드
다루는 목록
* 첫 번째 항목
* 두 번째 항목
* 세 번째 항목

### 일부 R 코드
다음 코드는 결과와 플롯을 만들어 낼 것이다.

'''{r figure-plot,fig.cap="Simple plot of the numbers 1 through 10.",
fig.scap="Simple plot of the numbers 1 through 10",out.width='50%',
fig.show='hold'}
1 + 1
plot(1:10)
2 + 2
'''

# 두 번째 섹션

## 첫 번째 서브섹션

### 또 다른 슬라이드
몇 가지 정보가 더 여기에 들어간다.

## 두 번째 서브섹션

### 몇몇 링크
[내 웹 사이트](http://www.jaredlander.com)

[R Bloggers](http://www.r-bloggers.com)
```

이 파일에 knit를 실행하거나 ![Knit HTML] **Knit HTML** 버튼을 누르거나 Ctrl+Shift+H를 누르면 .md 파일과 .html 파일 모두를 생성한다. 팬독은 명령행에서 다음 코드로 .md 파일에 사용되어야 하며, 여기서는 example.md를 호출할 것이다.

```
pandoc -s -S --toc -t slidy --self-contained
    --slide-level 3 example.md -o output.html
```

이 코드는 example.md에 팬독을 호출하고 여러 설정으로 output.html을 생성한다. -s는 독립된(stand-alone) 파일을 생성하고, -S는 smart 모드를 실행하고, --toc는 목차를 생성하고, -t slidy는 최종 문서를 slidy 슬라이드쇼로 만들고, --self-contained는 모든 내용을 다른 파일들이 필요하지 않은 한 개 HTML 파일에 넣고(심지어 이미지도 해당 파일에 직접 인코딩된다), --slide-level 3은 헤더3으로 새 슬라이드를 생성한다는 것을 의미하고, example.md는 입력 파일을 명시하고, -o output.html은 출력 파일에 대한 이름을 제공한다.

knit(또는 버튼이나 키보드 단축키)를 사용하여 knit된 마크다운 파일을 생성하고 앞의 pandoc 명령을 실행하기 위해 명령행으로 이동하는 2단계 과정은 지루하고 오류가 쉽게 발생할 수 있다. 운 좋게도, 적어도 R스튜디오 사용자에 대해서는 이 과정을 한 단계로 만들 수 있는 설정이 가능하다. R 설정을 다음과 같이 변경하면 Knit 버튼으로 마크다운에서 HTML로 변환하는 데 팬독을 사용할 수 있다.

```
> options(rstudio.markdownToHTML = function(inputFile, outputFile)
+ {
+ system(paste(
+ "pandoc -s -S --webtex --toc -t slidy --self-contained --slide-level 3",
+ shQuote(inputFile), "-o", shQuote(outputFile))
+ )
+ }
+ )
```

Knit 버튼을 사용하여 슬라이드쇼 형태로 바로 바꿨으므로, 이 슬라이드쇼는 R스튜디오 미리보기 창에 나타날 것이다.

팬독의 대안으로 맥길 대학교의 람나스 바이디아나산(Ramnath Vaidyana-than)이 만든 slidify 패키지를 사용할 수 있다. 이 패키지는 팬독과는 다소 다른 문법을 사용하지만 훨씬 더 강력하고 심지어 R스튜디오의 Knit 버튼 기능을 자동으로 변경한다. R 코드 청크는 여전히 평소처럼 작성된다.

23.7 마무리

R에서 재현 가능하고, 지속 가능한 문서와 슬라이드쇼를 작성하는 것은 매우 쉽다. 세이후이의 knitr에 감사한다. 이 패키지는 R 코드와 이미지를 포함하는 결과 및 레이텍이나 마크다운 텍스트를 아주 매끄럽게 통합한다.

그 위에, R스튜디오 IDE는 환상적인 문서 편집기다. 참고로 이 책 전체는 마이크로소프트 워드나 레이텍 편집기를 사용하지 않고 R스튜디오 내에서 knitr을 사용하여 작성되었다.

24장

R 패키지 만들기

2013년 7월 말 기준으로, 패키지가 CRAN에 4714개, 바이컨덕터(Bioconductor)에 671개가 있으며, 매일 조금씩 추가되고 있다. 과거에는 패키지를 생성하는 것이 어렵고 복잡했지만 이제는 더 이상 그렇지 않으며, 특히 해들리 윅햄의 devtools 패키지를 사용하면 더욱 그렇다.

CRAN(또는 바이컨덕터)에 제출된 모든 패키지는 구체적인 가이드라인을 따라야 한다. 여기에는 패키지의 폴더 구조, DESCRIPTION과 NAMESPACE 파일, 적절한 도움말 파일들이 포함된다.

24.1 폴더 구조

R 패키지는 기본적으로 여러 폴더로 구성된 한 개 폴더이며, 각 폴더는 특정한 파일들을 포함한다. 최소 두 개 폴더가 있어야 하는데, 하나는 포함된 함수들이 들어가는 R이고 다른 하나는 문서화 파일들이 위치할 man이다. 예전에 문서는 수동으로 작성해야 했지만, 24.3에서 보이는 roxygen2로 인해 이제 더 이상은 그렇지 않다. roxygen2에 감사를 표한다. R 3.0.0부터, CRAN은 모든 파일은 공백 줄로 끝나야 하고 예제 코드는 105자 이내여야 한다는 요구 사항에 매우 엄격해졌다.

R과 man 폴더 외에, C++와 포트란 같은 컴파일된 코드를 저장하는 src, 패키지에서 포함하는 데이터를 저장하는 data, 사용자가 사용할 수 있어야 하는 파일들을 위한 inst가 있다. 패키지가 설치되었을 때 나머지 다른 폴더에 들어 있는 파일들(루트 폴더의 INDEX, LICENSE, NEWS는 제외)은 사람이 읽을 수 없는

형태로 되어 있다. 표 24.1은 R 패키지에서 가장 공통적으로 사용되는 폴더들을 나열한다.

폴더	설명
R	R 코드를 포함하는 파일. 파일명은 .R, .S, .q, .r 또는 .s 중 하나의 확장자를 가져야 하며 보통은 .r로 끝난다.
man	.Rd로 끝나는 문서화 파일로, R 폴더의 각 함수마다 한 개 파일. 이는 roxygen2를 사용하여 자동으로 생성된다.
src	C/C++/포트란 같은 컴파일된 코드 파일
data	패키지에 포함된 데이터 파일
inst	사용자를 위해 설치된 패키지에 포함된 파일
test	R 폴더에 있는 함수들을 검증하는 코드 파일

표 24.1 R 패키지에서 사용되는 폴더들(다른 가능한 폴더들이 있지만 이것들이 가장 일반적이다)

24.2 패키지 파일들

패키지의 루트 폴더는 최소한 DESCRIPTION 파일과 NAMESPACE 파일을 포함해야 하며, 이는 24.2.1과 24.2.2에서 설명한다. NEWS, LICENSE, README 등 파일은 추천되긴 하지만 반드시 필요한 건 아니다. 표 24.2는 흔히 사용되는 파일을 나열한다.

파일	설명
DESCRIPTION	의존성을 포함하는 패키지 정보
NAMESPACE	사용자에게 노출되는 함수와 다른 패키지로부터 가져오는 함수 목록
NEWS	각 버전에서 업데이트된 내용
LICENSE	저작권 정보
README	패키지 기본 설명

표 24.2 R 패키지에서 사용되는 파일들(다른 가능한 파일들이 있지만, 이들이 가장 일반적이다)

24.2.1 DESCRIPTION 파일

DESCRIPTION 파일은 이름, 버전, 저자, 연관된 다른 패키지들 같은 패키지에 대한 정보를 포함한다. 정보는 Item1: Value1 같이 각각 한 줄에 저장된다. 표 24.3은 DESCRIPTION 파일들에서 사용되는 여러 필드를 나열한다.

Package 필드는 패키지 이름을 지정한다. 이는 CRAN과 패키지 접근 사용자 수 통계에서 나타나는 그 이름이다.

Type은 다소 구식이므로 Package나 다른 타입인 Frontend가 될 수 있다. Frontend는 R에 그래픽 프런트엔드(front end)를 만들기 위해 사용되고 함수들의 R 패키지를 만드는 것에는 유용하지 않을 것이다.

Title은 패키지에 대한 짧은 설명이다. 이는 비교적 간단해야 하고 마침표로 끝나지 않을 수 있다. Description은 패키지에 대한 완전한 설명으로, 여러 개 긴 문장이 될 수 있지만 단락을 넘길 수는 없다.

필드	필수	설명
Package	O	패지키명
Type	×	패키지 유형
Title	O	패키지의 짧은 설명
Version	O	현재 버전: v.s.ss
Date	×	최신 빌드 날짜
Author	O	저자명
Maintainer	O	저자명과 이메일 주소
Description	O	패키지 설명
License	O	라이선스 유형
Depends	×	로드될 패키지 목록 (쉼표로 구분)
Imports	×	로드는 하지 않지만 사용할 패키지 목록 (쉼표로 구분)
Suggests	×	필수는 아니지만 가지고 있으면 좋은 패키지 목록 (쉼표로 구분)
Collate	×	R 디렉터리에 위치한 R 파일들 목록(처리 순서로 보이며 쉼표 구분 없음)
ByteCompile	×	패키지 설치 시 바이트 컴파일 여부

표 24.3 DESCRIPTION 파일의 필드

Version은 패키지 버전이고 보통 마침표로 구분되는 세 개 정수로 구성된다. 한 예로, 1.15.2를 들 수 있다. Date는 현재 버전의 배포 날짜다.

Author와 Maintainer 필드는 비슷하지만 둘 다 필요하다. Author는 쉼표로 구분되는 여러 사람이 될 수 있고 Maintainer는 책임자 또는 불만을 받아줄 사람이며, 꺾쇠괄호(⟨⟩) 안 이메일 주소가 이름 뒤에 있어야 한다. 예로, Maintainer: Jared P. Lander ⟨packages@jaredlander.com⟩을 들 수 있다. CRAN은 실제로 Maintainer 필드에 대해 매우 엄격하며 적절하지 않은 형식을 가지는 패키지를 거부할 수 있다.

라이선스 정보는 적절하게 명명된 License 필드 안에 들어간다. 이는 GPL-2나 BSD 같은 표준 규격의 하나의 축약형이나 패키지 루트 폴더의 LICENSE 파일을 참조하는 문자열 'file LICENSE'가 되어야 한다.

Depends, Imports와 Suggests 필드는 약간 까다롭다. 종종 패키지는 다른 패키지의 함수를 필요로 한다. 이 경우 다른 패키지, 예를 들면 ggplot2는 쉼표로 구분되는 목록으로 Depends나 Imports 필드에 나열되어야 한다. ggplot2가 Depends에 작성되면, 이후 해당 패키지가 로드될 때 ggplot2와 이 패키지의 함수들은 생성 패키지의 함수와 사용자 모두가 사용할 수 있을 것이다. ggplot2가 Imports에 나열되면, 해당 패키지가 로드될 때 ggplot2는 로드되지 않을 것이고, 이 패키지의 함수들은 생성 패키지의 함수에서는 사용될 수 있으나 사용자는 사용할 수 없을 것이다. 패키지는 한 가지 또는 다른 하나(둘 모두가 아닌)에 나열되어야 한다. 이 필드들 중 어느 한 쪽에 나열된 패키지들은 해당 패키지가 설치될 때 CRAN으로부터 자동으로 설치될 것이다. 해당 패키지가 또 다른 패키지의 특정 버전에 연관되어 있다면, 연관 패키지 이름 뒤 괄호 안에 버전 숫자가 붙어야 한다. 예를 들면, Depends: ggplot2 (>= 0.9.1)과 같다. 해당 패키지의 기능을 위해 반드시 필요하진 않지만 문서화, 비네트(vignettes)나 테스트 예제를 위해 필요한 패키지들은 Suggests에 나열되어야 한다.

Collate 필드는 R 폴더에서 포함되는 R 코드 파일들을 명시한다. 이는 패키지가 roxygen2와 devtools를 사용하여 기록되었다면 자동으로 붙여질 것이다.

비교적 새로운 특징은 바이트 컴파일로, 이는 R 코드의 속도를 상당히 빠르게 할 수 있다. ByteCompile을 TRUE로 설정하면 해당 패키지가 사용자에 의해 설치될 때 바이트 컴파일을 보장할 것이다.

coefplot에서 DESCRIPTION 파일은 다음과 같이 작성되어 있다.

```
Package: coefplot
Type: Package
Title: Plots Coefficients from Fitted Models
Version: 1.1.9
Date: 2013-01-23
Author: Jared P. Lander
Maintainer: Jared P. Lander <packages@jaredlander.com>
Description: Plots the coefficients from a model object
License: BSD
LazyLoad: yes
Depends:
    ggplot2
Imports:
    plyr,
    stringr,
    reshape2,
    useful,
    scales,
```

```
        proto
  Collate:
      'coefplot.r'
      'coefplot-package.r'
      'multiplot.r'
      'extractCoef.r'
      'buildPlottingFrame.r'
      'buildPlot.r'
      'dodging.r'
  ByteCompile: TRUE
```

24.2.2 NAMESPACE 파일

NAMESPACE 파일은 어떤 함수들이 사용자에게 노출되어야 하는지(패키지 내 모든 함수가 그래야 하는 것은 아니다)와 어떤 다른 패키지들이 해당 NAMESPACE로 불려야 하는지를 명시한다. 내보낼(exported) 함수들은 export(multiplot)처럼 나열되고 불러들일 패키지들은 import(plyr)처럼 나열된다. 손으로 이 파일을 작성하는 것은 매우 지루할 수 있으므로, roxygen2와 devtools는 자동으로 이 파일을 생성할 수 있고 생성해야만 한다.

R은 S3, S4, Reference Classes 세 가지 객체 지향 시스템을 가진다. S3는 이 중 가장 오래되었고 간단하며 이 책에서 집중적으로 다루게 될 것이다. S3는 print, summary, coef, coefplot 같은 다수의 제네릭 함수들(generic functions)로 구성된다. 제네릭 함수들은 오직 객체-특정형(object-specific) 함수들을 처리하기 위해 존재한다. 콘솔에 print를 입력하면 다음이 보인다.

```
> print

standardGeneric for "print" defined from package "base"

function (x, ...)
standardGeneric("print")
<environment: 0x000000001e1aecc0>
Methods may be defined for arguments: x
Use showMethods("print") for currently available ones.
```

이것은 UseMethod("print") 명령어를 포함하는 한 줄짜리 함수로, 이 함수는 R에 전달된 객체의 클래스(class)에 의존하는 다른 함수를 호출하라고 전달한다. 이들은 methods(print)로 확인할 수 있다. 공간을 절약하기 위해 결과 중 20개만 보여주도록 한다. 사용자에게 노출되지 않는 함수들은 별표(*)로 표시되었다. 모든 이름은 print와 쉼표로 구분된 객체의 클래스다.

```
> methods(print)

 [1] print.aareg*                print.abbrev*
 [3] print.acf*                  print.AES*
 [5] print.agnes*                print.anova
 [7] print.Anova*                print.anova.gam
 [9] print.anova.lme*            print.anova.loglm*
[11] print.aov*                  print.aovlist*
[13] print.ar*                   print.Arima*
[15] print.arima0*               print.arma*
[17] print.AsIs                  print.aspell*
[19] print.aspell_inspect_context* print.balance*
 [ reached getOption("max.print") -- omitted 385 entries ]

   Non-visible functions are asterisked
```

객체에 print가 호출될 때, 이후 객체의 타입에 의존하는 이 함수들 중 하나를 호출한다. 예를 들면, data.frame은 print.data.frame으로 보내지고 lm 객체는 print.lm으로 보내진다.

제네릭 S3 함수들에 의해 호출된 이들 다른 객체-특정형 함수들은 내보내질 함수들과 더불어 NAMESPACE에서 선언되어야 한다. coefplot.lm이 coefplot 제네릭 함수로 등록된다고 하는 것은 S3Method(coefplot, lm)으로 명시된다.

coefplot의 NAMESPACE 파일은 다음과 같다.

```
S3method(coefplot,default)
S3method(coefplot,glm)
S3method(coefplot,lm)
S3method(coefplot,rxGlm)
S3method(coefplot,rxLinMod)
S3method(coefplot,rxLogit)
S3method(extract.coef,default)
S3method(extract.coef,glm)
S3method(extract.coef,lm)
S3method(extract.coef,rxGlm)
S3method(extract.coef,rxLinMod)
S3method(extract.coef,rxLogit)
export(buildModelCI)
export(coefplot)
export(coefplot.default)
export(coefplot.glm)
export(coefplot.lm)
export(coefplot.rxGlm)
export(coefplot.rxLinMod)
export(coefplot.rxLogit)
export(collidev)
export(extract.coef)
export(multiplot)
export(plotcoef)
export(pos dodgev)
import(ggplot2)
import(plyr)
import(proto)
import(reshape2)
```

```
import(scales)
import(stringr)
import(useful)
```

심지어 coefplot처럼 작은 패키지에 대해서도 손으로 NAMESPACE 파일을 만드는 것은 지루하고 오류를 발생시키기 쉬울 수 있다. 그러므로 devtools와 roxygen2가 이 파일을 생성하게 하는 것이 가장 좋다.

24.2.3 다른 패키지 파일들

NEWS 파일은 각 버전에서 새로운 점이나 변경된 점을 상세히 설명하기 위한 것이다. coefplot NEWS 파일에서 가장 최근 세 가지 항목이 다음에 보인다. 해당 업데이트를 도와주고 격려한 사람들에게 감사하는 것은 좋은 관례이니 참고하도록 한다. 이 파일은 사용자 설치 시 제공될 것이다.

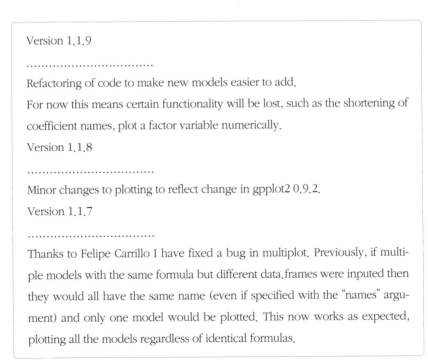

Version 1.1.9

....

Refactoring of code to make new models easier to add.

For now this means certain functionality will be lost, such as the shortening of coefficient names, plot a factor variable numerically.

Version 1.1.8

....

Minor changes to plotting to reflect change in gpplot2 0.9.2.

Version 1.1.7

....

Thanks to Felipe Carrillo I have fixed a bug in multiplot. Previously, if multiple models with the same formula but different data.frames were inputed then they would all have the same name (even if specified with the "names" argument) and only one model would be plotted. This now works as expected, plotting all the models regardless of identical formulas.

LICENSE 파일은 패키지의 라이선스에 대한 좀 더 상세한 정보를 명시하기 위한 파일이고 사용자 설치에 제공될 것이다. coefplot의 LICENSE 파일이 여기 보인다.

README 파일은 순수하게 정보를 제공하는 것이며 사용자 설치에 포함되지 않는다. 이 파일의 가장 큰 혜택을 보는 건 깃허브에서 호스트되는 패키지들일지도 모른다. 깃허브에서는 README가 프로젝트 홈페이지에서 보이는 정보가 될 것이다.

24.3 패키지 문서화

CRAN에 받아들여질 R 패키지에 대한 매우 엄격한 요구 사항은 적절한 문서화다. 패키지에서 내보내질 각 함수는 레이텍과 비슷한 문법으로 작성된 자체 .Rd 파일이 필요하다. 이는 다음에 나오는 것과 같은 아주 간단한 함수들에 대해서도 작성이 어려울 수 있다.

```
> simple.ex <- function(x, y)
+ {
+     return(x * y)
+ }
```

이 함수가 단 두 개의 인자를 가지고 있고 간단하게 두 개 인자의 곱을 리턴한다고 할지라도, 여기서 보이는 것과 같은 많은 문서화가 필요하다.

```
\name{simple.ex}
\alias{simple.ex}
\title{within.distance}
\usage{simple.ex(x, y)}
\arguments{
    \item{x}{A numeric}
    \item{y}{A second numeric}
}
\value{x times y}
\description{Compute distance threshold}
\details{This is a simple example of a function}
\author{Jared P. Lander}
\examples{
    simple.ex(3, 5)
}
```

이런 2단계 접근법을 취하는 것보다, 해당 함수에 덧붙여 함수 문서화를 작성하는 것이 더 좋다. 즉, 이 문서화는 여기서 보이는 것처럼 해당 함수 바로 위 주석처리된 영역에 작성된다.

```
> #' @title simple.ex
> #' @description Simple Example
> #' @details This is a simple example of a function
> #' @aliases simple.ex
> #' @author Jared P. Lander
> #' @export simple.ex
> #' @param x A numeric
> #' @param y A second numeric
> #' @return x times y
> #' @examples
> #' simple.ex(5, 3)
> simple.ex <- function(x, y)
+ {
+     return(x * y)
+ }
```

devtools의 document를 실행하면 자동으로 해당 함수 위 코드 영역에 기반을 둔 적절한 .Rd 파일을 생성할 것이다. 코드는 줄의 시작 지점에서 '#'로 표시된다. 표 24.4는 일반적으로 사용되는 다수의 roxygen2 태그를 나열한다.

태그	설명
@param	인자명과 짧은 설명
@inheritParams	다른 함수에서 @param 태그들을 복사(해당 태그들은 작성하지 않아도 됨)
@examples	사용되는 함수 예제
@return	함수에 의해 리턴되는 객체 설명
@author	함수 저자명
@aliases	사용자가 함수를 찾을 때 사용하는 이름
@export	NAMESPACE 파일에 export로 함수 추가
@import	NAMESPACE 파일에 import로 패키지 추가
@seealso	살펴볼 다른 함수들의 목록
@title	도움말 파일 제목
@description	함수의 짧은 설명
@details	함수에 대한 상세 정보
@useDynLib	컴파일된 소스 코드의 패키지에 대한 사용 여부
@S3method	S3 제네릭 함수들에 포함될 함수들을 선언

표 24.4 함수들의 roxygen2 문서화에서 사용되는 태그들

모든 인자는 @param 태그로 기록되어야 하고, 이는 점들(...)도 포함하며 이것은 \dots로 작성된다. @param 태그들과 인자들 간에 정확하게 대응되어야 하므로, 하나라도 많거나 적으면 오류가 발생할 것이다.

함수 사용 예를 보여주는 것이 좋은 형태인 것으로 간주된다. 이는 @examples 태그 다음의 줄들로 수행된다. CRAN에 받아들여지기 위해 모든 예제는 오류 없이 작동해야만 한다. 보여주긴 하지만 실행하지 않기 위해, 해당 예제들은 \dontrun{···}으로 감싸진다.

함수를 사용할 때 객체 타입을 아는 것은 중요하다. 이 때문에 @return은 리턴되는 객체를 설명하기 위해 사용되어야 한다. 객체가 리스트이면, @return 태그는 \item{name a}{description a}\item{name b}{description b} 형식의 항목별로 구분된 리스트가 되어야 한다.

도움말 페이지는 보통 콘솔에서 ?FunctionName을 입력하여 연다. @aliases 태그는 특정 도움말 파일로 연결할 이름들을 지정하는 공백으로 구분된 리스트를 사용한다. 예를 들면, @aliases coefplot plotcoef를 사용하면 ?coefplot와 ?plotcoef 모두는 동일한 도움말 파일로 연결될 것이다.

함수가 사용자에게 노출되기 위해, 해당 함수는 NAMESPACE 파일에서 내보내기(export)로 리스트에 나열되어야 한다. @export FunctionName을 사용하면 자동으로 export(FunctionName)을 NAMESPACE 파일에 추가한다. 비슷하게, 다른 패키지의 함수를 사용하기 위해, 해당 패키지를 가져와야 하고 @import PackageName은 import(PackageName)을 NAMESPACE 파일에 추가한다.

coefplot.lm이나 print.anova 같이 제네릭 함수들에 의해 호출되는 함수를 만들 때, @S3method 태그가 사용되어야 한다. @S3method GenericFunction Class는 S3method(GenericFunction,class)를 NAMESPACE 파일에 추가한다. @S3method를 사용할 때 동일한 인자들로 @method를 사용하는 것도 좋다. 이는 다음에 나오는 함수에서 확인된다.

```
> #' @title print.myClass
> #' @aliases print.myClass
> #' @method print myClass
> #' @S3method print myClass
> #' @export print.myClass
> #' @param x Simple object
> #' @param ... Further arguments to be passed on
> #' @return The top 5 rows of x
> print.myClass <- function(x, ...)
+ {
```

```
+       class(x) <- "list"
+       x <- as.data.frame(x)
+       print.data.frame(head(x, 5))
+ }
```

24.4 검증하기(Checking), 빌드하기(Building), 설치하기(Installing)

패키지를 빌드하려면 명령 프롬프트로 이동하고 R CMD check, R CMD build, R CMD INSTALL(윈도에서는 R CMD 대신 Rcmd를 사용) 같은 명령어들을 사용하는 것이 필요했다. 이 명령어들은 적절한 디렉터리에서 실행돼야 하고 정확한 설정들을 알아야 하며 그리고 다른 성가신 시간 낭비 작업들이 필요했다. 이 모든 과정을 훨씬 쉽게 만들어주고 R 콘솔 내에서 수행될 수 있게 해준 해들리 윅햄에게 감사한다.

첫 단계는 document를 호출하여 패키지가 적절히 문서화되도록 하는 것이다. 첫 번째 인자는 문자열로 된 패키지 루트 폴더의 경로다(현재 작업 디렉터리가 루트 폴더와 동일하다면, 인자들은 필요 없다. 이는 모든 devtools 함수들에서 똑같이 적용된다). 이 함수는 필요한 모든 .Rd 파일들, NAMESPACE 파일, DESCRIPTION 파일의 Collate 필드를 생성한다.

```
> require(devtools)
> document()
```

해당 패키지가 적절히 문서화되었으면, 이제 검증할 차례다. 첫 번째 인자로 패키지 경로를 지정한 check 함수를 사용하여 검증한다. 이 함수는 해당 패키지가 CRAN에 거절될 수 있게 하는 오류와 경고들을 기록할 것이다. CRAN이 매우 엄격할 수 있기 때문에, 이 모든 이슈를 해결하는 것은 기본이다.

```
> check()
```

build 함수를 사용하여 패키지를 빌드하는 것은 간단하며, 이 또한 첫 인자로 패키지 경로를 받는다. 기본적으로 이 함수는 .tar.gz(패키지 내 모든 파일 모음)를 생성하고 해당 파일은 여전히 R에서 설치될 수 있는 바이너리로 빌드될 필요가 있다. 이 파일은 어떤 운영 체제에서도 빌드가 가능하다는 점에서 이식성이 높고 함수의 binary 인자가 TRUE로 설정되면 특정 운영 체제용 바이너리를 빌드할 것이다. 컴파일된 소스 코드가 포함된다면 문제가 있을 수 있다.

```
> build()
> build(binary = TRUE)
```

개발 과정을 돕는 다른 함수들은 install(패키지를 재빌드하고 로드한다)과 load_all(패키지와 NAMESPACE 로딩을 시뮬레이션한다)이다.

개발 과정에 있어 반드시 필요한 건 아니지만 다른 사람들의 최신 작업물을 가져오기 위한 다른 좋은 함수로 install_github가 있으며, 이는 깃허브 저장소로부터 바로 R 패키지를 설치할 수 있다. 비트버킷(install_bitbucket)과 깃(install_git)으로부터 설치하기 위한 유사 함수들도 있다.

예를 들면, coefplot의 최신 버전을 가져오기 위해 다음 코드가 실행되어야 한다. 출판될 시점에는, 이는 더 이상 최신판이 아닐 수도 있다.

```
> install_github(repo = "coefplot", username = "jaredlander",
+                ref = "survival")
```

때때로 CRAN에서 패키지 과거 버전이 필요한데, 보통은 직접 패키지 소스를 다운로드하고 이를 빌드하지 않고는 얻기가 어렵다. 그러나 최근 devtools에 install_version이 추가되었고, 이는 패키지의 특정 버전을 CRAN에서 다운로드, 빌드, 설치하도록 한다.

24.5 CRAN에 제출하기

R 사용자들에게 패키지를 공개하는 가장 좋은 방법은 CRAN에서 이를 가지고 있는 것이다. devtools의 check를 사용하여 패키지가 검증을 통과했다면, http://xmpalantir.wu.ac.at/cransubmit/에 있는 새로운 웹 업로더(FTP를 사용하는 것이 아니라)를 사용하여 패키지를 CRAN에 업로드할 준비가 된 것이다. 업로드는 .tar.gz 파일만 하면 된다. 제출하고 나면, CRAN은 해당 패키지가 실제로 메인테이너에 의해 업로드된 것인지를 확인하기 위한 이메일을 보낼 것이다. 다른 방법으로, 패키지는 우베 리그게스(Uwe Ligges, ligges@statistik.tu-dortmund.de)와 cran@r-project.org에게 이메일을 보내면 ftp://CRAN.R-project.org/incoming/에 익명 FTP로도 업로드될 수 있다. 제목줄은 CRAN Upload: PackageName PackageVersion 형식이 되어야만 한다. 패키지 이름은 대소문자를 구분하며 DESCRIPTION 파일의 패키지 이름과 동일해야 한다. 메시지 본문은 가이드라인을 따를 필요가 없지만 정중해야 하며 어딘가에 "thank you"를 포함해야 하는데, CRAN 팀이 무보수로 엄청난 양의 노력을 쏟아붓고 있기 때문이다.

24.6 C++ 코드

때때로 R 코드가 주어진 문제에 대해 그다지 빠르지 않은 경우가 있는데(심지어 바이트 컴파일의 경우에도), 이런 경우 컴파일된 언어가 사용되어야만 한다. R의 C 기반과 포트란 라이브러리와의 연결(lm과 같은 함수들을 충분히 깊게 파헤쳐 보면 기초가 되는 부분이 포트란으로 작성됐다는 점이 드러난다)은 이런 언어들을 꽤 자연스럽게 받아들이게 한다. .Fortran은 포트란으로 작성된 함수를 호출하기 위해 사용되고 .Call은 C와 C++ 함수들을 호출하기 위해 사용된다.[1] 이런 편리한 함수들이 있더라도, 포트란이나 C/C++ 지식은 R 객체들이 어떻게 기초가 되는 언어로 표현되는지에 대한 것이기 때문에 여전히 필요하다.

C++ 코드를 통합하는 것은 Rcpp 패키지를 사용하여 훨씬 쉬워졌고, 이를 만든 더크 에델뷰텔과 로마인 프랑수와(Romain Francois)에게 감사한다. 이 패키지는 C++ 함수들을 R에서 호출 가능하게 하는 데 필요한 여러 가지를 다룬다. 이들은 C++로 R 패키지들을 개발하기 쉽게 해줄 뿐 아니라 애드혹(ad hoc) C++를 실행 가능하게 한다.

C++ 코드로 작업하려면 많은 도구가 필요하다. 우선, 적절한 C++ 컴파일러가 있어야 한다. 호환성을 유지하기 위해 gcc를 사용하는 것이 가장 좋다.

리눅스 사용자들은 이미 gcc를 설치했을 것이고 문제가 없어야겠지만, g++를 설치할 필요가 있을 수도 있다.

맥 사용자들은 엑스코드(Xcode)를 설치할 필요가 있으며 직접 g++를 선택해야만 할 수도 있다. 일반적으로 맥에서 제공되는 컴파일러는 최신판보다 뒤떨어지는데, 최신판은 몇몇 이슈가 발생하는 것으로 알려져 왔다.

윈도 사용자는 시작 시 어려움을 겪지 않아도 된다. R툴즈(RTools)를 개발해준 브라이언 리플리(Brian Ripley)와 던컨 머독(Duncan Murdoch)에게 감사한다. R툴즈는 gcc와 make를 포함한 필요한 모든 개발 도구를 제공한다. 설치된 R 버전에 맞는 버전을 http://cran.r-project.org/bin/windows/Rtools/에서 다운로드할 수 있으며 다른 프로그램처럼 설치하면 된다. 이는 gcc를 설치하고 윈

---

1 논란이 많긴 하지만 C 함수도 있다.

도 명령 프롬프트를 좀 더 배시 터미널처럼 동작하도록 만든다. devtools와 R스튜디오를 사용하여 R 내에서 패키지를 만든다면(현재로선 가장 좋은 방법이다), gcc 위치는 운영 체제의 레지스트리에서 결정될 것이다. 명령 프롬프트에서 패키지를 만든다면, gcc 위치는 c:\Rtools\bin;c:\Rtools\gcc-4.6.3\bin;c:\Users\Jared\Documents\R\R-3.0.0\bin\x64 같이 시스템 경로(PATH)의 맨 앞에 삽입되어야 한다.

　패키지 도움말 문서와 vignettes를 만들기 위해 레이텍 배포판이 필요하다. 표 23.1은 운영 체제들에 대한 주요 배포판들을 보여준다.

24.6.1 sourceCpp

우선, 두 vector를 더하는 간단한 C++ 함수를 만든다. R이 이 작업을 빠르게 하기 때문에 이것이 적절한 것이냐를 생각해볼 때 이해가 되지 않을 수 있지만 설명하려는 목적이니 괜찮다. 이 함수는 두 개 vector에 대한 인자를 가지고 원소에 맞춰 더한 결과를 리턴할 것이다. // [[Rcpp::export]] 태그는 해당 함수가 R에서 사용되기 위해 내보내져야 한다는 것을 Rcpp에 알려준다.

```
#include <Rcpp.h>
using namespace Rcpp;

// [[Rcpp::export]]
NumericVector vector_add(NumericVector x, NumericVector y)
{
    // 결과를 저장할 벡터를 선언한다.
    NumericVector result(x.size());

    // 인자로 전달된 벡터들에 대해 루프를 돌면서 원소별로 두 벡터를 더한다.
    for(int i=0; i<x.size(); ++i)
    {
        result[i] = x[i] + y[i];
    }
    return(result);
}
```

이 함수는 .cpp 파일(예를 들면, vector_add.cpp)이나 character 변수로 저장되어야 하므로, sourceCpp를 사용하여 소스화될 수 있다. sourceCpp는 자동으로 코드를 컴파일하고, 호출될 때 실행하는 C++ 함수와 동일한 이름으로 새로운 R 함수를 생성할 것이다.

```
> require(Rcpp)
> sourceCpp("vector_add.cpp")
```

해당 함수를 출력하면 이 함수가 현재 컴파일된 함수가 저장되어 있는 임시 위치를 가리킨다는 것을 보여준다.

```
> vector_add

function (x, y)
.Primitive(".Call")(<pointer: 0x0000000066e81710>, x, y)
```

이제 이 함수는 다른 R 함수들처럼 호출될 수 있다.

```
> vector_add(x = 1:10, y = 21:30)

 [1] 22 24 26 28 30 32 34 36 38 40

> vector_add(1, 2)

[1] 3

> vector_add(c(1, 5, 3, 1), 2:5)

[1] 3 8 7 6
```

알라이어(R스튜디오 창시자)는 sourceCpp, // [[Rcpp::export]] 단축키, R에서 C++ 사용을 단순화하는 많은 일들에 대한 책임이 있다. Rcpp의 메인테이너인 더크 에델뷰텔은 알라이어가 기여해온 것들이 얼마나 도움이 되는지 말로 표현할 수 없다고 한다.

　Rcpp의 다른 좋은 특징은 C++ 코드를 R처럼 작성되도록 하는 '간편 문법(syntactic sugar)'이다. 이 문법을 사용하면 vector_add를 코드 단 한 줄로 재작성할 수 있다.

```
#include <Rcpp.h>
using namespace Rcpp;

// [[Rcpp::export]]
NumericVector vector_add(NumericVector x, NumericVector y)
{
    return(x + y);
}
```

이 간편 문법은 두 vector가 마치 R에서처럼 더해지도록 했다.

　C++는 정확하게 타입을 맞춰야 하는 엄격한 타입(strongly typed) 언어이기 때문에, 함수 인자와 리턴 타입이 정확한 타입을 사용하여 명시적으로 선언되어야 한다는 점이 중요하다. 일반적인 타입은 NumericVector, IntegerVector, LogicalVector, CharacterVector, DataFrame, List다.

24.6.2 패키지 컴파일하기

sourceCpp가 애드혹 C++ 컴파일을 쉽게 만들어주긴 하지만, C++ 코드를 사용하여 R 패키지를 생성하기 위해서는 다른 전략이 필요하다. 사용할 C++ 코드는 src 폴더 내 .cpp 파일에 넣어진다. // [[Rcpp::export]]가 앞에 있는 함수는 devtools의 build를 사용하여 패키지가 생성될 때 사용자가 바라보는 R 함수들로 변환될 것이다. 내보내질 C++ 함수 위에 작성된 roxygen2 문서화는 결과로 나오는 R 함수를 문서화하기 위해 사용될 것이다.

vector_add 함수는 roxygen2를 사용하여 재작성되어야 하고 적절한 파일로 저장되어야 한다.

```
# include <Rcpp.h>
using namespace Rcpp;

//' @title vector_add
//' @description Add two vectors
//' @details Adding two vectors with a for loop
//' @author Jared P. Lander
//' @export vector_add
//' @aliases vector_add
//' @param x Numeric Vector
//' @param y Numeric Vector
//' @return a numeric vector resulting from adding x and y
//' @useDynLib ThisPackage
// [[Rcpp::export]]
NumericVector vector_add(NumericVector x, NumericVector y)
{
    NumericVector result(x.size());

    for(int i=0; i<x.size(); ++i)
    {
        result[i] = x[i] + y[i];
    }

    return(result);
}
```

여기서 중요한 건 Rcpp는 코드를 컴파일하고 나서 R 폴더에 해당 R 코드로 새로운 .R 파일을 생성한다는 것이다. 이 경우 이것은 다음 코드를 빌드한다.

```
> # This file was generated
> # by Rcpp::compileAttributes Generator token:
> # 10BE3573-1514-4C36-9D1C-5A225CD40393
>
> #' @title vector_add
> #' @description Add two vectors
> #' @details Adding two vectors with a for loop
> #' @author Jared P. Lander
> #' @export vector_add
> #' @aliases vector_add
> #' @param x Numeric Vector
> #' @param y Numeric Vector
```

```
> #' @useDynLib RcppTest
> #' @return a numeric vector resulting from adding x and y
> vector_add <- function(x, y)
+ {
+     .Call("RcppTest_vector_add", PACKAGE = "RcppTest", x, y)
+ }
```

이는 컴파일된 C++ 함수를 호출하기 위해 .Call을 사용하는 간단한 래퍼(wrapper) 함수다.

// [[Rcpp::export]]가 앞에 없는 함수들은 다른 C++ 함수들 내에서는 호출될 수 있지만 R에서 .Call로는 호출이 불가능하다. export 구문에서 // [[Rcpp::export("NewName")]]처럼 이름 속성을 지정하는 것은 결과로 나오는 R 함수가 해당 이름으로 호출되도록 한다. 자동으로 빌드되는 R 래퍼 함수를 필요로 하지는 않지만 .Call을 사용하여 호출할 필요가 있는 함수는 // [[Rcpp::interfaces(cpp)]]가 선언된 별도의 .cpp 파일에 위치해야 하고 사용자가 접근할 수 있는 각 함수는 // [[Rcpp::export]]가 앞에 붙는다.

C++ 함수를 노출하기 위해, 패키지의 NAMESPACE는 useDynLib(PackageName)을 포함해야 한다. 이는 @useDynLib PackageName 태그를 roxygen2 블록 어느 것에나 넣어 이뤄질 수 있다. 게다가 만약 패키지가 Rcpp를 사용한다면, DESCRIPTION 파일은 LinkingTo와 Depends 필드 모두에서 Rcpp를 나열해야 한다. 또한 LinkingTo 필드는 RcppArmadillo, bigmemory 그리고 BH(Boost)와 같은 다른 C++ 라이브러리에 쉽게 연결하도록 해준다.

패키지의 src 폴더는 컴파일을 돕기 위해 Makevars와 Makevars.win 파일을 또한 포함해야 한다. 다음 예제는 Rcpp.package.skeleton을 사용하여 자동으로 생성되었고 대부분의 패키지에 대해서 이거면 충분해야 한다.

먼저 Makevars 파일은 다음과 같다.

```
## 여러 R 버전의 설치를 지원하기 위해
## R_HOME을 사용한다.
PKG_LIBS = '$(R_HOME)/bin/Rscript -e "Rcpp:::LdFlags()"'

## 다른 방법으로, 'configure' 파일에 이 코드를 추가할 수도 있으며,
##
## PKG_LIBS='${R_HOME}/bin/Rscript -e "Rcpp:::LdFlags()"'
##
## sed -e "s|@PKG_LIBS@|${PKG_LIBS}|" \
## src/Makevars.in > src/Makevars
##
## 이는 'src/Makevars.in' 파일과 함께
##
## PKG_LIBS = @PKG_LIBS@
```

```
##
## 동적으로 src/Makevars를 생성하기 위해 사용될 수 있다. 이 스키마는
## 좀 더 강력하고 다른 라이브러리들을 검사, 연결하기 위해 확장될 수 있다.
## 'cleanup' 파일로 보완되어야 한다.
##
## rm src/Makevars
##
## 자동 생성된 파일 src/Makevars를 지운다.
##
## 물론, autoconf는 설정 파일들을 작성하기 위해서도 사용될 수 있다.
## 이것은 다수 패키지들에 의해서도 가능하지만,
## 고급 사용자를 위해서는 autoconf와 관련 도구들이 추천된다.
```

Makevars.win 파일은 다음과 같다.

```
## 여러 R 버전의 설치를 지원하기 위해
## R_HOME을 사용한다.
PKG_LIBS = $(shell "${R_HOME}/bin${R_ARCH_BIN}/Rscript.exe" -e
"Rcpp:::LdFlags()")
```

이는 겨우 Rcpp의 겉만 건드린 것에 불과하지만, C++ 코드를 필요로 하는 기본 패키지를 시작하기에는 충분할 것이다. C++ 코드를 포함하는 패키지는 가급적 devtools의 build를 사용하여 다른 패키지와 동일하게 빌드된다.

24.7 마무리

패키지를 만드는 것은 프로젝트들 간 코드 이식성을 높이고 다른 사람들과 이를 공유하기에 좋은 방법이다. 순수한 R 코드로 생성된 패키지는 check를 사용하여 CRAN 검증을 통과할 수 있는 함수 그리고 함수 위에 roxygen2 문서화를 포함하고 document를 호출하여 간단하게 생성될 수 있는 적절한 도움말 파일을 필요로 한다. 패키지 빌드는 build를 사용하면 간단히 수행할 수 있고, C++가 들어간 패키지는 Rcpp를 사용해야 한다.

부록 A

다양한 정보 수집 수단

R의 가장 큰 특징 중 하나는 온/오프라인 커뮤니티다. 여기에는 트위터와 스택 오버플로(Stack Overflow) 같은 웹 사이트, 모임, 서적이 포함된다.

A.1 모임(Meetup)

Meetup.com은 생각이 비슷한 사람을 찾고 프로그래밍, 통계, 비디오 게임, 컵케이크, 맥주를 비롯한 다양한 것들에 대한 경험을 익히는 데 훌륭한 사이트다. 모임은 매우 흔한 커뮤니티 형태로 2013년 7월말 기준 200개 국가에 12만 6000개가 넘는 모임이 있다. 데이터 관련 모임은 특히 큰 규모로 이뤄지며 보통 45분에서 90분 정도의 대화 형태다. 모임은 배우는 것뿐 아니라 고용과 취업에도 매우 좋다.

R 모임은 매우 흔하다, 비록 일부는 R 모임에서 통계 프로그래밍 모임으로 변화하고 있지만 말이다. 몇몇 유명한 모임은 뉴욕, 시카고, 보스턴, 암스테르담, 워싱턴 DC, 샌프란시스코, 런던, 클리브랜드, 싱가포르, 멜버른에서 열린다. 이 모임은 일반적으로 R의 좋은 특징, 새로운 패키지나 소프트웨어 또는 R에서 수행된 흥미로운 분석 등을 공유한다. 보통은 통계보다는 프로그래밍에 초점이 맞춰진다. 표 A.1은 유명한 모임들을 나열하고 있지만 R에 관해 현존하는 많은 모임에 비해서는 매우 적은 숫자다.

기계 학습 모임 또한 R에 대한 발표를 찾기에 좋은 소스다. 하지만 이 모임은 R이 중심은 아니니 참고하라. 많은 모임이 R 모임과 같은 도시들에서 열리며 발표자와 참가자들도 비슷하다. 이 모임은 프로그래밍에 중점을 두기보다는 좀 더 학술적인 성향을 보인다.

도시	그룹 이름	URL
뉴욕	New York Open Statistical Programming Meetup	http://www.meetup.com/nyhackr/
뉴욕	NYC Stats Programming Master Classes	http://www.meetup.com/datascienceclasses/
워싱턴 DC	Statistical Programming DC	http://www.meetup.com/stats-prog-dc/
암스테르담	amst-R-dam	http://www.meetup.com/amst-R-dam/
보스턴	Greater Boston useR Group (R Programming Language)	http://www.meetup.com/Boston-useR/
샌프란시스코	Bay Area useR Group(R Programming Language)	http://www.meetup.com/R-Users/
시카고	Chicago R User Group (Chicago RUG) Data and Statistics	http://www.meetup.com/ChicagoRUG/
런던	LondonR	http://www.meetup.com/LondonR/
싱가포르	R User Group Singapore (RUGS)	http://www.meetup.com/R-User-Group-SG/
클리브랜드	Greater Cleveland R Group	http://www.meetup.com/Cleveland-useR-Group/
멜버른	Melbourne Users of R Network(MelbURN)	http://www.meetup.com/MelbURNMelbourne-Users-of-R-Network/
커네티컷	Connecticut R Users Group	http://www.meetup.com/Conneticut-R-Users-Group/
뉴욕	NYC Machine Learning Meetup	http://www.meetup.com/NYC-Machine-Learning/
텔아비브	Big Data & Data Science Israel	http://www.meetup.com/Big-Data-Israel/

표 A.1 R 관련 모임

세 번째로 중요한 모임은 예측 분석(predictive analytics)이다. 기계 학습 모임과 비슷한 것으로 보일지 모르지만, 이 모임에서는 다른 부분을 다룬다. R과 기계 학습 사이의 어딘가에 중점을 두며, 다른 두 모임과 참가자들이 많이 겹친다.

관심이 있을 만한 다른 모임 그룹은 데이터 과학, 빅 데이터와 데이터 시각화다.

A.2 스택오버플로

혼자서는 해결할 수 없는 화급한 질문이 있을 때, 도움을 받기 위해 좋은 사이트가 스택오버플로(http://stackoverflow.com/)다. 이전에는 온라인에서 도움을 받기 위해서는 R 메일링 리스트가 가장 좋고 유일했지만, 이는 스택오버플로에 의해 대체되어 가고 있다.

이 사이트는 프로그래밍에 대한 질문을 하는 포럼으로, 질문과 답변이 사용자에 의해 투표되며 사람들이 전문가로서 명성을 쌓아갈 수 있는 곳이다. 이 사이트에서는 심지어 어려운 질문에 대한 답변 또한 매우 빠르게 받을 수 있다.

R과 관련된 일반적인 검색 태그는 r, statistics, rcpp, ggplot2, shiny, 그리고 다른 통계 관련 용어들이다.

최근에는 많은 R 패키지가 깃허브에서 호스팅되고 있으므로, 만약 버그가 발견되고 확정된다면, 이를 스택오버플로가 아닌 해당 패키지의 깃허브 이슈 목록에 보내는 것이 가장 좋다.

A.3 트위터

가끔 140자 내에 적합한 단지 빠른 답변이 필요할 때도 있다. 이 경우, 트위터는 간단한 패키지 추천부터 코드 일부분까지 아우르는 R 질문에 대한 훌륭한 서비스다.

가장 넓은 범위의 청중에 도달하기 위해 #rstats, #ggplot2, #knitr, #rcpp, #nycdatamafia, #statistics 같은 해시 태그를 사용하는 것이 중요하다.

팔로우할 만한 사람들은 @drewconway, @mikedewar, @harlanharris, @xieyihui, @hadleywickham, @jeffreyhorner, @revodavid, @eddelbuettel, @johnmyleswhite, @Rbloggers, @statalgo, @ProbablePattern, @CJBayesian, @RLangTip, @cmastication, @nyhackr과 이 책의 지은이인 @jaredlander다.

A.4 콘퍼런스

R이 중심이 되거나 많은 관심을 받는 여러 콘퍼런스가 있다. 대부분의 발표는 R을 포함하거나 R에 대한 내용이고 때때로 R에 대한 상세한 내용을 가르쳐주기 위한 수업도 있다.

가장 중요한 콘퍼런스는 적절하게 이름이 지어진 useR! 콘퍼런스로, 세계 각지를 돌며 1년에 한 번씩 개최된다. 웹 사이트는 http://www.r-project.org/conferences.html이다.

R in Finance는 매년 시카고에서 열리는 콘퍼런스이며 더크 에델뷰텔에 의해 공동 주최된다. 이 콘퍼런스는 정량적으로 고급 수학에 많은 중점을 두고 있다. 웹 사이트는 http://www.rinfinance.com/이다.

참석할 만한 다른 통계 콘퍼런스로는 American Statistical Association(http://www.amstat.org/meetings/jsm.cfm)이 주최하는 Joint Statistical Meetings와 Strata New York(http://strataconf.com/strata2013/public/content/home) 등이 있다.

Data Gotham은 매우 새로운 데이터 과학 콘퍼런스로 드류 콘웨이(Drew Conway)와 마이크 디워(Mike Dewar)처럼 데이터 과학 커뮤니티의 리더 중 일부가 주최하며, 웹 사이트는 http://www.datagotham.com/이다.

A.5 웹 사이트

R은 강력한 커뮤니티를 가진 오픈 소스 프로젝트이기 때문에, 이 프로젝트에 기여할 수 있는 거대한 웹 사이트 생태계가 존재하기에 적절하다. 이들 중 대부분은 R을 사랑하고 그들의 지식을 공유하기를 원하는 사람들에 의해 유지, 관리되고 있다. 어떤 이들은 오직 R에만 전념하는 사람도 있는가 하면 일부는 부분적인 참여만 하기도 한다.

http://www.jaredlander.com/뿐 아니라, R-Bloggers(http://www.r-bloggers.com/), Zero Intelligence Agents(http://drewconway.com/zia/), R Enthusiasts(http://gallery.r-enthusiasts.com/), Rcpp Gallery(http://gallery.rcpp.org/), Revolution Analytics(http://blog.revolutionanalytics.com/), 앤드류 겔먼의 사이트(http://andrewgelman.com/), 존 마일스 화이트(John Myles White)의 사이트(http://www.johnmyleswhite.com/), 뉴욕타임스 그래픽스 부서의 chartsnthings(http://chartsnthings.tumblr.com/)도 즐겨 찾는 사이트들이니 참고하도록 한다.

A.6 문서

수년간, 다수의 매우 좋은 문서들이 R에 대해 작성되어 오고 있으며 무료로 활용되어 왔다.

윌리엄 베너블(William N. Venables), 데이비드 스미스(David M. Smith), R 개발 코어 팀(The R Development Core Team)이 작성한 「An Introduction to R」은 R의 전신인 S가 개발된 이래로 존재해 왔으며 http://cran.r-project.org/doc/manuals/R-intro.pdf에서 찾을 수 있다.

「The R Inferno」는 패트릭 번스(Patrick Burns)가 작성한 전설적인 문서로 R의 뉘앙스와 특이성을 철저하게 연구하였다. 이 문서는 출력본과 무료 PDF 모두 이용 가능하며, 웹 사이트는 http://www.burns-stat.com/documents/books/the-r-inferno/다.

「Writing R Extensions」는 R 패키지를 만드는 것에 대한 종합적인 논문으로 24장 내용에 대해 상세히 설명한 것이다. 이는 http://cran.r-project.org/doc/manuals/R-exts.html에서 이용 가능하다.

A.7 서적

중요하고 많은 통계 지식을 위해, 교과서는 엄청난 양의 자료를 제공한다. 일부는 오래되고 세련되지 못한 것들도 있지만, 현대적이고 굉장한 기술과 트릭들로 구성되어 있는 것들도 있다.

가장 선호하는 통계서적은 앤드류 겔먼과 제니퍼 힐(Jennifer Hill)이 저술한 『Data Analysis Using Regression and Multilevel/Hierarchical Models』로 많은 R 코드를 포함하고 있다. 전반부는 통계에 대한 일반적인 내용을 다루며 예제를 위한 R 코드를 포함한다. 후반부는 BUGS를 사용하는 베이지안 모형에 대해 집중하는데, 다음 개정판에는 STAN을 사용한다는 소문이 있다.

R 코드가 아닌 고급 기계 학습 기법에 대한 것으로 헤이스티와 팁시라니의 『The Elements of Statistical Learning: Data Mining, Inference, and Prediction』이 있으며 다수의 현대 알고리즘과 모형을 설명한다. 또한, 이 서적은 근원적 수학을 깊게 파고들며 일래스틱 넷을 비롯한 알고리즘이 동작하는 방법을 설명한다.

최근 주로 R에 중점을 두고 있는 서적들이 출간되고 있다. 드류 콘웨이와 존 마일스 화이트가 저술한 『Machine Learning for Hackers』는 몇몇 기본적인 기계 학습 알고리즘을 학습하는 도구로 R을 사용한다. 셰이후이의 『Dynamic Documents with R and knitr』는 knitr을 상세하게 다루며 23장의 내용을 더욱 자세히 설명한다. 24.6에서 설명된 C++를 R에 통합하는 것에 대해서는 더크 에델뷰텔의 『Seamless R and C++ Integration with Rcpp』에서 자세히 다룬다.

A.8 마무리

환상적인 R 커뮤니티를 이용하는 것은 R을 학습하기 위한 필수 요소다. 개인적으로 직접 만날 수 있는 기회는 모임과 콘퍼런스 형태로 존재하며, 가장 좋은 온라인 리소스는 스택오버플로와 트위터다. 그리고 물론 많은 책과 문서도 온라인과 서점에서 구할 수 있다.

부록 B

용어 해설

가설 검정(hypothesis test)	추정된 통계의 유의성에 대한 검정
가우시안 분포 (Gaussian Distribution)	정규 분포(Normal Distribution) 참조
가중 평균 (weighted mean)	각 값이 가중치를 가지고 있는 평균으로, 해당 숫자가 평균에 다른 영향을 주도록 한다.
가중치(weights)	데이터 관측값에 주어지는 중요도로 하나의 관측값은 다른 것보다 크거나 작게 평가될 수 있다.
감마 분포 (Gamma Distribution)	n개 사건이 발생하는 데까지 기다려야 하는 시간에 대한 확률 분포
감마 회귀(gamma regression)	자동차 보험 청구서와 같이, 연속적이고 양수이며 편향된 응답 데이터에 대한 GLM
갭 통계(Gap statistic)	군집 품질 척도로, 데이터 군집에 대한 군집 내 비유사도와 부트스트랩된 표본 데이터에 대한 비유사도를 비교한다.
결측 데이터(missing data)	통계학에서 큰 문제로, 어떤 이유로 인해 연산에 활용할 수 없는 데이터다.
계수 플롯(coefficient plot)	회귀로부터 얻어진 계수와 표준오차의 시각적 디스플레이
계수(coefficient)	등식 내 변수와 관련되어 곱해지는 것으로 통계에서는 보통 회귀에 의해 추정되는 것이다.
계층적 군집(hierarchical clustering)	각 관측값이 하나의 군집에 속하는 군집 형태로, 이후 차례로 더 큰 군집에 속하게 되며 모든 데이터셋이 표현될 때까지 계속된다.

공분산(covariance)	두 변수 간 연관성 척도로, 연관성의 정도가 반드시 나타나지는 않는다.
과대산포(overdispersion)	데이터가 이론적인 확률 분포에 의해 가리켜지는 것보다 큰 변동성을 보이는 경우
교차 검증(cross-validation)	모형 평가의 현대적 방법으로 데이터는 k개의 이산 폴드로 나뉘고 모형이 하나를 제외한 나머지 모든 폴드에 반복적으로 적합되며 나머지(holdout) 하나의 폴드를 예측하는 데 사용된다.
교호작용-(interaction)	회귀에서 두 개 또는 좀 더 많은 변수의 결합된 영향
군집(clustering)	데이터를 그룹으로 나누는 것
귀무가설(null hypothesis)	가설 검정에서 참인 것으로 가정되는 값
균등 분포(Uniform Distribution)	모든 값이 동일하게 추출되는 확률 분포
기계 학습(Machine Learning)	많은 연산이 필요한 최신 통계학
기댓값(expected value)	가중 평균(weighted mean)
기울기(slope)	선의 가로 세로의 비율로 회귀에서 이것은 계수들로 나타낸다.
기저 함수(basis functions)	함수들의 선형 결합으로 다른 함수들을 만들어 내는 함수들
기하 분포(Geometric Distribution)	첫 번째 성공이 일어나기 전까지 요구된 베르누이(Bernoulli) 시도 횟수에 대한 확률 분포
깃(Git)	유명한 버전 관리 표준
깃허브(GitHub)	온라인 깃 저장소
네임스페이스(namespace)	함수들이 특정 패키지에 속한다는 것을 나타내는 문법으로 다수의 함수들이 같은 이름을 가지는 경우 충돌을 해결하는 데 도움이 된다.
다중 공선성 (multicolinearity)	행렬에서 한 개 열이 다른 열들과 선형 결합이 있는 경우
다중 대치(multiple imputation)	반복적 회귀를 사용하여 결측 데이터를 채우는 고급 프로세스
다중 비교(multiple comparisons)	다수 집단에 대해 반복적 검정을 수행하는 것

다중 회귀(Multiple Regression)	두 개 이상의 예측변수로 된 회귀
다차원 척도화 (multidimensional scaling)	다수 차원을 좀 더 작은 차원수로 투영하는 것
다항 분포(Multinomial Distribution)	k가지 값을 가질 수 있는 개별 데이터에 대한 확률 분포
다항 회귀(Multinomial Regression)	k가지 값을 가질 수 있는 개별 응답에 대한 회귀
단계 선택(stepwise selection)	각 단계에서 변수들을 추가하거나 제거하며 체계적으로 다른 모형들을 적합함으로써 모형 변수를 선택하는 프로세스
단순 회귀(Simple Regression)	한 개의 예측변수를 사용한 회귀로 절편을 포함하지 않는다.
대응 표본 t-검정(paired t-test)	첫 번째 표본의 모든 멤버가 두 번째 표본의 멤버와 짝을 이루는 이표본 t-검정
데비안(Debian)	리눅스 배포판
데이터 고담(Data Gotham)	뉴욕에서 열리는 데이터 과학 콘퍼런스
데이터 과학(Data Science)	통계, 기계 학습, 컴퓨터 공학, 시각화, 사회적 기술들의 융합
데이터 멍잉(data munging)	분석을 위해 사용할 데이터를 정제, 병합, 조인, 조작하는 프로세스
데이터베이스(database)	데이터(보통 관계형 테이블) 저장소
랜덤 포레스트(Random Forest)	임의로 예측변수 중 일부를 선택하여 다수의 각각의 의사 결정나무를 생성하고, 예측을 위해 그 결과를 결합하는 앙상블 방법
램(RAM)	메모리 참조
레벌루션 R(Revolution R)	레벌루션 애널리틱스에 의해 개발된 R 상용 버전으로 좀 더 빠르고 안정적이며 확장성이 좋다
레이텍(LATEX)	고품질 조판 프로그램으로 특히 수학, 과학 문서와 서적에 잘 맞춰져 있다.
로그 정규 분포(Log-normal Distribution)	로그를 취한 것이 정규 분포인 확률 분포
로그(log)	지수(exponent)의 역으로, 일반적으로 통계에서는 자연 로그를 칭한다.

로지스틱 분포(Logistic Distribution)	주로 로지스틱 회귀를 위해 사용되는 확률 분포
로지스틱 회귀(Logistic Regression)	이진 응답변수를 모형화하기 위한 회귀
로짓(logit)	역로짓(inverse logit)의 반대로 0과 1 사이의 숫자들을 실수로 변환한다.
루프(loop)	특정 인덱스만큼 반복하는 코드
리눅스	오픈 소스 운영 체제
마이크로소프트 SQL 서버 (Microsoft SQL Server)	마이크로소프트의 기업용 데이터베이스
마이크로소프트 액세스 (Microsoft Access)	마이크로소프트의 가벼운 데이터베이스
마크다운(Markdown)	간단한 방식으로 우아한 HTML 문서를 만들어 내는 단순화된 형식의 문법
매트랩(Matlab)	수학 프로그래밍을 위한 고가의 상업 소프트웨어
맥 OS X(Mac OS X)	애플 소유의 운영 체제
맵리듀스(MapReduce)	데이터가 개별 집합들로 나뉘고 연산된 후 재결합되는 패러다임
메모리(memory)	램(RAM)이라고도 하며, R이 분석하는 데이터가 처리되는 동안 저장되는 곳으로 이는 보통 R이 다룰 수 있는 데이터 크기를 결정하는 요소다.
모형 복잡도(model complexity)	주로 얼마나 많은 변수가 모형에 포함되어 있는지를 말하며, 너무 복잡한 모형은 문제가 있을 수 있다.
모형 선택(model selection)	최적의 모형을 적합하는 과정
문서 편집기(text editor)	문서의 구조를 보존하면서 코드를 수정하기 위한 프로그램
미니탭(Minitab)	GUI 기반 통계적 패키지
밀도 플롯(density plot)	분석 대상 변수를 따라 슬라이딩 윈도우(sliding window) 내에 속하는 관측값의 확률을 보여주는 디스플레이
바이올린 플롯(violin plot)	박스가 구부러졌다는 점을 제외하면 박스 플롯과 유사하며 데이터의 밀도에 대한 감을 제공한다.
바이컨덕터(Bioconductor)	게놈 데이터의 분석에 대한 R 패키지의 저장소
바이트 컴파일(byte-compilation)	사람이 읽을 수 있는 코드를 좀 더 빠르게 실행되는 기계 코드로 변환하는 프로세스

바틀릿(Bartlett) 검정	두 집단 간 분산의 일치 여부를 확인하기 위한 모수적 검정
박스플롯(boxplot)	한 개 변수에 대한 그래픽 디스플레이로 데이터 중간의 50%는 박스 안에 있으며 IQR(Interquartile Range)의 1.5배까지 뻗어진 선들과 이상치(outliers)를 나타내는 점들이 있다.
배시(BASH)	도스 같은 맥락인 명령행 처리기로 주로 리눅스와 맥 OS X에서 사용됨(윈도용 에뮬레이터가 있긴 함)
백색 잡음(white noise)	기본적인 임의의 데이터
버전 관리(version control)	쉬운 관리와 공동 작업을 위해 시간별로 코드의 스냅샷을 저장하는 수단
벌점 회귀(Penalized Regression)	벌점항으로 계수들이 지나치게 커지는 것을 막는 회귀 형태
베르누이 분포(Bernoulli Distribution)	사건에 대한 성공 또는 실패를 모형화하기 위한 확률 분포
베이지안 정보 기준(Bayesian Information Criterion)	AIC와 비슷하지만 모형 복잡도에 대해 훨씬 더 큰 페널티를 부여한다.
베이지안(Bayesian)	모형을 설명하기 위해 사전확률분포(prior) 정보가 사용되는 통계 유형
베타 분포(Beta Distribution)	유한한 구간에서 가능한 값들의 집합을 모형화하기 위한 확률 분포
벡터 자기회귀 모형(Vector Autoregressive Model)	다변량 시계열 모형
변수(variable)	R 객체로 데이터, 함수 또는 어떤 객체도 될 수 있다.
병렬(parallel)	계산적 관점에서 계산 속도를 올리기 위해 다수의 명령을 동시에 실행하는 것
병렬화(parallelization)	병렬적으로 실행하기 위해 코드를 작성하는 과정
부스트(Boost)	빠른 C++ 라이브러리
부트스트랩(Bootstrap)	반복적으로 데이터가 리샘플되는 프로세스로 통계는 해당 통계에 대해 실험적 분포를 형성하기 위하여 각 리샘플링에 대해 계산된다.
분류(classification)	데이터가 소속하는 클래스를 결정하는 것
분산(variance)	데이터의 변동성 또는 퍼짐성에 대한 척도

분산분석(analysis of variance)	ANOVA 참조
분위수(quantile)	일련의 숫자에서 특정 퍼센트에 대응하는 값으로, 이 값 아래로 전체 숫자 중 퍼센트에 해당하는 만큼 속한다.
비머(Beamer)	슬라이드쇼를 만들기 위한 레이텍 문서 유형
비모수적 모형(nonparametric model)	응답변수가 정규, 로지스틱 또는 푸아송 같은 표준 GLM 분포를 따를 필요가 없는 모형
비선형 모형(nonlinear model)	의사결정나무와 GAM 같이, 변수들이 선형 관계를 가질 필요가 없는 모형
비선형 최소 제곱(nonlinear least squares)	비선형 모수를 가지는 최소 제곱 회귀(제곱 오차 손실)
비주얼 베이직(Visual Basic)	매크로를(대개 엑셀과 연결되는) 개발하기 위한 프로그래밍 언어
비주얼 스튜디오(Visual Studio)	마이크로소프트가 개발한 IDE
비트버킷(BitBucket)	온라인 깃 저장소
산점도(scatterplot)	데이터의 2차원 디스플레이로 각 점은 두 변수의 유일한 결합을 표현한다.
상관관계(correlation)	두 변수 간 연관 정도
생존 분석(survival analysis)	죽음이나 실패 같은 시간 대 사건 분석
선형 모형(linear model)	계수들에서 선형인 모형
셰이프파일(shapefile)	지도 데이터에 대한 일반적인 파일 포맷
스위브(Sweave)	R 코드와 레이텍을 조합하기 위한 프레임워크로 knitr에 의해 대체되고 있다
스택오버플로(Stack Overflow)	프로그래밍 관련 질문을 위한 온라인 서비스
스플라인(spline)	각 점마다 변수 x의 변환 함수가 정의된 N개 함수들의 선형 결합인 함수 f
시계열(time series)	데이터의 순서와 시간이 자체 분석에 중요한 데이터
신뢰 구간(confidence interval)	추정값이 일정 비율 안에 속해야만 하는 구간
안사리-브래들리(Ansari-Bradley) 검정	두 집단 사이 분산의 일치 여부를 확인하기 위한 비모수적 검정

앙상블(ensemble)	평균적인 예측을 하기 위해 다수의 모형을 결합하는 방법
앤더슨-길(Andersen-Gill)	다수 사건에 시간을 모형화하기 위한 생존 분석(survival analysis)
엑셀(Excel)	데이터 분석에 사용되는 가장 일반적인 도구
엑스코드(Xcode)	애플의 IDE
역로짓(inverse logit)	0/1 스케일(0과 1 사이의 임의의 숫자)에 대한 로지스틱 회귀를 해석하기 위해 필요로 하는 변환
역연결함수(inverse link function)	선형 예측변수를 응답 데이터의 원래 스케일로 변환하는 함수
연결 함수(link function)	응답 데이터를 변환하는 함수로 GLM으로 모형화될 수 있다.
예측변수(predictor)	모형에 입력으로 사용되는 데이터이며 응답변수를 설명, 예측한다.
예측(prediction)	예측변수의 주어진 값에 대한 응답변수의 기댓값을 찾는 것
옥타브(Octave)	매트랩의 오픈 소스 버전
와이불 분포(Weibull Distribution)	객체의 수명에 대한 확률 분포
왈드 검정(Wald test)	모형 비교에 대한 검정
우분투(Ubuntu)	리눅스 배포판
울트라에디트(UltraEdit)	유명한 문서 편집기
웰치 t-검정(Welch t-test)	각 표본의 분산이 다를 수 있는 두 표본 간 평균 차이에 대한 검정
윈도 라이브 라이터 (Windows Live Writer)	마이크로소프트의 데스크톱 블로그 퍼블리싱 응용프로그램
음이항 분포(Negative Binomial Distribution)	r번 성공하기 위해 요구되는 시도 횟수에 대한 확률 분포로 이는 유사 푸아송 회귀에 대한 근사 분포로 자주 사용된다.
응답변수(response)	모형의 결과인 데이터로 예측변수에 의해 예측, 설명된다.
의사결정나무(decision tree)	예측변수를 분리하는 작업을 반복함으로써 비선형 회귀 또는 분류를 수행하는 현대 기술
이동 평균(Moving Average)	현재와 이전 잔차들에 대한 시계열 현재값의 선형 회귀 시계열 모형

이맥스(Emacs)	프로그래머 사이에서 유명한 문서 편집기
이항 분포(Binomial Distribution)	각 시행이 동일한 성공 확률을 가질 때 성공할 독립 시행의 수를 모형화하기 위한 확률 분포
인텔 매트릭스 커널 라이브러리(Intel Matrix Kernel Library)	최적화된 행렬(matrix) 연산 라이브러리
일래스틱 넷(Elastic Net)	lasso와 ridge 회귀를 동적으로 혼합하는 새로운 알고리즘으로, 예측과 고차원 데이터셋을 다루는 데 뛰어나다.
일반화 가법 모형 (Generalized Additive Models)	개별 변수들에 적합되는 일련의 평활기 함수들을 더함으로써 형성되는 모형
일반화 선형 모형 (Generalized Linear Models)	이진(binary)과 카운트 데이터 같은 비정규 응답 데이터를 모형화하는 회귀 모형 패밀리
자기공분산 함수 (autocovariance function)	시계열에서 그것 자체의 시차들과의 상관관계
자기상관(autocorrelation)	한 변수의 관측값들이 이전 관측값들에 상관관계가 있는 경우
자기회귀 이동 평균 (Autoregressive Moving Average)	AR과 MA 모형의 결합
자기회귀(autoregressive)	이전 값들에 대한 시계열의 현재 값의 선형 회귀인 시계열 모형
자바(Java)	저레벨 프로그래밍 언어
자연 3차 스플라인(natural cubic spline)	입력 데이터의 종점들을 넘어가는 선형 거동과 내부 중단점에서 평활 변환을 가지는 평활 함수
자유도(degrees of freedom)	일부 통계 또는 분포에서, 이 값은 (관측값 개수 - 추정되는 모수 개수)이다.
잔차(residuals)	모형으로부터 적합된 값과 실제 응답값 간 차이
잔차제곱합(residual sum of squares)	제곱된 잔차의 합
적합값(fitted values)	모형에 의해 예측된 값으로, 대부분 예측을 나타내기 위해 사용된다.
절편(intercept)	회귀에서 상수항, 문자 그대로는 가장 좋은 적합선이 y축을 통과하는 점이며 더 높은 차원에 대해 일반화된다.

정규 분포(Normal Distribution)	다수의 현상들에 사용되는 가장 보편적인 확률 분포로 종 모양과 비슷하다.
정규 표현식(regular expressions)	문자열 패턴 매칭 패러다임
정규화(regularization)	모형의 과적합을 막기 위한 방법으로 보통 벌점항을 사용한다.
정상성(stationarity)	시계열의 평균과 분산이 전체 계열에 대해 변함이 없는 경우
중간값(median)	정렬된 숫자 집합의 가운데 숫자로 숫자가 짝수 개일 경우, 중간값은 가운데 두 숫자의 평균이 된다.
중도절단 데이터(censored data)	컷오프 시간 이후 사건 발생 여부와 같이, 알려지지 않은 정보를 가진 데이터
지수 분포(exponential distribution)	보통 사건이 발생할 때까지의 시간의 양을 모형화하기 위해 사용되는 확률 분포
지시 변수(indicator variables)	범주형 변수의 한 개 레벨을 나타내는 이진 변수로 더미 변수(dummy variables)라고도 부른다.
청크(chunk)	레이텍이나 마크다운(Markdown) 문서 내 R 코드 부분
초기하 분포(Hypergeometric Distribution)	N개 중에 K개만 맞다고 할 때, N개 중 N개를 뽑았을 때 맞는 개수 k에 대한 확률 분포
최댓값(maximum)	일련의 데이터에서 가장 큰 값
최솟값(minimum)	일련의 데이터에서 가장 작은 값
추론(inference)	예측변수가 응답변수에 얼마나 영향을 끼치는지에 대한 결론을 얻어내는 것
축소(shrinkage)	과적합을 막기 위해 계수 크기를 감소시키는 것
카이제곱 분포(Chi-squared Distribution)	k개의 제곱된 표준 정규 분포들의 합
코시 분포(Cauchy Distribution)	두 정규 확률변수 비율에 대한 확률 분포
콕스 비례 위험(Cox proportional hazards)	예측변수가 생존율에 승법 효과를 주는 생존 분석에 대한 모형
쿼시푸아송 분포 (Quasipoisson Distribution)	과대산포된 카운트 데이터를 추정하기 위해 사용되는 분포 (실제로는 음이항 분포)
쿼타일(quartile)	25번째 분위수

클래스(class)	R 객체의 타입
탐색적 데이터 분석 (Exploratory Data Analysis)	철저한 분석을 수행하기 전 데이터에 대한 감을 얻기 위해 시각적 그리고 수치적으로 데이터를 탐색하는 것
텍스트패드(TextPad)	유명한 문서 편집기
텐서곱(tensor product)	(다른 단위들에서 측정된) 예측변수들의 변환 함수를 나타내는 방법
통합 개발 환경(Integrated Development Environment)	프로그래밍을 쉽게 만들어주는 기능들을 가진 소프트웨어
파이썬(Python)	데이터 처리에 유명한 스크립트 언어
팬독(pandoc)	마크다운, HTML, 레이텍과 마이크로소프트 워드 같은 다양한 포맷의 문서를 쉽게 변환해 주는 소프트웨어
펄(Perl)	문서 파싱에 일반적으로 사용되는 스크립트 언어
편 자기공분산 함수(partial autocovariance function)	시계열과 이전 시차들에 의해 설명되지 않는 그것 자체의 시차 사이의 상관 정도
편차 감소(drop-in deviance)	모형에 변수를 추가할 때 편차가 감소하는 정도로, 편차가 추가된 각 항에 대해 1/2로 감소한다는 것이 경험적으로 알려져 있다.
편차(deviance)	일반화 선형 모형에 대한 오류의 척도
평균 제곱 오차(mean squared error)	추정값에 대한 품질 측정값으로 추정값과 실제값 간 차이 제곱의 평균값이다.
평균(average)	일반적으로 산술 평균을 의미하지만, 실제로 평균은 평균, 중간값 또는 최빈값 같은 중심성을 나타내는 측정값들을 의미할 수 있는 통칭적인 용어다.
평균(mean)	수학적 평균으로 보통 산술적(전통적 평균) 또는 가중 평균이다.
평활 스플라인(smoothing spline)	데이터에 평활 추세를 적합하기 위해 사용되는 스플라인
포트란	고속, 저레벨 언어로 R의 많은 부분이 포트란으로 구현되었다.
표준 오차(standard error)	모수 추정치에 대한 불확실성 측정값
표준 편차(standard deviation)	평균으로부터 각 점이 얼마나 멀리 떨어져 있는지에 대한 평균값

푸아송 분포(Poisson Distribution)	데이터를 카운트하는 것에 대한 확률 분포
푸아송 회귀(Poisson Regression)	사고 수, 터치다운 수 또는 피자 전문점 평가 수 같은 카운트 응답 데이터에 대한 GLM
하둡(Hadoop)	데이터 분산과 컴퓨터 그리드 간 연산을 위한 프레임워크
하티건 룰(Hartigan's Rule)	군집 품질 척도로, k 군집과 k+1 군집일 때의 군집 내 제곱합을 비교한다.
행렬 대수(matrix algebra)	행렬에 수행되는 대수학으로, 이는 수학을 크게 단순화한다.
회귀 나무(regression tree)	의사결정나무(decision tree) 참조
회귀(regression)	예측변수들과 응답변수 간 관계를 분석하는 방법으로 통계의 기초다.
히스토그램(histogram)	분석 대상 변수의 이산 버킷들에 속하는 관측값 수의 디스플레이
히트맵(heatmap)	두 변수 간 관계가 색 혼합으로 시각화되는 시각적 디스플레이
ACF	자기공분산 함수(autocovariance function) 참조
AIC(Akaike Information Criterion)	모형 복잡도에 페널티를 부여하는 모형 적합도
AICC(Akaike Information Criterion Corrected)	모형 복잡도에 좀 더 큰 페널티를 부여하는 AIC
ANOVA	다수 집단의 평균을 비교하기 위한 검정으로 오직 임의의 두 집단 간의 차이가 존재하는지만 탐지할 수 있으며, 어느 집단이 다른 집단들과 다른지는 알려주지 않는다.
AR	자기회귀(autoregressive) 참조
ARIMA	ARMA 모형과 비슷하지만 시계열 데이터의 차분 수에 대한 모수를 포함한다.
ARMA	자기회귀 이동 평균(Autoregressive Moving Average) 참조
array	다차원 데이터를 가지고 있는 객체
BIC	베이지안 정보 기준(Bayesian Information Criterion) 참조
BUGS	베이지안 연산에 특화된 확률론적 프로그래밍 언어
B-스플라인(basis splines)	스플라인을 구성하기 위해 사용되는 기저 함수들

C	빠르고, 저레벨의 프로그래밍 언어로 R은 주로 C로 구현되었다.
C++	빠르고, 저레벨의 프로그래밍 언어로 C와 비슷하다.
character	문자열을 저장하기 위한 데이터형
Comprehensive R Archive Network	CRAN 참조
CRAN	R 패키지 중앙 저장소
data.frame	R의 주요 데이터 형으로, 표로 나타낸 행과 열을 가진 스프레드시트와 비슷하다.
data.table	data.frame보다 빠른 속도의 확장형
Date	날짜를 저장하는 데이터 형
DB2	IBM의 기업용 데이터베이스
DSN	통신하는 데이터 소스(보통 데이터베이스)를 설명하는 데 사용되는 데이터 소스 연결
dzslides	HTML5 슬라이드쇼 포맷
EDA	탐색적 데이터 분석(Exploratory Data Analysis) 참조
F 분포(F Distribution)	두 개 카이제곱 분포의 비로, 보통 분산 분석에서 영 분포(null distribution)로 사용된다.
factor	문자 라벨을 가지는 정숫값으로 문자 데이터를 다루기 위한 특수 데이터 형으로 모형에서 범주형 데이터를 포함하는 데 중요하다.
formula	모형의 사양을 정의하는 데 편리한 수학 기호를 사용할 수 있게 해주는 R의 독창적 인터페이스
FRED	연방 준비 경제 데이터(Federal Reserve Economic Data)
FTP	파일 전송 프로토콜(file transfer protocol)
F-검정(F-test)	ANOVA 중에서 모형들을 비교하기 위해 사용되는 통계적 검정
g++	C++를 위한 오픈 소스 컴파일러
GAM	일반화가법모형(Generalized Additive Models) 참조
GARCH(Generalized Autoregressive Conditional Heteroskedasticity)	극단적인 데이터 값에 좀 더 강력한 시계열 방법

gcc	오픈 소스 컴파일러 패밀리
GLM	일반화 선형 모형(Generalized Linear Models) 참조
HTML(Hypertext Markup Language)	웹 페이지를 만들기 위해 사용된다.
IDE	통합 개발 환경(Integrated Development Environment) 참조
integer	양수, 음수 또는 0 등 전체 숫자를 다루는 데이터 형
IQR	IR 참조
IR(Interquartile Range)	세 번째 분위수에서 첫 번째 분위수를 뺀 것
Joint Statistical Meetings	통계학자 콘퍼런스
JSM	Joint Statistical Meetings 참조
K-medoids	범주형 데이터를 다루고 이상치에 좀 더 강력하다는 점을 제외하면 K-평균과 유사하다.
knitr	R 코드를 레이텍이나 마크다운과 결합시키는 패키지
K-평균(K-means)	데이터를 일부 거리 측정에 의해 정의되는 k개의 이산 집단으로 나누는 군집화
Lasso 회귀(Lasso Regression)	변수 선택과 차원 감소를 수행하기 위해 L1 페널티를 사용하는 현대적 회귀
level	하나의 factor 변수에서 유일한 값
list	임의의 데이터 형들을 저장할 수 있는 강력한 데이터 형
logical	TRUE나 FALSE 값을 가지는 데이터 형
MA	이동 평균(Moving Average) 참조
matrix	2차원 데이터 형
Meetup.com	다양한 관심사에 대한 실생활의 사회적 상호 교류를 용이하게 하는 웹 사이트로 특히 데이터 분야에서 유명하다.
MKL	인텔 매트릭스 커널 라이브러리(Intel Matrix Kernel Library) 참조
MySQL	오픈 소스 데이터베이스
NA	결측 데이터를 표시하는 값
NULL	존재하지 않음을 나타내는 데이터 개념
numeric	숫자값을 저장하기 위한 데이터 형

NYC 데이터 마피아(NYC Data Mafia)	뉴욕시에서 데이터 과학자가 증가하는 것에 대한 비공식 용어
NYC 오픈 데이터(NYC Open Data)	뉴욕시 정부의 데이터를 투명하고 활용 가능하게 만들기 위한 계획
ODBC(Open Database Connectivity)	데이터를 데이터베이스와 통신하기 위한 산업 표준
ordered factor	한 레벨이 또 다른 레벨보다 크거나 작다고 말할 수 있는 문자 데이터
PACF	편 자기공분산 함수(partial autocovariance function) 참조
PAM(Partioning Around Medoids)	K-medoids 군집화를 위한 가장 일반적인 알고리즘
PDF	어도비 아크로뱃 리더로 열리는 가장 일반적인 문서 포맷
POSIXct	날짜-시간 데이터 형
prior	베이지안 통계는 모형 적합도를 향상시키기 위해 prior 정보를 사용하며, prior 정보는 예측변수들의 계수에 대한 분포 형태다.
p-값(p-value)	귀무가설이 참이라는 가정하에 극단, 또는 더 극단의 결과를 얻을 확률
Q-Q 플롯	두 분포의 분위수들이 대각선에 떨어지는지 확인함으로써 두 분포를 비교하는 시각적 방법
R Enthusiasts	로마인 프랑수와의 유명한 R 블로그
R in Finance	금융을 위한 R 사용에 대해 시카고에서 열리는 콘퍼런스
R 코어 팀	20여 명의 주요 R 공헌자 그룹으로 R 개발 유지와 방향 설정에 대한 의무가 있다.
R 콘솔	R 명령어가 입력되고 결과가 보이는 곳
R-Bloggers	R에 대한 블로그들을 모아둔 탈 갈릴리(Tal Galili)의 유명한 사이트
Rcmdr	R GUI 인터페이스
Rcpp 갤러리(Rcpp Gallery)	Rcpp 예제의 온라인 모음
Rdata	R 객체들을 디스크에 저장하기 위한 파일 포맷
Ridge 회귀	좀 더 안정적인 예측을 위해 계수를 줄이는 L2 페널티(벌점)를 사용하는 최신 회귀

RSS	잔차제곱합(residual sum of squares) 참조
R스튜디오(RStudio)	강력하고 유명한 R용 오픈 소스 IDE
R툴즈(RTools)	윈도에서 C++와 다른 컴파일된 코드를 R에 통합하기 위해 필요한 도구 모음
S	벨 연구소(Bell Labs)에서 개발된 통계 언어로 R의 전신이다.
S3	R의 기본 객체형
S4	R의 고급 객체형
s5	HTML5 슬라이드 쇼 포맷
SAS	통계 분석을 위한 고가의 상용 스크립트 소프트웨어
slideous	HTML5 슬라이드 쇼 포맷
slidy	HTML5 슬라이드 쇼 포맷
SPSS	통계 분석을 위한 고가의 GUI 상용 소프트웨어
STAN	베이지안 연산에 특화된 차세대 확률 프로그래밍 언어
Stata	통계 분석을 위한 상용 스크립트 언어
Strata	유명한 데이터 콘퍼런스
SUSE	리눅스 배포판
SVN	오래된 버전 관리 표준
Systat	상업 통계 패키지
t 분포(t Distribution)	student t-검정으로 평균을 검정하기 위해 사용되는 확률 분포
ts	시계열 데이터를 저장하기 위한 데이터형
t-검정(t-test)	한 집단의 평균값 또는 두 집단의 평균 간 차이에 대한 검정
t-통계량(t-statistic)	추청 평균과 가설 평균 간 차이가 분자이며 추정 평균의 표준 오차가 분모일 때의 비율
USAID 오픈 거번먼트 (USAID Open Government)	미국 원조(aid) 데이터를 투명하고 활용 가능하게 만드는 계획
useR!	R 사용자를 위한 콘퍼런스
VAR	벡터 자기회귀 모형(Vector Autoregressive Model) 참조
vector	모든 데이터형이 동일한 데이터 원소 모음

vim	프로그래머들 사이에서 유명한 문서 편집기
xkcd	통계학자, 물리학자와 수학자에게 인기가 많은 랜들 먼로 (Randall Munroe)의 웹 만화
XML(extensible markup language)	기술적으로 데이터를 저장하고 전송할 때 주로 사용된다.
xts	시계열 데이터를 저장하기 위한 고급 데이터 형
2표본 t-검정(Two Sample t-test)	두 표본 간 평균의 차에 대한 검정

찾아보기

함수 찾아보기

패키지 찾아보기